Wittgenstein in Cambridge: Letters and Documents 1911–1951

维特根斯坦剑桥书信集

1911-1951

［英］布瑞恩·麦克奎尼斯 编

张学广 孙小龙 王策 译

2018年·北京

Wittgenstein in Cambridge
Letters and Documents 1911—1951
Edited by Brian McGuinness
© 2008 Blackwell Publishing Ltd.
本书根据 Blackwell 出版公司 2008 年版译出

教育部哲学社会科学研究后期资助项目

目　　录

鸣谢································ 1
导言································ 5
书信和文件清单························ 25

书信和文件···························· 49

参考文献····························· 746
通信者和文件来源索引··················· 762
索引································ 764

译后记······························ 778

鸣　　谢

编者对如下机构和个人慨允本书在文本和注释中使用其版权材料表示感谢,感谢剑桥三一学院准许使用维特根斯坦的所有著述和学院的其它材料;感谢剑桥大学档案馆保管人允许摘录官方函件、备忘录和档案;感谢安大略省汉弥尔顿市麦克马斯特大学的伯特兰·罗素档案馆;感谢剑桥国王学院准许使用凯恩斯的所有材料;感谢蒂姆·摩尔先生;感谢简·伯奇(Jane Burch)夫人和匹兹堡大学图书馆(特色馆藏)准许使用拉姆塞的材料;感谢皮兰格劳·伽雷格纳尼(Pierangelo Garegnani)教授允许使用皮耶罗·斯拉法的信件和笔记;感谢伊丽莎白·冯·特赖夫人、佩吉·拉什·里斯夫人(还包括约里克·斯密特斯的信件)、鲁丝·马尔科姆(Ruth Malcolm)夫人。

有一两封信尽管想尽办法,还是没能找到版权的持有人——比如爱丽丝·安布罗斯、尼古拉·巴赫金和J.泰勒的情况。R. B. 布雷斯威特和约翰·克兰普汉姆爵士的来信,感谢剑桥国王学院;H. S. M. 考克斯特的来信,感谢苏珊·考克斯特·托马斯(Susan Coxeter Thomas)夫人;L. 古德斯坦的来信,感谢索菲娅·辛格(Sophia Singer)夫人;雷蒙德·普里斯特利爵士的来信,感谢约翰·胡波特(Jahn Hubert)先生;瑞德帕斯的来信,感谢萨拉(Sarah)夫人和欧菲利娅·雷德帕斯(Ophelia Redpath)女士；斯蒂文森的来信，感谢诺拉·L. 斯蒂文森(Nola L. Stevenson)夫人；G. 和 K. 汤姆森的来信，感谢 M. 阿莱克秀(M. Alexiou)教授；W. H. 沃森的来信，感谢彼得·沃森(Peter Watson)荣誉教授和凯奈特·沃森(Kenneth Watson)博士；J. 韦斯顿的来信，感谢 T. 韦斯顿先生。感谢朱利安·贝尔(Julian Bell)遗产的代理者苏格兰作家协会慨允重印他的书信体诗文；感谢米歇尔·伊格纳迪夫(Michael Ignatieff)先生以及查托和温达斯(Chatto & Windus)出版公司允许重印其《以赛亚·柏林》(由兰登书屋允许重印)中的一段；感谢贝拉·波罗巴斯(Béla Bollobás)教授和剑桥大学出版社允许重印《李特尔伍德杂录》的摘要；感谢玛丽·米奇利(Mary Midgley)夫人允许重印她以玛丽·斯库卢腾(Mary Scrutton)为名所写的书评摘要；感谢《心》的编辑允许重印维特根斯坦和布雷斯威特的来往书信。研究过程中所收到的信件，我未分别表达谢忱而冒昧印出，在此满含感激。

罗素致奥托琳·莫雷尔夫人的书信存放在奥斯丁的德克萨斯大学人文研究中心。维特根斯坦本人和爱丽丝·安布罗斯致查尔斯·斯蒂文森的信件存放在安阿伯的密歇根大学图书馆。感谢这些图书馆及其职员慷慨帮助并允许复印。感谢我们这里使用了其大量材料的其它图书馆——三一学院图书馆,剑桥大学图书馆的手稿分部(保留着卷帙浩繁的摩尔往来信件),维也纳的奥地利国家图书馆(许多以前私人手中的信件现收集在此),满足了各种需求的牛津大学图书馆现代手稿阅览室。安大略金斯顿女王大学的同事大卫·班克胡尔斯特(David Bakhurst)教授和 E. J. 泰德·

邦德(E. J. Ted Bond)教授在最短时间内让我得到维特根斯坦致W. H. 沃森信件的抄本,我直到最后一刻才知道这些信件的存在。因斯布鲁克大学布伦纳档案馆发挥了特殊作用,它保存有某些原件,但据我所知只有它试图保存维特根斯坦所有往来信件的副本和抄本,并富有成效地制作了 InterLex 过世大师系列 CD-ROM 或订阅网站中的完整往来信件(迄今为止最为完整)。评论和大部分支撑材料至今还只是德文。新的材料,比如本书中首次出现的斯拉法往来书信和其它信件,也将及时增补。该档案馆的资源一直供我随意使用,所以我特别感谢约翰·豪赛尔(Johann Holzher)教授(馆长)和阿兰·詹尼克(Allan Janik)教授,后者负责那里的维特根斯坦项目,他对维特根斯坦的生活与背景进行了超过 30 年的研究,已成为我非常珍视的同事。

编辑本书的念头归功于三一学院图书馆员 D. 麦基特里克(D. McKitterick)博士,感谢他的一贯支持。学院档案管理员乔纳森·史密斯(Jonathan Smith)先生投身于本项目,仿佛这是他自己的事儿。大学的代理档案管理员杰克·考克斯(Jacky Cox)小姐同样热心,她回答问题迅捷,常常只要一提内容便迅速找到我所需要的材料。她先前是国王学院现代档案馆的保管人时便已如此。从维特根斯坦世界迈入斯拉法世界,我从当地居民的合作中受益良多,尤其是格拉茨的海恩茨·库尔兹(Heinz Kurz)教授和罗马大学的奈丽奥·纳尔迪(Nerio Naldi)教授。罗汉普顿和剑桥的阿瑟·吉布森(Arthur Gibson)教授(他熟知两个世界)使我在最短时间查到文件。在材料准备出版时,我完全依赖锡耶纳的安娜·库姐·纳恩兹安特(Anna Coda Nunziante)小姐的大力帮助,她与我一起工作多年,在标准的严格抑或热情投入方面从未懈怠。我对她以及无数(多到难以数计的)朋友千恩万谢,他们解决了许多问题。在帮助我的众多人中最后尤其要感谢我出版商的文字编辑瓦列里·罗斯(Valery Rose)和杰奎琳·哈维(Jacqueline Harvey),她们逐渐适应这一复杂多变的项目,最终被搞得精疲力竭。

布瑞恩·麦克奎尼斯
2007年6月于锡耶纳

导　　言

本书收录的往来书信和文件，显示剑桥、剑桥的朋友和机构在路德维希·维特根斯坦的哲学生涯、职业活动和一般精神生活中所起的作用。当然，深深影响了他生活的这方面的重大事件或私人事项也必然被触及——两次世界大战，奥地利的被吞并，他的职位或对职位的谋求，他的健康，等等。

本书非常不同于上一本《剑桥书信集》，后者由我和已故的乔治·亨里克·冯·赖特编辑（Blackwell, 1995）。该书只包含所发现的维特根斯坦与其剑桥主要朋友间的往来信件，这里指的是那些与他地位相当的朋友甚或导师而不是门徒——伯特兰·罗素、G. E. 摩尔、J. M. 凯恩斯以及后来的弗兰克·拉姆塞和皮耶罗·斯拉法（只有一封但很重要的信件）。本书大大增加了斯拉法的篇幅，因为维特根斯坦致他的大量信件和他写给维特根斯坦的一些便柬已被发现（或已公开）。这使我们对他们间对话的看法不再只是猜测，维特根斯坦将其《哲学研究》的很多灵感归于这一对话。它们也显示了维特根斯坦对其祖国奥地利被吞并和战争来临的反应，这些事件纠缠在一起迫使他依旧做哲学家。

斯拉法的材料本身应是对上一本的极其珍贵的补充，而且在剑桥三一学院图书馆员（大卫·麦基特里克博士）和我的出版商

（我已与 Blackwell 往来超过 40 年）的鼓励下，我决定改变本书的初衷，收进反映维特根斯坦与其追随者、学生、朋友或年轻同事间往来的信件。原则上我只限于学术领域，而放弃与剑桥朋友更为私密的往来信件，它们的确并不太多，而且大多是（在弗朗西斯·斯金纳的情况中完全是）写给维特根斯坦的，而不是维特根斯坦写的。即使有维特根斯坦的回复，通常也是讨论别的什么问题。完全的前后连贯几乎不可能，所以，一两封劝告信只好暂且牺牲掉。完整的维特根斯坦往来信件（我是编者之一）可见于 CD-ROM 和互联网上 InterLex 过世大师系列，它间或有所更新。（但注释和相关材料至今仍只有德文。）

本书的新材料几乎完全来自 1929 年开始的维特根斯坦第二个剑桥期，来自他想使布卢姆斯伯里年轻子弟变得严肃的最初尝试之后；这些材料表明他面对更认真成熟的哲学学生，而 30 年代之后的学生和追随者，尤其是拉什·里斯、诺曼·马尔科姆和冯·赖特，他们的往来和友谊伴他至终。[①] 来自罗素、凯恩斯和摩尔的个人信件仍完整印出，尽管我现在删去了确定或请求见面的便柬。对于其它情况，我这里节录致维特根斯坦的一些信件，删除关系不大的材料。维特根斯坦自己的信件则完整留存。

相对前一本书信集的另一主要变化和增补是，本书收录维特根斯坦参加或主持的会议和讨论的一些记录，还有间或涉及他正式职务的文献。将来人们还会赏识这些档案吗？一想到三一学院

---

① 本书未能包括与 M. O'C.(肯)德鲁利的往来信件（我觉得仍未佚失），后者是他交往最久的最亲密朋友。他们的友谊和思想交流描述于 M. O'C. 德鲁利的《语词的危险和论维特根斯坦》(Bristol: Thoemmes Press, 1996)。

数学学会的那些年轻秘书,在去计算来自法国海岸的潮汐效果之前,将会议记录和维特根斯坦的话语记入这些皮革封面的卷宗,便令人感动。杰克·考克斯(剑桥大学代理档案管理员,以前是国王学院的现代档案管理员)和乔纳森·史密斯(三一学院档案管理员)不仅允许我接近这些珍宝,而且对我极度慷慨热心。

跟之前的书信集相比,本书既非维特根斯坦及其圈子的首次介绍,亦非其旧雨新知的百科全书。但是,若能传达维特根斯坦生活和工作的近乎轮换模式的完整画面,它的出版便是值得的:与他人互动的时期,以及退回自身沉思他从这互动得到的且将之归于这互动的思想时期。他所有的思想发展,亦即他的全部生活,都以对立和内在冲突为特征。他及其同代人的书信表明,他既是害羞敏感的,又是尖刻挑剔的,既是乐于合作,又是坚信自己判断的。许多争吵和近乎同样多的和解被记录下来。他在出版《逻辑哲学论》上的挣扎有迹可循,他明显想退出学术界,被凯恩斯和拉姆塞央求着回到哲学,后来又不断想离开哲学,所有这些最终都反转了。他常常到了出版某些东西的边缘,然后却追求某一新的完美理想,或者他人在讨论中提出的或自己漫无目的广泛阅读中发现的某一新题目。他走向确实性(缘于摩尔和马尔科姆)和颜色(最后一次访问维也纳时拿到歌德的一部书)就是这种情况。其结果是,手稿中的许多著作残片留给了他的朋友们去清理。尽管他常常表达出某种不信任,某些事件以及某种吸引力还是一再将他带回剑桥。对他来说,这跟他的孤独感一样重要。

1911 年 10 月 18 日①,维特根斯坦拜访了当时为剑桥的一名

---

① 那天有罗素致奥托琳·莫雷尔女士的信。

讲师的罗素,好像一直待到圣诞节,尽管他秋季学期仍在曼彻斯特大学注册学习。1912年2月1日,他被接受为剑桥大学和三一学院的一员。起初是一名本科生,到6月开始,道德科学特别董事会的学位委员会接收他为研究课程的高级学生,并"请伯特兰·罗素先生慷慨担当该生的指导教师"。[①] 维特根斯坦参加了G. E. 摩尔(当时还不是教授)的讲座,并接受逻辑学家W. E. 约翰逊的指导(两人都颇感受挫)。维特根斯坦1912年三个学期和1913年戒斋和复活节学期都住校。1913-1914学年的大部分时间在挪威度过,自己在思考写作,G. E. 摩尔在4月访问了他。夏季维特根斯坦返回了奥地利,1914年8月第一次世界大战一爆发后,他自愿参加奥匈帝国军队。

  来到剑桥证明是他一生最重要的转折之一。他不得不做出令他苦恼的选择,是做一名航空工程师,还是做一位思想家。罗素帮他做出了我们都知道的选择,但很大程度上是通过把他引入其才智能在其中得到自由发挥的群体。周围是摩尔、凯恩斯、斯特雷奇甚至年轻的追随者(当时实际上是布鲁姆斯伯里的剑桥分支),这对他来说是新鲜的经历。他的家庭背景属于财富和高雅文化那一类,而不是这一新环境所养成的那种理智。他确实已有新的和实际的科学知识,这使他不能容忍夸夸其谈,但是平心而论,对万事万物热烈的理智讨论,不管是讨论过程还是讨论结果,对他来说都是全新的(就我们所知而言)。他到剑桥(就像圣奥古斯丁到达迦

[①] 1912年6月5日J. N. 凯恩斯(J. M. 凯恩斯的父亲和大学教务主任)致W. M. 弗莱彻(三一学院导师)的信。

太基)对他的生命极其重要,他也的确在此终老。"此地乃启蒙之所,智慧之源"(Hinc lucem et pocula sacra)是剑桥大学的校训之一:他在此找到了适合他的问题和方法。当然,他是奥地利人(或者像他和罗素所说的,日耳曼人),英式生活的许多方面让他不安,但是如果我们看看他的大部分生活,那么奥匈帝国的精神架构也让他不得安宁。

愉快地选择罗素为指导教师(罗素也很快接受了)后,维特根斯坦发觉自己几个月来都置身于一群精英中,这群人认可自己的社会角色(我想维特根斯坦也一直这样认为),完全觉得自己的理想高于追求世俗成功的人的理想,他们认为世俗成功是剑桥大学所鼓吹的。他们在摩尔的《伦理学原理》(有趣的是《数学原理》也仿照它命名,而不是用其它方式)中找到自己的圣经,而现在想着(依罗素看)过花前月下、良辰美景的退隐生活。年轻人也倾向于彼此关爱。我们涉及了与圈子中长者的讨论:维特根斯坦坚持认为,数学会提升一个人的品位,因为品味得自真诚的思考。他们全都反对他,这也许是典型的情况。总之他试图离开学会(使徒社),觉得那些年轻人"还没梳理好自己,这一过程尽管必要,但不甚得体"。(他作为高级成员重新加入学会则是很久以后的事儿。)

除了年轻人的不成熟外,他对他们有什么反对意见?他批评摩尔的《伦理学原理》,一方面批评它的风格("含糊的东西不能通过重复而获得一丁点儿清晰"),另一方面也批评它的内容:它打算描述善的本性。维特根斯坦不要别的,只要诚实,只愿成为(正如罗素迫使他说出的)一个充满热情的人。他的冲动强烈但从不是可耻的,原则之类东西似乎对他毫无意义。学会的那些脆弱论证

（人们仅仅因为喜爱论证而为矛盾之物或可耻之事辩护）对他来说难以容忍。还有另一件事：所有人，甚至那些长者，都缺乏他所谓的敬畏：哪怕罗素（这时候他仍然尊敬罗素）也如此平庸以至于沾沾自喜于相对以前时代自己时代的优越性。对世界明显抱尼采态度的劳伦斯出于类似原因也对布鲁姆斯伯里颇感不爽。

但也正是在摩尔和罗素之间，小组成员使他去写作他的第一部某种意义上也是最伟大的著作。他要修补罗素的逻辑；他在两三段中要处理凯恩斯的概率问题；他要表明伦理学——摩尔的领域——不是由命题构成的。这也许正是他们从他那里想得到的东西：正如罗素告诉维特根斯坦姐姐的，他们"渴望在他那里看到哲学的下一重要进展"；而一战后他们高兴地（正如布罗德所说的）"在维特根斯坦先生长笛的高度简约的奏鸣曲中翩翩起舞"。他们还在其它方面帮助了他——他们接受他本身就是一种恩赐。在他们中间，"他找到了一位来自上天的朋友，而这正是他所渴望的"，尽管后者不完全在这个圈子里，他的这部伟大的著作就是献给他的。

他1915年告诉罗素完成的《逻辑哲学论》初稿就是这一剑桥阶段的成果，而1916-1918年间所作的补充（论上帝、自由和神秘者的部分）可说更多地是他生命后两个阶段形成的。托尔斯泰的宗教在战争时期吸引了他，而他在奥洛穆茨（Olmütz）碰到的克劳斯和鲁斯的那些年轻门徒的圈子起着助产士的作用，让他说出一些话，这些话他以前就想到了，并且像他自己所认为的，必然留着未说。[①]

[①] 关于奥洛穆茨圈子，见保罗·恩格尔曼的《路德维希·维特根斯坦的来信及回忆》，布瑞恩·麦克奎尼斯编（Oxford：Blackwell，1967）和我的《青年路德维希》（Oxford：Clarendon Press，2005）第246页以下。

罗素对这样的神秘主义感到震惊，而有一丁点儿宗教痕迹就足以让某人从布鲁姆斯伯里社交圈中被放逐。"我们已失去汤姆"是弗吉尼亚·伍尔夫对 T. S. 艾略特皈依的评论。

除了这点无关因素，正如他认为的，这本书使罗素着迷。它由意大利卡西诺的战俘营转来，1918 年奥匈帝国投降后，维特根斯坦在那里度过了大部分俘虏生活，直到 1919 年 8 月。他带着被摩尔称为《逻辑哲学论》的完整手稿，经过凯恩斯的斡旋被安全带往英国。

1919 年 12 月，亦即从战俘营释放不久，维特根斯坦能够在海牙(显然有必要前往一个中立国)与罗素会面，两个朋友在此对该书进行了热烈讨论(书信 65 - 76)。返回英国后，罗素给该书写了导言(维特根斯坦对之并不认可)，还以其它方式帮助该书以德文和英文对照本出版(书信 88 - 96)。两人还在 1922 年会面于因斯布鲁克(见 95 的注释)。这次会面某种程度上是不愉快的，此后他们的友谊再也没有恢复到从前，尽管一开始还有几封亲切的书信(96 - 97)。

后面几年，维特根斯坦将他的全部财产交给家庭，脱离哲学变成了下奥地利偏僻村庄的小学教师(1920 - 1926)，但这并不意味着他完全中断了与剑桥的联系。在 1923 年年初，他写信给凯恩斯试图恢复联系(书信 98)。一年时间未能得到回信，但同一时间(1923 年 9 月)凯恩斯的一位年轻朋友，著名数学家和哲学家弗兰克·拉姆塞(他曾为 C. K. 奥格登翻译《逻辑哲学论》)，从剑桥看望身在施内堡山麓普赫贝格的维特根斯坦。他似乎在此待了至少两周，每天与维特根斯坦长时间讨论，后者向他解释了《逻辑哲学论》。这些交谈的结果之一是对德文本和英文新版所做的一系列订正,其中大部分纳入1933年的第二次印刷。① 毫无疑问,拉姆塞的报告激发了凯恩斯的巨大的努力,帮助维特根斯坦返回剑桥(见书信111、112和115)。有证据表明,1923年秋天维特根斯坦本人曾考虑放弃当时教师工作而回到剑桥完成学位的可能性。但是,一年以后,他回绝了凯恩斯的邀请,向凯恩斯本人和拉姆塞解释了理由,后者再次前往奥地利访问。

然而,1925年8月,维特根斯坦的确访问了英国,跟凯恩斯待在一起,会见了拉姆塞和其他朋友。凯恩斯承担了这一行程的费用(书信110－111)。这还与布鲁姆斯伯里典型的理智的和个人的生活之间的相互交织一起发生。凯恩斯新近与可爱但好发奇想的丽迪雅·洛普科娃结婚:这些天确实还是他们的蜜月期。拉姆塞也处在结婚前夕,但不得不离开新娘前往苏塞克斯,以便维特根斯坦能有个交谈的人。吉奥弗里·凯恩斯及其夫人应邀打理聚会,弗吉尼亚·伍尔夫和伦纳德·伍尔夫从邻近前来帮忙。我们从其他出处了解到这事儿——布鲁姆斯伯里人接受了丽迪雅的突发奇想;主题的这一有点随意的改变使维特根斯坦很不满意,因为不是让他出席一场辩论会;维特根斯坦与拉姆塞进行长时间的散步,这使他们有机会在精神分析问题上发生争吵。(争吵已被证明,主题可能是这个。)所有这些事件推迟了他重返剑桥和哲学。

还有两件事交叠着,每个都值得分别叙述:昆德曼街的房子的

---

① 见 C. 莱维"关于《逻辑哲学论》文本的注释",《心》,76(1967年),第417－423页,以及书信99、107和152。

修建(某种意义上返回去关注奥洛穆茨社交圈),以及与此交错着开始与维也纳学派一些成员的适当讨论。① 然而,出于多种原因,我们可以轻易猜测,维也纳不是他的工作之地:他只是个富有的业余爱好者,除非他放弃全部资产;并因此似乎是个依附自己家族的家伙。剑桥才是归宿之所,于是1929年年初他返回弗兰西斯·康福德的剑桥,"那人准备演讲,长衫随风飘扬的剑桥"。他在此受到热烈欢迎,既因为他还是弱冠青年时就已为人知晓,亦因为他现在在学术界已有名望。这一故友圈子保护他(尤其在三一学院)免受不时而来的谴责。②

凯恩斯向丽迪雅写信说,"上帝到了",的确维特根斯坦开始时主导了他们的生活。先待在国王学院的客房,然后与拉姆塞待一起(他们忘记了之间的争吵),两种情况都超过了正常的时间。他们将他与当时年轻人和左派的导师莫里斯·多布安排在一起,在此他重续16年前的生活,让自己平心静气地面对这一切。他与摩尔的争吵也很快翻过去了——这也许是充满着希望的时期,维特根斯坦的个人魅力还没有因为他对他人和对自己的要求而变得暗淡。

---

① 第一手资料见赫伯特·费格尔的"维也纳学派在美国",载《美国历史的视角》,第2卷(Cambridge, Mass.: Harvard University Press, 1968),第639页;卡尔·门格尔的《维也纳学派回忆录》各处,B. 麦克奎尼斯、L. Golland 和 A. Sklar 编(Dordrecht and Boston: Kluwer, 1994)。《维特根斯坦与维也纳学派》,F. 魏斯曼记录的对话,B. F. 麦克奎尼斯编,B. F. 麦克奎尼斯与 J. 舒尔特译(Oxford: Blackwell, 1978)(德文版,*Wittgenstein und der Wiener Kreis*,B. 麦克奎尼斯编(Oxford: Blackwell, 1967)),包含着总的说明和后期对话。

② 一位著名古典学者写信给我说:"他似乎忽视了,研究员职位不仅有特权,而且有某些责任"。但是,接近董事会("三一学院高层")的利特尔伍德、哈代和其他人都体谅他。

从形式上说，他是在 1929 年 1 月 18 日重入三一学院和大学的：不久便放弃了只是来度假的想法。大斋期和复活节学期他一直待在这里，6 月 18 日申请博士学位，《逻辑哲学论》被接受为学位论文。拉姆塞形式上为其导师，摩尔和罗素为其答辩人。1929 - 1930 年的三个学期以及 1930 年的米迦勒节学期，他都住在学校（现在是奎金夫人格兰切斯特路的房子）。在 1929 - 1930 学年，受道德科学学院董事会邀请开设哲学逻辑的讲座，获得少量薪金。1930 年 10 月转为学院讲师，以后几年一直任这一职位。1930 年 12 月 5 日被选为三一学院 B 资格研究员，先住在主教旅馆，后来搬回位于惠威尔院塔楼顶层他原来本科生时的房间。① 一次续约后，1935 - 1936 学年结束时他的研究员职位最终到期，当时他的学院讲师资格也要到期。

跟拉姆塞的讨论充满快乐——"我觉得，讨论就像某种耐力运动，而且是在美好精神状态下进行的，其中充满情义。这些讨论教给我一定程度思考的勇气。"然后他反省是否能以自己的方式追求"科学"(Wissenschaft，他后来避免使用的词)。② 讨论的主题(由于拉姆塞在一年内患病并去世而中止)可以猜得到——视觉空间、物理学和数学的(如果有的话)基础等等，但它们都具有专业性质。这真是真正地返回哲学。他后来谈到从拉姆塞"中肯有力的批评"

---

① 这似乎合乎他的浪漫理想：他想在钟楼找个住处，那里有奥洛穆茨的主要特征，在作为炮兵军官的观察位置，他感到自己像魔力城堡中的王子。

② "在科学中我只喜欢[我相信意指不只喜欢]独自漫步"(MS 105，第 4 页(1929 年 2 月 15 日))。关于这一令人困惑的句子和拉姆塞的总体影响，见我的"维特根斯坦与拉姆塞"，载 M. C. Galavotti(编)《剑桥和维也纳：弗兰克·P. 拉姆塞和维也纳学派》(Dordrecht：Springer，2006)，第 19 - 28 页。

中获益良多绝不是无中生有。[1]尽管正如我们将看到的,要进入新的路径他还需要更多东西。

在剑桥早期他处在布鲁姆斯伯里圈中的另一个标志是,维特根斯坦正式回到学会(使徒社),而且他对年轻人的文学、戏剧和音乐活动感兴趣,这首先是有特权的年轻人——如里维斯所讽刺描述的"所有那些温切斯特人"("所有那些朱利安·贝尔"是维特根斯坦自己的用语)。他与达蒂·赖兰兹漫步学院花园,解释莎士比亚如何必定会出现。他分析威廉·恩普森派诗歌的象征。他批评约翰·黑尔(后来的利斯托维尔勋爵)的歌唱,评论朱利安·特里维廉的绘画。

某些事——可能不只一件事——改变了他。他的观点也许没有受到应得的关注。赖兰兹笑对他所给的建议,而朱利安·贝尔写了带诗味的口信寄给布雷斯威特,抗议维特根斯坦主张的文化霸权。约翰·康福德对自己老师们的蔑视部分可能针对维特根斯坦,因为后者明显对此感到不满。[2] 他在政治上无别于他们,因为他坚定地同情左翼。他并不反对他的挚友斯金纳去参加西班牙内战的想法;战争中死去的四个剑桥学生中三个是他的学生[3],第四

---

[1] 《哲学研究》前言,G. E. M. 安斯康姆和 R. 里斯编(Oxford: Blackwell, 1953),第 ix 页("dieser stets kraftvollen und sicheren Kritik")。

[2] 雅克·辛提卡告诉我,他听到维特根斯坦(在 1949—1950 年)强调,约翰·康福德认为自己从老师那儿没有学到什么东西是多么的错。

[3] 朱利安·贝尔、大卫·格斯特(两人都对维特根斯坦的说法持马克思主义的异议)和艾弗·希克曼,他们致维特根斯坦的少量信件表明的是在尊敬和友情之外的健全独立性。在讣告通知中(《基督学院杂志》,1939 年),当时的研究员 C. P. 斯诺将他描述为在意义的意义等等问题上"极其喜欢抽象思想好"。他的去世可能是反对德鲁利关于"未来生活"性质的时机(R. 里斯《回忆维特根斯坦》(Oxford: Oxford University Press, 1984),第 132 页)。

个是上面提到的有点反叛的学生约翰·康福德。维特根斯坦开始在较少特权却更为诚实的圈子中寻找朋友和学生,他们都主要关心个人的进步:金、李和汤森,他们出版了听他讲座的笔记;斯金纳周围的圈子;尤其德鲁利、斯麦瑟斯和里斯,跟他保持紧密联系直到临终。每一小组都值得描述,但都不被认为与布鲁姆斯伯里圈子有什么关联。但是,他们准备好接受门徒的艰巨任务:这意味着,他们必须抓住核心的东西,也要准备好跟维特根斯坦意见不一,但他们首先不能抱着玩的想法或其他什么目的。一些更成熟的学生提供了本书的特定部分,他们后来的书信描述了将从维特根斯坦学来或与他一起学到的东西付诸实践的种种尝试。在对于无意义的问题上与维特根斯坦有共同的观念并推动维特根斯坦的看法——冒充哲学家的科学家如琼斯和艾丁顿的荒谬——的沃森在其《论理解物理学》那里,也许是维特根斯坦能够拥有的最好代言人之一。后来,阿利斯特·沃森(或许是有魅力的年轻使徒圈子与他保持联系的仅有者)以某种程度上维特根斯坦式的观念提供的同一方式致力于研究数学的基础(或缺乏基础)。

遵从我所考察的牛津通行的社会法则(这无疑是普遍趋向的特定形式),一个他感到特别亲近的朋友小组(跟他一样是外国人)的人(虽不是必然但却自然而然)很难轻易融入学院的安逸世界。意大利教授皮科利是一个例子;稍后的语言学家、诗人和四处流亡的尼古拉·巴赫金(米哈伊尔·巴赫金的哥哥)是另一例子。但这类人的主要代表无疑是皮耶罗·斯拉法,他是凯恩斯为了保护他而将之带出墨索里尼的意大利的门徒(不久就变得与之地位相当了)。维特根斯坦遇到了跟他一样有意志力的人。斯拉法已发表了一篇开创性的文章,某种程度上可媲美维特根斯坦的《逻辑哲学论》,而且按阿玛蒂亚·森说,现在被看作是"一般社会的政治权利的基础经济问题(其中一些问题已讨论了超过两百年)"。① 森补充说,如果斯拉法自己不曾拥有哲学地位,那的确很奇怪,他超越了"当代主流经济学中普遍援用的实证主义或表征性推导的非常有限的界限"。这一地位究竟是什么(当然并未公开宣布为哲学地位),能从这里收集的书信往来中大概看出或感觉到。②

下面这类讨论有过多次:两人通常每周见面一次,几乎在固定的时间,没有包括太多题目,包括的是关于大多日常事务(政治事件或所提议的任何事项)的思维错误,有待将来避免的不仅有普通谬见,可以称作认知误区(*pseudodoxia epidemica*),而且也有他们在自己思维中发现的错误。有时直接讨论维特根斯坦的哲学。那不勒斯手势的轶事很有名——"那东西的语法是什么?"斯拉法问道。当维特根斯坦下定决心对自己所改变的观点做出明确说明时,③他将斯拉法的这一问题看作是对自己以前关于逻辑晶体般特征的学说的两个核心冲击之一。④ 斯拉法曾向他表明,他必须将他不能给出规则和语法的东西接受为标志性东西。

他立即将这点与如下领悟联系起来,即没有语言的本质,没有

---

① 阿玛蒂亚·森:"斯拉法、维特根斯坦和葛兰西",《经济文献杂志》,41(2003年),第 1240—1255 页。

② 尤其见 1934 年的往来书信和备忘录(169—175)。

③ 在与 MS 142(1936—1937)同一时期的粗皮笔记本(MS,157b)之中,前者是《哲学研究》开头部分的基础。《哲学研究》§§ 89—133 许多关于哲学性质的段落是这一笔记的回响。

④ 另一个是家族相似观念,他认为得自斯宾格勒,也用于对抗本质的假设。

要挖掘的意义领域。我们应放弃思想的灵性(pneumatic)理论①，认为在我们的理解和意义背后存在着我们也许只能瞥见的某种结构(某种具体东西,维特根斯坦在这一语境中实际使用的词),而我们的思想或话语只有以此为基础才有意义。② 这一深层结构或框架现在消失了。他还这样描述过这种理论,即它预设,含义是我们赋予生命的某种东西(像孩子一样),它继而有了自己的生命,我们只能去遵循和考察它。含义或意义并不是这样,因为只有我们的持续活动才赋予含义或意义以生命。这点的警句式总结已出现在其《褐皮书》(1934–1935)中。

尽管斯拉法使他感觉到像砍掉了树枝的树,但斯拉法最终觉得他们的交谈过多——"维特根斯坦,我可不受你欺负啊",斯麦瑟斯(可以说是受他们俩欺负的人)听见他说。斯拉法甚至在其研究工作的某些方法和目的上类似维特根斯坦。维特根斯坦也让他们的共同朋友拉姆塞和阿利斯特·沃森在他所需要的数学方面帮助自己,但他只从他们那里汲取自己真正需要的东西。

大约这一时期(见信件 190–191 及注释),维特根斯坦似乎有个总的计划(因环境而常做修改),如果可能的话出版自己的成果,并且离开学术生活,无论如何要离开英国。1935 年 9 月,他抱着

---

① 《哲学研究》英文本 §109 误述为"the conception of thought as a gaseous medium"(作为空气媒介的思想概念)。*Pneuma*,其隐含的是赋予生命的某种东西,肯定不是气体。(维特根斯坦本人说"超凡的"(ethereal)一词更合适。)

② 约阿希姆·舒尔特在新近的文章中充分阐述了维特根斯坦的 pneuma 观念如何深植于斯宾格勒的观念,大约在与斯拉法起初对话时,他刚好在阅读斯宾格勒("思想的灵性概念",《格雷泽哲学研究》71(2006),第 39–55 页)。在斯宾格勒看来,这个观念是典型的魔术思维方式。

在那里开始新生活的想法访问了苏联,而1938年年初他考虑去爱尔兰学习医学。在这两件事之间,因为没有职位,1936年的其余时间(研究员职位到期之后)和1937年大部分时间在挪威的小屋度过,准备出版自己的书,同时思考他所发觉的自身的缺陷。后一关注的一个结果是1937年年初对家人和朋友的一系列忏悔,而前一活动确实最终使他向剑桥大学出版社提交了《哲学研究》的早期版本,尽管不清楚它是否完整,尽管他难以找到合适的翻译者。他并不总是一心想出版,因为1938年有段时间,他好像(见信件215)考虑将稿子交给三一学院图书馆,以便在他死后出版(这差不多也是最终发生的情况)。

1938年3月奥地利被吞并也许决定性地改变了维特根斯坦的打算。他不得不考虑自己的处境,是否要改变自己的国籍,如果要改变的话要什么新国籍,一个相关问题是如何帮助家人免受种族迫害。他还不得不找个工作。一些信件表明他如何在凯恩斯和斯拉法的帮助和建议下解决这些问题。事实上,后来的将近一年时间他都在处理入籍英国的申请事项。1938年春季学期他也偶尔对一个挑选出的小组恢复以前的教学活动,在复活节学期要更规律些(尽管仍是免费)。当时没有合适的讲师职位,尽管1938-1939学年获得一些薪酬,但他被告知,过了这个阶段不能保证再有此类薪酬。

1939年年初,维特根斯坦申请哲学教授职位(将在10月份由摩尔腾出)而且获选,这次仍寻求凯恩斯的帮助和建议,尽管实际上不需要多大帮助。10月他接替教席并在三一学院再次当选,从这时期获得教授津贴。除了因战争工作以及1943年和1944年间的写作而离开，他都一直在岗。1945年1月他重新开始教授之职，一直持续到1947年夏季离职：这年的秋季学期是离职休假时期，他在该公历年年底正式从教授津贴职位辞职。本书中有取自大学档案馆的摘录，它们详细说明了所有这些变化。

在其剑桥的大部分时间（资格证明书，见信件199），维特根斯坦对那里的哲学讨论学会——道德科学俱乐部——的活动相当感兴趣，这在信件中常常提到。正是他1912年首次提议要选出引导讨论的执行主席。这一职位跟会长职位的区别，我还无法揣测。很长一段时间主席是摩尔，但最终维特根斯坦基本上继承了他的这一角色以及其哲学教席。维特根斯坦对俱乐部会议的关注几乎与对自己讲座或课堂的关注相当。本书包含摘自备忘录的一系列摘要，还有三一数学学会维特根斯坦发言的两次会议（最新发现）的备忘录。

从教授职位辞职后，维特根斯坦继续在爱尔兰、在访问美国期间，甚或在维也纳从事哲学工作。他也在牛津和剑桥间走动。他的阅读和兴趣多种多样，疾病对他工作的影响可以在他给冯·赖特（现在是他的继任者）、拉什·里斯和诺曼·马尔科姆的信件中看到。这些信件常常有重复，所以被有选择地收录。1949年间他的致命疾病在不断恶化，1951年4月逝世于剑桥，坚持工作直至临终。

维特根斯坦通常将所收到的信件，不管是否重要或是否有意思都保存下来。这也许在第一次世界大战前就如此，因为很难想象维特根斯坦比如毁掉罗素的信件。但那个时期的任何东西可能都无可挽回地丢失了。他在一战期间和20世纪20年代初所收到的书信新近才在他一个亲人房中找到。它们只是由于维也纳的夏洛特·埃德尔夫人的匆匆一瞥才免于毁掉。20 世纪 20 年代后期,当他还住在奥地利时,他以朋友路德维希·亨泽尔的房子为他的中心,出于安全考虑将许多信件留在那儿。这两批书信现大多数存放在维也纳的奥地利国家图书馆和因斯布鲁克的布伦纳档案馆。最后,现在很多散失的维特根斯坦 20 世纪 30 年代和 20 世纪 40 年代在剑桥收到的相当多书信在他去世时夹在文稿中。

对于某些朋友和可能全部家人,他保留了全部信件,但对于其他人只留了一两封信,也许是很有特点而被留作了纪念。对于剑桥的朋友和同事来说这种情况很自然,这里人们的通信大多数都是安排会面的事情,关系主要还是靠当面处理。这里印出来自摩尔的两封信可能是维特根斯坦保存的全部的摩尔的来信,我们收入多达 9 份来自凯恩斯的信件,只是因为后者常包含去信的复写件。斯拉法的重要信件是维特根斯坦信束中的单件。来自斯拉法的其它备忘录或笔记保留在斯拉法自己的文件中,尽管显然是写给维特根斯坦读的。①

另一方面,罗素和凯恩斯保留着几乎所有任何兴趣的信件。斯拉法也一样,尽管如上所述他的信件在其晚年受损,很难说得到安全完整的保存。对于摩尔简直可以说书信碎片都保存着,因而跟这儿印出的所有书信和短束一起,还有来自圣诞节和复活节的大量明信片。一些有趣的地方是,维特根斯坦从维也纳会寄有约瑟夫广场之类的彼得麦式风景的高雅明信片——他姐姐会从科尔

---

① 在《剑桥书信集》(1995)时期还不知道这些。

市场文具店成盒地订制——，他寄的英国明信片的插图和随诗倒挺一般，比如：

> 若是心愿可以数计，你生命里
> 必已满是真挚的福庇
> 因我衷心希望
> 诸般好事皆归于你

这不是剑桥通常所寄的明信片，但（可以合理假定）他似乎更喜欢英国其它阶层生活的率真；就品味而言，他主要关切的是避免半斤八两。① 维特根斯坦与其他通信者的信件存放在不同的地方，致冯·赖特和马尔科姆的在三一学院图书馆，致里斯的在维也纳奥地利国家图书馆。维特根斯坦致 W. H. 沃森的信件最后一刻（本书付印时）发现于安大略金斯顿女王大学图书馆。致罗素的一些信件（以及罗素的一封来信）以及致凯恩斯和拉姆塞信件的部分片段是德文。它们原文刊出，但提供了英译。我为这些翻译和偶尔其它的翻译负责，包括信件 291 涉及的诗歌的翻译。

维特根斯坦早年英语并不是很地道，他的拼写不管是英语还是德语都从不完全确定。作为编者，我的办法是完全不管语法和习语。拼写和标点只是在避免误解时才做修正，但一般保留着其不同寻常的形式，一两封信会留下不正式的印象。这对于维特根

---

① T. 雷德帕斯：《路德维希·维特根斯坦：一个学生的回忆》（London: Duckworth, 1990），第 94 - 95 页，在进行类似的观察过程中，认为维特根斯坦在避免"唯美"。在致马尔科姆的信中，维特根斯坦表现"多愁善感"（见 416）。

斯坦和他的通信者来说都如此。有时有趣的是，少量疏忽表现了他们不熟悉或漠视所涉及的英语或德语名字或概念。当他远离英国或者兴奋地写信给斯拉法时，维特根斯坦更频繁地脱离英语。一些词，词的某些部分，或者方括号中的数字，都是编者插入或猜测的。

维特根斯坦的一个典型风格是他使用下划线强调词和术语。这里一次下划的词用楷体印出，两次下划的词用**小号黑体**，三次下划的词用**正常黑体**，四次下划的词用**下划的正常黑体**。①

信件和文献按时间顺序或我们认为的时间顺序排列，出于参考目的而标以数字，在文本中连续使用123。书末的通信者和文献来源列表（附有信件号码），方便人们查找特定信件或其他的有关内容。

---

① 鉴于中文表达习惯，原来的"斜体"改用"楷体"，原来的三种"大写"改用三种"黑体"。——中译者注

书信和文件清单

1912

1. 致 B. 罗素,[1912 年 6 月 11 日] ………… 51
2. 致 B. 罗素,1912 年 6 月 22 日 ………… 52
3. 致 B. 罗素,1912 年 7 月 1 日 ………… 54
4. 致 B. 罗素,[1912 年夏] ………… 55
5. 致 B. 罗素,1912 年 8 月 16 日 ………… 58
6. 致 B. 罗素,[1912 年夏] ………… 60
7. 摘自道德科学俱乐部的备忘录,1912 年 11 月 29 日 ……… 60
8. 致 B. 罗素,1912 年 12 月 26 日 ………… 61

1913

9. 致 J. M. 凯恩斯,1913 年 1 月 3 日 ………… 63
10. 致 B. 罗素,1913 年 1 月 6 日 ………… 64
11. 致 B. 罗素,1913 年 1 月 ………… 65
12. 致 B. 罗素,1913 年 1 月 21 日 ………… 67
13. 致 B. 罗素,1913 年 3 月 25 日 ………… 68
14. 致 B. 罗素,[1913 年 6 月] ………… 69

15. 致 J. M. 凯恩斯,1913 年 6 月 22 日 …………………… 70
16. 致 J. M. 凯恩斯,1913 年 7 月 16 日 …………………… 71
17. 致 B. 罗素,1913 年 7 月 22 日……………………………… 72
18. 致 B. 罗素,[1913 年夏] ……………………………………… 73
19. 致 B. 罗素,[1913 年夏] ……………………………………… 74
20. 致 B. 罗素,[1913 年] ………………………………………… 75
21. 致 B. 罗素,1913 年 9 月 5 日 ……………………………… 76
22. 致 B. 罗素,1913 年 9 月 20 日……………………………… 77
23. 致 B. 罗素,1913 年[10 月] 17 日 ………………………… 79
24. 致 G. E. 摩尔,[1913 年 10 月 23 日] …………………… 81
25. 致 B. 罗素,1913 年 10 月 29 日 …………………………… 82
26. 致 B. 罗素,[1913 年 11 月]………………………………… 84
27. 致 B. 罗素,[1913 年 11 月] ………………………………… 87
28. 致 B. 罗素,[1913 年 11 月] ………………………………… 89
29. 致 G. E. 摩尔,1913 年 11 月 19 日 ……………………… 93
30. 致 B. 罗素,[1913 年 11 月或 12 月] ……………………… 94
31. 致 G. E. 摩尔,[1913 年 12 月] …………………………… 101
32. 致 B. 罗素,1913 年 12 月 15 日…………………………… 102
33. 致 B. 罗素,[1913 年圣诞节]………………………………… 104

1914

34. 致 B. 罗素,[1914 年 1 月]…………………………………… 108
35. 致 G. E. 摩尔,[1914 年 1 月 30 日] ……………………… 113
36. 致 B. 罗素,[1914 年 2 月]…………………………………… 114

37. 致 G. E. 摩尔,1914 年 2 月 18 日 …………………………… 118
38. 致 B. 罗素,1914 年 3 月 3 日 ……………………………… 120
39. 致 G. E. 摩尔,1914 年 3 月 5 日 …………………………… 124
40. 致 G. E. 摩尔,[1914 年 3 月] ……………………………… 124
41. 致 G. E. 摩尔,1914 年 5 月 7 日 …………………………… 125
42. 致 B. 罗素,[1914 年 6 月] ………………………………… 127
43. 致 G. E. 摩尔,1914 年 7 月 3 日 …………………………… 130
44. 致 B. 罗素,[1914 年圣诞节] ……………………………… 132

1915

45. 致 J. M. 凯恩斯,[1915 年 1 月 4 日] ……………………… 135
46. J. M. 凯恩斯的来信,1915 年 1 月 10 日 …………………… 136
47. 致 J. M. 凯恩斯,[1915 年 1 月 25 日] …………………… 138
48. B. 罗素的来信,1915 年 2 月 5 日 ………………………… 139
49. B. 罗素的来信,1915 年 5 月 10 日 ……………………… 141
50. 致 B. 罗素,1915 年 5 月 22 日 …………………………… 144
51. 致 B. 罗素,1915 年 10 月 22 日 ………………………… 146
52. B. 罗素的来信,1915 年 11 月 25 日 ……………………… 149

1919

53. 致 B. 罗素,1919 年 2 月 9 日 ……………………………… 151
54. B. 罗素的来信,1919 年 3 月 3 日 ………………………… 152
55. 致 B. 罗素,1919 年 3 月 10 日 …………………………… 152
56. 致 B. 罗素,1919 年 3 月 13 日 …………………………… 153

57. J. M. 凯恩斯的来信,1919 年 5 月 13 日 ………………… 155

58. 致 J. M. 凯恩斯,1919 年 6 月 12 日 …………………… 156

59. 致 B. 罗素,1919 年 6 月 12 日 ………………………… 157

60. B. 罗素的来信,1919 年 6 月 21 日 …………………… 160

61. J. M. 凯恩斯的来信,1919 年 6 月 28 日 ………………… 162

62. B. 罗素的来信,1919 年 8 月 13 日 …………………… 163

63. 致 B. 罗素,1919 年 8 月 19 日 ………………………… 166

64. 致 B. 罗素,1919 年 8 月 30 日 ………………………… 169

65. B. 罗素的来信,1919 年 9 月 8 日 ……………………… 172

66. B. 罗素的来信,1919 年 9 月 12 日 …………………… 173

67. 致 B. 罗素,1919 年 10 月 6 日 ………………………… 174

68. B. 罗素的来信,1919 年 10 月 14 日 …………………… 176

69. 致 B. 罗素,1919 年 11 月 1 日 ………………………… 177

70. B. 罗素的来信,1919 年 11 月 13 日 …………………… 180

71. 致 B. 罗素,1919 年 11 月 21 日 ………………………… 181

72. B. 罗素的来信,1919 年 11 月 24 日 …………………… 183

73. 致 B. 罗素,1919 年 11 月 27 日 ………………………… 184

74. B. 罗素的来信,1919 年 11 月 27 日 …………………… 186

75. B. 罗素的来信,[1919 年 12 月] ……………………… 187

1920

76. 致 B. 罗素,1920 年 1 月 8 日 …………………………… 189

77. 致 B. 罗素,1920 年 1 月 19 日 ………………………… 191

78. B. 罗素的来信,1920 年 2 月 2 日 ……………………… 192

79.致 B．罗素,1920 年 3 月 19 日 …………………… 193

80.B．罗素的来信,1920 年 3 月 19 日 ……………… 195

81.致 B．罗素,1920 年 4 月 9 日 ……………………… 196

82.致 B．罗素,1920 年 5 月 6 日 ……………………… 197

83.B．罗素的来信,1920 年 7 月 1 日 ………………… 200

84.致 B．罗素,1920 年 7 月 7 日 ……………………… 201

85.致 B．罗素,1920 年 8 月 6 日 ……………………… 202

86.致 B．罗素,1920 年 9 月 20 日 …………………… 204

1921

87.B．罗素的来信,1921 年 2 月 11 日 ………………… 207

88.B．罗素的来信,1921 年 6 月 3 日 ………………… 208

89.致 B．罗素,1921 年 10 月 23 日 …………………… 210

90.B．罗素的来信,1921 年 11 月 5 日 ………………… 212

91.致 B．罗素,1921 年 11 月 28 日 …………………… 214

92.B．罗素的来信,1921 年 12 月 24 日 ……………… 216

1922

93.B．罗素的来信,1922 年 2 月 7 日 ………………… 219

94.致 B．罗素,[1922 年] ……………………………… 220

95.B．罗素的来信,[1922 年 5 月 9 日] ……………… 223

96.致 B．罗素,[1922 年 11 月或 12 月] ……………… 224

1923

97. 致 B. 罗素, 1923 年 4 月 7 日 ……………… 228
98. 致 J. M. 凯恩斯, [1923 年 4 月] ……………… 230
99. 致 F. P. 拉姆塞, [1923 年] ……………… 231
100. F. P. 拉姆塞的来信, 1923 年 10 月 15 日 ……… 235
101. F. P. 拉姆塞的来信, 1923 年 11 月 11 日 ……… 238
102. F. P. 拉姆塞的来信, 1923 年 12 月 27 日 ……… 241

1924

103. F. P. 拉姆塞的来信, 1924 年 2 月 20 日 ……… 245
104. F. P. 拉姆塞致 J. M. 凯恩斯的信, 1924 年 3 月 24 日
    ……………………………………………… 248
105. J. M. 凯恩斯的来信, 1924 年 3 月 29 日 ……… 250
106. 致 J. M. 凯恩斯, 1924 年 7 月 4 日 ……………… 252
107. F. P. 拉姆塞的来信, 1924 年 9 月 15 日 ……… 256
108. J. M. 凯恩斯的来信, 1924 年 12 月 27 日 ……… 257

1925

109. 致 J. M. 凯恩斯, 1925 年 7 月 8 日 ……………… 259
110. 致 J. M. 凯恩斯, [1925 年 7 月或 8 月] ……… 260
111. 致 J. M. 凯恩斯, 1925 年 8 月 7 日 ……………… 260
112. 致 J. M. 凯恩斯, 1925 年 10 月 18 日 ………… 261

1927

113. 致 F. P. 拉姆塞,1927 年 7 月 2 日 …………………… 263
114. F. P. 拉姆塞的来信,[1927 年 7-8 月] ……………… 267
115. 致 J. M. 凯恩斯,[1927 年夏] ……………………… 270

1928

116. 致 J. M. 凯恩斯,[1928] …………………………… 272

1929

117. 致 F. P. 拉姆塞,[1929 年初] ……………………… 273
118. F. P. 拉姆塞的来信,[1929 年春] ………………… 275
119. 致 J. M. 凯恩斯,[1929 年 5 月] ……………………… 277
120. 摘自道德科学俱乐部的备忘录,1929 年 5 月 10 日 …… 279
121. 摘自道德科学俱乐部的备忘录,1929 年 5 月 17 日 …… 280
122. J. M. 凯恩斯的来信,1929 年 5 月 26 日 …………… 280
123. 致 G. E. 摩尔,[1929 年 6 月 15 日] ………………… 281
124. 致 G. E. 摩尔,[1929 年 6 月 18 日] ………………… 283
125. 致 B. 罗素,[1929 年 7 月] ………………………… 284

1930

126. 一首书信体诗文 …………………………………… 286
127. 致 G. E. 摩尔,[1930 年 3 月底] …………………… 300
128. 致 B. 罗素,[1930 年 4 月 25 日] …………………… 302

129. B. 罗素致三一学院委员会的信,1930年5月8日 …… 303
130. 关于朱利安·贝尔的"论维特根斯坦的书信体诗文"…… 305
131. R. B. 布雷斯威特的来信,1930年5月16日 …… 306
132. 摘自三一数学学会的备忘录,1930年5月28日 …… 307
133. 摘自J. E. 李特尔伍德致三一学院委员会的信,
　　1930年6月1日 …… 309
134. 致G. E. 摩尔,1930年6月18日 …… 311
135. 致G. E. 摩尔,[1930年]7月26日 …… 312
136. 致G. E. 摩尔,[1930年8月] …… 313
137. R. E. 普里斯特利的来信,1930年12月2日 …… 314
138. 三一学院院长的来信,1930年12月5日 …… 314

1931

139. 致P. 斯拉法,[1931年2月18日] …… 316
140. 致W. H. 沃森,1931年8月19日 …… 317
141. 致G. E. 摩尔,1931年8月23日 …… 319
142. 致W. H. 沃森,1931年10月30日 …… 320
143. W. H. 沃森的来信,1931年11月12日 …… 322

1932

144. 摘自P. 斯拉法的笔记,[1932年1-2月] …… 324
145. 致W. H. 沃森,1932年3月4日 …… 325
146. W. H. 沃森的来信,1932年3月6日 …… 327
147. 致W. H. 沃森,1932年4月8日 …… 328

148. W. H. 沃森的来信,1932 年 5 月 25 日 ⋯⋯⋯⋯⋯⋯ 331
149. 致 W. H. 沃森,1932 年 6 月 13 日 ⋯⋯⋯⋯⋯⋯⋯ 333
150. W. H. 沃森的来信,1932 年 9 月 2 日 ⋯⋯⋯⋯⋯⋯ 334
151. 致 W. H. 沃森,1932 年 11 月 4 日 ⋯⋯⋯⋯⋯⋯⋯ 336
152. W. H. 沃森的来信,1932 年 11 月 13 日 ⋯⋯⋯⋯⋯ 338
153. 致 W. H. 沃森,1932 年 11 月 24 日 ⋯⋯⋯⋯⋯⋯ 339
154. W. H. 沃森的来信,1932 年 12 月 29 日 ⋯⋯⋯⋯⋯ 340

1933

155. 致 M. L. 卡特赖特,[1933 年 1 月] ⋯⋯⋯⋯⋯⋯⋯ 342
156. 致 W. H. 沃森,1933 年 4 月 26 日 ⋯⋯⋯⋯⋯⋯⋯ 344
157. 致凯根·保罗,[1933 年 5 月 20 日之后] ⋯⋯⋯⋯⋯ 345
158. 致《心》的编辑(G. E. 摩尔),1933 年 5 月 27 日 ⋯⋯ 346
159. 致 G. E. 摩尔,[1933 年 5 月 27 日之后] ⋯⋯⋯⋯⋯ 348
160. 致 C. K. 奥格登,1933 年 6 月 21 日 ⋯⋯⋯⋯⋯⋯ 348
161. 致 G. E. 摩尔,[1933 年 10 月底] ⋯⋯⋯⋯⋯⋯⋯ 349
162. C. L. 斯蒂文森的来信,[1933 年] 11 月 18 日 ⋯⋯⋯ 350
163. 致 W. H. 沃森,1933 年 12 月 11 日 ⋯⋯⋯⋯⋯⋯ 352
164. 致 G. E. 摩尔,[1933 年 12 月] ⋯⋯⋯⋯⋯⋯⋯⋯ 354
165. 致 C. L. 斯蒂文森,1933 年 12 月 22 日 ⋯⋯⋯⋯⋯ 355
166. H. S. M. 考克斯特的来信,1933 年 12 月 29 日 ⋯⋯ 356

1934

167. 致 H. S. M. 考克斯特,[1934 年 1 月 13 日] ⋯⋯⋯⋯ 360

168. W. H. 沃森的来信,1934 年 1 月 14 日 ………… 361

169. 致 P. 斯拉法,[1934 年 1 月 19 日] ………… 362

170. 致 P. 斯拉法,[1934 年 1 月 31 日] ………… 363

171. 写给 P. 斯拉法的笔记,[1934 年 2 月 21 日] ………… 366

172. P. 斯拉法的笔记,[1934 年 2 月 23 日] ………… 369

173. 致 P. 斯拉法,[1934 年] 2 月 27 日 ………… 371

174. P. 斯拉法的笔记,[1934 年 3 月 4 日] ………… 372

175. 致 P. 斯拉法,1934 年 3 月 11 日 ………… 373

176. A. 安布罗斯的来信,1934 年 6 月 22 日 ………… 374

177. 致 A. 安布罗斯,[1934 年] 8 月 18 日 ………… 378

178. 致 G. E. 摩尔,[1934 年 9 月 10 日] ………… 379

179. 致 C. L. 斯蒂文森,1934 年 9 月 10 日 ………… 380

180. 致 W. H. 沃森,1934 年 11 月 25 日 ………… 381

181. 致 R. E. 普里斯特利,1934 年 12 月 11 日 ………… 383

1935

182. C. L. 斯蒂文森的来信,1935 年 1 月 15 日 ………… 385

183. 致 A. 安布罗斯,1935 年 1 月 17 日 ………… 387

184. 致 P. 斯拉法,[1935 年 3 月 17 日] ………… 388

185. R. E. 普里斯特利的来信,1935 年 3 月 26 日 ………… 389

186. A. 安布罗斯的来信,[1935 年] 5 月 16 日 ………… 391

187. 致 G. E. 摩尔,1935 年 5 月 16 日 ………… 395

188. 致 G. E. 摩尔,[1935 年] 5 月 18 日 ………… 395

189. 摘自道德科学俱乐部的备忘录,1935 年 5 月 31 日 …… 397

190. 致 J. M. 凯恩斯,[1935 年] 6 月 30 日 …………… 397

191. 致 J. M. 凯恩斯,1935 年 7 月 6 日 ……………… 399

192. J. M. 凯恩斯的来信,1935 年 7 月 10 日 ………… 401

193. 致 J. M. 凯恩斯,[1935 年 7 月 10 日之后] …… 402

194. 致 P. 斯拉法,[1935 年 7 月 13 日] ……………… 403

195. 致 P. 斯拉法,1935 年 [7 月 19 日] ……………… 404

196. 致 G. E. 摩尔,1935 年 9 月 18 日 ……………… 405

197. 致 B. 罗素,[1935 年秋] ………………………… 406

198. 致 W. H. 沃森,1935 年 10 月 19 日 …………… 408

199. 致 B. 罗素,[1935 年 11 月 28 日之前] ………… 409

1936

200. 致 P. 斯拉法,[1936 年 9 月 30 日之前] ………… 411

201. G. E. 摩尔的来信,1936 年 9 月 30 日 ………… 412

202. 致 G. E. 摩尔,[1936 年 10 月] ………………… 414

203. 致 G. E. 摩尔,[1936 年 11 月] ………………… 416

204. 致 G. E. 摩尔,[1936 年] 11 月 20 日 ………… 416

205. N. 巴赫金的来信,1936 年 11 月 22 日 ………… 418

1937

206. G. 汤姆森的来信,1937 年 1 月 5 日 …………… 421

207. 致 G. E. 摩尔,[1937 年 1 月 11 日] …………… 423

208. 致 P. 斯拉法,[1937 年 1 月 14 日] ……………… 423

209. 致 P. 斯拉法,1937 年 1 月 16 日 ………………… 424

210. 致 A. 安布罗斯,1937 年 2 月 17 日 ………………… 425
211. 致 P. 斯拉法,1937 年 3 月 3 日 …………………… 426
212. 致 G. E. 摩尔,[1937 年]3 月 4 日 ………………… 427
213. 致 W. H. 沃森,1937 年 11 月 22 日 ……………… 428

1938

214. 致 M. O'C 德鲁利,[1938 年 2 月] ………………… 430
215. 致 G. E. 摩尔,1938 年 2 月 22 日 ………………… 431
216. 致 P. 斯拉法,1938 年 3 月 12 日 …………………… 433
217. P. 斯拉法的来信,1938 年 3 月 14 日 ……………… 435
218. 致 G. 帕蒂森,1938 年 3 月 15 日 …………………… 438
219. 致 J. M. 凯恩斯,1938 年 3 月 18 日 ……………… 440
220. 致 P. 斯拉法,1938 年 3 月 30 日 …………………… 443
221. 致 P. 斯拉法,1938 年 4 月 1 日 …………………… 444
222. 致 P. 斯拉法,1938 年[4 月 20 日] ………………… 445
223. 致 J. T. 桑德斯,1938 年 5 月 14 日 ……………… 446
224. J. T. 桑德斯的来信,1938 年 5 月 20 日 …………… 447
225. 致 J. T. 桑德斯,1938 年 5 月 23 日 ……………… 448
226. 致 P. 斯拉法,1938 年 6 月 25 日 …………………… 448
227. 致 R. 里斯,1938 年 7 月 13 日 ……………………… 449
228. 致 W. H. 沃森,1938 年 7 月 28 日 ………………… 450
229. J. M. 凯恩斯的来信,1938 年 8 月 30 日 …………… 451
230. 致 R. 里斯,[1938 年 9 月 9 日] …………………… 453
231. J. 泰勒的来信,[1938 年]9 月 24 日 ……………… 454

232.致 P. 斯拉法,1938 年 9 月 29 日 ················ 458
233.致 R. 里斯,[1938 年 10 月 3 日] ··············· 459
234.致 R. 里斯,[1938 年 10 月 6 日] ··············· 460
235.致 G. E. 摩尔,1938 年 10 月 19 日 ············· 461
236.致 G. E. 摩尔,1938 年 10 月 20 日 ············· 462
237.致 P. 斯拉法,1938 年 12 月 1 日 ················ 463
238.摘自道德科学俱乐部的备忘录,1938 年 12 月 1 日 ······ 465

1939

239.致 J. M. 凯恩斯,1939 年 2 月 1 日 ··············· 467
240.致 G. E. 摩尔,1939 年 2 月 2 日 ················ 468
241.致 J. M. 凯恩斯,1939 年 2 月 3 日 ··············· 469
242.致 J. M. 凯恩斯,1939 年 2 月 8 日 ··············· 470
243.致 J. M. 凯恩斯,1939 年 2 月 11 日 ·············· 471
244.致 P. 斯拉法,1939 年 2 月 11 日 ················ 472
245.摘自道德科学俱乐部的备忘录,1939 年 2 月 16 日 ···· 473
246.摘自道德科学俱乐部的备忘录,1939 年 2 月 23 日 ···· 474
247.J 泰勒的来信,1939 年 2 月 24 日 ················ 479
248.致 G. H. 冯·赖特,1939 年 3 月 9 日 ············· 481
249.致 P. 斯拉法,[1939 年]3 月 15 日 ················ 483
250.致 P. 斯拉法,1939 年 4 月 1 日 ················· 485
251.致 W. H. 沃森,1939 年 4 月 17 日 ··············· 486
252.致 R. 里斯,[1939 年]4 月 20 日 ················· 487
253.致 G. H. 冯·赖特,[1939 年]4 月 20 日 ··········· 488

254. 致 R. 汤森, 1939 年 5 月 19 日 …………………………… 488
255. 致 P. 斯拉法, [1939 年 7 月 3 日] ………………………… 490
256. 致 P. 斯拉法, 1939 年 7 月 3 日 ………………………… 490
257. P. 斯拉法的来信, [1939 年 7 月 5 日] …………………… 491
258. 致 P. 斯拉法, 1939 年 7 月 24 日 ………………………… 492
259. G. H. 冯·赖特的来信, 1939 年 8 月 27 日 ……………… 493
260. 致 P. 斯拉法, 1939 年 9 月 3 日 ………………………… 495
261. 致 R. 里斯, 1939 年 9 月 13 日 …………………………… 496
262. 致 R. 汤森, 1939 年 9 月 13 日 …………………………… 497
263. 致 G. H. 冯·赖特, 1939 年 9 月 13 日 ………………… 498
264. 致 R. 汤森, 1939 年 10 月 15 日 ………………………… 499

1940

265. 致 P. 斯拉法, [1940 年 1 月] …………………………… 501
266. 摘自道德科学俱乐部的备忘录, 1940 年 2 月 2 日 ……… 502
267. 致 J. 韦斯顿, [1940 年 2 月 12 日] ……………………… 503
268. 摘自三一学院数学学会的备忘录, 1940 年 2 月 19 日 … 507
269. G. H. 冯·赖特的来信, 1940 年 2 月 22 日 ……………… 508
270. J. H. 克兰普汉姆的来信, 1940 年 2 月 28 日 …………… 510
271. 致 N. 马尔科姆, 1940 年 3 月 26 日 ……………………… 512
272. 致 R. 里斯, 1940 年 4 月 5 日 …………………………… 513
273. 摘自道德科学俱乐部的备忘录, 1940 年 5 月 23 日 …… 514
274. 致 N. 马尔科姆, 1940 年 5 月 29 日 ……………………… 515
275. 致 R. 汤森, 1940 年 5 月 31 日 …………………………… 516

276. 致 W. H. 沃森,1940 年 6 月 17 日 …………………… 518
277. 致 N. 马尔科姆,1940 年 6 月 22 日 ………………… 519
278. 致 W. H. 沃森,1940 年 7 月 19 日 …………………… 520
279. 致 R. 汤森,1940 年 7 月 19 日 ……………………… 521
280. 致 P. 斯拉法,1940 年 7 月 26 日 …………………… 522
281. 致 R. 里斯,1940 年 8 月 14 日 ……………………… 523
282. W. H. 沃森的来信,1940 年 9 月 8 日 ………………… 524
283. 致 W. H. 沃森,1940 年 10 月 1 日 …………………… 525
284. 致 N. 马尔科姆,1940 年 10 月 3 日 ………………… 526
285. 摘自道德科学俱乐部的备忘录,1940 年 10 月 25 日 …… 527
286. 致 R. 汤森,1940 年 11 月 13 日 ……………………… 528
287. G. H. 冯·赖特的来信,1940 年 12 月 9 日 …………… 529
288. R. 里斯的来信,1940 年 12 月 31 日 ………………… 531

1941

289. 致 P. 斯拉法,1941 年 1 月 8 日 ……………………… 534
290. 摘自道德科学俱乐部的备忘录,1941 年 1 月 31 日 …… 536
291. 致 G. E. 摩尔,1941 年 3 月 7 日 …………………… 537
292. 致 G. E. 摩尔,1941 年 6 月 17 日 …………………… 541
293. 致 N. 马尔科姆,1941 年 7 月 5 日 ………………… 542
294. 致副校长(J. A. 韦恩),1941 年 10 月 14 日 ………… 543
295. L. 古德斯坦的来信,1941 年 10 月 20 日 …………… 544
296. 致 P. 斯拉法,1941 年[11 月 4 日] ………………… 546

297. 摘自道德科学学院董事会的备忘录,1941年11月12日
 ………………………………………………………… 548

1942

298. 致 J.T.桑德斯(助理教务主任),1942年1月30日 … 549
299. 摘自道德科学学院董事会的备忘录,1942年4月22日
 ………………………………………………………… 551
300. 致 P.斯拉法,[1942年5月20日]…………………… 552
301. 致 J.T.桑德斯(助理教务主任),1942年5月24日 … 553
302. 致 J.T.桑德斯(助理教务主任),1942年7月21日 … 554
303. 致 W.J.萨廷(第一助理教务主任),1942年7月23日
 ………………………………………………………… 554
304. 致 R.里斯,1942年11月4日 ……………………… 555
305. 致 N.马尔科姆,1942年11月24日 ………………… 556

1943

306. 致 R.里斯,1943年4月1日 ………………………… 558
307. 致 J.T.桑德斯(助理教务主任),1943年5月4日 …… 559
308. 致 N.马尔科姆,1943年9月11/19日 ……………… 560
309. 致 N.马尔科姆,1943年12月7日 ………………… 561

1944

310. R.里斯的来信,1944年1月30日 …………………… 563
311. 致 R.里斯,1944年2月9日 ………………………… 565

312. 致 J. T. 桑德斯（助理教务主任），1944 年 3 月 7 日 …… 567

313. 致 J. T. 桑德斯（助理教务主任），1944 年 3 月 23 日 … 569

314. 致 Y. 斯麦瑟斯，[1944 年]4 月 7 日 …………………… 569

315. 致 J. T. 桑德斯（助理教务主任），1944 年 9 月 16 日 … 571

316. 致 G. E. 摩尔，[1944 年 10 月] …………………………… 572

317. 致 R. 里斯，[1944 年]10 月 17 日 ……………………… 576

318. R. 里斯的来信，1944 年 10 月 29 日 …………………… 577

319. 致 G. E. 摩尔，[1944 年 11 月] …………………………… 578

320. 致 N. 马尔科姆，1944 年 11 月 16 日 …………………… 579

321. 致 R. 里斯，1944 年 11 月 28 日 ………………………… 581

322. 致 P. 斯拉法，[1944 年 12 月 20 日] …………………… 583

1945

323. 致 R. 里斯，1945 年 1 月 19 日 …………………………… 585

324. 致克蒂斯小姐，1945 年 5 月 18 日 ……………………… 586

325. 致 N. 马尔科姆，1945 年 5 月 22 日 …………………… 587

326. 摘自道德科学学院董事会的备忘录，1945 年 5 月 28 日
………………………………………………………………… 589

327. 摘自道德科学俱乐部的备忘录，1945 年 5 月 31 日 …… 589

328. 致 R. 里斯，[1945 年 6 月]13 日 ………………………… 590

329. 致 R. 里斯，[1945 年]6 月 25 日 ………………………… 592

330. 致 N. 马尔科姆，1945 年 6 月 26 日 …………………… 593

331. 致 G. E. 摩尔，[1945 年 7 月底/8 月初] ……………… 595

332. G. E. 摩尔的来信，1945 年 8 月 5 日 …………………… 596

333. 致 G. E. 摩尔，[1945 年 8 月 7 日] ………………… 597
334. 致 N. 马尔科姆，1945 年 8 月 17 日 ………………… 598
335. 致 N. 马尔科姆，[1945 年 8 月 20 日] ……………… 599
336. 致 N. 马尔科姆，1945 年 9 月 8 日 ………………… 600
337. 致 N. 马尔科姆，1945 年 9 月 20 日 ………………… 601
338. 致 N. 马尔科姆，1945 年 10 月 6 日 ………………… 603
339. 摘自道德科学俱乐部的备忘录，1945 年 10 月 25 日 …… 604
340. 致 N. 马尔科姆，1945 年 10 月 30 日 ……………… 606
341. 致 P. 斯拉法，[1945 年]11 月 1 日 ………………… 607
342. 摘自道德科学俱乐部的备忘录，1945 年 11 月 15 日 …… 608
343. 致 N. 马尔科姆，1945 年 12 月 4 日 ………………… 609
344. 摘自道德科学俱乐部的备忘录，1945 年 12 月 6 日 …… 610
345. 致 N. 马尔科姆，1945 年 12 月 15 日 ……………… 611

1946

346. 致 N. 马尔科姆，1946 年 1 月 15 日 ………………… 613
347. J. 泰勒的来信，1946 年 1 月 22 日 ………………… 614
348. 致 R. 里斯，1946 年 2 月 7 日 ……………………… 616
349. 致 R. 里斯，[1946 年]4 月 20 日 …………………… 617
350. 致 N. 马尔科姆，1946 年 4 月 25 日 ………………… 618
351. 致 W. G. 麦克兰根，1946 年 5 月 8 日 ……………… 619
352. 致 R. 里斯，1946 年 5 月 21 日 ……………………… 620
353. 致 G. E. 摩尔，[1946 年 10 月] ……………………… 621
354. 致 R. 里斯，1946 年 10 月 15 日 …………………… 622

355. 摘自道德科学俱乐部的备忘录,1946年10月26日 …… 624

356. 致R. 里斯,1946年10月28日 …………………………… 626

357. 致G. E. 摩尔,1946年11月14日 ………………………… 627

358. 摘自道德科学俱乐部的备忘录,1946年11月14日 …… 628

359. 致G. E. 摩尔,1946年12月3日 ………………………… 629

1947

360. 致G. E. 摩尔,1947年2月18日 ………………………… 632

361. 致G. H. 冯·赖特,1947年2月21日 …………………… 633

362. J. 韦斯顿的来信,1947年3月25日 ……………………… 634

363. 致J. 韦斯顿,1947年3月28日 …………………………… 635

364. J. 韦斯顿的来信,1947年4月1日 ……………………… 636

365. 致R. 里斯,1947年4月30日 …………………………… 638

366. 致G. H. 冯·赖特,1947年6月6日 ……………………… 640

367. 致J. T. 桑德斯(助理教务主任),1947年6月8日 …… 641

368. 致J. T. 桑德斯,1947年6月18日 ……………………… 642

369. 致Y. 斯麦瑟斯,1947年7月27日 ……………………… 642

370. G. H. 冯·赖特的来信,1947年7月31日 ……………… 644

371. 致G. H. 冯·赖特,1947年8月27日 …………………… 646

372. 致P. 斯拉法,1947年10月10日 ………………………… 647

373. 摘自道德科学学院董事会的备忘录,1947年10月13日
……………………………………………………………… 649

374. 致G. E. 摩尔,[1947年11月] …………………………… 649

375. 致P. 斯拉法,1947年11月5日 ………………………… 650

376. 致 G. H. 冯·赖特, 1947 年 11 月 6 日 651
377. 致 R. 里斯, 1947 年 12 月 9 日 652
378. 致 G. H. 冯·赖特, 1947 年 12 月 22 日 653

1948

379. 致 R. 里斯, 1948 年 2 月 5 日 656
380. 致 N. 马尔科姆, 1948 年 2 月 5 日 657
381. 致 G. H. 冯·赖特, 1948 年 2 月 23 日 659
382. 致 N. 马尔科姆, 1948 年 3 月 15 日 661
383. 致 G. H. 冯·赖特, 1948 年 3 月 17 日 662
384. 致 R. 里斯, 1948 年 4 月 15 日 663
385. 致 N. 马尔科姆, 1948 年 4 月 30 日 664
386. 致 R. 里斯, 1948 年 5 月 1 日 666
387. 致 N. 马尔科姆, [1948 年 5 月 9 日之后] 667
388. 致 N. 马尔科姆, 1948 年 6 月 4 日 668
389. 致 R. 里斯, 1948 年 6 月 23 日 670
390. 致 N. 马尔科姆, 1948 年 7 月 5 日 671
391. 致 T. 雷德帕斯, 1948 年 7 月 22 日 672
392. 致 R. 里斯, [1948 年 8 月 20 日] 673
393. 致 N. 马尔科姆, 1948 年 11 月 6 日 675
394. 致 G. E. 摩尔, 1948 年 12 月 16 日 677
395. 致 G. E. 摩尔, 1948 年 12 月 31 日 678

1949

396. 致 N. 马尔科姆,1949 年 1 月 28 日 …………… 680
397. 致 N. 马尔科姆,1949 年 2 月 18 日 …………… 682
398. 致 R. 里斯,1949 年 3 月 16 日 ………………… 684
399. 致 L. 与 N. 马尔科姆,1949 年 3 月 19 日 ……… 686
400. 致 N. 马尔科姆,1949 年 4 月 1 日 ……………… 687
401. 致 N. 马尔科姆,1949 年 5 月 17 日 …………… 689
402. 致 G. H. 冯·赖特,1949 年 5 月 24 日 ………… 690
403. 致 G. H. 冯·赖特,1949 年 6 月 1 日 ………… 690
404. 致 N. 马尔科姆,1949 年 6 月 4 日 ……………… 691
405. 致 G. H. 冯·赖特,1949 年 6 月 8 日 ………… 693
406. 致 N. 马尔科姆,1949 年 6 月 14 日 …………… 694
407. 致 G. H. 冯·赖特,[1949 年 6 月 20 日之前] … 696
408. 致 N. 马尔科姆,1949 年 7 月 8 日 ……………… 697
409. 致 P. 斯拉法,[1949 年 7 月 11 日] …………… 699
410. 致 P. 斯拉法,1949 年 8 月 23 日 ……………… 701
411. 致 N. 马尔科姆,[1949 年 11 月底] …………… 703
412. 致 R. 里斯,[1949 年 12 月 2 日] ……………… 704
413. 致 N. 马尔科姆,1949 年 12 月 11 日 ………… 705
414. 致 N. 马尔科姆,1949 年 12 月 29 日 ………… 707

1950

415. 致 R. 里斯,1950 年 1 月 3 日 ………………… 708

416. 致 N. 马尔科姆,1950 年 1 月 16 日 ……………… 709
417. 致 G. H. 冯·赖特,1950 年 1 月 19 日 …………… 711
418. 致 R. 里斯,1950 年 1 月 22 日 …………………… 712
419. 致 G. H. 冯·赖特,1950 年 2 月 12 日 …………… 714
420. 致 N. 马尔科姆,1950 年 2 月 12 日 ……………… 715
421. 致 N. 马尔科姆,1950 年 4 月 5 日 ………………… 716
422. 致 N. 马尔科姆,1950 年 4 月 17 日 ……………… 718
423. 致 G. H. 冯·赖特,[1950 年]4 月 28 日 ………… 720
424. 致 R. 里斯,[1950 年 5 月 7 日] ………………… 721
425. 致 P. 斯拉法,1950 年 7 月 10 日 ………………… 722
426. 致 N. 与 L. 马尔科姆,1950 年 7 月 30 日 ……… 723
427. 致 G. H. 冯·赖特,1950 年 9 月 6 日 …………… 724
428. 致 P. 斯拉法,[1950 年 10 月 24 日] …………… 726
429. 致 N. 马尔科姆,1950 年 12 月 1 日 ……………… 727
430. 致 G. H. 冯·赖特,1950 年 12 月 7 日 ………… 729

1951

431. 致 N. 与 L. 马尔科姆,1951 年 1 月 2 日 ………… 731
432. 致 N. 马尔科姆,1951 年 1 月 12 日 ……………… 732
433. 致 N. 马尔科姆,[1951 年 2 月 6 日之后] ……… 734
434. 致 R. 里斯,1951 年 3 月 9 日 …………………… 735
435. 致 R. 里斯,[1951 年 3 月 14 日] ………………… 736
436. 致 N. 马尔科姆,1951 年 3 月 19 日 ……………… 738
437. 致 R. 里斯,1951 年 3 月 30 日 …………………… 742

438. 致 N. 马尔科姆,1951 年 4 月 16 日 …………………… 743
439. 三一学院礼拜堂中的校友纪念碑…………………… 744

书信和文件

1912

1. 致 B. 罗素,[1912年6月11日]

[剑桥]玫瑰新月楼4号

星期二上午1点

亲爱的罗素先生:

　　我感到很想给您写信,虽然我并没有多少话要说。我刚刚读了摩尔的《伦理学原理》的一部分:(现在请不要感到震惊)可我一点儿都不喜欢。(请注意,除了不赞同大部分内容之外。)我不认为——或者毋宁说我确信——《伦理学原理》不能期望与弗雷格或者您自己的著作相比(或许《哲学论文集》的一些文章除外)。摩尔不断地进行着自我重复,我认为,他用3页纸要说的东西可以轻而易举地用半页来表达。含糊的表述不能通过重复而获得一丁儿清晰!! 6月7日的音乐会多么精彩啊! 但愿您已经欣赏到它。我无需说我非常地想念您,我只希望您与我一切安好。

您最为……的

路德维希·维特根斯坦

附言：我的逻辑正在发生根本的变化。

《哲学论文集》——罗素这本集子的第一版(1910)收录了一些"与伦理学主题有关"的文章（"伦理学原理"、"自由人的崇拜"等等），这里所指的可能就是这些文章。

6月7日的音乐会——由剑桥大学音乐协会主办。哈里森女士演奏贝多芬的《小提琴协奏曲》。这封信可能写于11日，音乐会之后的第一个星期二。

2. 致B. 罗素，1912年6月22日

剑桥12年6月22日

亲爱的罗素：

人在生命中会遇到许多美好的事情，例如收到您的来信（对此非常感谢）。令人不快的是以下事情：就逻辑与心理学之间的关系，我和迈尔斯进行了一次讨论。我非常坦白，而且我确信他认为我是他所见过的最为傲慢的家伙。可怜的迈尔斯太太也在场，我认为她都被我搞糟了。然而，我认为迈尔斯先生自那次讨论之后比以前少了些许困惑。——我现在一有时间就去阅读詹姆士的《宗教经验之种种》，这本书使我获益良多。我的意思不是说自己马上会成为一名圣徒，我还不确定这本书是否以我特别希望改变

的方式有所改变：也就是说，我认为这本书使我摆脱了烦恼（Sorge，歌德《浮士德》第二部分所用的意义的烦恼）。逻辑仍旧处在根本变化当中，但我越来越明白这样一件事：逻辑命题仅包含着**显而易见**的变元，无论何种命题其最后都是对这些显变元的恰当说明。其结果必然是：逻辑常项**不存在**。

逻辑必定**截然**不同于其它科学。

您寄给我的那首诗真是精美绝伦！**一定**要尽快返回剑桥。

您最为……的
路德维希·维特根斯坦

大概 7 月 20 日之前，我一直待在剑桥。

迈尔斯——Charles Samuel Myers（1837–1946）在剑桥大学教授心理学，并于 1912 年在此建立心理学实验室。迈尔斯对音乐心理学特别感兴趣，这是维特根斯坦在剑桥的这些年头对之做过实验研究的主题。罗素在致奥托琳·莫雷尔女士的一封信中说，在 1913 年 5 月实验室开放之时，维特根斯坦展示过一件对韵律进行心理学研究的实验仪器。亦参见信件 3 以及《青年维特根斯坦画像：来自大卫·休谟·宾森特 1912–1914 的信》，G. H. 冯·赖特编，Anne Pinsent Keynes 作序（Oxford：Blackwell，1990），第 3 页及各处。

诗——可能出自罗素之手，他于 1912 年 4 月和 5 月写过若干首,并让奥托琳女士看过。

3. 致 B. 罗素,1912 年 7 月 1 日

12 年 7 月 1 日

亲爱的罗素:

  非常感谢您热情洋溢的来信。

  如果我提出如下建议,您会认为我疯了吗?记号 $(x).\varphi x$ 不是一个完整的符号,它只有在如下类型的推理中才有意义:从 $\vdash \varphi x \supset_x \Psi x.\varphi(a)$ 推出 Ψa。或者更一般地说:从 $\vdash (x).\varphi x.\varepsilon_0(a)$ 推出 $\varphi(a)$。当然,我对此还极为不确定,但这种推理或许真的是正确的。很抱歉我无法在我愿意干的事情上花费大量时间去作思考,由于我不得不为 13 日的心理学会议写一篇极其荒诞的论韵律的论文。我刚听说我的一位姐姐于本月 6 日要来看我。您不介意我把她引见给您吧?她应当看到一切值得一见的!

您最为……的
路德维希·维特根斯坦

  论韵律的论文——大概讨论的是韵律感知与真实韵律之间的关系。见 B. 麦克奎尼斯的《青年路德维希》,第 125–128 页。

  我的一位姐姐——指维特根斯坦的大姐赫尔米娜,在她关于家族的回忆录中,曾记载过与罗素的这次会面(见 R. 里斯:《路德

维希·维特根斯坦:私人回忆录》(*Ludwig Wittgenstein: Personal Recollections*)(Oxford: Blackwell, 1981),第 3、15 页)。

4. 致 B. 罗素,[1912 年夏]

下奥地利
霍恩贝格邮局
霍赫莱特

亲爱的罗素:

上面的地址和这篇一点也不完美的论文将证明我还没有堕入地狱。实际上,我的状态很好,并且再次以哲学思维看待我值得做的所有事情。当前最为烦扰我的倒不是那个显变元问题,而是"∨"、"."、"⊃"等等这些符号的意义。我认为后一问题仍然更为根本,它可能还没有被当作一个问题注意到。如果"p∨q"最终意指一个复合体——我对此相当怀疑——那么就我所能理解,人们必须将"∨"当作一个连接词的成分,我们以前曾以这种方式进行过讨论。我认为,根据这个假设,我已经尝试过所有的解决方法,并且发现如果有人要处理这个问题,那么他必定会这样来做:让我们把命题"由 p 与 q 得出 r"表示为"i[p;q;r]"。这里的"i"是一个构成复合体的连接词(我们把它称为推理)。于是,"$\varepsilon_1(x, y) . \vee . \varepsilon_1(u, z)$"便意指:

"$\vdash(\varepsilon_1(x, y), \varepsilon_1(x, z), \beta(x, y, z, u)) . i[\varepsilon_1(x, y); \varepsilon_1(z,$

u); β(x, y, z, u)]

⊢(ε₁(x, y), ε₁(x, z), β(x, y, z, u)) . i[∼ε₁(x, y); ε₁(z, u); β(x, y, z, u)]

⊢(ε₁(x, y), ε₁(x, z), β(x, y, z, u)) . i[ε₁(x, y); ∼ε₁(z, u); β(x, y, z, u)]

⊢(ε₁(x, y), ε₁(x, z), β(x, y, z, u)) . i[∼ε₁(x, y); ∼ε₁(z, u); β(x, y, z, u)]

⊢β(x, y, z, u)"

如果"p∨q"并不意指一个复合体,那么老天才知道它究竟是什么意思!!——

我现在想知道您是否还好,您的一切如何!如果您乐意给我回信,请寄到下面的地址:

奥地利,萨尔茨堡
哈莱因,奥伯拉姆
保罗·维特根斯坦转
小 L. W.(切记这个)

这里的天气很好,这样我就可以在露天中做更多的思考。世界上再没有什么比真正的哲学问题更能引人入胜了。

您永远最为……的

路德维希·维特根斯坦

该信的日期由罗素标注。维特根斯坦已于 7 月 15 日离开剑桥前往维也纳。

霍赫莱特——维特根斯坦的父亲自 1894 年起对位于下奥地利的霍赫莱特地产拥有所有权。他的家人这个夏天就居住在这里。在后来的生活中,即使维特根斯坦再次定居于剑桥,他还经常回到霍赫莱特并在此工作。维特根斯坦死后才被发现的大量文字遗稿就储藏在霍赫莱特。

这篇一点也不完美的论文……没有堕入地狱——该论文似乎已遗失,它可能与罗素曾对维特根斯坦惊叹的"逻辑是地狱!"有关。诺曼·马尔科姆记述了罗素的惊叹,见其《回忆维特根斯坦》(*Ludwig Wittgenstein: A Memoir*)(London:Oxford University Press,1958 年;1984 年第 2 版),第 57 页。

"p∨q"——上述这个析取公式的符号表达似乎有误。第四个推理应当表述为"i[∼$\varepsilon_1(x, y)$;∼$\varepsilon_1(z, u)$;∼$\beta(x, y, z, u)$]"。此外,被定义项中变元的顺序应当是"$\varepsilon_1(z, u)$"。

小 L. W.——维特根斯坦的一位叔叔的名字也叫路德维希(或路易斯)。

保罗·维特根斯坦——路德维希·维特根斯坦的另一位叔叔。在这个家族圈子中,他看来是唯一鼓励路德维希从事哲学工作的人。在维特根斯坦《逻辑哲学论》早期版本的序言中,他为此表达了对这位叔叔的感激之情。

5. 致B. 罗素,1912年8月16日

> 萨尔茨堡
> 奥伯拉姆,哈莱因
> 12年8月16日

亲爱的罗素:

感谢您的来信。您读了有关莫扎特和贝多芬的生平,我对此很高兴。他们是真正的上帝之子。至于"p∨q"等等:我一遍又一遍地在思考它的可能性! 最近8周都在思考!!! ——也就是说,我们所有的麻烦都可以通过假设代表事物的符号之间不同种类的关系来解决。可我得到的结论却是该假设对我毫无助益。事实上,如果你做出**任何**这样的理论推测,我相信你将会看到,它甚至没有触及我们的问题。我后来发现了解决(或许并不能解决)这一难题的新方法。这个方法过于冗长不便于在此表述,然而我仍然要告诉你,它是基于命题的新形式。例如:≠(p.q)意为"复合体p具有与q的形式相反的形式"。它的意思是,作为例子,当p表示"$\varepsilon_1(a, b)$"及q表示"$\varepsilon_1(c, d)$"时,≠(p.q)成立。关于新形式的另一个例子是ψ(p, q, r),其意思表达如下:"复合体r的形式是通过'或者'的方式由p与q的形式结合而成"。其意义是,作为

例子,当 p 表示 $\varepsilon_1(a, b)$,q 表示 $\varepsilon_1(c, d)$,以及 r 表示 $\varepsilon_1(e, f) \vee \varepsilon_1(g, h)$等等时,$\psi(p, q, r)$成立。剩下的事情我就留给您去想象吧。然而,所有这些对我来说没有如下事实(如果它是一个事实的话)一半那么重要,即整个问题对我来说,比以前变得更为清晰了。希望您在这里,我可以告诉您整个事情,因为我无法将它写下来;它**实在**太长了!此外,关于显变元问题目前也变得更清楚了。

请尽快给我回信!

您最为……的

路德维希·维特根斯坦

我都快疯了。

莫扎特与贝多芬的生平——有理由推测这是由罗素的朋友 D. F. 托维所写的两篇文章,载于《大英百科全书》第 11 版(Cambridge: Cambridge University Press, 1910–1911)。

真正的上帝之子——暗指歌德《浮士德》的《天堂序曲》中的"真正的上帝之子"。上帝吩咐他去"拥抱和赞美世界的丰裕之美/……它那正在消失的外表仍在继续/你天使般的头脑变得坚实而敏捷"(《浮士德》,第Ⅰ部,D. A. Luke 译(Oxford: Oxford University Press, 1987))。

6. 致 B. 罗素，[1912年夏]

亲爱的罗素：

我认为我们的问题可以追溯到原子命题。你如果试图仔细阐述**系词**在这种命题中会具有怎样的意义，就会看到这一点。

我无法说清楚它，而且我认为，针对"∨"及显变元的问题，一个准确的答案会很快出现，即便不是解决，距离问题的解决也已十分接近。因此现在我在思考"苏格拉底是人"。（善良的老苏格拉底！）我的冰岛小舟将于7日离开利斯港，从3日到6日我将在剑桥和伦敦。我不知道这段时间是否在任何地方都能见到您？我刚阅读了托尔斯泰的《哈吉穆拉特》！您读过这本书吗？如果没有的话，您应当一读，因为它真是妙不可言！我非常遗憾的是，伦敦的天气竟然这么糟糕！随我一起去冰岛吧！

您最为……的

L.维特根斯坦

我的冰岛小舟——1912年9月7日，维特根斯坦携朋友大卫·宾森特离开爱丁堡的利斯港前往冰岛，进行为期四个礼拜的旅行。关于他们旅行的细节，见宾森特《画像》，第9至32页。

7. 摘自道德科学俱乐部的备忘录，1912年11月29日

维特根斯坦先生宣读的论文题目是"什么是哲学?"该论文宣

读时间仅仅持续了四分钟,由此打破了由泰伊先生保持的记录,缩短了将近两分钟。哲学被定义为由所有那些被认为无需其它科学论证的原初命题构成,这个定义经过充分的讨论,但一般来说,人们并没有接受它。

在这学期更早的一次会议上,该俱乐部就达成了如下规则:"作为一般原则,宣读论文的主旨是为了进行公开讨论,因而任何论文不得超过 7 分钟,除非特殊情况下经过会议主席的特许。"上述文字出自摩尔日记,该日记描述,维特根斯坦试图将其变成这个俱乐部的独裁者。见信件 120。

8. 致 B. 罗素,1912 年 12 月 26 日

维也纳
第四林荫大道 16 号
12 年 12 月 26 日

亲爱的罗素:

回到这里,发现我父亲病得很重。他或许没有恢复的希望了。这些境况——我担心——会导致我思想瘫痪,处于混乱状态,尽管我会奋力抗争。

我已经与弗雷格就我们的**符号系统理论**进行过一次长谈,我认为他原来对这一理论有粗略的了解。他说他打算仔细思考这个

理论。对我来说，如今这个复杂的问题变得更加清晰，我非常希望自己能够解决它。希望我能知悉您怎样、您正在做的事情以及关于您的一切！

您永远最……的
路德维希·维特根斯坦

　　林荫大道——维特根斯坦父母的房子坐落在该大街，这幢富丽堂皇的房子建于十九世纪，属于巴洛克风格。这条街的名字后来改为阿根廷人大街。这幢房子成为维特根斯坦后半生的活动中心：他在这里口述并保存自己的手稿。1950年新年前后，在最后一次访问维也纳时，他吩咐将这里的大量手稿（自《逻辑哲学论》出版以来）付之一炬。（见《1914-1916年笔记》编者序言，该书附录了"在挪威向G. E. 摩尔口述的笔记"，第2版，G. E. M. 安斯康姆与G. E. 冯·赖特编（Oxford：Blackwell，1979）。）

1913

9. 致 J. M. 凯恩斯,1913 年 1 月 3 日

第四林荫大道 16 号
13 年 1 月 3 日

亲爱的凯恩斯:

非常感谢您的来信。在刚刚收到您的信之前,我正打算写信告知您,直到本学期开始或开学后我都去不成伦敦了,因为诸多的家里烦心事缠身。——我宽谅您对**哲学的**不恭,因为您刚从麦克塔加特那里来,当您这样看待哲学时刚好想到我。听说您度过一段美好的时光,我感到十分高兴。

您的……
路德维希·维特根斯坦

家里烦心事——维特根斯坦明显指他在信件 8 中提到的父亲所患的重病。

麦克塔加特——J. McT. E. McTaggart(1866－1925),剑桥大学三一学院研究员和讲师,黑格尔主义者,剑桥杰出哲学家

之一。

刚好想到我——可能在书写时因疏忽造成的笔误,应当为"没有想到我"。

10. 致 B. 罗素,1913 年 1 月 6 日

维也纳

第四林荫大道 16 号

13 年 1 月 6 日

亲爱的罗素:

我非常难过还没有得到您的一丁点消息!!!这不是因为我写给您的最后一封信里的任何东西,即所期望的回音;而是,您或许会猜想到我感到 Von allen guten Geistern verlassen,因此我非常盼望您给我写封信。然而——我在开学时无法返回剑桥,由于我那可怜的父亲病情愈发严重了。

这个**难缠的问题**对我来说日益清晰,我希望我能写得足够清楚,以便使您知晓我对该问题的想法。逻辑是一个非常了不起的**发明**。

Immer der Ihrige

路德维希·维特根斯坦

Von allen guten Geistern verlassen/被所有优秀的精神所遗弃——通俗地讲,其意思是:"跟我自己不相干","超出我的心灵"。

Immer der Ihrige——您永远的。

11. 致 B. 罗素,1913 年 1 月

第四林荫大道 16 号
1913 年 1 月

亲爱的罗素:

非常感谢您充满好意的两封来信!我无法告诉您我什么时候才能回到剑桥,因为医生仍然不十分确定我父亲的病能持续多久。他并没有多少疼痛,但持续不断的高烧使他总体上感到极为糟糕。这使他对任何事情都毫无兴致,因此,坐在病床旁陪侍等等对他也没有多少帮助。而这却是我对他所能做的唯一事情,我如今待在这里束手无策。所以,我在家停留的时间长短完全取决于父亲的病情在这个阶段是否会迅速恶化,因此我不能冒失地离开维也纳。我希望自己能够在一个礼拜内做出决定,我也这样告诉了弗莱彻。——我已经改变了对"原子"复合体的看法:我现在认为**性质**、**关系**(如同"爱")等等词都可以是系词!这意味着我要对主-谓命题进行分析,比如,把"苏格拉底是人"分析为"苏格拉底"和"有些东西是人"(我认为这不是复合体)。这样做的根本原因是:我认为

事物不应该存在不同的类型！换句话说，能够用单个专名加以符号化的任何对象必须属于同一类型。进而言之：任何一种类型论也一定被适当的符号系统理论当作多余的：例如，如果我把命题苏格拉底是有死的分析成苏格拉底、**有死**以及$(\exists x, y) \varepsilon_1(x, y)$，那么我就需要一种类型论来告诉我"有死是苏格拉底"是无意义的，因为如果我把"**有死**"当作一个专名（我过去就是这样做的），那么就没有什么东西能够阻止我去做错误的替换。但是，如果我把[它]分析（正如我现在做的）成苏格拉底和$(\exists x)$是有死的，或者更一般地把它分析成 x 和$(\exists x) \varphi(x)$★，那么就不可能做出错误的替换，因为这两个符号现在是本身不同种类的符号。我最为确信的事情倒不是我当前的分析方法有多么正确，而是以下事实，即所有的类型论必须由一种符号系统理论加以取代，这种符号系统理论表明那些看似不同种类的事物是由不同类型的符号来表示的，而这些符号的位置不可能彼此互换。但愿我对此表述得足够清楚！

我很想知道您对这个问题的看法，虽然我无法想象您从感觉材料来解决这个问题的方法。马赫的写作风格是如此拙劣，我在阅读时都感到恶心；然而，我非常高兴您如此地怀念像我这样的乡下人。

您最为……的

路德维希·维特根斯坦

★我把以前写的命题$\varepsilon_2(a, R, b)$现在写成$R(a, b)$，并将之分解为 a、b 以及$(\exists x, y) R(x, y)$，$(\exists x, y) R(x, y)$不是复

合体。

信件的日期为罗素所标。

弗莱彻——W. M. Fletcher(1873 - 1933)，即后来的沃尔特先生，生理学家和行政主管，剑桥大学三一学院研究员，他当时担任维特根斯坦的导师。

马赫——Ernst Mach(1838 - 1916)出生于后来属于奥匈帝国的摩拉维亚。

12. 致 B. 罗素,1913 年 1 月 21 日

第四林荫大道 16 号

13 年 1 月 21 日

亲爱的罗素：

我亲爱的父亲已于昨天下午与世长辞。他死的十分安详；这是我能想象到的最好的情况，没有遭受一丁点痛苦，像孩子一样睡着了！在父亲弥留之际，我丝毫没感到痛苦，反而极其喜悦，我认为他这样的死值得他这一生。

我将于 25 日星期六离开维也纳，星期日晚上或星期一早上到

达剑桥。我多么渴望再次见到您。

您永远的
路德维希·维特根斯坦

13. 致 B. 罗素，1913 年 3 月 25 日

维也纳
第四林荫大道 16 号
13 年 3 月 25 日

亲爱的罗素：

我按捺不住又给您写信了，尽管我并没有什么要告诉您。我如今感到从未有过的思想贫瘠，并且怀疑我是否能够再次获得一些想法。每当我打算去思考**逻辑**，我的思绪就变得如此混乱不堪，甚至什么东西都弄不出个模样来。我所感到的是对所有那些智力不足的人的诅咒；如同一个人打着灯引着你穿越一条漆黑的走廊，当你走到半途时突然灯灭了，你就只好孤单地待在那里。——

我猜想您现在跟怀特海一家待在一起，祝贺你们度过这段美好的时光。如果您一旦没有什么更重要的事情要做，请务必写信给我，让我知晓您现在的情况……

L. 维特根斯坦

怀特海一家——Alfred North Whitehead(1861 - 1947)和他

的妻子。怀特海与罗素合著了《数学原理》。

14. 致 B. 罗素,[1913 年 6 月]

亲爱的罗素：

我母亲将在萨沃伊旅馆下榻,所以我期望您能于星期三大约 1 点 15 分到达那里。顺便提一下,请记住我母亲确实不知道我于去年 7 月做过手术(万一你们之间的交谈转到这个话题的话)。

对于您的判断理论,我现在正好可以提出我的反对意见：我认为明显的是,从命题"A 判断(说)a 是处于 R 对 b 的关系中",如果该命题得到正确分析,那么无需借用任何其它前提,一定会直接推出命题"aRb.∨.∼aRb"。根据您的理论,这个条件并没有得到满足。

您永远的

L. W.

该信的日期由罗素标注。根据罗素 1912 – 1913 年的约会日志,这次午餐是在 6 月 18 日,星期三。

做过手术——指一次疝气手术。由于疝气原因,维特根斯坦被豁免服兵役。然而,在 1914 年战争爆发后,他自愿加入奥地利军队,并且如愿以偿。

您的判断理论——明显指的是罗素当时正在撰写的知识论方面的计划中的作品。罗素生前只发表了前六章(见《一元论者》,1914年1月至1915年4月)。全部手稿是罗素死后出版的《知识论》,收录于罗素《文集》的第7卷,E. K. Ramsden 和 K. Blackwell 编(London:Allen & Unwin;Boston:Sydney,1983)。亦见信件17的注释。

15. 致J. M. 凯恩斯,1913年6月22日

曼彻斯特

米德兰旅馆

13年6月22日

亲爱的凯恩斯:

您或许还记得,我曾告诉您我打算捐一些钱给国王学院的研究基金——不管您怎么称呼它,为的是让约翰逊获得资助。我还没有决定下来的是,我应当一次性提供全部捐款,还是每年捐助两百英镑。目前看来后一种方式对我来说最为妥当。如今,我还不知道何时以及让谁去分发这笔钱,等等,鉴于您是知悉此事的唯一的人,并且我不打算把这件事说给我所认识的其他人,所以我就忍不住询问您的建议。如果您就此事回信给我,那将是对我莫大的

帮助。如果时间允许的话,到 10 月之前您都可以提出建议,当然那时候我会在剑桥。8 月中旬之前,我的地址一直是:奥地利,维也纳,第四林荫大道 16 号,小 L. W.。

您忠实的
路德维希·维特根斯坦

约翰逊——W. E. Johnson(1858－1931),剑桥大学国王学院研究员及讲师,他是后来三卷本(1921－1924)论逻辑系列著作的作者,当时被任命为维特根斯坦的导师。他们两人虽然在逻辑话题上存在分歧(见信件 111 的注释),但依然为亲密的朋友。维特根斯坦打算每年资助约翰逊 200 英镑,为了使他缩减所承担的教学工作量,以便有更多的时间去从事研究工作。参看 R. E. Harrod 的《约翰·梅纳德·凯恩斯的生平》(*The Life of John Maynard Keynes*)(London:Macmillan,1951),第 162 页。

16.致 J. M. 凯恩斯,1913 年 7 月 16 日

下奥地利
霍恩堡邮局
13 年 7 月 16 日

亲爱的凯恩斯:

非常感谢您接管了我的事情,真是给您增添麻烦了。——上

学期没能经常见到您，我的理由是，如果没有任何您愿意跟我继续交流的迹象出现，我是不期望我们的交流持续下去的。

您诚挚的
路德维希·维特根斯坦

17. 致 B. 罗素，1913 年 7 月 22 日

下奥地利
霍恩堡邮局
霍赫莱特
13 年 7 月 22 日

亲爱的罗素：

感谢您的热情来信。我的工作进展得非常顺利，如今，我的问题变得日益清晰，而且我感到很有希望。我取得的所有进步均来自这样一种观念，即**逻辑**的不可定义性属于一般性质（同理，所谓**逻辑**的**定义**也属于一般性质），而这一点又得自对实变元的消除。我当下感到如此乐观，或许您会因此而取笑我；尽管我还没有解决我问题中的任何一个，但我有着以前从未有过的感受，觉得我已经非常接近答案了。

这里的天气一直很糟糕，我还没有遇见到连续两天的晴天。我对您的判断理论的责难使您的工作陷入停顿，对此我感到非常抱歉。我认为，只有一种正确的命题理论才可以消除这个障碍。

尽快给我回信。

您永远的……

L. W.

使您陷入停顿——在1916年致奥托琳·莫雷尔女士的一封信中(罗素的《自传》,London：Allen & Unwin, 1967,第2卷,第57页)罗素写道:"你还记得那时候……我写了知识论方面的很多东西,维特根斯坦对此给予了极其尖锐的批评? 他的批评……成为我生命中最为重要的事情,并且影响到自那以后我所从事的任何事情。我认为他是正确的,我发现自己对哲学的基础研究再也不抱什么希望了。我的冲动被削弱了,犹如一道波浪撞上堤岸一样被击得粉碎。"

18. 致 B. 罗素,[1913年夏]

奥地利

下奥地利

霍恩堡邮局

霍赫莱特

亲爱的罗素:

感谢您将这封随附的信转交 W. 夫人,我忘记了她的住址。恐怕这次没有关于逻辑的消息了。这里的天气糟透了,雨下了整整一天，要发疯了似地。刚才还传来一声巨雷的轰隆声，我便说"见鬼去吧！"，这表明我在骨子里认为英国的骂人话还真是带劲。我希望自己不久能够给您带去一些逻辑方面的新消息。如果您没有什么更重要的事情去做，请告诉我您的情况。

您永远最……的
L. W.

W. 夫人——可能是阿尔弗雷德·诺斯·怀特海夫人。

19. 致 B. 罗素，[1913 年夏]

下奥地利
霍恩堡邮局
霍赫莱特

亲爱的罗素：

您的可归约性公理是 $\vdash:(\exists f):\varphi x \equiv_x f!\,x$；这也并非完全无意义的，因为当我们能够把 φ 转换为一个显变元时，这个命题才会有意义。如果我们不能这样做，那么便无法从您的公理中推出一般的法则。当前，整个公理在我看来仅仅是一个小把戏而已。如果您对这方面有更好的理解，请务必告诉我。您对这个公理的表述只是一个框架性东西，真正对于 Pp 的表达应当是 $\vdash:.(\varphi):(\exists f):\varphi(x) \equiv_x f!\,x$，那么它的作用体现在哪里呢？！

感谢您的来信。我正努力地工作。我**非常**期待能够在8月最后的某一天看到您,因为我有特别多的事情要给您说。

您永远的……
L. W.

Pp——原初命题。

20. 致 B. 罗素,[1913年]

亲爱的罗素:

这是一个利希腾伯格著作的二手本,然而我也只能搞到这一本。我希望您至少喜欢其中的一部分。盼望再次收到您的回信。

您永远的
路德维希·维特根斯坦

利希腾伯格——这封"信"实际上是维特根斯坦所写的题词,题写在乔治·克里斯托夫·利希腾伯格《著作集》(尤金·雷赫尔选编)的雷克拉姆版上。罗素终生都保存着它,该本现藏于麦克马斯特大学图书馆。维特根斯坦大概在该书中做了9到10处边划线和下划线(不管怎么说,他是为了用这种方式引导朋友们的阅读)。例如,他划过线的警句:"'一个人应该理性地思考自身吗?'这个问题就如同如下问题,'人应该给自己刮胡子吗?'答案是,当然,如果他能做得很好的话。"

21. 致 B. 罗素,1913 年 9 月 5 日

13 年 9 月 5 日

亲爱的罗素:

我正坐在一个风景迷人的海湾内的一处小地方,思考那令人烦扰的类型论。一些非常棘手的难题(同样也是基础性的问题)仍然没有获得解决;除非我得到某些解决的办法,否则我不打算动笔去写。然而,我不认为这会在任何时候对**双极性**问题产生影响,后者对我来说还是一个完全摸不着头脑的东西。在这里,宾森特给我带来了莫大的安慰。我们租赁了一条小帆船,坐着它在海湾里游荡,确切地说,宾森特一直在划船,而我则坐在船里工作。我思考出什么东西吗!!! 如果我一无所获,如果我的全部努力付之东流,这也许是可怕的事情。然而我并没有对此灰心丧气,我要继续思考下去。请为我祈祷!

如果您遇见怀特海一家,请代我问候一声。以后 3 周我的地址是:挪威,Öistensjö,Öistensjö 旅馆。

如果您没有什么重要事情要做的话,务必写信告诉我您最近的情况……

我如今常常有一种难以言表的感受,好像我所有的努力一定会以这样或那样的方式完全丧失掉。但我仍然希望这种事情不会

发生。无论发生什么,请别忘记我!

您永远最……的

L. W.

Öistensjö——维特根斯坦的朋友大卫·宾森特在日记中记载了他们的那次挪威之行,他们旅行的目的地位于哈丹格海湾(这两位旅行者从卑尔根市乘船到达这里)。此地的名称(在今天)多半被拼写为 Öystese。1913 年,该名称可能更多地被拼写为 Öistesö,维特根斯坦这里似乎把它拼写错了。在下一封信中,用了 Öistesö 的拼写,这是当时的一些地图上的拼法。这些信息是由卑尔根的 Olav Flo 先生好意地提供的。

关于维特根斯坦与宾森特在挪威逗留的那段时光,见宾森特的《画像》(*A Pottrait*),第 59-86 页。

22. 致 B. 罗素,1913 年 9 月 20 日

挪威

Östensö

13 年 9 月 20 日

亲爱的罗素:

类型论仍然没有解决,然而我却产生了在我看来似乎是非常

根本性的各种各样的想法。在这个理论能够问世之前，我那种就要死掉的感觉与日俱增，越发强烈了。因此到目前为止，我最大的愿望就是尽可能快地给您传达我至今所做的所有事情。请不要认为我自认为我的想法有多么重要，而是我禁不住地感到这些想法能够帮助人们避免一些错误。或者我搞错了？如果真是这样，请不要把这封信当回事。至于我的这些想法在我死后是否还有保存的价值，我当然根本无法做出判断。甚至我对这个问题的思考，本来就是一桩可笑的事。然而，如果这真是一桩笑料的话，那么请宽恕我的愚钝，因为这并不是肤浅的蠢行，而是我力所能及的最深处的行为。我感到，这封信越是继续下去，我越是对自己提出的**观点**惶恐不安。但我的想法是：请让我尽快跟您见面，让我有宽裕的时间向您传达我至今一直思考的整个领域；而且如果有可能的话，让我当您的面演示给您。我预计 10 月 1 日抵达伦敦，10 月 3 日（晚上）我只好再次待在伦敦。如此一来，我无论如何就不先安排别的事情，好在您方便的时候跟您见面。我的住址是格兰德旅馆。——我明白，我询问您这些我已经请教过的问题，显得既自大又愚蠢。然而，这就是我，无论您怎样看我都行。我将永远是您的

L. W.

演示——见信件 23 的注释。

10 月再次待在伦敦——罗素在这封信的打字稿上注道："我在这封信上作了同意的批注，'10 月 4 日，下午 1 点'，因此我回应了他的请求。"在一封写给奥托琳女士的信中，我们了解到，维特根

斯坦早在 10 月 2 日就前往剑桥拜访了罗素。

23. 致 B. 罗素，1913 年[10 月]17 日

卑尔根，北卑尔根汽船上

汽船指挥官，日期：13 年 9 月 20 日

亲爱的罗素：

我的住址将变为：挪威松恩市，斯科约尔登，Halvard Draegni 转 L. W.。我现在还不在那儿。——同一性真是个魔鬼！在这次旅行中，我把类型论思考得越来越清晰了。但愿您打印事宜一切顺利。我在出发之前见到怀特海，他仍旧是那样的风度翩翩。我想尽快收到您的回信，我渴望得到它！请把我的问候传达给每一个需要的人。

一切如您所愿的

L. W.

附言：由于我打算入住的小旅馆整个冬季不营业，我没有去原打算要去的更北的地方。

维特根斯坦实际上写的是"9 月 17 日"。这一定是"10 月 17 日"的笔误。

这封信以及后续的三封信涉及了**"逻辑笔记"**，后者作为

《1914－1916年笔记》的一个附录,于维特根斯坦死后出版。这些笔记的构成和历史曾一度使阅读维特根斯坦著作的学生和这些笔记的编辑们(安斯康姆和 G. H. 冯·赖特)陷入困惑。多亏后来从伯特兰·罗素档案馆所获得的新资料,我们现在有希望对整个事情的来龙去脉得到一个前后一致的和可信赖的框架。见 B. 麦克奎尼斯的研究:"伯特兰·罗素与路德维希·维特根斯坦的'**逻辑笔记**'"("Bertrand Russell and Ludwig Wittgenstein's 'Notes on Logic'",发表于《国际哲学杂志》(*Revue Internationale de Philosophie*),102(1972)(罗素哲学专辑),重印于麦克奎尼斯的《走近维特根斯坦:论文集》(*Approaches to Wittgenstein: Collected Papers*)(London: Routledge, 2002)。下面是理解这些信件中有关**逻辑笔记**的内容所需要的基本事实:

在 1913 年 10 月 2－9 日期间,维特根斯坦在剑桥见到罗素,试图解释自己的想法。罗素却发现维特根斯坦说给他的东西难以领会,也不易记住,于是便找了一个速记员,让其把维特根斯坦关于逻辑思想的"概要"记录下来。这些记录材料至少有一部分用英文书写,罗素很显然留了一份打字稿。这便是维特根斯坦在这封信(23)里提到"打印事宜"以及信件 26 所说"打印资料"所指的打字稿。这些经由维特根斯坦和罗素二人更正过的打字稿,现存于伯特兰·罗素档案馆,并且有一处在信件 26 中所提及的打印错误(把"极性"写成了"双极性")。然而,在信件 25 和 26 中,维特根斯坦还提及了一个打字稿,并且在信件 27 中他评论了罗素向他提出的问题,这明显指的是后一打字稿,他还从中做了引用——用德文。这本德文打字稿现已遗失。然而,罗素手头保存的一份英文打字稿标题为"维特根斯坦",并加有副标题"第 1 MS"、"第 2 MS"、"第 3 MS"和"第 4 MS"。显然,这是罗素将维特根斯坦于二人在剑桥会面后(见信件 25)寄给自己的德文打字稿(共 4 部分)翻译成了英文。由于维特根斯坦(在信件 25)指明它是一个"副本",因而它一定来自于(口述或摘录的)原件。罗素后来于同年冬天将所有这些资料进行了重新整理,并给这些资料的主体部分写上标题。这一重新整理遂成为所谓"逻辑笔记"的科斯特洛版,后来出版于《1914-1916 年笔记》的第 1 版(1961 年),而第 2 版(1979 年)则返回到该材料的原初形式"概要"、"第 1 MS"等等。(读者须注意,第 2 版印上去的索引实际上来源于第 1 版。)

更北的地方——维特根斯坦最初的计划,打算于 1913 年 10 月从英国返回挪威后,前往位于更北面的莫尔德。后来他却去了卑尔根市北部靠近松恩峡湾的最里面的斯科约尔登。

24. 致 G. E. 摩尔,[1913 年 10 月 23 日]

亲爱的摩尔:

我的地址是:挪威松恩市斯科约尔登,H. Draegni 转 L. W.。这个地方非常舒适,我有大量的时间去从事工作。"同一性"几乎把我带入地狱!麻烦您问一下罗素,看他有没有收到我的信,因为我不确定该信是否已经寄出。请详细地告诉我您最近怎么样。

您的……

L. 维特根斯坦

这张配图的明信片寄自斯科约尔登，上面"我的房间"为维特根斯坦所写。

同一性——关于这个问题，见信件 26 以及后来写给罗素的信。

25. 致 B. 罗素，1913 年 10 月 29 日

挪威，松恩

斯科约尔登，H. Draegni 转

13 年 10 月 29 日

亲爱的罗素：

但愿您已收到我 16 日写给您的信。我把那封信留在游船的餐厅里，随后我致电问询，说该信应该已经寄出，但结果怎样我就不得而知了。这是一个适合工作的理想场所——我到这里不久就患了重感冒，直到最近才恢复工作。同一性实在折磨人，但却至关重要，其重要性远超乎我的想象。它直接关系到——如同任何其他事情一样——那些最为根本的问题，尤其与**同样的**论证在一个函项的不同位置的出现的问题有很大关系。对这个问题的解决，

我倒是有各种各样的想法,但终究没有获得任何确定的结果。然而,我并没有对此失去勇气,反而还继续思考。——我在邮政局长的房子订了两个舒适的房间,说真的,我在这里被照顾得相当不错。顺便提一下——请您抽空寄给我两份摩尔的论文:"感觉对象的本质与实在性",摩尔曾在 1906 年的亚里士多德学会上宣读过。至于我索要两份复印件的缘由,恐怕我仍然无法告诉您,但总有一天您会知晓的。如果您乐意把账单与它一块寄来,在我收到小册子后会立刻把钱寄过去。——由于我在这个地方知音难觅,我的挪威话水平进步得极其缓慢,以至于连一句简单的骂人话都不会说。如果您见到他们,请代我向怀特海博士、他的夫人和埃里克问好。请**尽快**给我回信。

您一如既往的! L. W.

附言:您的讨论班进展得怎样?您拿到我手稿的复印件没?我将一个玫瑰叶子装入信封,这是这个地方植物种群的样本。

10 月 30 日

这封信是昨天写的,昨天以来,我的头脑中闪现出十分新颖的想法;在分子命题理论中出现了新问题,在推理理论中,我已经发现一个崭新和十分重要的方向。我的这些新想法所导致的后果之一——我认为——在于整个**逻辑**仅仅根据一个 P.p. 就可以推导出来。现在我对此还不便展开多说。

L. W.

埃里克——怀特海的一个儿子,后来死于第一次世界大战。

我的手稿——见信件 23 的注释。

26. 致 B. 罗素,[1913 年 11 月]

[挪威,松恩,斯科约尔登]

亲爱的罗素:

感谢您的来信和打印资料!我就以尽力回答您的那些问题作为开始吧:

(1)我认为您的问题来自于那个打印错误(是"极性"而非"双极性"),我的意思是只有当我们知道命题为假以及命题为真这两者分别指何种状况时,我们才能够理解一个命题。

(2)表示 ~p 的符号是 a—b—p—a—b。命题 p 有两个极,不管它们表达什么意思,你也可以以如下方式表示 ~p:

$$\begin{matrix} a-b \\ b-a \end{matrix} \Big\rangle p \text{ 或 } b-a-p-b-a,\text{等等。}$$

关键在于,新的 a-极应当与原有的 b-极相关联,反之亦然,无论这些原有的极处在哪个位置。如果您还记得关于 ~p 的 WF 方案,您就不会再提出这样的问题(我认为)。实际上,ab 符号系统的全部规则,都能够从 WF 方案的本质中直接得出。

(3)ab-函项与您的真值-函项是否一回事,对此仍无定论。

(4)"新极之间的互相关联具有传递性",意思是,通过符号化的方法,使一个极与另一个极相关联,又使第二个与第三个相关联,我们如此一来就已经通过符号化操作把第一个与第三个等等关联在一起。如下例:

$$\underline{a} - \underline{b} - \underline{a} - \underline{b} \neq \underline{a} - \underline{b} - \underline{a} - \underline{b}$$

a 和 b 跟 $\underline{a}$ 和 $\underline{b}$ 分别一一对应,这意味着我们使用的符号与 a—bpa—b 具有相同的作用。

(5)(p) p∨~p 是从函项 p∨~p 得出的,当同一性清楚明白时(如您所言),这一点也会变得清楚起来。关于这个问题,我另择时间写信向您详述。

(6)见打印资料中的解释。

(7)您认为 Bedeutung 就是"事实",的确不错,然而不要忘了根本就不存在像事实这样的**事物**,因此这个命题本身需要进一步分析!如果我们谈及"die Bedeutung",我们似乎说的是具有专名的一个**事物**。当然,表达"一个事实"的符号是一个命题,而且它不是不完备的符号。

(8)关于 ab-不可定义项的精确表述,见手稿。

(9)怎样理解一般不可定义项呢?噢,上帝!它太烦人了!!!其它时间再说吧!——老实说——我会另谋时间给您写信介绍这些，如果到那时候您对这个问题还没有新想法的话。（我认为自己在手稿中已讲得相当明白。）然而，**同一性**还**严重地**困扰着我，对此我真没有多少东西要写。新逻辑的各种素材在我这里越积越多，但我还无法对此写些什么。

51　　得请您帮我一个大忙：去年我答应买两张 C. U. M. S 的室内音乐会门票。麻烦您帮我买一下，一张您自己留着，另一张送给别人，两张票的钱我来掏。如果您告诉我票价，我会马上把钱寄给您。

为我祈祷吧，愿上帝保佑您！（假如有这种事的话）

您一如既往的

($\exists$ x) . x = L. W.★

★这个命题最终可能没有什么意义。请尽快再给我写信。

打印资料——见信件 23 的注释。维特根斯坦显然在把这些经过自己修改和补充过的资料寄回给罗素（见下封信(1)和(6)的回答）。这些资料以"**摘要**"为标题被打印出来，收录于《1914 - 1916 年笔记》：这里提出的观点，着重参见第 94 页。

您的那些问题——见信件 27。

~p 的 WF 方案——该系统（真值表的一个衍生品）在《逻辑哲学论》的命题 4.442 中得到阐述。1912 年的最后几个月，维特根斯坦对罗素详细说明了这个方案（见麦克奎尼斯《青年路德维希》，第 160 - 162 页）。因此，它早于 ab 记法，尽管或许在关键环节中它并没有多大用处。

Bedeutung——"意义",今天一般译成"指称"。

手稿——见信件 23 的注释。问题(7)、(8)及(9)显然指的是该手稿。对于"ab-不可定义项",或见《1914－1916 年笔记》,第 102 页,1.1.12－1.1.21(摘自"第 3 MS")。

C. U. M. S——剑桥大学音乐学会。

27.致 B. 罗素,[1913 年 11 月]

[挪威,松恩,斯科约尔登]

亲爱的罗素:

这是 42 挪威元的支票。非常感谢您购买了门票,您并没有把哈伍德小姐的账单寄给我!——下面是 10 月 25 号您在信中提出的一系列问题:

(1)"'$p.\equiv.$"p"为真的要点是什么'? 我的意思是,这为何值得一问[?]"

(2)"如果用符号'apb'表示 p,那么'bpa'就表示 $\sim p$ 吗,如果不是,那是什么?["]

(3)"您所谓的 ab 函项指的是《原理》中称作的'真值－函项'。

我不明白您为什么不坚持使用'真值-函项'这个名称。"

（4）"我不理解您所说的 a's 与 b's 的规则,即'新极之间的互相关联具有传递性。'"

（5）（我在信里讲得很明白）。

（6）亦如此。

（7）"你说'Weder der Sinn noch die Bedeutung eines Satze ist ein Ding. Jene Worte sind unvollo ständinge Zeichen'。我理解这两者都不是一事物,但我认为 Bedeutung 就是事实,它真的没有用一个不完备的符号来表明吗?"

我不知道是否把问题（7）回答清楚了。

回答当然是这样的:一个命题的 Bedeutung 是由该命题来表征的——命题当然不是一个不完备的符号,然而"Bedeutung"这个词却是一个不完备的符号。

（8）和（9）是显而易见的。

请尽快回信!

您的

L. W.

哈伍德小姐的账单——大概指一个打字员。

Weder der Sinn...Zeichen——"不管一个命题的含义还是意义,都不是指一个事物。这些词都是不完备的符号。"这个评论出自"第 3 MS",被收录在《1914-1916 年笔记》,第 102 页,II,

29-30。一个命题的意义就是实际上符合这个命题的事实,这一点在"摘要"中做了陈述(同上,第94页,II,19-20)。

28. 致 B. 罗素,[1913年11月]

[挪威,松恩,斯科约尔登]

亲爱的罗素:

我打算用德语写这封信,但由于不知在称呼的时候用"Sie"还是用"Du",这可把我给难住了,因此我就只好降格为我那蹩脚的英语行话!——

为什么存在一个全部**逻辑**都能够从其中推出的命题,我就以解释这个问题开始:

我恳请您注意,尽管我将使用下面的 ab-**记法**,但该**记法**的**意义**是不需要的;就是说,即便这种**记法**被证明不是最终正确的**记法**,但如果您承认——我认为您必定这么做——它是一种可能的**记法**,我想要说的就有效。请听我说:我将第一次谈及这样一些逻辑命题,它们包含在或者也许包含在《数学原理》的前8章。这些命题全都来自一个 Pp,这一点十分清楚,因为只要**一个符号规则**就足以识别其中的每个命题的真假。这一个符号规则是:用 ab-**记法**把命题写下来,从外极到内极追溯所有(**极的**)**相互关联**:如此一来,如果 b-**极**与内极群组相关联,**仅仅**作为包含着一个命题的对立的极,那么整个命题就是一个为真的逻辑命题。另一方面如果这是涉及 a-**极**的情况,该命题便是为假的逻辑命题。如果最终两种情况都不是,那么该命题不管真假都不是逻辑命题。例如(p).~p—p 当然限于合适的类型——全然不是一个逻辑命题,其真单从逻辑命题既不能证明也无法证伪。顺便说,您的可归约性公理的情况同样如此——它也根本不是一个逻辑命题,无穷大公理和乘法公理也是如此。**如果**这些是真命题,它们就是我将称为的"偶然"为真与非"本质"为真的命题。一个命题值究竟是偶然为真还是本质为真的,先用 ab-**记法**把它写下来,然后再运用上述规则就可以验出。如果要表述出来,我所谓的"逻辑"命题是一个要么本质为真要么本质为假的命题。顺便说一下,偶然为真与本质为真的命题之间的差别,解释了人们总是具有的对于无穷大公理与可归约性公理的感觉,这种感觉是,如果它们是真的,它们也仅仅由于某种幸运而偶然为真。

当然,我所给出的规则首先仅适用于您所说的原初命题。不过,不难看出,它也一定适用于其它命题。试考虑您在 *9.1 和 *9.11 显变元**理论**中的两个 Pps。令 $(\exists y).\varphi y.\ x = x$,而不是 φx,那么当您应用 ab-**记法**的时候,这两个 Pps 的特例如同前面所有的那些命题一样,显而易见成为重言式。**同一性**的 ab-**记法**目前还不足以清楚地显示这一点,然而很显然,这种**记法**还是能够派上用场。我可以总结说,逻辑命题是一类特殊的命题,它要么表现为"重言式"(该命题为真),要么表现为(如同我所说的)"矛盾式"(该命题为假)。ab-**记法**仅仅是直接显示它们属于哪一类命题(如果属于的话)。这意味着,有一种证明或证伪所有逻辑命题的**方法**,这就是:用 ab-**记法**把它们写下来,探寻其中的关联并运用上述规则。然而,假如只有一条符号规则有效,那么一定也有一个 P.p. 有效。从这一点可以推出很多东西,对于它们我还只能进行模糊的解释,不过,如果您确实思考过这些,您会发现我是对的。——您的课程获得了成功,我很高兴。至于维纳,我只能说即便他擅长**数学**,**数学**也不是那么好玩。然而——

尽快给我回信!总是惦记您的

L. W.

附言:请代我向哈代问好。您的每一封信都给我带来无穷的乐趣!

信的日期由罗素标注。

在这封及下一封信(30)中,维特根斯坦阐明了命题演算过程的要领。在他写这封信的时候,他的这项发明已经大致成型。《逻辑哲学论》6.1203 就是关于该方法的一种解释,它不同于我们今天熟悉的真值方法。有趣的是,6.1203 的表述并没有在《逻辑哲学论》初稿的手稿中出现,在该书的打印稿中也找不到。我们知道,6.1203 是在《逻辑哲学论》初稿完成之后才加进去的,当时维特根斯坦在卡西诺当俘虏(见《逻辑哲学论》初稿,B. F. 麦克奎尼斯、T. 尼伯格、G. H. 冯·赖特编,G. H. 冯·赖特做历史导读(London:Routledge, 1971),第 11 页)。有趣的是,维特根斯坦应着手解决将 ab-记法应用于包括同一性在内的公式这一问题,以便也为这些公式发明一套操作程序,然而他从未解决这一问题。同样有趣的是,他一直在寻求整个逻辑真理领域的操作方法。

我们现在知道,这个问题无法解决。

一条符号规则——信件 30 有进一步解释。

您的可归约性公理——见《数学原理》以及一同被提到的其它"公理"。维特根斯坦对所有这些公理都提出了批评,例如,在《逻辑哲学论》5.535。

原初命题——"不包含显变元的命题就称为'原初命题'"(《数学原理》,3 卷本(Cambrige:Cambridge University Press,1913;1927 第 2 版),卷 I,第 127 页)。

您显变元理论中的两个 Pps——这两个原初命题是:

　　★9.1　　$\vdash : \varphi x . \supset . (\exists z)$　　　　　　Pp

　　★9.11　$\vdash : \varphi x \lor \varphi y . \supset . \varphi z (\exists zp) \varphi z$　　Pp

维纳——这里显然是指 Norbert Wiener(1894 - 1964),控制论专家和博学之士,他于 1913 年 6 月获得哈佛大学博士学位,当时正在英国剑桥大学接受罗素指导继续深造。维特根斯坦大概在初秋访问剑桥期间见过他。

哈代——G. H. Hardy(1877 - 1947),一般被认为(跟利特尔伍德一起)是他那个时代最重要的英国数学家,他是维特根斯坦的朋友,后来的维氏的赞助者。

29.致 G. E. 摩尔,1913年11月19日

> 挪威,松恩,斯科约尔登
> H. Draegni 转交
> 13年11月19日

亲爱的摩尔:

非常感谢您的明信片。您时常感到自己的工作苦不堪言,对此我十分遗憾。其中的原因,我认为是您没有定期就您的研究内容与人进行讨论,这些人不是头脑简单的,而且还确实对您的主题充满兴趣。就剑桥来说,我认为当前还没有这样的人。即便罗素——当然,他在这个年龄段是最富活力的人——也缺乏达成这个目标的足够圆融的手段。如果您能复活节来看我,我们进行定期讨论,您不认为这是一桩好事吗?当然,我不是说自己对这个主题有点擅长!起码我不至于呆笨,而且对此十分关注。我不禁想这样做会使您不再感到贫乏无力。我认为您应该考虑复活节过来跟我一起讨论您的这些问题。现在,请您别觉得我这样说话有些自以为是!我一点也不相信我能够把您的问题搞得跟您搞的那样清楚,但——像我前面所说的——我不会浪费时间,而且对这些问题满怀兴趣。好好考虑一下。——请早点给我来信。

> 你最……的
> L. 维特根斯坦

30. 致 B. 罗素, [1913 年 11 月或 12 月]

[挪威, 松恩, 斯科约尔登]

Lieber Russell!

Vielen Dank für Deinen lieben Brief. Ich will dasjenige, was ich in meinem letzten Brief über Logik schrieb, noch einmal in anderer Weise wiederholen: Alle Sätze der Logik sind Verallgemeinerungen von Tautologien und alle Verallgemeinerungen von Tautologien sind Sätze der Logik. Andere logische Sätze gibt es nicht. (Dies halte ich für definitiv.) Ein Satz wie $(\exists x) . x = x$ z. B. ist eigentlich ein Satz der *Physik*. Der Satz

$$„(x) : x = x . \supset . (\exists y) . y = y"$$

ist ein Satz der Logik; es ist nun Sache der *Physik* zu sagen, *ob es ein Ding gibt*. Dasselbe gilt vom infin[ity] ax[iom]; ob es $\aleph_0$ Dinge gibt, das zu bestimmen ist Sache der Erfahrung (und die kann es nicht entscheiden). Nun aber zu Deinem Reductions-Axiom: Stell' Dir vor, wir lebten in einer Welt, worin es nichts als $\aleph_0$ *Dinge* gäbe und außerdem nur *noch eine* Relation, welche zwischen unendlich vielen dieser Dinge bestehe und zwar so, daß sie nicht zwischen jedem Ding und jedem anderen besteht, und daß sie ferners auch nie zwischen einer endlichen Anzahl von Dingen besteht. Es ist klar, daß das ax[iom] of Red[ucibility] in einer solchen Welt sicher *nicht* bestünde. Es ist mir aber auch klar, daß es nicht die Sache der Logik ist darüber zu entscheiden, ob die Welt worin wir leben nun wirklich so ist, oder nicht. Was aber Tautologien eigentlich sind, das kann ich selber noch nicht ganz klar sagen, will aber trachten es ungefähr zu erklären. Es ist das eigentümliche (und *höchst* wichtige) Merkmal der *nicht*-logischen Sätze, daß man ihre Wahrheit *nicht* am Satzzeichen selbst erkennen kann. Wenn ich z. B. sage „Meier ist dumm", so kannst Du dadurch, daß Du diesen Satz anschaust, nicht sagen ob er wahr oder falsch ist. Die Sätze der Logik aber – und sie allein – haben die Eigenschaft, daß sich ihre Wahrheit bezw. Falschheit schon in ihrem Zeichen ausdrückt. Es ist mir noch nicht gelungen, für die Identität eine Bezeichnung zu finden, die dieser Bedingung genügt; aber *ich zweifle* NICHTT, daß sich eine solche Bezeichnungsweise finden lassen muß. Für zusammengesetzte Sätze

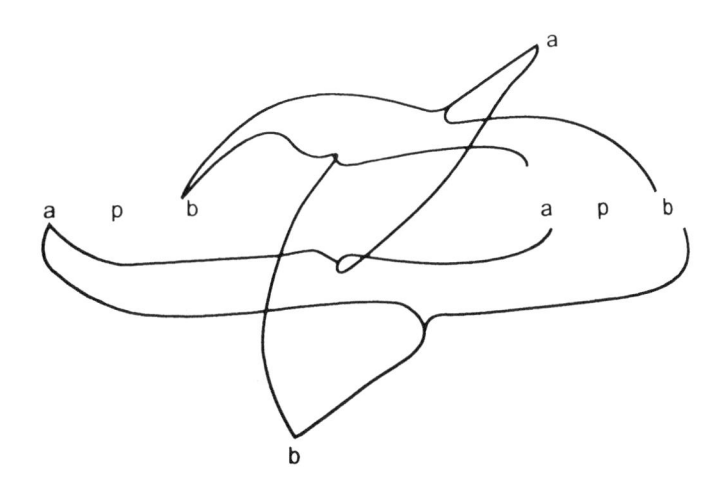

57 (elem[entary] prop[ositions]) genügt die ab-Bezeichnungsw[eise]. Es ist mir unangenehm, daß Du die Zeichenregel aus meinem letzten Brief nicht verstanden hast, denn es langweilt mich – UNSAGBAR sie zu erklären!! Du könntest sie auch durch ein bißchen Nachdenken selber finden! Dies [see previous page] ist das Zeichen für p≡p; es ist tautologisch weil *b* nur mit solchen Pol-paaren verbunden ist, welche aus den entgegengesetzten Polen eines Satzes (nämlich p) bestehen; wenn Du dies auf Sätze anwendest, die mehr als 2 Argumente haben so erhältst Du die allgemeine Regel, wonach Tautologien gebildet werden. Ich bitte Dich denke selbst über die Sachen nach, es ist mir SCHRECKLICH eine schriftliche Erklärung zu wiederholen, die ich schon zum ersten Mal mit dem aller*größten Widerstreben* gegeben habe. Die Identität ist mir – wie gesagt – noch gar nicht klar. Also hierüber ein andermal! Wenn Dein Ax[iom] of Red[ucibility] fällt, so wird wahrscheinlich manches geändert werden müssen. Warum gebrauchst Du als Definition der Klassen nicht diese:

$$F[\hat{x}\varphi(x)]. = : \varphi z \equiv_z \Psi z . \supset_\Psi . F(\Psi) \quad \text{Def?}$$

– Zu Weihnachten werde ich LEIDER nach Wien fahren müssen.

Meine Mutter nämlich wünscht es sich so sehr, daß sie schwer gekränkt wäre, wenn ich nicht käme; und sie hat vom vorigen Jahr gerade an diese Zeit so böse Erinnerungen, daß ich es nicht über's Herz bringen kann wegzubleiben. Ich werde aber sehr bald wieder hierher zurückkehren. Meine Stimmung ist mittelmäßig, weil meine Arbeit nicht rasch vorwärts geht und weil mir der Gedanke an meine Heimfahrt entsetzlich ist. Die Einsamkeit hier tut mir unendlich wohl und ich glaube, daß ich das Leben unter Menschen jetzt nicht vertrüge. In mir gärt alles! Die große Frage ist jetzt: Wie muß ein Zeichensystem beschaffen sein, damit es jede Tautologie AUF EINE UND DIESELBE WEISE als Tautologie erkennen läßt? Dies ist das Grundproblem der Logik! – Ich bin überzeugt, ich werde in meinem Leben nie etwas veröffentlichen. Aber nach meinem Tod mußt Du den Band meines Tagebuchs, worin die ganze Geschichte steht, drucken lassen. *Schreib bald hierher* und versuche aus meinen verwirrten Erklärungen klar zu werden.

Immer Dein
L. W.

P. S. Deine Briefe sind mir eine große Wohltat; laß es Dich nicht reuen, mir so oft zu schreiben. Ich will nur noch sagen, daß Deine Theorie der "Descriptions" *ganz* ZWEIFELLOS richtig ist, selbst wenn die einzelnen Urzeichen darin ganz andere sind als Du glaubtest.

– Ich glaube oft daß ich verrückt werde.

（原初命题）——见信件 28 的注释。

Bose Erinuerungen/痛苦的回忆——指 1913 年 2 月维特根斯坦的父亲因病去世一事。见信件 8-12。

Band meines Tagebuchs/我的手记——大概是手稿或部分手稿，在信件（42）中，维特根斯坦说自己曾向摩尔展示过这些手稿，摩尔于 1914 年 4 月前往挪威去见维特根斯坦。极有可能的是，这本笔记与战争期间他所写的东西使用的是同一种字符，其中三本笔记保存至今并已出版。见"前《逻辑哲学论》的某些手稿"，收录于麦克奎尼斯《走近维特根斯坦》，第 260-262 页，我试图在这里确证这一点。这本笔记可能在战后被寄往大卫·宾森特的家人，途中或后来遗失了。

中译文（转译自英译）

亲爱的罗素：

非常感谢您热情的来信。我想以另一种形式重申我在上一封信中所写的逻辑问题。全部逻辑命题都是对重言式的概括，对重言式的所有概括也就是逻辑命题。不存在其它的逻辑命题（我认为这一点确凿无疑）。诸如"$(\exists x).x=x$"这样的命题是一个真正的物理学命题。命题

"$(x):x=x.\supset.(\exists y).y=y$"

是一个逻辑命题，从物理学角度看，它表示是否存在某个东西。无

穷大公理的情况同样如此：事物$\aleph_0$是否存在是一个要由经验来确定的问题（又是经验无法确定的问题）。但现在，至于您的可归约性公理：假如我们居住在一个除了$\aleph_0$事物之外空无一物的世界，而且在它们之外和之上，无穷事物之间的**只有单一**的关系；而且这样一来，一事物与每一其它事物之间并没有这种关系，进一步地，无限多的事物之间也没有这种关系。很明显，可归约性公理在这样的世界确实不是完全有效。对我来说，同样明显的是，我们所居住的世界是否是这样的世界并不是逻辑所决定的事情。然而，至于什么是真正的重言式，我自己还没有搞得十分清楚，但是我试图给出一个粗略的解释。非逻辑命题的特殊（也是最重要的）标志是，人们不能单靠命题的符号就知道它们的真。例如，如果我说"迈耶是愚蠢的"，你无法通过考察命题而说出它的真假。但是逻辑命题——而且只有逻辑命题——具有这样一种性质，即尽管情况各有不同，但其真假都体现在其具体的命题符号中。我至今仍没有成功地找到能够满足这个条件的用来处理同一性的记法，但我确信**无疑**一定有可能找到这样的记法。对于复合命题（"原初命题"）来说，ab-记法是足够的。遗憾的是，您没有理解我上一封信中所说的处理符号的规则，因为对它进行解释对我来说是**无法言喻**的没意思。如果您对这条规则做过思考，您自己也会找到它！

这个图表[见前面几页的德文]是表示 $p \equiv p$ 的符号；它属于重言式，因为 b 只与那些成双成对的极相关联，这些极由单个命题（即 p）的相对立的极构成。把这个方法应用于含有两个以上自变量的命题，你就可以得到关于重言式构造的一般规则。我请求您自己去思考这些问题，我**无法忍受的**是，再去做一个书面的解释，这个解释甚至在我第一次提出来时就是以极其厌恶的心情提出的。我发现同一性问题，正如我所说，还远远没有被搞清楚。我将另觅时间去处理这个问题。如果您的可归约性公理失败了，可能许多事情不得不发生改变。您为什么不以下面这个公式作为集合的概念：

$$F[\hat{x}\varphi(x)] . = : \varphi z \equiv_z \Psi z . \supset_\Psi . F(\Psi) \quad 定义？$$

——圣诞节我必须回维也纳，这**真令人遗憾**。

事情是这样的，我母亲非常想让我回去，如果我不回去的话，她会感到受到严重的冒犯。她对去年这个时候充满了悲伤的回忆，因此我不忍心远离。然而我会尽早回到这里。我正处在精神贫乏的阶段，因为我的工作还没有出现大的进展，而且对回家一事的想法也困扰着我。一个人待在这儿的确有不竭的好处，我不认为自己如今还能忍受在人群中生活。在我心中，天下万物都正在发酵。现在最大的问题是，为了**用一个相同的方法辨认每一个重言式**，一个符号系统必须如何加以构成？这是逻辑的根本问题！——我相信我在有生之年将永远不会发表任何东西。然而在我死后，您一定会看到这些包含着我整个故事的手稿将付梓出版。快点回信，请尽力搞懂我这些混乱不堪的解释。

您永远的

L. W.

附言：您的信对我来说大有裨益。您这么频繁地写信给我，请不要感到难过。我只想补上一句话：您的"**摹状词理论**"确实是**相当正确**，即便其中个别的原始符号完全不是您所认为的那样。

——我经常觉得自己快要疯了。

31. 致 G. E. 摩尔，[1913年12月]

亲爱的摩尔：

非常感谢您的来信。我很愿意您每次过来都跟我进行定期的讨论，我终不明白您为什么不愿这么做！约翰逊终于给俱乐部提交了论文，这让我非常高兴！它像什么啊？？并且它到底关于什么呢？说老实话，我不喜欢那个标题。然而——**同一性**仍然折磨着我。这里已经下了大雪，但一点儿都不冷。尽快回信，多说些关于约翰逊论文的情况。

您的……

路德维希·维特根斯坦

穆西奥还活着吗？如果还健在的话，他都在忙什么呢？

斯科约尔登的明信片。

约翰逊终于给俱乐部提交了论文——道德科学俱乐部1913年12月5日的备忘录中记载，"会长"（即约翰逊）宣读了一篇题目为"可能性"的论文。大致情况是，人们对这篇文章还争论了几分钟，约翰逊的观点是，要给出可能性的严格定义需关联到一套给定的命题，而反事实的可能性（它是这样被命名的）则关联到一些**自然规律**（它们不仅仅是共相）。该备忘录还表明摩尔担当了那次会议的主席。摩尔本人在日记中写道："没说多少话，与罗素结伴走回家"。在1913年12月6日写给奥托琳女士的信中，罗素对这次讨论的情况（这种情况很少见，如同维特根斯坦的言论所暗示的）

做了评论,他说"W. E. 约翰逊是埋没才能的典型例子。他才智极高,除活力外,具有伟大哲学家的全部素质"。的确如此,约翰逊身体欠佳,还被教学工作压得喘不过气来。他的《逻辑》(见信件 15 的注释)一书的完成与出版,据说应归功于他的助手和学生们的帮忙,尤其是内米奥·本特威奇小姐的鼎力相助。信件 15 本身就是证据,表明维特根斯坦在同一方向所做的努力。

穆西奥——Bernard Musico(1887－1928),剑桥大学实验心理学助教,后来成为悉尼大学的哲学教授。1912－1913 年,他与维特根斯坦联手做了一些心理学实验(见麦克奎尼斯的《青年路德维希》,第 125 页以下)。正如信件 39 所清楚表明的,在一些不重要的责任方面,穆西奥一定是辜负了维特根斯坦,那也许就与这些实验有关。

32. 致 B. 罗素,1913 年 12 月 15 日

松恩,斯科约尔登
13 年 12 月 15 日

Lieber Russell!

Ich schicke heute 720 Kroner an Messrs Child & Co. für Deine Rechnung. Die Frage nach dem Wesen der Identität läßt sich nicht beantworten, ehe das Wesen der Tautologie erklärt ist. Die Frage nach diesem aber, ist die Grundfrage *aller* Logik. – Mein Tag vergeht zwischen Logik, Pfeifen, Spazierengehen und Niedergeschlagensein. Ich wollte zu Gott, ich hätte mehr Verstand und es würde mir nun endlich alles klar; oder ich müßte nicht mehr lange leben! –

Du hast die Eroika gehört! Was hast Du zu dem zweiten Satz gesagt? ist er nicht unglaublich? –

Ist es nicht höchst merkwürdig, was für eine große und unendlich eigenartige Wissenschaft die Logik ist; ich glaube, weder Du noch ich haben das vor 1 1/2 Jahren gewußt.

Immer Dien
L. W.

中译文（转译自英译）

亲爱的罗素：

我今天用信用卡通过您的账户给梅赛尔·柴尔德公司寄了720克朗。至于同一性的本质这个问题，直到重言式的本质阐明之后才能解决。然而，这个问题对整个逻辑来说是根本的问题。——我的时光在逻辑、吹口哨、散步以及沮丧中度过。我希望上帝使我变得更聪明些，这样对我来说，所有问题会最终变得明晰起来。——要不然我就不需要再活下去了！——

您听过英雄交响曲吧！您认为第二乐章怎么样？难道不是不可思议？——

简直离奇了,逻辑是多么宏大而无限神奇的一门科学,难道不是吗? 我认为一年半之前,无论您还是我都还不清楚这一点。

您永远的
L. W.

33. 致 B. 罗素,[1913 年圣诞节]

第四林荫大道 16 号

Lieber Russell!

Vielen Dank für Deinen Brief! Ich bin wie Du siehst zu Hause, und LEIDER wieder einmal ganz unfruchtbar. Ich hoffe nur die Ideen werden wiederkommen, wenn ich in meine Einsamkeit zurückkehre. (Ich bleibe noch etwa 8 - 10 Tage hier.) Was Deine amerikanischen Vorlesungen anbelangt, so brauchtest Du mich – von *mir* aus – natürlich gar nicht zu nennen; aber – wie Du willst –. Hier geht es mir jeden Tag anders: Einmal glaube ich, ich werde verrückt, so stark gärt alles in mir; den nächsten Tag bin ich wieder ganz und gar phlegmatisch. Am Grunde meiner Seele aber kocht es fort und fort wie am Grunde eines Geisirs. Und ich hoffe immer noch es werde endlich einmal ein endgültiger Ausbruch erfolgen, und ich kann ein anderer Mensch werden. Über Logik kann ich Dir heute nichts schreiben. Vielleicht glaubst Du daß es Zeitverschwendung ist über mich selbst zu denken; aber wie kann ich Logiker sein, wenn ich noch nicht Mensch bin! *Vor allem* muß ich mit mir selbst in's Reine kommen!

Immer Dein

L. W.

这封作者没有署明日期的信被罗素标注为"1914年春季",但这一日期标注不合理,没听说维特根斯坦在复活节期间去过维也纳,摩尔访问挪威(3月29日至4月4日)及维特根斯坦在信件42中对自己工作进展的评论都几乎排除这一可能。1914年夏季也因信中的城镇地址(对照信件43,写自维也纳郊区的新瓦尔代克)而排除掉,而且维特根斯坦也没有打算马上从维也纳返回到挪威,正如我们从他与大卫·宾森特和W.艾克尔斯(工程师,维特根斯坦在曼彻斯特大学时期的朋友;维特根斯坦写给他的信都收录在《著作集》,第4卷:《书信集,与罗素等人的通信》,B.麦克奎尼斯和G.H.冯赖特编(Frankfurt:Suhrkamp,1980))制定的计划所知道的那样。我的结论是,这封信一定写于1913年圣诞节前后,这一看法可以从后面信件34得到印证。

Deine amerikanischen Vorlesungen/您在美国的系列讲座——罗素预定1914年3月至4月期间,在哈佛大学罗威尔讲席上做系列报告。从写给奥托琳·莫雷尔女士的信中可以明显看出,罗素在1913年9月到11月底期间,对上述讲座进行了整理。

(在其自传中,罗素说自己 1914 年元月 1 日开始借助便条口述讲座内容的说法肯定是搞混了。K. Blackwell 在《罗素》一书第 12 章(1973)第 11-13 页对这个问题做过讨论。)罗素的这一系列讲座于 1914 年以《我们关于外间世界的知识》为题出版(在美国书脊上而不是扉页上印的书名是《哲学中的科学方法》,英国版把这名字用作副标题,加了前缀"论")。在系列讲座的前言中(亦见第 7 讲座的注释,第 1 版第 208 页,后来的版本见第 213 页),罗素感谢了维特根斯坦工作的重要性。毫无疑问,罗素在一封信中已经表达了对维特根斯坦的谢忱。

中译文(转译自英译)

亲爱的罗素:

　　非常感谢您的来信。如您所知,我待在家里,**很遗憾**我又一点儿东西都写不出来。我只希望回去独处时,我的那些想法会再次涌来。(我还要在家里待上 8 到 10 天。)至于您在美国的系列讲座,就我个人而言,自然是没有任何必要提及我的名字。除此之外——您随心所欲吧——。在这里,每一天我都有新的感受。有时候,我心中的某个东西正在发作,以至于我认为自己都要发疯了;可到第二天,我却又感到任何事情都索然无趣。但在我的内心深处,有一股不断涌动的热流,如同喷泉一样从底部向上翻滚,我一直希望这些东西能够彻底地喷发出来,这样一来我就会脱胎换骨。我这一次无法在信中给您写任何关于逻辑的东西。您或许认为我对自己的思考纯属浪费时间——然而在我成为一个人之前,我怎么可能成为一个逻辑学家！接纳自己是远为重要的事情！

您永远的

L. W.

1914

34. 致 B. 罗素，[1914年1月]

斯科约尔登

Lieber Russell!

Vielen Dank für Deinen lieben Brief! LEIDER kann ich Dir auch diesmal wieder keine logischen Neuigkeiten berichten: denn es ist mir in den letzten Wochen fürchterlich schlecht gegangen. (Eine Folge meiner Wiener „Ferien".) Ich war jeden Tag abwechselnd von schrecklicher Angst und Depression gequält und selbst wenn diese aussetzten so erschöpft, daß ich an ein Arbeiten gar nicht denken konnte. Die Möglichkeiten der geistigen Qual sind unsagbar entsetzlich! Erst seit zwei Tagen kann ich wieder die Stimme der Vernunft durch den Lärm der Gespenster hören und habe wieder angefangen zu arbeiten. Und *vielleicht* werde ich jetzt genesen und etwas anständiges hervorbringen können. Aber ich habe *nie* gewußt, was es heißt, sich nur noch einen Schritt vom Wahnsinn zu fühlen. – Hoffen wir das Beste! –

Ja, Mörike ist freilich ein *großer* Dichter und seine Gedichte gehören zum besten was wir haben. Aber ich bin neugierig, ob Du ihn wirklich genießen wirst, weil Du doch Goethe nicht genießest. Und Mörikes Schönheit ist ganz nahe verwandt mit Goethes. Aber *wenn* Du Mörike *wirklich* genoßen hast, dann versuch' einmal die Iphigenie von Goethe: vielleicht geht Dir dann ein Licht auf. —

Jetzt noch eine Frage: Sagt der „Satz vom zureichenden Grunde" (Law of causality) nicht einfach, daß Raum und Zeit relativ sind? Dies scheint mir jetzt ganz klar zu sein; denn alle die Ereignisse von denen dieser Satz behaupten soll, daß sie nicht eintreten können, könnten überhaupt nur in einer absoluten Zeit und einem absoluten Raum eintreten. (Dies wäre freilich noch kein unbedingter Grund zu meiner Behauptung.) Aber denke an den Fall des Massenteilchens, das, allein in der Welt existierend, und seit aller Ewigkeit in Ruhe, plötzlich im Zeitpunkt A anfängt sich zu bewegen; und denke an ähnliche Fälle, so wirst Du — glaube ich — sehen daß KEINE Einsicht a priori uns solche Ereignisse als unmöglich erscheinen läßt, *außer eben in dem Fall* daß Raum und Zeit relativ sind. Bitte schreibe mir Deine Meinung in diesem Punkte.

Ich wünsche Dir alles Beste zu Deinen Vorlesungen in Amerika. Vielleicht geben sie Dir doch Gelegenheit mehr als sonst Deine *Gedanken* und nicht *nur* fertig formulierte Resultate auszusprechen. Und das gerade wäre von dem denkbar größten Wert für Deine Hörer, wenn sie den Wert des *Gedankens*, nicht den des fertigen Resultats, kennen lernten. Schreib' mir bald und denk' an mich, wenn Du im Mörike liesest.

Immer Dein
L. W.

P. S. Noch eine Bitte! Ich schicke Dir beiliegend meine College-Rechnung und einen Check für 80 Kroner; ich bitte Dich hiervon die Rechnung zu zahlen, da ich nicht weiß, ob Barclay & Co. Norwegisches Geld annimmt.

I[mmer] D[ein]
L. W.

65　莫里克——在一封从罗马寄给奥托琳女士，日期为 1913 年 12 月 30 日的信中（正当假日），罗素讲述了莉泽·冯·哈腾堡夫人（该女士的真实姓名，不过罗素称她为"哈丁堡"）是如何"朗读一个叫莫里克的男人所写的诗，维特根斯坦一直热烈赞美这位诗人——他甚至把一本诗集放在我的房间里，希望我能去阅读，但我从来没阅读。不过，我倒是喜欢她朗读的这些诗"。更多细节参见罗纳德·克拉克的《伯特兰·罗素的生平》(*Life of Bertrand Russell*)(London: Cape and Weidenfeld & Nicolson, 1975)，第 121，219－222 页。维特根斯坦在前线时让人把莫里克诗集的一个复印本寄给他,把它当作现代诗的一种"解药"(P. 恩格尔曼,《维特根斯坦的来信及回忆》(*Letters from L. Wittgenstein with a Memoir*),B. 麦克奎尼斯编(Oxford：Blackwell,1967),第 5－6 页;亦见第 84 页及以下,他特别欣赏"莫扎特的布拉格之旅")。20 世纪 20 年代在小学教书时,维特根斯坦也用到莫里克的诗歌。莫里克被形象地刻化成"仙风道骨与凡夫俗子相比较的典范",在这方面他很像 J. P. 赫布尔和 G. 凯勒,维特根斯坦也经常将他们推荐给朋友。

Vorlesungen in Amerika/*在美国的讲座*——这里指的很可能不是罗威尔讲座(见信件 33 的注释),而是一门或两门课程,即《知识论》和《高等逻辑》,罗素在同一时间要给哈佛大学哲学系讲授这两门课程,所以他当时一直忙于备课。T. S. 艾略特至少听过课程中的一门,他的听课笔记包含着对真值表方法的最早阐释(除了罗素文档中维特根斯坦自己的阐释)。见 John Shosky 的"罗素对真值表的使用"(Russell's Use of Truth Tables),载《罗素》(*Russell*)新丛刊,17(1997 年),第 11－26 页。艾略特的笔记表明,比起照本宣科来,这些课程具有真正的探索性。

中译文（转译自英译）

亲爱的罗素：

  非常感谢您的热情来信。**十分抱歉**,我又没有逻辑方面的消息要告诉您。原因是,对我来说上几个星期的事情真是糟糕透了。

（这是我在维也纳"度假"的结果。）每一天，可怕的焦虑和沮丧轮番折磨着我，即便在不受折磨的间隙我也感到筋疲力尽，以至于思考不出一丁点儿东西。这种精神上的折磨给我带来的恐惧真是难以言表！直到两天前我才能听到理性的声音战胜了那该死的嚎叫，我才开始重新投入工作。也许我现在恢复得还不错，能够创造出一些得体的东西。但我从不清楚感到离疯狂只有一步之遥意味着什么。——让我们往好处想吧！

不错：莫里克是一个真正了不起的诗人，他的诗是我们所拥有的最美好的东西。然而我很想知道您是否真的欣赏他。毕竟，您不太喜欢歌德，莫里克的作品所散发的美与歌德十分相近。假如您确实喜欢莫里克的话，您就试着读一读歌德的《伊菲格尼亚》吧。那时候，也许您会备受启发。

现在，我的问题是："充足理由原理"（因果律）所表达的难道仅仅是空间和时间是相关的？我现在认为这一说法十分明确，因为根据这个断定，所有看上去不可能的事件只能发生在绝对的时空中，如果真的发生的话（应当承认，这个原理本身不能成为我的主张的充足理由）。然而，设想这样的情形，一个粒子是这个世界中存在着的唯一事物，它永远处于静止状态，突然在时间点 A 开始运动起来。通过思考这个以及类似的例子，我相信您会明白，这类事件对我们来说不可能发生这一点并不是一个先验洞见，除非情况如此，即空间和时间是相对的。请写信告诉我您对这一点的看法。

衷心地祝福您在美国的讲座！无论如何，这对您来讲都是一个比以前更有利的机会，借此向人们传达您的思想，而不仅仅是现成的结果。对您的听众来说,**这**正是他们所获得的最为可贵的收获——使他们懂得思想的价值而不单是现成的结论。尽快给我回信,当您阅读莫里克的时候,请念着我。

您永远的
L. W.

附言:还有一个请求! 我随信附上我大学的账单和80克朗的支票一张。请用这些钱付账,因为我不知道巴克莱公司是否接受挪威货币。

您永远的
L. W.

35. 致 G. E. 摩尔,[1914年1月30日]

大约两个月前,我写信给您,请您回信告诉我约翰逊演讲稿的情况,我至今没有收到回复。这难道不是一件憾事? 此外,我很想知道您近来怎么样,复活节的休假什么时候开始。您有没有思考过重言式的本质? 这个问题现在正困扰着我。

务必尽快尽多地写信给我!

您的……
路德维希·维特根斯坦

附言:我正在练习滑雪,它果真很好玩。

约翰逊的演讲稿——见信件 31 和 37。

36. 致 B. 罗素，[1914 年 2 月]

[挪威，松恩，斯科约尔登]

Lieber Russell!

Ich danke Dir für Deinen freundlichen Brief. Es war sehr schön von Dir, daß Du mir auf diese Weise geantwortet hast! Deine Forderung aber, ich solle so tun als sei nichts vorgefallen, kann ich Dir unmöglich erfüllen, da dies ganz gegen meine Natur ginge. verzeih*mir daher diesen langen Brief* und bedenke daß ich meiner Natur ebenso folgen *muß*, wie Du der Deinen. Ich habe in der letzten Woche viel über unser Verhältnis nachgedacht und bin zu dem Schluß gekommen, daß wir eigentlich nicht zu einander passen. dies meine ich NICHT als tadel! weder für Dich noch für mich. Aber es ist eine Tatsache. Wir hatten ja schon so oft ungemütliche Gespräche mit einander, wenn wir auf gewisse Themen kamen. Und die Ungemütlichkeit war nicht eine Folge von schlechter Laune auf seiten eines von uns beiden, sondern sie war die Folge enormer Unterschiede in unserem Wesen. Ich bitte Dich inständigst nicht zu glauben, ich wolle Dich irgendwie tadeln, oder Dir eine Predigt halten; sondern ich will nur unser Verhältnis klarlegen *weil ich daraus einen Schluß ziehen werde*. – Auch unser letzter Streit war bestimmt nicht bloß die Folge Deiner Empfindlichkeit oder meiner Rücksichtslosigkeit, sondern der tiefere Grund lag darin, daß Dir jener Brief von mir zeigen mußte, wie grundverschieden unsere Auffassungen z. b. des Wertes eines wissenschaftlichen Werkes sind. Es war natürlich dumm von mir, Dir damals so lang über jene Sache geschrieben zu haben, denn ich hätte mir ja sagen müßen, daß sich solche wesentliche Unterschiede nicht durch einen Brief ausgleichen lassen. Und dies ist ja nur ein Fall unter *vielen*. Ich sehe jetzt, wo ich dies in aller Ruhe schreibe, vollkommen ein, daß Deine Werturteile ebenso gut sind und ebenso tief in Dir begründet sind wie meine in mir, und daß ich kein Recht habe Dich

zu katechisieren; aber ebenso klar sehe ich jetzt, daß wir eben darum kein rechtes Freundschaftsverhältnis zu einander haben können. *Ich werde Dir so lange ich lebe vom* ganzem herzen *dankbar und zugetan sein, aber ich werde Dir nicht mehr schreiben und Du wirst mich auch nicht mehr sehen*. Jetzt wo ich mich mit Dir wieder versöhnt habe, will ich *in Frieden* von Dir scheiden, damit wir nicht irgend einmal wieder gegen einander gereizt werden und dann vielleicht in Feindschaft auseinander gehen. Ich wünsche Dir alles Beste und bitte Dich mich nicht zu vergessen und oft *freundlich* an mich zu denken. Leb wohl!

Immer Dein

Ludwig Wittgenstein

这封信和信件 38 提到罗素与维特根斯坦之间的一次争吵（Streit）。在写给奥托琳·莫雷尔女士的日期为 1914 年 2 月 19 日的信中，罗素提到这件事如下："我在写这封信的时候，收到了维特根斯坦的来信，说他自己与我的区别太大，因此没有再保持友谊的必要，还说再也不会给我写信或跟我见面。我敢说一段时间之后，他的态度会发生转变。的确除了**逻辑**之外，我并没有把他的评论放在心上。然而我认为，我是由于真的太在乎才没去关注他的评论。这事怪我——我对他的态度太过尖锐。" 2 月 23 日罗素写道："我写信给维特根斯坦，希望他变得温和些。"当前这封信可能就是罗素 2 月 19 日收到的信。维特根斯坦所写的信件 34 与信件 36 之间的一封信也许已遗失，因为罗素写的中间两封信（一封尖锐，一封温和）似乎暗示过。罗素在这段时期写给奥托琳女士的信中时常述说维特根斯坦的刺激和两人之间交往的疲乏，前往挪威的愚蠢和由此获得的安慰，维特根斯坦对逻辑发展所做的极有价值的工作以及对罗素本人工作的批评所造成的困难。这里提供争吵的材料：情况很可能是罗素对维特根斯坦在信件 34 中用意良好的建议给予毫不客气的回应。

中译文（转译自英译）

亲爱的罗素：

感谢您亲切的来信。以这样一种方式答复我，对您来说再合适不过。但我不可能把您的请求付诸行动，好像什么都没发生似的：那简直完全违背了我的本性。那么，**请谅解**我的这封长信，记住我恰好跟您一样必须遵循自己的本性。在上个星期，我对我们之间的关系想了很多，我最后得出的结论是我们彼此真的不合适。**这里并没有责备的意思！**不管对您还是对我。但是事实就是如此。每当涉及某些特定的主题，我们之间经常出现令人不愉快的交谈。这种不投机并非由一方或另一方的坏脾气所造成，乃是因为我们的本性的巨大差异。我诚挚地请求您，无论怎样都不要认为我想对您进行责备或训诫。我只想把我们之间的关系搞清楚，目的是得出一个最终的说法。——我们之间最近的争吵，的确也不仅仅是由于您的敏感或是我的思考不周所导致。它来自更深层的原因——来自这样的事实，即我在信中一定摆明了我们之间各种想法的巨大差异，**比如**关于科学工作的价值的差异。当然，我曾在信中用那么大篇幅给您谈这件事，的确够愚蠢的：我应该告诫自己，这种根本性的差异无法仅靠一封信来解决。而这只是许多事例中的**一个**罢了。现在，我是平心静气地写这封信，我完全能够理解，您的价值判断一如我的价值判断，都恰到好处，根深蒂固，因此我没有权利对您指手画脚。我现在也同样清楚地看到，正是基于这个缘由，我们之间不可能存在任何真正的友谊。我将会用我的**一生全心全意地**感激您并且忠实于您，但我再也不会给您写信，您也不会再见到我。现在，我再一次跟您和解，是为了从您身边从容地走开，这样的话我们再也不会不时地给彼此带来烦恼，然后弄得跟仇敌一样。我祝愿您事事顺心，请求您不要把我忘了，常能以友好的感觉念着我。再见！

您永远的

路德维希·维特根斯坦

37. 致 G. E. 摩尔，1914年2月18日

斯科约尔登

14年2月18日

亲爱的摩尔：

非常感谢您的来信。很抱歉给您带来令人讨厌的麻烦。其实，我倒真的不期望您对那次会议做这么详细的阐释。但是，收到您的信我兴奋不已，因为我觉着我完全知道约翰逊谈的是什么。他所谈的内容——当然——涉及的是演绎本质的问题。而我认为，这个问题的线索全部隐藏在如下事实中，即当 $\varphi x \supset_x \Psi x$ 是一个重言式的概括时，这个命题才能表达演绎关系。

学期一结束，您就马上过来，我将在卑尔根接待您。我期盼您到来的渴望无法用言语表达！**逻辑**以及别的事情，都快把我烦死了。我希望在您来这儿之前我不会死，假如那样的话，我们就不能进行充分的讨论了。

您……的

L. W.

附言：从纽卡斯尔到卑尔根的航船一个星期有3趟。我希望

您于 3 月 20 日抵达卑尔根。哈代[打算]指导的那个年轻的西季威克近来怎么样？他成为学会的成员了吗？

那次会议——指信件 31 和 35 所说之事。

逻辑——指逻辑学科或指信件 40 和 41 所提到的工作。信件 36 的注释提到，罗素致奥托琳的信或许也表明（注意"Logic"一词的大写字母）维特根斯坦正在写一本以此为标题的著作。

西季威克——可能是 R. R. Sedgwick(1894 – 1972)，历史学家兼公务员，那个时候他还是三一学院一名本科生，后来成为三一学院的研究员。

哈代——见信件 28 的注释。

学会——指剑桥大学半公开的、历史悠久的讨论俱乐部，它也以"使徒会"为世人所知。罗素、摩尔和凯恩斯都是该学会的成员。1912 年，罗素推荐维特根斯坦加入该会。关于这个社团在第一次世界大战之前那些年代的活动，见罗素的《自传》，第 1 卷，第 68 - 70 页及各处，亦见 Paul Levy 的《摩尔》(*Moore*)(London：Weidenfeld & Nicolson，1979)各处，该资料表明（第 311 页），西季威克没有入选学会。关于维特根斯坦本人与该学会的联系，见《青年路德维希》，第 146 - 151 页。

38. 致 B. 罗素, 1914 年 3 月 3 日

斯科约尔登
14 年 3 月 3 日

Lieber Russell!

Dein Brief war so voll von Güte und Freundschaft, daß ich nicht glaube, auf ihn schweigen zu *dürfen*. Ich muß also mein Vorhaben brechen: was ich Dir aber sagen muß, kann ich leider nicht kurz fassen und ich habe kaum irgendwelche Hoffnung, daß Du mich wirklich verstehen wirst. Vor allem muß ich nocheinmal sagen: Unsere Streitigkeiten kommen nicht *nur* aus äußerlichen Gründen (Nervosität, Übermüdung u. dgl.) sondern sind – jedenfalls in *mir* – sehr tief begründet. Du magst darin recht haben, daß *wir selbst* vielleicht nicht einmal *so sehr* verschieden sind: aber *unsere Ideale* sind es ganz und gar. Und darum konnten und können wir nie über Dinge, worin unsere Werturteile in Betracht kamen, mit einander reden, ohne zu heucheln, oder zu zanken. *Ich glaube dies läßt sich nicht leugnen* und war mir schon seit langer Zeit aufgefallen; und war mir schrecklich, denn unser Verkehr bekam dadurch etwas vom Beisammensitzen in einem Sumpfe. Denn wir beide haben Schwächen, besonders aber *ich* und mein Leben ist VOLL von den häßlichsten und kleinlichsten Gedanken und Taten (dies ist *keine* Übertreibung). Wenn aber ein Verkehr nicht beide Teile herabziehen soll, dann dürfen die *Schwächen* der beiden *nicht* mit einander verkehren. Sondern zwei Leute sollen nur dort mit einander verkehren, wo sie beide *rein* sind; d.i. dort wo sie gegen einander *ganz* offen sein können, ohne einander zu verletzen. Und *das* können wir beide NUR, wenn wir unseren Verkehr auf die Mitteilung objectiv feststellbarer Tatsachen beschränken und etwa noch auf die Mitteilung unserer freundschaftlichen Gefühle. Alle anderen Themen aber führen bei uns zur Heuchelei oder zum Zank. Du sagst vielleicht: es ist ja bisher so ziemlich gegangen, warum sollte es nicht so weitergehen. Aber ich bin des ewigen schmutzigen und halben ZU müde! Mein Leben war bisher *eine* große Schweinerei – aber soll es immer so weitergehen? – Ich schlage Dir nun dies vor: Machen wir einander Mitteilungen über unsere Arbeiten, unser Befinden und dergleichen, aber unterlassen wir gegen einander jedwedes Werturteil – worüber immer – , in dem vollen Bewußtsein, daß wir hierin gegen einander nicht *ganz* ehrlich sein könnten, ohne den anderen zu verletzen (zum mindesten gilt dies bestimmt von *mir*). Meiner tiefen Zuneigung brauche ich Dich nicht erst zu versichern, *aber sie wäre in großer Gefahr, wenn wir mit einem Verkehr fortführen, der Heuchelei zur Grundlage hat und deshalb für uns beide beschämend ist*. Aber ich glaube, es wäre ehrenvoll für uns beide, wenn wir ihn auf einer reineren Grundlage fortsetzten. –

Ich bitte Dich, Dir dies alles zu überlegen, mir aber *nur dann* zu antworten, wenn Du es im Guten tun kannst. In jedem Fall sei meiner Liebe und Treue versichert. Möchtest Du diesen Brief so verstehen wie er gemeint ist!

Immer Dein
L. W.

中译文（转译自英译）

亲爱的罗素：

您的来信如此充满仁慈和友谊，我不认为我有权利不回复您。所以我必须打破自己的固执。很遗憾，我只能用寥寥数语说出自己的想法，至于您是否真正理解我，我则不抱多大希望。主要是我必须告诉您，我们之间的争吵不是由诸如神经质或疲劳过度等外部因素所导致，而是有着——无论如何就我这方面——非常根深蒂固的缘由。您说我们俩本身没有那么大的差异，这话也许是对的，但我们的理想却不是如此。这就是为什么如果不变得虚伪或不发生争吵，我们就不可能并且永远不可能去讨论涉及我们价值判断的任何事情。我认为这一点无可争辩；对此很久以前我就注意到了；我对此还感到害怕，因为它玷污了我们之间的关系：我们好像正并排坐在一片沼泽里一样。事实上，我们俩都存在弱点，尤其是我身上存在弱点，而且我的生命中**充斥着**能想象得到的丑陋和卑鄙的言行（这并非夸大其词）。然而，如果一种关系对双方来说都不会疏远，那么它就不应该是一种依赖任何一方弱点的关系。

不：一种关系应当局限于有关双方都纯洁无瑕的区域，就是说，任何一方在这一区域内都可以对对方完全坦诚相待而不造成伤害。而我们所能做的**只是**将我们的关系限于交流那些能够客观上确立的事实，或许还某种程度上扩及我们对彼此的友好感情。但是，就我们的情况而言，任何其它的话题都会把我们引向虚伪或争吵。现在您也许会说，"到目前为止，关系差不多正常着，为何不以同样方式继续往下走呢？"然而，我对这种无休止的卑鄙的妥协已经厌烦**至极**。我的生活到目前为止一团糟——难道这种状况还要无限持续下去？——现在，我给您提个建议。让我们彼此写信来谈谈我们的工作、健康以及诸如此类的事，不管涉及什么主题，让我们在交流中避免任何一种价值判断，让我们清楚地认识到，在谈到这类判断时，我们没有哪一个能做到完全真诚而不伤害对方（无论如何就我的情况而言的确如此）。我无须向您保证我对您的深深爱戴，然而如果我们的关系继续建立在虚伪的基础之上，这种爱戴会面临极大的危险，而且正由于这一因由，就可能使我们双方蒙羞。相反，如果我们彼此能更加以诚相待，我认为我们俩终将以此为荣。——我恳请您再三考虑这件事，把您的答复写信告诉我，仅当您的心情好的时候再去这么做。请相信我在任何时候对您的爱戴与忠诚，我只希望您能够像信中指望您理解的那样，读懂这封信。

您永远的

L. W.

39. 致 G. E. 摩尔，1914 年 3 月 5 日

斯科约尔登
14 年 3 月 5 日

亲爱的摩尔：

　　鉴于我刚才心情不错，在此我只写寥寥几句。第一：尽快回信，说清楚您什么时候动身来卑尔根。第二：请速来。第三：我写出了**一堆**逻辑方面的东西。（我不敢说很多。）第四：如果您见到约翰逊，请代我向他致以最亲切的问候。第五：假如您碰到穆西奥，请告诉他，说他是一个畜生（他知道为什么）。第六：重申一遍——请速来。就这么多吧。

您的……
L. W.

　　心情不错——意思是他在工作。

40. 致 G. E. 摩尔，[1914 年 3 月]

亲爱的摩尔：

　　您不愿到这里完成您的论文，究竟为什么？您将拥有一间起居室，有着**完全属于您的**靓丽景观，我会如您所愿地尽力让您独处（如果有必要的话，实际上是一整天）。另一方面，如果我们两人都

愿意的话,我们彼此能够在任何时候见面。我们甚至能够讨论您正在做的工作(这可能非常有趣)。此外,您要用到这么多书吗?您明白——我自己也有**很多**事情要做,我不会打搅您很多。请务必于17日乘船离开纽卡斯尔,19日到达卑尔根,就在这里展开您的工作(通过避免过多的重复,我甚至对您的工作会带来良好的影响)。我现在认为,**逻辑**必将臻于完成,如果它还没完成的话。——因此,请**务必**认真考虑我的这些话!!

您……的
L. W.

附言:被改编成四手联弹的勃拉姆斯的"命运之歌",请务必买到,并把它捎给我。此外,如果您在19日抵达这里,请给我发个电报。我希望您会的。

逻辑——很显然指维特根斯坦的作品,也许在信件37中已经提到。见信件41的注释。

41.致G. E. 摩尔,1914年5月7日

14年5月7日

亲爱的摩尔:

您的信惹恼我了。当我写作《逻辑》时,我并没有咨询那些规章,因此,您也只有在不去咨询那些规章的情况下授予我学位,我

才认为是公平的！至于序言和注释，我认为我的审查者们会轻易地看到我从鲍桑葵那里剽窃了多少。——如果甚至在一些**愚蠢的**细节方面，我都不值得你们网开一面的话，那么我就直接下**地狱**算了；如果我是值得的，而你却不这样做——天哪——还是你下地狱吧。

这整个事情过于愚蠢和过于残忍，我简直无法再写下去了——

L. W.

我的学位——这封信似乎表明，维特根斯坦为了获得文学学士学位，打算提交一篇题目为"**逻辑**"（很难说是"Logik"）的论文，该学位是那些研修生（现在称之为高级班学生（见导言，第 3 页））都希望获得的。根据高级班学生规章，这样的一篇论文要求包括一个序言和注释，学生必须在其中陈述文章所依据的来源以及"在何种程度上受益于他人的著作"。摩尔的一则日记表明，他把这篇论文交给了时任三一学院导师的 W. M. 弗莱彻（见信件 11），后来被告知这篇文章不能通过。摩尔随即写信将此结果告诉维特根斯坦，于是他被激怒并做出备感不公的反应。还应该注意的一点是，维特根斯坦提到他在用德语标题"Logik"写作一些东西。这一点或许暗示该论文最初是用德语写成的，尽管维特根斯坦在拼写方面错误频出。这篇论文也不大可能等同于《逻辑笔记》（见信件 23），因为维特根斯坦似乎 1914 年 2 月和 3 月一直在进行后一项写作（见信件 37 和 40）。其原件及德文形式很可能是 4 月份交给摩尔的手稿（见信件 44）。论文内容肯定至少被概括进所谓的

"向 G. E. 摩尔口述的挪威笔记"（作为《1914-1916 年笔记》的附录 II 出版），摩尔本人将它标为"维特根斯坦论逻辑，1914 年 4 月"。这个推测的确能说明，摩尔给弗莱彻递交的以及维特根斯坦打算提交的正是这些笔记。弗莱彻的角色还不十分明确：也许摩尔从一个局外人的角度向他提了一个不公正的看法，因为实际上，摩尔本人是道德科学特别董事会下属的学位委员会的秘书，而且在当年做出这两个流程的学位申请事宜时，摩尔都是两个裁决人之一。这次申请在两个流程都被驳回了。所有这些事实摩尔应该都已清楚，维特根斯坦也知道其中的大部分：这或许说明当时那种令人尴尬的境况。诸如此类的事情在剑桥教师的小圈子还一再地发生（见信件 117）。

鲍桑葵——Bernard Bosanquet（1848-1923，因而与弗雷格几乎是同一代人）是一位黑格尔主义哲学家。他的《逻辑》（*Logic*）第 2 版出版于 1911 年。此处的提及无疑具有讽刺意味。

42. 致 B. 罗素，[1914 年 6 月]

[挪威，松恩，斯科约尔登]

Lieber Rusell!

Nur ein paar Zeilen um Dir zu sagen daß ich Deinen l[ieben] Brief erhalten habe und daß meine Arbeit in den letzten

4－5 Monaten große Fortschritte gemacht hat. Jetzt aber bin ich wieder in einem Zustand der Ermüdung und kann weder arbeiten noch meine Arbeit erklären. Ich habe sie aber Moore als er bei mir war *ausführlich* erklärt und er hat sich verschiedenes aufgeschrieben. Du wirst also alles am besten von ihm erfahren können. Es ist viel Neues. – Am besten wirst Du alles verstehen wenn Du Moores Aufzeichnungen selber liesest. Es wird jetzt wohl wieder einige Zeit dauern bis ich wieder etwas hervorbringe. Bis dahin,

Dein
L. W.

P. S. Ich baue mir jetzt hier ein kleines Haus in der Einsamkeit. Hoffentlich war Deine Reise erfolgreich.

罗素于 6 月 14 日从美国归来。当罗素打算返回英国时,维特根斯坦已经从他的来信中得知此事。如果情况果真如此,那么 "Hoffentlich war Deine Reise erfolgreich"(希望您这次旅行成功)这句话过去时态的用法表明,这封信写于 6 月中旬或下半月。

从 3 月 29 日到 4 月 4 日,摩尔访问了维特根斯坦。维特根斯坦从挪威返回奥地利大约在 6 月底 7 月初。我们从信件 43 得知他 7 月初已经在维也纳。7 月以后他在霍赫莱特,第一次世界大战爆发前夕又待在维也纳(见麦克奎尼斯的《青年路德维希》,第 205 页)。

直到战争结束后的 1921 年,维特根斯坦才住进他亲手搭建的小屋,当时陪同他访问此地的是他的朋友阿维德·索格伦。除了几次短暂的访问,他还在 1936 至 1937 学年的大部分时间中再次住在这里(见信件 201 和 202)。正是这个时期他着手后来成为《哲学研究》的工作。维特根斯坦最后一次访问斯科约尔登是在 1950 年年底,当时陪同他的是朋友本·理查兹博士。

中译文(转译自英译)

亲爱的罗素:

　　我就说寥寥几句,我收到您的热情来信,我的工作在过去的四五个月取得了巨大进展。可是现在我又回到身心疲惫的状态,既不能从事任何工作也无法阐释我早先所做的工作。不过,摩尔与我在一起时,我向他详细阐述了我所做的工作,他还做了各种笔记。所以您最好从他那里去找这些内容。里面的许多内容都是新的——理解它的最佳途径就是您亲自去阅读摩尔的笔记。在我能产生更新颖的想法之前,可能还需要一段时日。到时候——

您的
L. W.

　　附言:如今,我正在这里亲手搭建一座小屋,它与任何一座都相隔数里。希望您这次旅行成功。

43. 致 G. E. 摩尔, 1914 年 7 月 3 日

维也纳 17 区
新森林犁地人街 38 号
14 年 7 月 3 日

亲爱的摩尔：

在我离开斯科约尔登之前清理一些文件时，突然发现您曾使我大为光火的那封信。再读一遍之后，我发现我当时可能没有足够的理由那样给您写信。（并不是说我现在喜欢您那封信。）然而，不管怎样，我的愤怒已经平息，相比其他事情，我还是宁愿继续跟您做朋友。我觉得我自己现在已经绷得够紧，因为我不愿意使更多人知道这件事，如果您对此不作出答复，我不会再给您写信。

您的……
L. W.

新森林犁地人街——这是一座也许被叫作季中月（mid-season）的房子的地址，这座房子位于维也纳郊区，为维特根斯坦家族所有。维特根斯坦就出生在这里。这一月晚些时候他在这里碰到了路德维希·冯·费克尔。

摩尔有充分的理由觉得受到了维特根斯坦前面那封信（41）的冒犯。他没有回信件 41 或当前这封信。在其自传的一条注释中，摩尔说，自收到那封"充满谩骂的伤害信件"（信件 41）之后，直到维特根斯坦 1929 年 1 月返回剑桥，就再也没有跟他联系过。但

是，摩尔间接地知道维特根斯坦的消息，因为 1915 年 1 月 15 日（由于通常的笔误，误写成 1914 年），维特根斯坦的朋友大卫·宾森特写信给摩尔，内容如下：

亲爱的摩尔先生：

自战争爆发以来，我已经收到维特根斯坦好几封信（他正在奥地利军队服役），他在上一封信中说让我捎给您一个口信。他写道：

如果你下一次去剑桥，请前去看望摩尔，我跟他有过争吵——把我的爱带给他并道声对不起，是我冒犯了他，总之，我打算跟他重归于好。鉴于不久的将来[这也许是"下一次"的意思。编者]，我不可能来到剑桥。我认为，我还是最好给你写信而不是……[信的其余内容包括经由红十字会给维特根斯坦写信，摩尔无疑早已从罗素那里得知这一消息。编者]

摩尔对那次争吵仍然心有余悸——他的日记表明，在收到宾森特来信的那个周末，他把"所有有关维特根斯坦的事情"都说给了 Desmond McCarthy——对这次主动示好，摩尔未做显而易见的回应。从宾森特致维特根斯坦的信件看，收录于《画像》，第 100 页及以下，很显然，维特根斯坦一再地谈到赔礼道歉。1915 年 4 月 6 日，宾森特最终写道，"遗憾的是，摩尔的做法根本不像一个基督徒：事实上他从未答谢我写给他的那封信。"

44. 致 B. 罗素，[1914年圣诞节]

Lieber Russell!

 Erst heute erhielt ich Deinen lieben Brief, den Du am 28. Juli an mich geschrieben hast. Daß Moore meine Ideen Dir nicht hat erklären können, ist mir unbegreiflich. Hast Du aus seinen Notizen irgend etwas entnehmen können?? Ich fürchte, Nein! Sollte ich in diesem Krieg umkommen, so wird Dir mein Manuskript, welches ich damals Moore zeigte, zugeschickt werden; nebst einem, welches ich jetzt während des Krieges geschrieben habe. Im Falle ich am Leben bleibe, so möchte ich nach dem Kriege nach England kommen und Dir meine Arbeit – wenn es Dir recht ist – mündlich erklären. Ich bin auch im ersten Fall davon überzeugt, daß sie früher oder später von jemandem verstanden werden wird! Besten Dank für die Zusendung Deiner Schrift über Sense-Data. Ich habe sie noch nicht gelesen. Möge der Himmel mir bald wieder gute Ideen schenken!!! –

Dein
Ludwig Wittgenstein

Bitte grüße Johnson herzlichst!

Meine Adresse ist:

  Art[illerie] Autodetachement

  „Oblt Gürth"

  Feldpost No 186

摩尔——根据摩尔日记,罗素于 1 月 20 日让他看了这封信(或向他读了信)。摩尔评论道:"罗素一定已告诉他,说我无法[说清他的观点],但是他无权这样说,因为他从未试图让我去解释这些观点。"后来,罗素于 2 月 10 日的确请求要看摩尔的笔记,对此请参见信件 42。这封信合理地表明,当时没有其它更多"Logik"文献在剑桥传阅,因而摩尔的笔记实际上就是维特根斯坦打算提交的论文。

Manuscript/手稿——显然是指《1914 – 1916 年笔记》的第一稿。在衬页上写有这样的提示,万一维特根斯坦死亡,手稿将寄给罗素。关于摩尔看过的那份手稿,亦参见信件 41。

Schrift Uber Sense-Data/关于**感觉材料**的文章——这一定是"感觉材料与物理学的关系"(The Relation of Sense-Data to Physics),载《认知》(*Scientia*)(1914 年 7 月 16 日),重印于《神秘主义和逻辑及其它论文》(*Mysticism and Logic and Other Essays*)(London:Longmans Green,1918)。

Oblt——陆军中尉。关于第一次世界大战期间维特根斯坦的军旅生涯,见 P.恩格尔曼的《维特根斯坦的来信及回忆》的编者附录,第 140 – 142 页,以及麦克奎尼斯的《青年路德维希》,第 211 – 268 页。

中译文（转译自英译）

亲爱的罗素：

直到今天，我才收到您写于 7 月 28 日的热情来信。我发现摩尔未能将我的观点解释给您，这真是不可思议。您是否能从他的笔记中获得什么东西？恐怕答案是：**没有**。如果我在眼下的战争中不能幸免于难，那么我当时让摩尔看过的那份手稿，连同战争期间我现在已写下的另一份手稿，都会寄给您。万一我还活着，在战争结束后我打算去英国，并把我的工作口头讲给您，如果您不反对的话。即便是前一种情况，我相信总有一天人们会理解我的工作。非常感谢您给我寄来您关于感觉材料的文章。我还没来得及阅读它。上苍保佑，让我的新想法再次尽快地来临！！！

您的

路德维希·维特根斯坦

请代我向约翰逊致以良好的问候。

我的地址是：

后场 186 号
"陆军中尉格尔特"
炮兵自动分遣队

1915

45. 致 J. M. 凯恩斯,[1915 年 1 月 4 日]

后场 186 号
K. u. k. 炮兵自动分遣队

亲爱的凯恩斯:

我收到您 9 月份写给我的信。战争一旦结束,那笔钱就会寄往登记处。请向约翰逊表达我的爱戴,越是长时间见不到他,我就越是欣赏他。

如果您收到这封信,请经由瑞士红十字会,按以上地址回信给我。

您的
L. 维特根斯坦

日期为凯恩斯添写,大概是收信日期(参照信件 47)。

K. u. k——Kaiserliche and Konigliche,帝国皇家,奥匈共同的机构式样。

那笔钱——大概是用来资助约翰逊的钱（见前面信件15）。

46.J．M．凯恩斯的来信,1915年1月10日

剑桥

国王学院

1915年1月10日

亲爱的维特根斯坦：

收到你的来信,我还是大吃一惊。起码在我收到信的短时期内你还活着,你不这么认为吗？我希望你现在已经安全地当个俘虏。

我和罗素目前都放弃了哲学——我服务于政府部门,做一些财政工作,他在为和平而奔走呼告。但是,摩尔和约翰逊还一如既往。顺便说一下,罗素大约在战争爆发前出版了一本新书。

直到10月中旬,宾森特还没入伍,自那以后我再没有他的消息。

你亲爱的朋友贝卡塞就在你的部队,你那非常可爱的朋友布利斯现在是我们的二等兵。

相比于你在挪威思考命题,参战倒肯定更令人愉快。但我希望你赶紧从这种自我沉溺中解脱出来。

您的

J．M．凯恩斯

这很可能是维特根斯坦 1 月 25 日收到的那封信,依据他的密码日记:他评注道,"Nicht sehr lieb"("不是特别友好")。有趣的是,维特根斯坦在凯恩斯来信的空白处潦草地写着逻辑公式和事实例证——"aRb"、"cPd",还写下将★－－－－★投射成 x－－－x 的模型,这反映这一时期他正在探讨《1914－1916 年笔记》中的命题和图像。

我服务于政府部门——凯恩斯 1914 年 8 月 3 日加入财政部,在那里干得非常出色,直到 1919 年 6 月,由于在巴黎和会谈判上的分歧,他才离开。见 Roy Harrod 的《约翰·梅纳德·凯恩斯的生平》(*The life of John Maynard Keynes*)(London:Macmillan,1951),以及 Robert Skidelsky 的《约翰·梅纳德·凯恩斯》(*John Maynard Keynes*),第 1 卷(London:Macmillan,1983)。

为和平而奔走呼告——罗素在其《自传》第 2 卷中描述了他对战争的反对,这正是凯恩斯离开剑桥大学前往财政部的时候,随着战争的推进,他的反战态度愈加强烈。他为此付出的代价是,丢掉三一学院讲师职位并蹲过一阵子监狱。亦见 Alan Ryan 的《罗素的政治生涯》(*Russell:A Political Life*)(London:Allen Lane,1988)。

一本新书——很可能指《我们关于外间世界的知识》,关于该书,见信件 33 的注释。

朋友贝卡塞……非常可爱的朋友布利斯——Ferenc Békássy 和 F. K. Bliss, 前者是匈牙利贵族, 他们都属于王室成员及使徒会成员(见信件37), 众所周知, 维特根斯坦并不喜欢他们的陪伴(见 P. 莱维:《摩尔》(*Moore*), 第 268 页及以下)。他们二人皆死于战争。

47. 致 J. M. 凯恩斯, [1915年1月25日]

后场 186 号
"陆军中尉格尔特"
K. u. k. 炮兵自动分遣队

亲爱的凯恩斯:

今天我收到您写于1月10日的信。听说罗素最近出版了一本书, 我颇感兴趣。您能否给我寄一本, 战争结束后我把钱还给您? 我真的很想看到这本书。顺便说, 如果您认为作为一名士兵就不再去思考命题, 那您就大错特错了。实际上, 我近来做了大量逻辑方面的研究, 还希望不久能做得更多更好。——请向约翰逊表达我的爱戴。这场战争丝毫没有改变我的个人感受(感谢上帝!!!), 或者倒不如说:我认为我已经变得有点儿心平气和了。我想知道, 罗素是否已能从我上个复活节给摩尔的那些笔记中发现点什么新东西?

您的

L. 维特根斯坦

K. u. k. ——见信件45的注释。

最近出版了一本书——指前面提到的罗素写的书及其出版日期,见信件46的注释。

上个复活节给摩尔的那些笔记——见信件42和信件44。

48. B. 罗素的来信,1915年2月5日

剑桥

三一学院

1915年2月5日

我亲爱的维特根斯坦:

收到你的来信,我感到万分高兴。——我常常想到你并盼望你的消息。让我备感吃惊的是,战争开始后你还能写一本逻辑方面的手稿。我无法形容,如果一切安好,战争结束后再见到你将会有多么兴奋。如果你能把手稿寄我,我将尽最大努力去理解,也让其他人弄懂它;如果没有你的帮助,理解起来是困难的。

你写的信 3 个星期前已经收到——我不知道怎样将回信寄给你，然而得益于一个打算前往意大利的美国人的善意帮助，我能够回信了。

请代我向你母亲问安，告诉她，我经常想着你，心中满含渴望之情。

您永远的
伯特兰·罗素

这封信由 W. H. 沃森转交给罗素档案馆，他是一位物理学家，1930 年听过维特根斯坦的讲座（见他写给维特根斯坦的信件 143、145 - 154 等等）。这封信虽然由罗素寄出，但被退了回来（见信件 49），直到战后才交到维特根斯坦手上。在 20 世纪 30 年代，维特根斯坦把这封信作为礼物送给了沃森。

收到你的来信——罗素指的是维特根斯坦的来信（44），日期大概是 1914 年 12 月。

49. B. 罗素的来信,1915 年 5 月 10 日

剑桥

三一学院

15 年 5 月 10 日

Lieber Wittgenstein!

Dein Brief vom 13ten April ist eben jetzt angekommen – ich freue mich sehr Nachrichten von Dir zu bekommen. Als ich Deinen vorigen Brief erhielt, habe ich sofort geantwortet, zur selben Zeit als ich Deiner Mutter schrieb, aber der Brief ist nach zwei Monaten zurückgekommen – er soll zu freundlich gewesen sein! Von Deiner Mutter habe ich neulich einen sehr lieben Brief bekommen – bitte schicke ihr meinen besten Dank dafür.

Wenn Du dafür die Zeit hast, so solltest Du in Krakau einen einsamen alten Logiker besuchen, Namens M. Dziewicki, Szczepanska, II. Er hat die "Principia Mathematica" studiert, und kennt wahrscheinlich niemand der sich mit der modernen Logik beschäftigt. Es würde ihm gewiß große Freude machen, Dich zu sehen.

Ich habe alles von Moore erhalten, was er über Tautologien etc. zu berichten hatte; es war mir aber nur in geringem Maaße verständlich. Ich hoffe aus ganzem Herzen daß Du mir nach dem Kriege alles mündlich erklären wirst. Seit der Krieg anfing, ist es mir unmöglich über Philosophie zu denken – daran wird aber wohl schließlich ein Ende sein. Ich denke fortwährend an Dich, und sende Dir die herzlichsten Wünsche.

Dein
Bertrand Russell

Dein Brief vom 13ten April/你 4 月 13 日的来信——该信似乎已丢失。

宰维茨基——M. H. Dziewicki,除了别的,他还在克拉科夫教英语,并在《亚里士多德学会会刊》发表过一篇论经院哲学的文章。这段时期,他在与罗素进行着哲学通信。宰维茨基寄给维特根斯坦的两张明信片(现收藏于因斯布鲁克的布伦纳档案馆)表明,维特根斯坦(显然)于 1915 年 6 月到宰维茨基住处拜访过他,进行过哲学讨论(例如讨论过关于瞬时的连续性问题)。第一次世界大战结束后,宰维茨基写信给罗素(该信现藏于罗素档案馆):

> 很高兴得知维特根斯坦的消息,他是我非常乐意见到的一位极其和蔼的年轻人。他的悲观预言至今还没有应验,请你告诉他我对此感到多么高兴。

内部消息证实,这指的是"一位有天赋的年轻人"。跟最后引用的句子相对的是罗素记下的一句话:"他期望能死在俄罗斯。"在后续的信件中,宰维茨基索要了一份《逻辑哲学论》的复印件,后来评论该书时说,信念不是一种关系的学说已经成为他跟维特根斯坦彼此讨论中的主要分歧之一。

中译文(转译自英译)

亲爱的维特根斯坦:

刚刚收到你 4 月 13 日的来信——很高兴能有你的消息。我收到你早些时候的来信时,就立马做了回复,还同时给你母亲写了一封。然而这封信两个月以后退了回来:它似乎太恋恋不舍了!我最近收到你母亲一封充满热情的来信——为此请把我最诚挚的感谢带给她。

在克拉科夫,如果有时间的话,你应该去拜访一位独居的年迈逻辑学家,他的名字叫 M. 宰维茨基。他研究过《数学原理》,也大抵知道没有人会把他跟现代逻辑联系起来。如果你去看望他的话,他一定会喜出望外的。

我已经从摩尔那里得到了他不得不对重言式等等加以报告的所有东西,但是我对它还不很理解。我衷心希望在战争结束后你能口头把它给我解释清楚。由于爆发战争,对我来说已经再无可能顾及哲学了——但可以肯定,这种状况总有一天会结束。我经常顾念你,谨致以衷心的祝福。

您的
伯特兰·罗素

50. 致 B. 罗素, 1915 年 5 月 22 日

克拉克夫要塞, K. u. k. 工坊
后场 186 号
15 年 5 月 22 日

Lieber Russell!

Erhielt heute Deinen lieben Brief vom 10. 5. Dziewicki werde ich so bald als möglich besuchen; bin schon sehr neugierig auf ihn.

Daß Du Moores Aufschreibungen nicht hast verstehen können tut mir außerordentlich leid! Ich fühle, daß sie ohne weitere Erklärung sehr schwer verständlich sind, aber ich halte sie doch im Wesentlichen für endgültig richtig. Was ich in der letzten Zeit geschrieben habe wird nun, wie ich fürchte, noch unverständlicher sein; und, wenn ich das Ende dieses Krieges nicht mehr erlebe, so muß ich mich darauf gefaßt machen, daß meine ganze Arbeit verloren geht. – Dann soll mein Manuskript gedruckt werden, ob es irgend einer versteht, oder nicht! –

Die Probleme werden immer lapidarer und allgemeiner und die Methode hat sich durchgreifend geändert. –

Hoffen wir auf ein Wiedersehen nach dem Krieg! Sei herzlichst gegrüßt von

Deinem treuen
Ludwig Wittgenstein

K.u.k.——见信件45的注释。

宰维茨基——见信件49的注释。

摩尔的笔记——见信件41和42。

中译文（转译自英译）

亲爱的罗素：

　　今天收到您5月10日的热情来信。我会尽快去拜访宰维茨基；我已经对他十分好奇了。

　　您没有弄懂摩尔的笔记，这令我感到极为遗憾。我感到如果没有进一步的解释，那些笔记非常难以理解，但我认为它实质上已相当明确。现在我担心的是，我近来所写的东西将会更难理解。如果我不能活着目睹战争的结束，那么我所有的工作将没有任何价值，我必须为此有所准备。——情况一旦如此，不管我的手稿是否被人理解，你一定要把它印出来。

　　一些问题正变得越来越简单和普遍，方法已发生彻底的变化。——

　　让我们期待战后的重逢！最热烈的问候来自

您忠实的朋友

路德维希·维特根斯坦

51. 致 B. 罗素，1915 年 10 月 22 日

> 库斯纳赫特（苏黎世）
> 古特·旺根沙赫
> 艾尔莎·格罗格尔夫人
> 15 年 10 月 22 日

Lieber Russell!

    Ich habe in der letzten Zeit sehr viel gearbeitet und, wie ich glaube, mit gutem Erfolg. Ich bin jetzt dabei das Ganze zusammenzufassen und in Form einer Abhandlung niederzuschreiben. Ich werde nun keinesfalls etwas veröffentlichen, ehe Du es gesehen hast. Das kann aber natürlich erst nach dem Kriege geschehen. Aber, wer weiß, ob ich das erleben werde. Falls ich es nicht mehr erlebe, so laß Dir von meinen Leuten meine ganzen Manuscripte schicken, darunter befindet sich auch die letzte Zusammenfassung mit Bleistift auf losen Blättern geschrieben. Es wird Dir vielleicht einige Mühe machen alles zu verstehen, aber laß Dich dadurch nicht abschrecken. Meine gegenwärtige

    Adresse ist:

K. u. k. Artillerie Werkstätten Zug No 1
Feldpost No 12.

Hast Du Pinsent in der letzten Zeit einmal gesehen? Wenn Du Johnson siehst so grüße ihn bestens von mir. Ich denke noch immer gerne an ihn und an unsere fruchtlosen und aufgeregten Disputationen. Möge der Himmel geben, daß wir uns noch einmal sehen!

    Sei herzlichst gegrüßt von
      Deinem treuen
        Wittgenstein

艾尔莎·格罗格尔夫人——信件和信封上都加盖了她的住址,这种做法似乎源于中立国瑞士,也许是为了使信件更快或更安全到达。她是维特根斯坦的姨妈,居住在苏黎世附近;后来她请求罗马教廷担保将维特根斯坦从战俘营提前释放。见麦克奎尼斯:《青年路德维希》,第 275 页及以下(在这本著作的第一版中,她的姓氏被误拼为"Gräzer")。

Zusammenfassung/最终总结——这大概是《逻辑哲学论》最初三个版本中的第一个(麦克奎尼斯:《青年路德维希》,第 237 页,以及《走进维特根斯坦》,第 266 页)。注意描述词"Abhandlung"的用法,预示着最终使用的标题。

约翰逊——见信件 15 和 111。

中译文（转译自英译）

亲爱的罗素：

我最近做了大量的工作，并且认为取得了相当的成功。我此时正在对整个工作进行总结，并以专著的形式把它写出来。如今：不管发生什么事情，在您看到它之前，我不会发表任何东西。但是，这种事当然不会在战争结束前发生。然而天晓得我会不会活到那时候？如果我不能幸免于难，让我的家人把我的全部手稿寄给您：其中您会发现我在松散的纸页上用铅笔写下的最后总结。您要理解这些手稿也许会遇到一些麻烦，然而不要让这些麻烦把您挡住。我当前的地址是：

K. u. k. 工坊，维尔凯斯代滕路1号
后场12号

您最近见到宾森特了吗？如果您见到约翰逊，请代我向他致以最亲切的问候。还因为我们常常进行漫无边际的热烈讨论，我仍然愉快地想起他。愿上天保佑我们能再次相见！

最热忱的问候来自

您忠实的朋友

维特根斯坦

52. B. 罗素的来信,1915 年 11 月 25 日

西中央区,布利街
罗素公寓 34 号
1915 年 11 月 25 日

Lieber Wittgenstein!

Es war mir eine sehr große Freude Deinen lieben Brief zu erhalten – erst vor einigen Tagen ist er angekommen. Es freut mich ganz außerordentlich daß Du eine Abhandlung schreibst die Du veröffentlichen willst. Ich glaube kaum daß es notwendig sei bis zum Ende des Krieges zu warten. Könntest Du nicht das MS. Vervielfältigen lassen und nach Amerika schicken? Professor Ralph Barton Perry, Harvard University, Cambridge, Mass., U.S.A., kennt Deine früheren logischen Theorien durch mich. Er würde mir das MS. Schicken, und ich wurde es veröffentlichen.

Seit langer Zeit habe ich weder Pinsent noch Johnson gesehen. Ich bin während diesem Winter nicht in Cambridge. Nächstes Frühjahr kehre ich zurück.

Wie schön wird es sein wenn wir uns endlich wiedersehen! Ich denke fortwährend an Dich, und wünsche Nachrichten von Dir zu bekommen. Sei glücklich, und möge der Schicksal Dich schonen!

Dein treuer

Bertrand Russell

Deinen...Brief/你的……来信——参见信件 50。

佩里——Ralph Barton Perry(1876-1957),哈佛大学杰出的哲学家,1914年罗素在哈佛解释维特根斯坦的观点,使用了《逻辑笔记》的一个版本。

中译文(转译自英译)

亲爱的维特根斯坦:

  收到你的热情来信,我真是高兴极了——这封信仅仅几天前才到。令我异常兴奋的是,你正在撰写一本专著并且打算出版。我认为没有必要等到战争结束时才去出版它。你能不能把这些手稿复印一份寄往美国?美国马萨诸塞州坎布里奇市哈佛大学拉尔夫·巴顿·佩里教授,从我这里得知你以前的逻辑理论。他会把这些手稿寄给我,我会出版它。

  我很长时间没有见到宾森特和约翰逊。这个冬天我不在剑桥,明年春天我才返回那里。

  当我们最终再次见面时,那是多么令人激动啊!我常常挂念你并盼望收到你的消息。高兴起来,愿命运眷顾你!

您永远的
伯特兰·罗素

1919

53. 致 B. 罗素,1919 年 2 月 9 日

> 意大利
>
> 卡塞塔省
>
> 卡西诺
>
> 19 年 2 月 9 日

亲爱的罗素:

我不知道您的确切住址,但无论如何我希望您能看到这几句话。11 月以来,我在意大利当俘虏,三年时间的中断之后,我希望可以继续跟您交流。我做了大量逻辑方面的工作,我渴望在出版之前您能见到它。

> 您永远的
>
> 路德维希·维特根斯坦

明信片。

确切的住址——维特根斯坦在这张明信片上写的地址是:伦敦大学学院,A. N. 怀特海博士转交罗素。

54. B. 罗素的来信，1919 年 3 月 3 日

> 牛津，盖幸顿
> 领主宅邸
> 19 年 3 月 3 日

很高兴收到你的信——我都焦急等待了很久。我确实有很大的兴趣想了解你在逻辑方面所做的工作。我希望不久之后有可能知道所有这方面的事情。我很高兴知道更多的情况——关于你的健康等等。

> B. 罗素

跟这张明信片一起，还有一份复件，可以肯定，这是因为与战俘营的通信联系还受到怀疑，邮戳显示该明信片抵达卡西诺的日期是 3 月 8 日。

55. 致 B. 罗素，1919 年 3 月 10 日

> 意大利
> 卡塞塔省
> 卡西诺
> 19 年 3 月 10 日

您无法想象我收到您的明信片是多么兴奋！恐怕无法指望我们不久就能见面。除非您到这里来看我，但这对我来说简直是过

高的奢望。我不能写关于逻辑的东西,因为我不允许一周之内写2张以上的明信片(每张15行字)。我已经写完一本书,一回到家我就要出版它。我认为我已经最终解决了我们的问题。常给我来信。这样会缩短我的监禁。愿上帝保佑您。

您永远的
维特根斯坦

明信片。

您的明信片——信件54及其复件。

一本书——见信件56。

56. 致B.罗素,1919年3月13日

19年3月13日

亲爱的罗素:

十分感谢您3月2日、3日的明信片。我曾度过非常沮丧的日子,不知道您的一丁点消息!我无法写逻辑方面的东西,因为我不允许一个礼拜之内写超过2张明信片(每张15行字)。这封信倒是个例外,一个奥地利的医科学生明天回家时会寄出去。我写了一本名为"Logish-Philosophische Abhandlung"的书,里面涵

盖了我最近六年来的全部工作。我认为我已经最终解决了我们的那些问题。这可能听起来有点傲慢，但我禁不住相信这一点。我于1918年8月写完这本书，两个月之后成为战俘。我这里还随身带着手稿。我希望自己能给您复制一份；但是它有点长，我也缺乏稳妥的途径把它寄给您。实际上，如果没有一个预先解释，您不大可能读懂它，因为该书是用极简的短语写成的。（这当然意味着没有人能够理解它，尽管我认为这本书像水晶一般透彻明晰。然而它却颠覆了我们关于真理、集合、数以及所有其它方面的理论。）我一返回家就着手出版它。现在，恐怕这将不会是"不久以后"。因此，要很长一段时间我们才可能见面。我不敢想象还能再见到您！这真是一种奢望！我猜想，您是不可能到这里来看我的？或许您认为我竟然会有这样不知好歹的想法。假如您在世界上的另一端，而且我可以去看您，我就一定会去的。

请写信告诉我您近来的状况，代我向怀特海博士问好。年迈的约翰逊还活着吗？要常常想着我！

您永远的

路德维希·维特根斯坦

罗素一收到这封信，就手抄了一遍，还打印了一些副本。我们从罗素于1919年3月19、23及24日与格乐蒂（康斯坦丝·马莱森女士）的通信中得知，他打算把那些副本寄送给也许能给维特根斯坦帮上忙的许多人，其中就有凯恩斯和G. M. 特里威廉（见信件57和59以及评论）。罗素档案馆保存了6份清晰完整的副本，因为打字员没有遵照罗素的明确指示，而是首先校正了拼写。他们不得不重复这样的工作,我们在现藏于剑桥大学国王学院的凯恩斯文件资料的维特根斯坦文档中,确实找到一份副本,其中还保留着一些拼写错误:"Crystall"、"immagine"、"Collssal"。

57. J. M. 凯恩斯的来信,1919 年 5 月 13 日

> 巴黎
> 爱德华七世饭店
> 和平会议
> 意大利代表团
> 1919 年 5 月 13 日

我亲爱的维特根斯坦:

  罗素寄给我一封你写的信,信中说你目前在意大利,是一名战俘,身上携带着你那本书的手稿;——但是没有稳妥的途径来处理它。也许现在已经来不及了。但是,万一还来得及的话,我正请求意大利官方尽目前环境下能尽的一切努力,提供将这些手稿或其它邮件通过我传递给罗素的绝对安全的途径。我多么希望在日常规定之外能给你多安排一些娱乐活动。

  我非常希望再次见到你。

> 您永远的
> J. M. 凯恩斯

凯恩斯此时在参加巴黎和会（见信件46的注释）。这封信写在题头为**意大利代表团**的信笺上。至于意大利官方的最终态度，参见信件59，以及麦克奎尼斯：《青年路德维希》，第276页。

58. 致J. M. 凯恩斯，1919年6月12日

卡西诺

19年6月12日

我亲爱的凯恩斯：

敬请将这封附函寄到罗素的地址。我希望我能以某种方式见到他，因为我确信如果没有一个极为彻底的解释，他是不可能理解我的书的，然而我无法将这个解释写下来。您有关概率的工作进展得如何？我的手稿中就这个问题写了数行，我认为，——解决了其中的核心问题。

您永远的

！！　　　　　　　　　　路德维希·维特根斯坦

附函——指的是信件59。

有关概率的工作——凯恩斯对概率问题进行了多年研究。对于他的《概率论》，见信件61以及Skidelsky的《约翰·梅纳德·凯恩斯》，特别是第2卷第56页及以下。在《逻辑哲学论》中，命题

5.15 及以下给出了概率的逻辑定义。

!! ——由凯恩斯添加,可能是对惊讶的一个温和表达。

59. 致 B. 罗素,1919 年 6 月 12 日

卡西诺

19 年 6 月 12 日

Lieber Russell!

Vor einigen Tagen schickte ich Dir mein Manuskript durch Keynes's Vermittelung. Ich schrieb damals nur rein paar Zeilen für Dich hinein. Seither ist nun Dein Buch ganz in meine Hände gelangt und nun hätte ich ein großes Bedürfnis Dir einiges zu schreiben. – Ich hätte nicht geglaubt, daß das, was ich vor 6 Jahren in Norwegen dem Moore diktierte an Dir so spurlos vorübergehen würde. Kurz ich fürchte jetzt, es möchte sehr schwer für mich sein mich mit Dir zu verständigen. Und der geringe Rest von Hoffnung mein M.S. könne Dir etwas sagen, ist ganz verschwunden. Einen Kommentar zu meinem Buch zu schreiben, bin ich, wie Du Dir denken kannst, nicht im Stande. Nur mündlich könnte ich Dir einen geben. Ist Dir irgend an dem Verständnis der Sache etwas gelegen und kannst

Du ein Zusammentreffen mit mir bewerkstelligen, so bitte, tue es. – Ist dies nicht möglich, so sei so gut und schicke das M. S. so bald Du es gelesen hast auf sicherem Wege nach Wien zurück. Es ist das einzige korrigierte Exemplar, welches ich besitze und die Arbeit meines Lebens! Mehr als je brenne ich *jetzt* darauf es gedruckt zu sehen. Es ist bitter, das vollendete Werk in der Gefangenschaft herumschleppen zu müssen und zu sehen, wie der Unsinn draußen sein Spiel treibt! Und ebenso bitter ist es zu denken daß niemand es verstehen wird, auch wenn es gedruckt sein wird! – Hast Du mir jemals seit Deinen zwei ersten Karten geschrieben? Ich habe nichts erhalten.

　　Sei herzlichst gegrüßt und *glaube nicht, daß alles Dummheit ist was Du nicht verstehen wirst*.

Dein treuer
Ludwig Wittgenstein

　　Ein parr Zeilen/几行字——毫无疑问是在另一张纸上，因为并没有在当时邮寄的手稿中发现它们（实际上是一份带有手稿补充和校正的打印稿）。这份手稿现存于牛津大学图书馆，德文稿 MS d. 6。

　　Dein Buch/您的一本书——罗素的《数理哲学导论》，出版于 1919 年 3 月。在 1919 年 3 月 23 日致凯恩斯的信中，罗素说他想把他的"新书"寄给维特根斯坦，但他并不确定对方是否能收到。

他还说他已经写信向乔治·特里威廉请求过,问后者是否可以提供什么帮助,允许他与维特根斯坦"自由地讨论逻辑"。罗素想知道凯恩斯是否能把"维特根斯坦的情况告诉什么人",他在信的收尾说道,"我希望他能够获得许可来英国"。通过 Filippo de Filippi 博士,特里威廉的确获得让维特根斯坦接收书籍的许可。Filippi 建议通过函件邮寄来寄送这些书,在罗素向出版商 Stanley Unwin 请求之后,这本书遂通过函件邮寄分批寄达(因此"ist... ganz in meine Hände gelangt"[已全部寄到])。诸如此类的邮政困难也许可以解释如下的事实:维特根斯坦将自己的打印稿经由凯恩斯寄给罗素(参见信件 58)。

中译文(转译自英译)

亲爱的罗素:

几天以前,我将我的手稿经由凯恩斯转寄给您。我当时只给您附了几行字。此后您的书已全部寄到我这里,我也就十分乐意向您多说一点。——我从不相信我六年前在挪威向摩尔口述的那些材料已经被您忘得一干二净。总之,我现在担心的是,对我来说这些东西可能很难向您解释。而且觉着我的手稿能给您带来一些启发的最后一点希望也彻底消失了。您可以想象,我没有资格对我的书撰写一篇评论。我只能给您一个口头的评论。如果您认为这件事有一定的重要性,如果您也能设法安排与我见一次面,那么就请去做吧。——如果这件事无法达成,那么您读过这些手稿后,请您最好以稳妥的办法将它尽快寄回维也纳。那是我保留的唯一校正过的复印本,也是我的生命之作!如今我比任何时候都急着想出版它。令人烦躁的是,整个工作不得不在囚禁中缓慢进行,不得不看着胡说如何在外面有着明确的地盘!同样令人难堪的是,即使这本书出版了,也没有人能够理解它!——从收到您的两张明信片以来,您究竟有没有给我写过信?我可没收到任何东西。

致以最热忱的问候,别认为您不理解的任何事情都是一桩蠢事。

您忠实的朋友
路德维希·维特根斯坦

60. B. 罗素的来信,1919年6月21日

西南区,巴特西
威尔士王子路
欧弗斯特兰德大厦70号
1919年6月21日

亲爱的维特根斯坦:

你的信我今天收到了,然而你的手稿还未到达。情况确实如此,你向摩尔口述的东西对我来说难以理解,他也没有给我提供帮助。只有当我见到你时,我才能理解你的手稿,我认为这可能是真的,但如果我先仔细阅读这些手稿,那么跟你的谈话就更容易理解一些。眼下我无法获得出国的护照,但这种情况不会持续太久。

我认为我们有可能在圣诞节会面,但是看来不可能更早了。

我只写了两张明信片,因为我认为信件是不被允许的。然而有关你,我写了无数封信,试图让你获得更大的自由。但这些信所起的作用微乎其微,并没有我所希望的那么多。我还给你母亲写了信,但那封信被退了回来!——至于我对你著作的理解,请不要灰心。整个战争期间我再没有去思考哲学,直到去年夏天我身遭监禁,只好通过写通俗的教科书打发无聊的时间,这是我在那种环境中所能做的全部了。如今我重返哲学,更有心情去理解它。

一旦收到你的手稿,我便立马阅读,然后归还。要归还的手稿,应寄往什么地址?向你带去我全部的友谊与关爱。千万别灰心——你终会被人理解的。

您永远的
B. 罗素

你的信——显然指写于 6 月 12 日的那封信(59)。

无数封信——见信件 56 和 58 的注释。

监禁——见信件 46 的注释。

通俗的教科书——《数理哲学导论》。《国家传记辞典》(*Dictionary of National Biography*)(1981 年)有关罗素的最初条目(A. M. Quinton 所写)对这本书评论道,"相比罗素后来所写的某些书,这本书兼具简洁性和休闲性,人们或许希望他更经常地遭到监禁。"似乎牛津大学出版社取消了这句评论。

61. J. M. 凯恩斯的来信,1919年6月28日

剑桥

国王学院

1919年6月28日

我亲爱的维特根斯坦:

你的书已安全寄到我这里,我立马把它寄给罗素。很快就要稳妥地签订和平条约,我们在英国见面难道不是很有可能吗?

我的著作《概率论》1914年夏天几乎接近尾声,实际上,绝大部分内容已经印出。但这场战争打断了我的整个思考。我现在希望重拾我的工作,打算明年早些时候将它出版。

您永远的

J. M. 凯恩斯

《概率论》——该书1921年由Macmillan出版。

62. B. 罗素的来信,1919 年 8 月 13 日

西南区,巴特西

威尔士王子大街

欧弗斯特兰德大厦 70 号

1919 年 8 月 13 日

亲爱的维特根斯坦:

我已经把你的书仔细阅读了两遍。——有些地方我仍然没有理解——其中不乏重要之处——我把一些提问放在单列的表上寄给你。我相信,你的主要观点是正确的,即逻辑命题属于重言式,它们不是在实质命题为真的意义上为真。我不明白你为何满足于一个纯粹的序数理论,也不明白当你不认同先行关系时,为何还为此使用一种先行关系。你的这部分工作我还需要你的进一步解释。此外,你并没有阐明你反对类的理由。你认为这本书有着头等的重要性,我确信你是对的。然而某些地方却过于简洁而不够清晰。我非常渴望见到你,与你详细谈谈它,同时哪怕仅仅因为我想见到你。然而至今我仍然无法出国。也许在我获得出国自由之前,你已经获释并来到英国。——一旦我知道往哪儿寄,我就把你的手稿寄还你,但我现在盼望的是你尽快恢复自由。

带去我最好的祝福。务必尽快地回信。

您永远的

B. 罗素

[单列的提问表:]

维特根斯坦

2．事实与事态之间的区别是什么？

3．"事实的逻辑图像是思想"。是的，我同意。但是一个思想就是一个事实：那么它的构成成分是什么，这些构成成分与被描画的事实的构成成分是什么关系？

3.331 在我看来，类型论是一个正确的符号系统的理论：(a) 一个简单符号不能被用来表达任何复合的东西；(b) 更一般地讲，一个符号必须与其意义具有同样的结构。

4 及 4.001．"思想是有意义的命题"，"命题的总和就是语言"。一个思想是由语词构成的吗？对比命题 3（上面）。

4.112．我强烈赞同这一命题。

4.1272．我猜想这与拒斥同一性紧密相关。棘手的是人们无法谈论 Nc'V。人们仍然能够说

$$(\exists \phi) . Nc' \hat{x}(\phi \chi) > V$$
$$(\phi) . Nc' \hat{x}(\phi \chi) \leqslant V$$

我本以为，人们从这类命题中能够得出"至少有 2 个对象"——对你来说，"$(\exists x, y, \phi) . \phi x . \phi y$"就足够了——以及类似陈述的意义。这一命题及下一命题的有些东西令我困惑。

4.211．我寻思没有哪个原初命题是否定的。

4.51．如下命题也有必要给出：所有的原初命题都已给出。

5.15．在我看来，这个概率论是正确的。

5.3．一切命题都是对原初命题做真值运算的结果吗？普遍

性怎么办？

5.453.在逻辑中不存在数？为什么？

5.53 序列论同一性。我同意这一点。但是它与无穷大公理的关联似乎令人疑惑。见前面对 4.1272 的评论。

6."真值函项的普遍形式是：$[\bar{p},\bar{\xi},N(\bar{\xi})]$"

是的，这是一种方式。但是，难道人们不可以同样有效地让 $N(\bar{\xi})$ 意指"ξ 的至少一个值为假"，正如人们可以同样有效地把 $\sim p \vee \sim q$ 与 $\sim p \cdot \sim q$ 当作原初命题？我感觉似乎普遍与存在的二元性还暗含在你的体系中。

6.03."整数的普遍形式是：$[0,\xi,\xi,+1]$"。你只得到有限的序数。由于你反对类型论，所以基数就瓦解了。$\aleph_0$ 的情况怎样？如果你说在逻辑中类型是多余的，那么通过假定逻辑与数学之间的一个区别，我想还可以理解你；然而当你说它们在数学中是不必要的时，我困惑不已。例如，有些东西为真通过 $Nc'Cl'\alpha = 2^{Nc'\alpha}$ 来表达。你如何重新表述这个命题？

我赞同你就归纳法、因果律等所说的；至少我找不出理由去反驳。

这些是提问中德语段落的中译文（转译自英译）。拉姆塞－奥格登版并不总是妥帖，它在罗素和维特根斯坦本人的影响下，采取了如下译法（《逻辑哲学论》，C. K. 奥格登编（London：Kegan Paul，1922））：

2. Tatsche，事实。Sachverhalt，原子事实。

3."事实的逻辑图像是思想"。

4."思想是有意义的命题"。

4.001."命题的总和就是语言"。

4.1272. Gegenstände,对象。

63.致B.罗素,1919年8月19日

卡西诺

19年8月19日

亲爱的罗素：

非常感谢您8月13日的来信。对于您那些提问,我现在还无法回答。首先,我并不总是清楚这些数字指的是哪些命题,因为我这里没有手稿的副本。其次,您提的某些问题需要非常详细的回答,但您知道,进行逻辑写作对我来说有多困难。这也是我的书之所以那么简短,因而相当晦涩的原因。但是我也无能为力。——我目前担心的是,您恐怕还没有抓住我的要领,而逻辑命题的所有事情只不过是要领的推论。主要之点是关于可用命题——即用语言——表达（gesage）的东西（以及可被思考的东西,这是一回事）与不可用命题表达而只能显示（gezeigt）的东西的理论。我认为这才是哲学的首要问题。

我把我的手稿还寄给了弗雷格。他在一个礼拜之前写信给我,我寻思他压根儿连一个字都没搞懂。于是我唯一的希望是尽快见到您并把它全部解释给您,因为这**太**可怕了,简直没有一个人

真正理解它!

后天,我们就可能离开集中营并返回家乡。感谢上帝!——可是,我们怎样才能尽快见面?我想去英国,但您能想象得到一个德国人现在去英国旅行是多么不合适。(到目前为止,至少比英国人前往德国要尴尬得多。)然而事实上,我也没想过现在请您来维也纳,但在我看来,最好是将见面放在荷兰或瑞士。当然,如果您无法出国,我就只好尽力地赶去英国。请就此事尽快给我回信,让我知道您何时才有可能准许出国。请将信寄往维也纳第四林荫大道 16 号。至于我的手稿,请把它寄到同一地址;但要确保有一个绝对安全的寄送途径。否则您就保存起来。尽管我非常希望不久就收到这些手稿,因为这是我手头唯一修订过的手稿。——我母亲写信给我说,她很遗憾没能收到您的信,但欣慰的是您一直想方设法给她写信。

请尽快回信。最好的祝愿。

您永远的
路德维希·维特根斯坦

附言:这封信写完后,我还是经不住诱惑想回答您几个较简单的提问:

(1)"事实与事态之间的区别是什么?"事态是与原初命题对应的东西,如果原初命题为真的话。事实是与原初命题的逻辑积对应的东西,当这个逻辑积为真时。我为何在引入事态之前就引入事实的理由,则需要一个详细的说明。

(2)"……一个思想就是一个事实:那么它的构成成分是什么,

这些构成成分与被描画的事实的构成成分是什么关系?"我不知道思想由什么构成,但我知道的是,一定有与**语言**的语词对应的这类构成成分。思想的构成成分与被描画的事实的构成成分之间没有什么相关关系。这是一个有待心理学去发现的问题。

(3)"在我看来,类型论是一个符号系统的理论:(a)一个简单符号不能被用来表达任何复合的东西;(b)更一般地讲,一个符号必须与其意义具有同样的结构。"这恰恰是人们无法说的东西。你不能规定一个符号可能用于表达的东西。一个符号**能**表达的所有东西,它都**可以**去表达。这个回答虽然不长,但却是正确的!

(4)思想是由语词构成吗?不!思想是由心理成分构成的,这些成分与实在同语词与实在的关系是同类的。这些构成成分究竟是什么,我还一无所知。

(5)"棘手的是人们无法谈论 NC'V"。这触及一个根本问题,即什么东西能用命题表达,什么东西不能用命题表达而只能被显示。我在这里无法对这个问题作详细解答。只想说,您用"有2个东西"这个显命题想说出的内容,显示于:有两个名称,它们有着不同的意义(或者,有一个名字,它可能有两个意义)。例如,命题 φ (a, b) 或(∃φ, x, y). φ(x, y)并没说有两个东西,它说的是某种非常不同的东西;但不管为真还是为假,它**显示着**你通过说"有2个东西"而想要表达的内容。

(6)当然没有哪个原初命题是否定的。

(7)"如下命题也有必要给出,即所有的原初命题都已给出。"这没有必要,因为这甚至不可能。没有这类命题!所有原初命题都已给出这一点由没有哪个原初命题没有给出这一点**显示出来**。

这一点与问题(5)同于属一种情况。

(8)我猜想您并没有理解这种方式,即我在关于普遍性的旧的记法中如何区分其中什么是真值函项,什么是纯粹的普遍性。一个普遍命题是所有具有一种确定形式的**命题**的**一个**真值函项。

(9)"N(ξ)"或许也可以意指~p∨~q∨~r∨~……您这样说相当正确。然而这并不重要!我想您还是没有吃透"ξ"的记法。它的意思并不是"对于ξ的所有值……"。关于它我都已写在书中了,我无法将它再写一遍。在我们见面之前试图弄懂它,我从来没想到我这会儿竟然写下了这么长的解释。

您永远的
L. W.

64.致 B. 罗素,1919 年 8 月 30 日

新森林犁地人街 38 号
维也纳 18 号
19 年 8 月 30 日

Lieber Russell!

Verzeih', daß ich Dich mit einer dummen Bitte belästige: Ich bin jetzt mit einer Kopie meines M. S. s zu einem Verleger gegangen, um den Druck endlich in die Wege zu leiten. Der Verleger, der natürlich weder meinen Namen kennt, noch etwas von Philosophie versteht, verlangt das Urteil irgend eines Fachmanns, um sicher zu sein, daß das Buch wirklich wert ist, gedruckt zu werden. Er wollte sich deshalb an einen seiner Vertrauensmänner hier wenden (wahrscheinlich an einen Philosophie-Professor). Ich sagte ihm, nun, daß hier niemand das Buch beurteilen könne, daß *Du* aber vielleicht so gut sein würdest, ihm ein kurzes Urteil über den Wert der Arbeit zu schreiben; was, wenn es günstig ausfällt, ihm genügen wird um den Verlag zu übernehmen. Die Adresse des Verlegers ist: Wilhelm Braumüller XI. Servitengasse 5 Wien. Ich bitte Dich nun, dorthin ein paar Worte, so viel Du vor Deinem Gewissen verantworten kannst, zu schreiben.

Auch an mich schreib, bitte, recht bald! Wie es Dir geht, wann Du auf den Continent kommen kannst, etc., etc. Wie Du siehst bin ich aus der Gefangenschaft zurück, ich bin aber doch noch nicht ganz normal. Aber das wird schon kommen. Sei herzlichst gegrüßt!

Dein treuer
Ludwig Wittgenstein

Braumuller XI. Servitengasse——奥托·魏宁格的《性与性格》以及奥斯瓦尔德·斯宾格勒的《西方的没落》的第一个出版商。这个地址应该读作：IX. Serritengasse。

中译文（转译自英译）

亲爱的罗素：

请原谅我用一个愚蠢的请求来烦扰您。我带着我手稿的副本去见了一位出版商，以便于这本书能最终付印出版。这位出版商自然既不知道我的名字，也对哲学毫无了解，他要求某位专家给个评定，以确定该书真的值得印发。出于这个目的，他需要这里有一位他能靠得上的人（大概是一名哲学教授）。于是我告知他，在这里不可能找到一个人能为这本书做评定，但是您或许乐意就该书的价值给他写一个简短的评定。如果您真的乐意去做，那就有利于促使他出版此书。这位出版商的地址是：Wilhelm Braumuller, XI Servitengasse 5, Vienna。现在请您给他写几句话——您心里怎么想就怎么写吧。

请尽快再次给我回信——告诉我您的近况，您什么时候能来大陆……如您所知，我已经从俘房营返回。尽管如此，我还是没有步入常态。然而常态会如期到来的。致以最热忱的问候。

您忠实的朋友

路德维希·维特根斯坦

65. B. 罗素的来信，1919 年 9 月 8 日

西南区，巴特西
威尔士王子路
欧弗斯特兰德大厦 70 号
19 年 9 月 8 日

亲爱的维特根斯坦：

感谢你的来信及解释，这对我来说大有助益。我正在重读你的书，打算尽快把书安全地寄还给你，并附上评定。这本书给我留下极其不同寻常的印象，尽管书中的内容是否确当我还不能保证。

这封信只说说会面的事。我能想到的唯一计划是，我们尽量于圣诞节期间在海牙相见——我不确定我能否离开，如你所知，由于我跟政府当局闹翻了——但我将尽我所能去获得准许。我无法去得更早，因为我还要做一些讲座，而且获得准许也要花很长时间。我想知道你在圣诞节或稍晚些有没有可能来荷兰——如果政府允许我出境的话，我可以腾出一个礼拜时间。

随后我就你的书写点东西。我希望你现在获得自由并返回奥地利——这场战争对你有什么伤害吗？

您永远的

伯特兰·罗素

你的来信——写于 8 月 19 日的信（63）。维特根斯坦获得自由后 8 月 30 日寄自维也纳的信（64）显然没有到达。

跟政府闹翻——指他反对这场战争。

66. B. 罗素的来信,1919年9月12日

西南区,巴特西
威尔士王子路
欧弗斯特兰德大厦70号
19年9月12日

亲爱的维特根斯坦:

  我已经给你的出版商写了信,不吝言辞对你的书大加褒扬。我希望他收到了这封信。——几天前我曾给你写过信,寄往你原来的地址,说如果我能获准的话,我将于圣诞节期间前往荷兰,与你会面一个礼拜——我无法安排更早或更长时间,这真倒霉。如今你自由了,我倍感欣慰——我想尽快目睹你的健康,耳闻你的经历⋯⋯致以最热忱的问候。

您永远的
B. 罗素

你的出版商——Braumüller。见信件64。

67. 致 B. 罗素，1919 年 10 月 6 日

19 年 10 月 6 日

Lieber Russell!

Herzlichen Dank für Deinen Brief vom 12.9. Auch mein Verleger hat schon längst Dein Empfehlungsschreiben bekommen, hat mir aber noch immer nicht geschrieben, ob, und unter welchen Bedingungen, er mein Buch nimmt (der Hund!). Ich glaube *bestimmt* zu Weihnachten in den Haag kommen zu können. Nur ein unvorsehbares Ereignis könnte mich daran hindern. Ich habe mich entschlossen Lehrer zu warden und muß dazu noch einmal eine sogenannte Lehrerbildungsanstalt besuchen. Dort sitzen lauter Buben von 17-18 Jahren und ich bin schon 30. Das giebt sehr komische Situationen und oft auch *sehr* unangenehme. Ich fühle mich oft unglücklich! – Mit Frege stehe ich in Briefwechsel. Er versteht kein Wort von meiner Arbeit und ich bin schon ganz erschöpft vor lauter Erklärungen.

Wie geht es Dr Whitehead und Johnson? Schreibe bald.

Dein treuer
Ludwig Wittgenstein

P. S. Wann kannst Du mir voraussichtlich mein M. S. zurückschicken? Meine Adresseist jetzt:

Wien III., Untere Viaduktgasse 9 bei Frau Wanicek

Aber auch Briefe an meine alte Adresse erreichen mich. Ich wohne nämlich nicht mehr bei meiner Mutter. Ich habe mein ganzes Geld weggeschenkt und werde bald versuchen, mir selbst etwas zu verdienen. *Oft* denke ich an Dich!

L. W.

中译文（转译自英译）

亲爱的罗素：

　　万分感谢您9月12日的那封信。我的出版商前一阵子也已收到您的推荐信，但至今还没有写信告诉我是否或在何种条件下才肯接受我的书（真是对牛弹琴！）。我想我圣诞节期间确定能前往海牙。只有发生不可预料的事情才会挡住我。我已下定决心当一名教师，所以必须返回一所名叫"教师培训学院"的学校。长凳上坐满了十七、八岁的男孩，而我都快30岁了。这种情形显得非常滑稽——也会发生许多非常令人不快的事情。我常常感到悲惨！——我跟弗雷格通了信。他压根儿看不懂我的著作，哪怕对他进行简单直白的解释，我都被弄得筋疲力尽。

　　怀特海博士和约翰逊最近怎么样？请尽快回信。

您忠实的朋友
路德维希·维特根斯坦

附言：您什么时候把手稿寄还给我？我现在的地址是：

Vienna. III，Untere Viaduktgasse 9 bei Frau Wanicek

但是把信寄到我原来的地址，我也能收到。实际情形是，我不再跟我母亲住在一起。我已经放弃了我所有的财产，打算马上挣钱养活自己。我常常想起您！

L. W.

68. B. 罗素的来信，1919 年 10 月 14 日

西南区，巴特西
威尔士王子路
欧弗斯特兰德大厦 70 号
19 年 10 月 14 日

亲爱的维特根斯坦：

感谢你的来信，我今日收到。这几天我就把你的书寄还你：我一直等着知道把书寄往哪个地址。空白页上除了一两处之外，我不曾写下任何东西，因为当面讨论要好得多。我相当仔细地研读了这本书，我想我现在很好地领会了它。这一点我们将有目共睹。我这就把书寄到你的新地址。

你打算自食其力，这真令人不可思议，可我对你的行为并不感到惊奇。如今我也是穷困潦倒。人们说荷兰的花销非常高，但我

想我们在那儿只待一个星期还不至于倾家荡产吧。我发现圣诞节前夕大约 12 月 13 至 20 日,对我来说再适合不过——圣诞节我必须返回英国。那时我将获得许可,就定在那段时间吧。要是能在瑞士或许会更好些。——告诉你的出版商,说我认为他是一个混蛋!我亲爱的维特根斯坦,这么多年之后将再见到你,多么令人激动啊——带去我全部的友谊,

您永远的
伯特兰·罗素

除了一两处之外,我不曾写……——这确实是名副其实的恩格尔曼打字稿(TS 202),现收藏于牛津大学博德利图书馆。

你的行为——维特根斯坦放弃了他的全部财产(见信件 67)。

69. 致 B. 罗素,1919 年 11 月 1 日

19 年 11 月 1 日

Lieber Russell!

Ich besorge mir jetzt den Paß für Holland und werde Dich am 10ten Dezember im Haag treffen. Mit dem Geld hat es allerdings eine gewisse Schwierigkeit; eine Woche wird mich aber auf keinen Fall umbringen. – Nun habe ich aber eine Idee, weiß allerdings nicht, ob sie durchführbar ist: Ich habe nämlich seinerzeit, als ich von Cambridge nach Norwegen gezogen bin, alle meine Sachen in Cambridge bei einem Möbelhändler deponiert (seinen Namen habe ich vergessen, es war nicht der Lilies sondern einer in der Nähe von Magdalene College). Es waren viele Bücher, darunter auch ein paar wertvolle, ein Teppich, etc. *Sind nun alle diese Sachen schon verfallen?* Wenn nicht, so hätte ich eine große Bitte an Dich: nämlich, sie zu verkaufen und mir das Geld nach Holland mitzubringen. Bitte sei so gut und schreibe mir, ob das überhaupt möglich ist.

Ich freue mich unbeschreiblich auf unser Wiedersehen.

Sei herzlichst gegrüßt von Deinem treuen

Ludwig Wittgenstein

Meine Adresse ist jetzt:

Wien, XIII, St. Veitgasse 17
bei Frau Sjögren.
Hast Du schon das M. S. abgeschickt?

L. W.

P. P. S. Etwas ÄUSSERST WICHTIGES fällt mir ein: Unter meinen Sachen befinden sich auch eine Menge Tagebücher und Manuscripte diese sind alle zu verbrennen!!!

Möbelhändler/家具经销商——该经销商是乔利父子(B. Jolley & Sons)。罗素买下了这些书籍和家具("我以往买的最好的便宜货",他在其《自传》中曾这样说道,第 2 卷,第 100 页)。至少其中一些书保存在罗素的书房,现移交至麦克马斯特大学的罗素档案馆。这方面的论述见 Carl Spadoni 和 David Harley 的"伯特兰·罗素的书房"(Bertran Russell's Library),《图书馆史、哲学与比较图书馆学杂志》(Journal of Library history, Philosophy and Comparative Librarianship),20:1(1985 年冬季),第 43 - 44 页。

中译文(转译自英译)

亲爱的罗素:

我现在就去申请前往荷兰的护照,将于 12 月 10 日在海牙见您。老实说,如今我的手头的确有点拮据,但无论发生什么事,一个礼拜我还是熬得住。——我现在有一个想法,虽然我还不知道这个想法是否行得通。事情是这样的,我从剑桥前往挪威的时候,把留在剑桥的所有东西都放在了一个家具经销商那里。(我忘了他的名字。不是百合花家具店,而是临近莫德林学院的一家。)有不少藏书,其中几本还价值不菲,一张地毯,等等。那么:我还能索回这些东西吗?假如可以,我请您帮我一个大忙——也就是说把这些东西卖掉,把卖的钱带到荷兰给我。如果这件事可能的话,请最好给我来信。

我难以言表对我们这次会面的期待之情。

最热忱的问候来自您忠实的朋友

路德维希·维特根斯坦

我现在的地址是：

维也纳13区，圣·法伊特街17号，

索格伦夫人转

您把那些手稿寄出了吗？

再附言：我突然想起一些**极其重要**的事情。在我的那些东西当中，还有许多杂志、笔记本和一些手稿。这些东西应当**全部烧掉！！！**

70. B. 罗素的来信，1919年11月13日

西南区，巴特西

威尔士王子路

欧弗斯特兰德大厦70号

19年11月13日

亲爱的维特根斯坦：

你的手稿已寄往你在上封信中留的地址——由于在邮局那里

遇到一点麻烦,手稿两天前才寄出。我用言语无法表达自己对于这次会面的期盼之情。我也许会被拒绝签发护照,这当然是可能的——如果情况真是这样,我会马上通知你。

你提到的家具经销商一定是位于剑桥布里奇大街的 B. 乔利父子。我已给他们写了信,说我经你授权变卖你的东西,我认为你也应该给他们写封信,不然他们可能不承认我有这样的权利。如果我在去荷兰之前还没卖掉你那些东西,我会提前支付你那些家具、书籍等等估计所值的钱款。他们应当很容易把钱付给你。

致以全部的友谊和关爱,

您的

B. 罗素

也应该给他们写信——不明了的是,维特根斯坦在什么时间(如果有的话)做了这件事。见信件 73。

估计所值——该经销商将家具估价为 80 英镑,罗素建议他把那些书籍再做价 20 英镑。见信件 72。

71. 致 B. 罗素,1919 年 11 月 21 日

19 年 11 月 21 日

Lieber Russell!

Heute erhielt ich das M.S. Vielen Dank. Ich habe es bisher nur flüchtig durchgesehen und nur zwei Bemerkungen von Deiner Hand gefunden. Über alles werden wir sprechen, wenn wir uns im Haag treffen. Meinen Pass habe ich bereits und die Einreisebewilligung von Holland werde ich hoffentlich auch bekommen. Ich kann es schon gar nicht mehr erwarten, Dich zu sehen. Hast Du meinen letzten Brief erhalten? Ich bat Dich in ihm meine Sachen in Cambridge, falls sie noch existieren, zu verkaufen und mir den Erlös mit nach Holland zu bringen, da ich mit dem Geld einige Schwierigkeiten habe.

Bitte schreibe bald, Meine Adresse ist: Wien XIII, St. Veitgasse 17 bei Frau Sjögren.

Sei herzlichst gegrüßt

von Deinem treuen

Ludwig Wittgenstein

中译文（转译自英译）

亲爱的罗素：

我今天收到了手稿,非常感谢。到目前为止,我只是把手稿快速浏览了一遍,发现有两处评论是您的笔迹。当我们在海牙会面时,我们可以谈天说地。我已经拿到了护照,并希望获得荷兰的入境签证。我已经迫不及待地想要见到您。您收到我上次写的信没？在那封信中,我请您卖掉我留在剑桥的家当,如果它们还在的话,把变卖的收入给我带到荷兰,因为我在经济方面有些捉襟见肘。

请尽快回信。我的地址是:维也纳 13 区,圣·法伊特街 17 号,索格伦夫人转。

最热忱的问候来自您忠实的朋友

路德维希·维特根斯坦

72. B. 罗素的来信,1919 年 11 月 24 日

西南区,巴特西

欧弗斯特兰德大厦 70 号

19 年 11 月 24 日

亲爱的维特根斯坦:

我已拿到护照,可是在获得荷兰签证方面遇到很大的麻烦,我敢说你也会同样如此。我俩都无法获得签证,这也并非不可能。如果我没能获得签证,我将拍电报给您一个词"不可能"。如果那样的话,我们将不得不等到复活节,到时候在瑞士见面。如果出现那种情况,我将十分遗憾。然而我发现(我以前并不知道)去瑞士要比去荷兰容易多了。——剑桥的乔利掏 80 英镑买你的家具,那些书还不包括在内。如果我回到剑桥,我很可能回去,我倒很乐意接收你的家具,或者其中一部分。如果我付给你 100 英镑购买这些家具和书籍(不包括你可能希望我归还的任何特别的书[ ]),不

知你意下如何,然后我将与乔利协商我想要的东西。我不知道这样给你支付是否合乎法律,但我会查明这点。你务必写封信寄至

剑桥,布里奇大街,B.乔利父子

说明你已把家具和书籍卖给了我,那样他们就会跟我协商。

请尽快告诉我你能否获得签证。如果我们不得不把会面推延到春季,这将是极其令人沮丧的事情。

您永远的
伯特兰·罗素

73. 致 B. 罗素,1919 年 11 月 27 日

维也纳 13 区
圣·法伊特街 17 号,索格伦夫人转
19 年 11 月 27 日

Lieber Russell!

Dank' Dir bestens für Deinen Brief. Wenn Du nur in den Haag kommen kannst! Bitte TELEGRAPHIERE mir sofort wenn Du es weißt, da ich bereits den Pass habe und angab, daß ich vom 13ten-20ten im Haag zu sein beabsichtige. Eine neuerliche Änderung des Termins würde große Schwierigkeiten machen. Also bitte, laß mich nicht auf Deine Nachricht warten! – Mit dem Möbelhändler hast Du ganz recht, es ist Jolley. Ich glaube aber, er wird schon Deine Bevollmächtigung anerkennen. －

Ich habe jetzt erneute Schwierigkeiten wegen meines Buches. Niemand will es verlegen. Erinnerst Du Dich noch, wie Du mich immer drängtest etwas zu veröffentlichen; und jetzt, wo ich es möchte, geht es nicht. Das soll der Teufel holen!

Wann immer Du in den Haag kommst, laß, bitte, Deine Adresse auf der Österreichischen Gesandtschaft. Dort werde ich sie erfahren.

  Sei herzlichst gegrüßt von Deinem immer
      treuen
       Ludwig Wittgenstein

中译文（转译自英译）

亲爱的罗素：

  非常感谢您的来信。要是您能去海牙多好！请立即给我发个**电报**，您知道由于我已经拿到护照，也已经陈述我 13 至 20 日去海牙的意图。日期的重新调整会带来一大堆困难。所以请不要让我再等待您的消息了！——您跟家具商之间的交涉十分恰当。正是乔利。但是我想他会认同您已经获得的授权。——

  我的书也开始遇到麻烦。没有一个人愿意出版它。您还记得您一直怎样催促我去发表一些东西吗？如今,当我愿意去发表的时候,事情却难以办成。魔鬼才要这本书！

不管您何时抵达海牙,请把您的地址留在奥地利公使馆。我会在那里拿到地址。

最热忱的问候来自您忠实的朋友

您永远的

路德维希·维特根斯坦

74. B. 罗素的来信,1919年11月27日

西南区,巴特西

威尔士王子路

欧弗斯特兰德大厦70号

19年11月27日

亲爱的维特根斯坦:

我已经拿到护照和签证;我告知当局,我是要去与你见面。我建议你于12月11日抵达海牙,由于我还不确定自己的出发日期。我打算买你的家具,它将够你的开支。我不知道自己将待在什么地方,如果我先到的话,我会留一封信在邮件存局候领处,告诉你我的住址。假如你先到的话,你也可以这样做。我都无法告诉你,我是多么渴望见到你。——这么久以来,你一直萦绕在我的脑海里。

您永远的

伯特兰·罗素

一封信在邮件存局候领处——见罗素下封信的注释。

75．B．罗素的来信，[1919 年 12 月]

海牙，伯伊腾霍夫

双城旅馆

(= des deux Villes)

亲爱的维特根斯坦：

这是我的住址——你到海牙后尽快来这里——我急着要见你——如果有必要，我们想办法让你的书在英国出版。

您永远的

B. R.

关于他和维特根斯坦的会面，罗素 12 月 20 日从海牙写信给奥托琳女士说：

我有很多有趣的事要告诉你。停留两个星期之后，我今天离开这里。维特根斯坦在这里跟我待了一个星期，我们天天讨论他那本书。我清醒地意识到，这本书甚至比我原以为的要更好；我确信它是一本真正伟大的著作，虽然我不确定它是否正确。我给维特根斯坦说，我对这本书还提不出反驳意见，我确信它要么全对要么全错，这正是我认为一本好书的标志；然而要认定这一点还需要我很多年。这当然不能使维特根斯坦感到满意，但我也无法说出更多。

我一直觉得这本书充满神秘主义气息，但当我发现他已经变成一位彻底的神秘主义者时，还是大吃一惊。他阅读诸如克尔凯郭尔和安哥拉斯·西勒辛思的书，他还郑重其事地考虑当一名修道士。这一想法全都始于他阅读威廉·詹姆士的《宗教经验之种种》，并在战前他独自待在挪威的那个冬天日益成长（并非故意），当时他几乎要疯了。然后在战争期间，发生了一桩奇怪的事情。他去加里西亚的塔诺夫城值班，碰巧来到一家书店，除了一些插图明信片，似乎空无一物。然而，他朝里头走，发现了仅有的一本书：《托尔斯泰论福音书》。他就买下了这本书，仅仅因为再无别的书可买。他一读再读，从此那本书一直伴随着他，无论在战火中还是其它时间。但是，总体来说，相比于托尔斯泰，他更喜欢陀思妥耶夫斯基（尤其是《卡拉马佐夫兄弟》）。他已经沉溺在思想和情感的神秘主义道路上，但我认为（尽管他不会同意）神秘主义中他最痴迷的是让他停止思考的那种力量。我不认为他真的会成为一名修道士——这只是一个念头，而不是他的意愿。他的意愿是成为一名教师。他将自己的全部财产赠给了哥哥和姐姐，因为他觉得世俗的财富会成为拖累。我希望你见过他。

1920

76. 致 B. 罗素,1920 年 1 月 8 日

维也纳 13 区

圣·法伊特街 17 号

20 年 1 月 8 日

Lieber Russell!

Herzlichen Dank für Deine Bücher; sie werden mich beide interessieren. Wenige Tage nach meiner Ankunft in Wien wurde ich krank, aber jetzt geht es schon wieder. Von meinen vorhabenden Verlegern habe ich noch keine Antwort auf die Mitteilung, daß Du meinem Buch mit einer Einleitung nachhelfen willst. Sobald ich etwas erfahre, schreibe ich Dir.

Wie geht es Dir? Bist Du in Cambridge?

Ich habe unser Beisammensein *sehr* genossen und ich habe das Gefühl daß wir in dieser Woche sehr viel wirklich gearbeitet haben. (Du nicht auch?)

Sei vielmals gegrüßt

von Deinem treuen

Ludwig Wittgenstein

Deine Bucher/您的书——这封信提到两本书。可以合理地推测，它们分别是《我们关于外间世界的知识》和论文集《神秘主义与逻辑》。

在剑桥——罗素当时住在伦敦。

中译文（转译自英译）

亲爱的罗素：

　　非常感谢您的书。对我来说，这两本书都很有趣。回到维也纳几天后，我生病了，但现在已恢复得差不多。您情愿帮我这本书写一篇导言，可我至今没有得到各个预期中的出版商对此的任何回应。一旦我听到什么消息，我就写信告诉您。

　　您近来怎么样？人还在剑桥吗？

　　我们在一起度过的时光真是一种享受，我的感觉（难道您没这感觉吗？）是我们在那个星期做了大量有价值的工作。

　　　　　　最深切的问候来自您忠实的朋友

　　　　　　　　　　　　　　　路德维希·维特根斯坦

77. 致 B. 罗素，1920 年 1 月 19 日

维也纳 13 区

圣·法伊特街 17 号索格伦夫人转

20 年 1 月 19 日

Lieber Russell!

Heute erhielt ich die Nachricht, daß der Verlag von Reclam in Leipzig aller Wahrscheinlichkeit nach mein Buch nehmen will. Ich werde also mein M. S. aus Innsbruck kommen lassen und es an Reclam schicken. Wann aber kommt Deine Einleitung?! Denn ohne sie kann ja der Druck nicht beginnen. *Wenn* Du also gewillt bist, sie zu schreiben, so bitte tue es so bald als möglich und lasse mich wissen ob, und wann ich Dein M. S. erwarten darf. Ich vegetiere hier ohne viel Freude am Leben. Schreib mir bald.

Dein treuer

Ludwig Wittgenstein

中译文（转译自英译）

亲爱的罗素：

我今天收到音讯，莱比锡的雷克拉姆出版社很有可能接受我的书。所以我打算从因斯布鲁克寄送我的手稿，继而转给雷克拉姆。您写的导言什么时候到达？因为缺少了它，印刷工作就无法

展开。因此：如果您准备放手去写，烦请抓紧时间，并通知我是否以及何时能拿到您的稿件。我在这里甚是无聊，享受不到多少生活的乐趣。尽快给我写信。

您忠实的朋友

路德维希·维特根斯坦

78. B. 罗素的来信，1920年2月2日

西南区，巴特西

威尔士王子路

欧弗斯特兰德大厦70号

1920年2月2日

维也纳13区，圣·法伊特街17号

路德维希·维特根斯坦先生

亲爱的维特根斯坦：

我的锁骨受伤了，因此不得不口述这封信。

听到雷克拉姆很可能接受你的书，对此我非常高兴。在你有一个出版商之前，我等待着写这篇导言，因为如果是为英国的出版物写一篇导言的话，它就必定相当不同。我尽快动手去写，但我不认为在以后的六个星期内能够完成。然而，这篇导言是铁板钉钉的事儿，请把此事告诉你的出版商。

听说你生病了,我感到非常遗憾。

我要到 10 月份才返回剑桥。

你可能听说过,凯恩斯写了一部论和约的经济后果的书,产生了轰动性效应。书中提出一个具有广泛影响的观点,很可能产生良好的效果。

我喜欢我们在海牙度过的时光,不管是见到你还是相互讨论,都令人非常愉快。

您永远的
伯特兰·罗素

这是对维特根斯坦 1 月 8 日和 19 日两封信(76 和 77)的回复。

以后的六个星期——这篇导言 3 月中旬寄出(见信件 80)。

凯恩斯写了一部论和约的经济后果的书——见信件 105。

79. 致 B. 罗素,1920 年 3 月 19 日

20 年 3 月 19 日

Lieber Russell!

Es ist lange her seit Du von mir gehört hast. Wie steht's

mit der Einleitung? Ist sie schon fertig? Und wie geht es mit Deinem Schlüsselbein, wie hast Du es Dir denn gebrochen? Wie gern möchte ich Dich wieder sehen. Ich bin nicht mehr im Stande mir neue Freunde zu erwerben und die alten verliere ich. Das ist schrecklich traurig. Fast täglich denke ich an den armen David Pinsent. Denn, so sonderbar das klingt, ich bin fast allen Menschen zu dumm!

Schreib mir bald einmal und schicke auch Deine Einleitung.

        Dein trauriger

        Ludwig Wittgenstein

中译文（转译自英译）

亲爱的罗素：

上封信之后，已经好久没给您写信了。导言进展得怎么样？您把它写完了吗？此外，您的锁骨恢复得如何？您是怎么弄伤它的？我是多么想再见到您！无论怎样，我都没有交到什么新朋友，也正在失去老朋友。这真令人难过。我几乎每天都想着可怜的大卫·宾森特。因为不管听起来多么滑稽，几乎所有人都觉得我太过愚蠢。

请尽快回信并寄来您的导言。

        您悲伤的

        路德维希·维特根斯坦

80．B. 罗素的来信，1920 年 3 月 19 日

伦敦，西南区
巴特西
威尔士王子路
欧弗斯特兰德大厦 70 号
1920 年 3 月 19 日

亲爱的维特根斯坦：

我终于要把三个月前所承诺的导言寄给你。请原谅我在这件事上费时太长，因为锁骨受伤使我头脑愚钝。我料想你会把这篇导言翻译成德语。当你碰到我写在括号里的"引用数字如此这般"时，我的用意是要留下适当的空白，以便插入这地方我所引用的你的原话。因为我认为没有必要将你说的那些话翻译成英文，又让你把它们再译回德文。如果你对我的评论哪些地方不满意的话，请告知我，我会尽力加以修改。

你近来还好吗？非常期待你的消息。

您挚爱的
伯特兰·罗素

81. 致 B. 罗素,1920 年 4 月 9 日

20 年 4 月 9 日

Lieber Russell!

Besten Dank für Dein Manuscript. Ich bin mit so manchem darin nicht ganz einverstanden; sowohl dort, wo Du mich kritisierst, als auch dort, wo Du bloß meine Ansicht klarlegen willst. Das macht aber nichts. Die Zukunft wird über uns urteilen. Oder auch nicht – und wenn sie schweigen wird, so wird das auch ein Urteil sein. – Die Einleitung wird jetzt übersetzt und geht dann mit der Abhandlung zum Verleger. Hoffentlich nimmt er sie! – Hier gibt es wenig Neues. Ich bin so dumm wie gewöhnlich. Meine Adresse ist jetzt: Wien III. Rasumofskygasse 24 (bei Herrn Zimmermann). Sei herzlichst gegrüßt!

Dein treuer
Ludwig Wittgenstein

中译文(转译自英译)

亲爱的罗素:

非常感谢您的手稿。其中有很多地方我并不十分同意——不管是您对我的批评,还是您径直对我的观点所做出的阐释。然而这些并不重要。未来的人们会对我们作出评判——或者也许不会,而且即使是沉默,也算是一种评判。——我正在翻译这篇导

言,然后它将随专著一起寄给出版商。我希望他肯接受它们!——这里一如既往。我也跟往常一样愚钝。我现在的地址是:维也纳3区,Rasumofskygasse 24号(齐默尔曼先生转)。最热忱的问候来自您忠实的朋友!

路德维希·维特根斯坦

82. 致 B. 罗素,1920 年 5 月 6 日

20 年 5 月 6 日

Lieber Russell!

  Sei für Deinen lieben Brief herzlich bedankt. Nun wirst Du aber auf mich böse sein, wenn ich Dir etwas erzähle; Deine Einleitung wird nicht gedruckt und infolgedessen wahrscheinlich auch mein Buch nicht. – Als ich nämlich die deutsche Übersetzung der Einleitung vor mir hatte, da konnte ich mich doch nicht entschließen sie mit meiner Arbeit drucken zu lassen. Die Feinheit Deines englischen Stils war nämlich in der Übersetzung – selbstverständlich – verloren gegangen und was übrig blieb war Oberflächlichkeit und Mißverständnis. Ich schickte nun die Abhandlung und Deine Einleitung an Reclam und schrieb ihm, ich wünschte nicht daß die Einleitung gedruckt würde, sondern sie solle ihm nur zur Orientierung über meine Arbeit dienen. Es ist nun höchst wahrscheinlich, daß Reclam meine Arbeit daraufhin nicht nimmt (obwohl ich noch keine Antwort von ihm habe). Aber darüber habe ich mich bereits beruhigt; und zwar mit folgendem Argument, das mir unantastbar erscheint: Meine Arbeit ist nämlich entweder ein Werk ersten Ranges, oder sie ist kein Werk ersten Ranges. Im zweiten – wahrscheinlicheren – Falle bin ich selbst dafür, daß sie nicht gedruckt werde. Und im ersten ist es ganz gleichgültig ob sie 20 oder 100 Jahre früher oder später gedruckt wird. Denn wer fragt danach ob z. B. die Kritik der reinen Vernunft im Jahre 17x oder y geschrieben worden ist! Ja, eigentlich brauchte sie in diesem Falle auch nicht gedruckt zu werden. – Und nun sei nicht bös! Es war vielleicht undankbar von mir, aber ich konnte nicht anders.

    Sei herzlichst gegrüßt

      von Deinem treuen

        Ludwig Wittgenstein

Es wäre herrlich wenn Du im Sommer nach Wien kämst!

Deutche Übersetzung/德语译文——这不是维特根斯坦著作1921年奥斯特瓦尔德版的译文。奥斯特瓦尔德版似乎有一篇译自罗素英文原文的全新译稿。参见《逻辑哲学论初稿》的"历史导言"，第28-29页，以及 G. H. 冯·赖特的《维特根斯坦》(Oxford：Blackwell，1982)，第 100 页。

中译文（转译自英译）

亲爱的罗素：

确实非常感谢您的热情来信。然而当我告诉您一件事时，您会生我的气：您的导言可能出版不了，我的书因此也无法出版。——您明白，当我实际看到您的导言的德语译文时，我无法让它与我的书印在一起。这个译文丢掉了您那优美典雅的英文风格，只保留了肤浅表面的东西而且漏洞百出。于是，我把这本著作连同您的导言寄给了雷克拉姆，在信中说我并不希望这篇导言随书出版，这样做仅仅是为了让他判定我的著作。雷克拉姆因此而极有可能拒绝我的著作(尽管我还不曾收到他的回复)。然而，根据如下的论证，我已经在一点上似乎无可辩驳地安慰了自己。我的书要么是最高水准的著作，要么不是最高水准的著作。如果是后一种情况(可能性更大)，我自己也不同意它出版。如果是前一种情况，它在 20 年或 100 年早些或晚些出版，都没有多大区别。例如，毕竟谁会在乎《纯粹理性批判》是 18 世纪哪一年写出来的。所以如果真是第一种情况，我的著作也没有必要去出版。——您现在千万别生气！或许我有些不近人情，可我也没有别的办法。

最热忱的问候来自您忠实的朋友

路德维希·维特根斯坦

如果您这个夏天能来趟维也纳，那真是再好不过了。

83．B．罗素的来信，1920年7月1日

> 西南区，巴特西
> 威尔士王子路
> 欧弗斯特兰德大厦70号
> 20年7月1日

亲爱的维特根斯坦：

我昨天从俄罗斯归来（那里不方便通邮），发现你的信已经到了。我根本不在乎那篇导言的事，然而如果你的书不能出版，我真是倍感遗憾。果真如此的话，我可不可以尝试将它在英国或美国出版？

我有两个月的信等着回复，因此我就不多说了。带去我最真挚的爱，现在和永远。

> 您挚爱的
> 伯特兰·罗素

俄罗斯——作为工党代表团的非官方成员，罗素于1920年5至6月访问了俄罗斯。

你的信——5月6日那封信(82)。

84. 致 B. 罗素,1920 年 7 月 7 日

维也纳 3 区
Rasumofskygasse 24/Ⅱ号
齐默尔曼先生转
20 年 7 月 7 日

Lieber Russell!

Dank Dir vielmals für Dienen lieben Brief! Reclam hat mein Buch natürlich nicht genommen und ich werde vorläufig keine weiteren Schritte tun, um es zu publizieren. Hast Du aber Lust es drucken zu lassen, so steht es Dir ganz zur Verfügung und *Du kannst damit machen*, *was Du willst*. (Nur wenn Du am Text etwas änderst, *so gib an*, daß die Änderung von Dir ist.)

Heute habe ich mein Zeugnis bekommen und kann jetzt Lehrer werden. Wie es mir gehen wird – wie ich das Leben ertragen werde – weiß Gott allein. Am besten wäre es vielleicht, ich könnte mich eines Abends hinlegen und nicht mehr aufwachen. (Vielleicht aber gibt es auch noch etwas besseres für mich.) Wir werden ja sehen. –

Sei herzlichst gegrüßt
von Deinem treuen
Ludwig Wittgenstein

mein Zeugnis/我的资格证书——维特根斯坦从维也纳的教

师培训学院得到的资格证书,他 1919-1920 学年在那里参加了培训。

中译文(转译自英译)

亲爱的罗素:

非常感谢您的热情来信,雷克拉姆自然没有接受我的书,目前我还没有采取出版它的任何进一步的措施。但是,如果您想要出版它,这本书就交由您全权处置,您喜欢怎么办就怎么办吧。(不过,如果您要改变文本中的某一处,请标明这个改变由您所做。)

今天我拿到了资格证书,现在成为一名教师了。对我来说,前路如何——我怎样忍受生活——只有上帝知道。或许,对我来说最好的事情莫过于哪天夜里躺在床上,永远别再醒来。(然而,或许还有更好的事情在等着我。)我们拭目以待。

最热忱的问候来自你忠实的朋友

路德维希 · 维特根斯坦

85. 致 B. 罗素,1920 年 8 月 6 日

20 年 8 月 6 日

Lieber Russell!

Vor ein paar Tagen erhielt ich eine Einladung vom Trinity

College zu einem Diner, das am 30. September stattfinden soll. Es wurde gewiß nicht für möglich gehalten, daß ich wirklich kommen könnte; trotzdem hat mich die Einladung sehr gefreut. Möchtest Du so gut sein, und in meinem Namen beim junior Bursar absagen, da ich die Form einer solchen Absage nicht weiß.

Ich verbringe jetzt meine Ferien als Gärtnergehilfe in der Gärtnerei des Stiftes Klosterneuburg bei Wien. Ich muß den ganzen Tag über fest arbeiten; und das ist gut. – Im Inneren geht es mir nicht besonders. – Wann werden wir uns wiedersehen? Vielleicht nie. Täglich denke ich an Pinsent. Er hat mein halbes Leben mit sich genommen. Die andere Hälfte wird der Teufel holen. Bis dahin bin ich immer

Dein treuer

Ludwig Wittgenstein

中译文（转译自英译）

亲爱的罗素：

几天前，我收到三一学院寄来的一封邀请函，邀请参加 9 月 30 日的晚宴。我当然不会想着真的能去赴宴，但这次邀请依然给我带来莫大的欣慰。您是否愿意以我的名义给初级财务主管写封信以谢绝这次邀请，因为我实在不懂怎么去恰当地谢绝？

目前的度假时间，我在维也纳附近克洛斯特新堡修道院的一所托儿所担任园丁助理。我不得不整天埋头工作,这样才好呢。——在我内心深处,再也没有什么东西可写了。——我们什么时候可以再见一面呢?或许永远不会。我每天都想着宾森特,他带走了我一半的生命,魔鬼将带走另一半。然而与此同时,我永远是

您忠实的朋友
路德维希·维特根斯坦

86. 致 B. 罗素,1920 年 9 月 20 日

20 年 9 月 20 日

Lieber Russell!

Dank' Dir für Deinen lieben Brief! Ich habe jetzt eine Anstellung bekommen; und zwar als Volksschullehrer in einem der kleinsten Dörfer; es heißt Trattenbach und liegt 4 Stunden südlich von Wien im Gebirge. Es dürfte wohl das erste mal sein, daß der Volksschullehrer von Trattenbach mit einem Universitätsprofessor in Peking korrespondiert. Wie geht es Dir und was trägst Du vor? Philosophie? Dann wollte ich, ich könnte zuhören und dann mit Dir streiten. Ich war bis vor kurzem *schrecklich bedrückt* und lebensmüde, jetzt aber bin ich etwas hoffnungsvoller und jetzt hoffe ich auch, daß wir uns wiedersehen werden.

 Gott mit Dir! Und sei herzlichst gegrüßt von Deinem

treuen

Ludwig Wittgenstein

Meine Adresse ist：

  L. W. Lehrer，

  Trattenbach bei Kirchberg am Wechsel

  Nieder-Österreich

  北平——罗素1920年秋曾前往中国；他1921年8月底返回英国。

中译文（转译自英译）

亲爱的罗素：

  感谢您的热情来信。我已获得一个职位：我将是名为特拉腾巴赫这座小村庄的小学教师。该村庄在大山里，在维也纳南，离维也纳大约四个小时的路程。特拉腾巴赫的教师与北平的教授通信，这一定是第一次。您近来如何？您讲座的内容是什么？是哲学吗？如果是的话，我希望我能够参加并接着与您讨论。不久前，我万分沮丧，并且对生活感到厌倦，然而现在我对生活还抱了点儿希望，我希望的事情之一，就是咱们能再见一面。

愿上帝与您同在！最热忱的问候来自于

　　　　　　　　　　　您忠实的朋友

　　　　　　　　　　　　　路德维希·维特根斯坦

我的地址是：

　　下奥地利

　　韦克瑟尔山麓，基希贝格，特拉滕巴赫

　　L. W. 教师

1921

87. B. 罗素的来信,1921年2月11日

北平

国立大学

1921年2月11日

我亲爱的维特根斯坦:

自从收到你9月20日的来信,我一直想着回复你,你的信给我带来莫大的快乐。我感到不解的是,你怎么想着当一名小学教师,你如何跟那些男孩子相处。这是一份诚实的工作,也许没有比这更诚实的,如今每个人都在从事某种形式的欺骗,而你却避而远之。

我喜欢中国以及中国人——他们总是懒洋洋,脾气温和,时常嘻嘻哈哈,简直像天真的孩子——他们对我极为和蔼可亲。所有的国家都在袭击他们,说他们不应该允许以自己的方式享受生活——他们被迫去发展陆海军,被迫去挖煤炼铁。然而,他们想做的事情却是作诗和绘画(非常精美),在绿色流苏装饰的多弦乐器上弹奏奇怪的音乐,音乐相当精致但几乎听不清。布莱克小姐跟我住在一座庭院环绕的中式房子。我寄你一张我待在门口做研究的照片。我的学生全是布尔什维克分子,因为这是一种时髦;他们还责怪我为什么不是布尔什维克。他们对数理逻辑尚无法理解,

我就给他们讲心理学、政治学、哲学以及爱因斯坦。我偶尔与他们一起参加晚间聚会,他们就会到院子燃放烟花——比起我的讲座,他们更喜欢干这些事。——我7月份离开中国,打算在日本待一个月,然后返回伦敦——西南11区,欧弗斯特兰德大厦70号,我一直待在这里。

布莱克小姐会把各种各样的东西寄给你。致以最真挚的爱,我亲爱的路德维希——我希望再次见到你,或许在明年。我猜想,到时候我很有可能去特拉腾巴赫旅行。希望你尽量过得快乐!

您永远深情的
伯特兰·罗素

你9月20日的来信——信件86。

布莱克小姐——Dora Black,她在海牙的时候就与罗素在一起,中国之行结束后,就嫁给了罗素。亦见信件89和90。

88. B. 罗素的来信,1921年6月3日

北平
国立大学
1921年6月3日

亲爱的维特根斯坦:

我昨天收到你4月2日的来信。

你的手稿非常安全。我将它留在伦敦,期望能够出版,我还不知道这事进展如何。手稿由格顿的瑞因奇小姐保存着,她是一位优秀的数学家,一名学习数理逻辑的学生。

你发现周围的人如此面目可憎,对此我感到遗憾。我不认为人性的平均水平在任何地方有多大差异,我敢说不管你身居何处,你都会发现周围的人同样令人讨厌。

十个星期以来,我因重病一直卧床不起,但现在快要康复了。这个夏天就要回英国,如果你再写信,请寄到那里。

我下决心让你的手稿得以出版,如果我不在的时候这事还没办成,我回来就马上处理此事。

我希望你什么时候来英国看望我,但我猜想这对你来说是件难事。还是我去特拉腾巴赫吧,从图片上看,这是一个相当不错的地方。

致以诚挚的爱,我亲爱的维特根斯坦

您永远的

伯特兰·罗素

4月2日的来信——该信已遗失。显而易见,信中附有一张带特拉腾巴赫图片的明信片。

瑞因奇小姐——《逻辑哲学论》的出版过程中有她的一份功劳,见信件90。

89. 致 B. 罗素, 1921 年 10 月 23 日

21 年 10 月 23 日

Lieber Russell!

Verzeih, daß ich Dir erst jetzt auf Deinen Brief aus China antworte. Ich habe ihn sehr verspätet erhalten. Er traf mich nicht in Trattenbach und wurde mir an verschiedene Orte nachgeschickt, ohne mich zu erreichen – Es tut mir sehr leid, daß Du krank warst; und gar schwer! *Wie geht es denn jetzt?!* Bei mir hat sich nichts verändert. Ich bin noch immer in Trattenbach und bin nach wie vor von Gehässigkeit und Gemeinheit umgeben. Es ist wahr, daß die Menschen im Durchschnitt nirgends sehr viel wert sind; aber hier sind sie viel mehr als anderswo nichtsnutzig und unverantwortlich. Ich werde vielleicht noch dieses Jahr in Trattenbach bleiben, aber länger wohl nicht, da ich mich hier auch mit den übrigen Lehrern nicht gut vertrage. (Vielleicht wird das wo anders auch nicht besser sein.) Ja, *das wäre schön*, wenn Du mich einmal besuchen wolltest. Ich bin froh zu hören, daß mein Manuskript in Sicherheit ist. Wenn es gedruckt wird, wird's mir auch recht sein. –

Schreib mir bald ein paar Zeilen, wie es Dir geht, etc., etc.

Sei herzlich gegrüßt

von Deinem treuen

Ludwig Wittgenstein

Empfiehl mich der Miss Black.

中译文（转译自英译）

亲爱的罗素：

原谅我现在才回复您寄自中国的信。这封信延误了很长时间我才收到。当信寄达时我不在特拉腾巴赫，因此在我收到之前，它被转送了好几个地方。——听到您一直在生病，我非常难过——而且身患重病！那么，您现在康复得怎么样？至于我，什么都没有改变。我仍然待在特拉腾巴赫，像往常一样，四周是一群讨厌和卑鄙的家伙。我知道，平均而言人类在任何地方都差不多，但在这里，他们比任何地方的人都更一无是处，也更不负责任。我今年或许还留在特拉腾巴赫，但很可能不会待得更久，因为我在这儿甚至无法与其他教师和睦相处（也许在别的地方，情况也好不到哪里去）。的确，如果您某个时候能来看望我，那真是再好不过了。听您说我的手稿很安全，对此我十分高兴。假如它得以出版，那也正合我意。——

尽快给我回复几句，说说您最近怎么样……

最热忱的问候来自

您忠实的朋友

路德维希·维特根斯坦

请代我向布莱克小姐问好。

90. B. 罗素的来信，1921年11月5日

（永久住址）
伦敦西南3区
悉尼大街31号
21年11月5日

我亲爱的维特根斯坦：

很高兴收到你的来信。首先，我必须给你说说手稿的事。你知道，当我前往中国时，我将手稿留给瑞因奇小姐处理。经历屡次失败，她从奥斯特瓦尔德的《自然哲学年刊》那里收到接受的消息；我刚刚收到校样，预计两个月左右就会出版。我原以为她只会尝试着找英语出版商，于是我把那篇导言留给她，奥斯特瓦尔德要将导言一同出版。请原谅，因为我担心你不愿意这样做，但正如你将从他的信中读到的，这也是没有办法的事。你的书也会以英文版出现在凯根·保罗出版的一套新哲学文库中，这可能无需一年时间。英文版将以单行本的方式发行。这多亏了（《剑桥杂志》的）奥格登，此事很麻烦他了。

至于我，我现在跟布莱克小姐结婚了，期待着孩子在几天内降生。我们已经买下这所房子，并把你的家具从剑桥搬了过来，我们非常喜欢这些家具。也许这个孩子就会出生在你的床上。你有一大堆书，还有来自工程公司的各种各样的盒子和包裹，你都未曾打开。如果你来看望我们，我会把所有你想要的书归还给你。你这些东西的价值远远超过我的支付，我任何时候都可以支付你更多的钱。当我要买这些东西的时候，我不知道应该付你多少钱。具

体说吧,如果你打算来英国,你必须让我来掏你的路费,以此作为对你那些家具的额外补偿。我的确希望你到这里来——即将出生的孩子使我不大方便去旅行。我的身体现在恢复得差不多了。我忘了是否给你说过,我曾住在北平的一家德国医院,并接受德国医生的诊治。他们医术高明,和蔼细心,其中有个埃塞尔医生,成了我们俩的好朋友。我还与一位名叫布兰道尔的奥地利人成为朋友,他知道你的名字。布兰道尔曾经在西伯利亚坐过牢。

你觉得特拉腾巴赫的人如此难以忍受,对此我十分遗憾。但是我压根儿不相信他们会比其他的人种更糟糕;我的逻辑本能抗拒这种观念。

只要你有足够长的假期,请务必郑重考虑你是否要来看望我们。

致以诚挚的爱,一如既往。

您永远的

伯特兰·罗素

关于《逻辑哲学论》的早期出版史,见麦克奎尼斯的《青年路德维希》,第 296—299 页。

奥斯特瓦尔德——Wilhelm Oswald(1853—1932),物理化学家,科学经典丛书的出版商,有点古怪的人(见信件 91)。

奥格登——C. K. Ogden(1889—1957),简要说,他是编辑,学习语言学,1921 年创办《剑桥杂志》。有关他在出版《逻辑哲学论》中的工作，见 L. 维特根斯坦的《致 C. K. 奥格登的信件，附关于〈逻辑哲学论〉英译版的评论》(*Letters to C. K. Ogden with Comments on the English Translation: Tractatus Logico Philosophicus*),G. H. 冯·赖特编(Oxford: Blackwell, 1973)。

91. 致 B. 罗素, 1921 年 11 月 28 日

21 年 11 月 28 日

Lieber Russell!

Dank Dir vielmals für Deinen lieben Brief. Ehrlich gestanden: es freut mich, daß mein Zeug gedruckt wird. Wenn auch der Ostwald ein Erzscharlatan ist! Wenn er es nur nicht verstümmelt! Liest Du die Korrekturen? Dann bitte sei so lieb und gib acht, daß er es genau so druckt, wie es bei mir steht. Ich traue dem Ostwald zu, daß er die Arbeit nach seinem Geschmack, etwa nach seiner blödsinnigen Orthographie, verändert. Am liebsten ist es mir, daß die Sache in England erscheint. Möge sie der vielen Mühe die Du und andere mit ihr hatten würdig sein! –

Du hast recht: nicht die Trattenbacher allein sind schlechter, als alle übrigen Menschen; wohl aber ist Trattenbach ein besonders minderwertiger Ort in Österreich und die *Österreicher* sind – seit dem Krieg – bodenlos tief gesunken, daß es zu traurig ist, davon zu reden! So ist es. – Wenn Du diese Zeilen kriegst, ist vielleicht schon Dein Kind auf dieser merkwürdigen Welt. Also: ich gratuliere Dir und Deiner Frau herzlichst. Verzeih' daß ich so lange nicht geschrieben habe; auch ich bin etwas kränklich und riesig beschäftigt. Bitte schreibe wieder einmal wenn Du Zeit hast. Von Ostwald habe ich keinen Brief erhalten. Wenn alles gut geht werde ich Dich mit tausend Freuden besuchen!

Herzlichste Grüße,
Dein
Ludwig Wittgenstein

Seiner blodsinnigen Orthographie/他那愚蠢的拼写——威廉·奥斯特瓦尔德，无论在应用还是在理论方面，都是一位杰出的化学家。他还有许多其他方面的兴趣，包括将物理学还原为"能量学"，消除质量概念。他推动了科学史和科学哲学（他创办的杂志收录了维特根斯坦的《逻辑哲学论》），还提倡语言拼写法（这一点就像玻尔兹曼）。对他来说，罗素的那篇导言足以成为维特根斯坦专著的推荐信。

中译文（转译自英译）

亲爱的罗素：

　　非常感谢您的热情来信！我必须承认我很高兴，我的手稿马上要出版了。尽管奥斯特瓦尔德是个十足的骗子。只要他没有篡改我的书就好！您打算阅读校样吗？如果是的话，一定要当心，他要印刷的一定要与我自己的吻合。他极有可能篡改我的著作以符合他的胃口——例如，把他那愚蠢的拼写添加进去。最令我高兴的是，整本著作将在英国出版。我希望您和他人在这件事上所受的麻烦是值得的。您说得对：特拉腾巴赫人并不比别的人种更糟糕。然而特拉腾巴赫对奥地利来说是特别不显眼的地方，自从战争以来，奥地利人已消沉到如此悲惨的地步，以至于都抑郁地不愿意谈论战争。这便是来龙去脉。——当您收到这封信时，你们的孩子也许已经来到这个令人惊奇的世界。因此：谨向您和您的妻子致以最热诚的祝贺！原谅我这么久没有给您写信。我的状况不是特别如意，一直忙碌不堪。请一有时间就写信给我。我还没有收到奥斯特瓦尔德的信。如果一切顺利，我会极其快乐地拜访您。

最热忱的问候

您的
路德维希·维特根斯坦

92. B. 罗素的来信，1921 年 12 月 24 日

伦敦西南 3 区
悉尼大街 31 号
21 年 12 月 24 日

亲爱的维特根斯坦：

感谢你的来信。在我看校样之前，奥斯特瓦尔德已经交付印

刷——我想现在著作一定印出来了。奥格登已经做了所有的工作,使你著作的英文本会提前出版。出版事宜已安排就绪。出版商将是凯根·保罗。英译本将交由剑桥大学懂数理逻辑的两位年轻人完成,我还告知他们,所有术语的翻译必须征得你和我的同意。我看到奥斯特瓦尔德的校样都是正确的,里面并没有"愚蠢"的语音拼写。这个英译本中,我们试图将德文本也一起印刷,但我不确定出版商是否同意。

我们的男孩出生于11月16日,还活蹦乱跳的。给他取名叫约翰·康拉德(名字后一半源于一位小说家的名字,他是我的一位朋友)。我的妻子康复得非常好,我们都感到很幸福。

听到你过得并不如意,我非常难过。请不要忘了,如果你能到这里来看我,我们俩都会喜出望外。你那些东西,卖掉一些我用不上的,很容易支付你的全部旅费。你那些财产的价值远远超过乔利所声称的价格。光你的那些书就值100英镑,我搞不懂我为什么会欺骗你,因为乔利知道你的东西物有所值。300英镑才是一个公平的价格。如果你接受这个价格,我会把额外的200英镑寄给你,或者当你来这里的时候,只要你喜欢,我会把你需要的任何东西归还给你。

致以新年的美好祝愿以及深挚的爱。

您永远的
伯特兰·罗素

两位年轻人——其中一位是F. P. 拉姆塞,另一位是谁至今仍不确定。也许罗素误以为,R. B. 布雷斯威特(1900－1990,学者，后来剑桥大学三一学院的研究员，还成为道德哲学骑士桥讲席的主讲人）打算去协助那个翻译，但他实际上当时懂不了多少德语。C. K. 奥格登总是把"翻译者"读成复数形式，他显然对译文做了许多最终的拍板，并与维特根斯坦进行过讨论，但是将他当作这本著作的译者则可能不准确。当然，时间慢慢澄清，罗素的这些信件也补充说明，奥格登为确保该书出版所做的工作是值得高度赞扬的。

乔利知道物有所值——维特根斯坦对罗素出价的反应至今无人知晓，除了信件93表明，他愿意让罗素支付计划中两人见面时他的旅费。

1922

93．B. 罗素的来信，1922 年 2 月 7 日

西南 3 区悉尼大街 31 号
22 年 2 月 7 日

亲爱的维特根斯坦：

非常高兴前几天收到你的来信，以及对小男孩的祝福。像你所说，我用适当的表情而非言词传达你的祝福。他活蹦乱跳，这给我们俩带来莫大的幸福。

我很奇怪你不曾收到奥斯特瓦尔德的信。你写信告诉他你的住址了吗？如果没有的话，我不认为他知道。关于出版你的书一事，不管这里还是德国，我再没得到更多消息。但下次见到奥格登，我会过问这事。

我们打算 8 月去德国和瑞士。如果你那时候放假，我希望我们能见一面。——我想，相比来英国，这样对你更方便些。在瑞士，我们打算跟我的弟媳待在一起，她曾经是阿尼姆伯爵夫人。如果你能来，我相信她会很高兴见到你。你允许我支付你的路费，我非常高兴。如果你能尽快来英国，那就来吧。

相比欧洲，我更喜欢中国——那里的人们更有修养——我一

直希望能再到那里去。我对他们的演讲涉及各种话题,但他们最喜欢的还是数理逻辑。

我希望你在小学的教学工作不会太艰难,它一定十分枯燥。我们下次见面的时候,你希望我把你的那些杂志和笔记本带给你吗?照顾好自己——带去我的挚爱。

您永远的
伯特兰·罗素

你的来信——该信明显已遗失。

你的那些杂志和笔记本——见维特根斯坦1919年11月1日致罗素的信(69)。维特根斯坦对罗素的提议的回应,见信件94。

94. 致 B. 罗素,[1922 年]

Lieber Russell!

Dank' Dir für Dienen lieben Brief! Nein, von Ostwald habe ich noch nichts gehört. Ich dachte übrigens er wußte meine Adresse durch den der ihm mein Manuskript geschickt hat. Nun, das ist übrigens ganz gleichgültig wenn er die Geschichte nur überhaupt druckt und nicht zu viele Druckfehler hinein macht.

Ich bin in der letzten Zeit auch sehr niedergeschlagen. Nicht, daß mir das Lehren an der Volksschule zuwider ist. Im Gegenteil! Aber SCHWER ist es, daß ich in diesem Lande Lehrer sein muß, wo die Menschen so ganz und gar hoffnungslos sind. Ich habe in diesem Ort nicht eine Seele mit der ich ein wirklich vernünftiges Wort sprechen könnte. Wie ich das auf die Dauer aushalten werde weiß Gott! Ich glaub' Dir's gern daß auch Du es in China schöner gefunden hast als in England obwohl es in England zweifellos noch tausendmal besser ist als bei uns. – Du weißt wie ich mich freuen würde Dich zu sehen. Wenn mich die Frau Deines Bruders aufnimmt komme ich mit Freuden zu Euch. Meine Tagebücher und Notizen verwende, bitte, zum einheizen. Wenn Du täglich 2 – 3 Blätter zum Feueranzünden benützt werden sie bald aufgebraucht sein und ich hoffe sie werden gut brennen. Also – weg damit! – Bitte empfiehl mich Deiner Frau und grüß den kleinen Buben. Und schreibe wieder einmal.

        Deinem

        L. Wittgenstein

P. S. Hast Du zufällig unter Deinen Büchern die "religiösen Streitschriften" von Lessing? Wenn ja so lies sie bitte! Ich glaube sie werden Dich interessieren und Dir gefallen. Ich liebe sie sehr! Dein L. W.

这封未标日期的信是维特根斯坦对信件 93 的回复。

Togebucher und Notizen/杂志和笔记本——我们必定可以推测,罗素最终遵从维特根斯坦的意愿,销毁了这些资料。

中译文(转译自英译)

亲爱的罗素:

感谢您的热情来信。我仍然没有收到奥斯特瓦尔德的任何消息,尽管我确实认为,他已经从给他寄手稿的人那里得知我的住址。然而无论怎样,这完全无关紧要,只要他真的能出版我的书,别出现太多的印刷错误就行。

我近来仍旧感到非常沮丧。我发现这还不是小学的教学工作令人不快:恰恰相反。然而,真正的**麻烦事**在于,我不得不在这个当地人不抱一丁点儿希望的大山村当一名教师。我在此地还没遇到任何能与之以真正明智的方式进行交流的人。长此以往,我怎么撑得下去,天知道!我确实相信,您也发现在中国跟人相处要比在英国好一些,尽管英国仍无疑要比我所待的这个地方好上一千倍。——

要是能去见您,您知道我多么高兴吗。如果您的弟媳肯接纳我,我将乐意去看望你们。请把我那些杂志和笔记本放火烧掉,如果你每天烧两三页用来点火,这堆东西很快就会用光,我还希望它们烧得旺些。我是说,销毁它们吧!请代我问候您的妻子,并把我

的祝福送给你们的小儿子。此外,请再写一封信寄给

您的

L. 维特根斯坦

附言:在您的藏书里,有没有莱辛的《宗教辩论》这本书?如果有的话,您还是读一读吧。我相信您会产生兴趣并得到快乐的。我非常喜欢这本书。您的 L. W.

95. B. 罗素的来信,[1922年5月9日]

截止7月25日:

伦敦西南3区

悉尼大街31号

彭赞斯,特利恩,阳光海岸

亲爱的维特根斯坦:

我已经收到我弟媳的来信,她欢迎你到她在瑞士的小木屋。我们在那里停留的时间大约是8月8日至20日,我后面会告诉你准确日期——肯定在8月15日前后。我弟媳瑞士小木屋的地址是

西耶尔,兰多涅,阳光小木屋

我从未到过那里,不过我觉得它应在辛普朗索道路上面。能够再次见到你,真是一件大大的幸事。我的弟媳从事小说写作——她的小说原来都写些德国的事——《伊丽莎白和她的德国花园》是其处女作。她一直住在波美拉尼亚。她跟我弟弟闹翻了,

他不是一个称职的丈夫。

奥格登正忙着出版你的书,我猜想他会以英文和德文合在一起出版。我预计书 10 月份就会面世。我从没有读过莱辛的《宗教辩论》——我认为你那堆书里有这本书,我把它们放在城里了——回到家以后我就会翻阅它。你的生活过得这样压抑,我很难过。自从战争以来,整个欧洲都处在恐怖之中,但我想奥地利会比这里更加糟糕。人们猜想英国、德国和俄国要联合起来攻打法国——所以恐怖还在蔓延。

我的小儿子好可爱——起初,他长得真像康德,可现在看起来更像一个婴儿——我妻子给你最好的祝愿。致以诚挚的爱,

您永远的
伯特兰·罗素

我的弟媳——罗素的弟媳 1922 年 5 月写给他的一封信至今仍保存着,信的开头是"维特根斯坦莅临小木屋,我将深表欢迎"。就我们所知,维特根斯坦的瑞士之旅未能成行。不过,1922 年 8 月,罗素与维特根斯坦在因斯布鲁克见面了。

96. 致 B. 罗素,[1922 年 11 月或 12 月]

Lieber Russell!

Schon lange habe ich von Dir nichts mehr gehört und Dir

nicht mehr geschrieben, und heute schreibe ich Dir hauptsächlich, weil ich ein Anliegen an Dich habe: Ich will Dich, wie man bei uns sagt "anpumpen". Wie Du weißt ist mein Buch vor ein paar Wochen erschienen. Ich habe vom Verlag 3 Exemplare gekriegt, möchte aber noch 3 haben, da ich es noch einigen Leuten schenken soll. Würdest Du nun die Güte haben und mir 3 Exemplare kaufen und schicken? Das Geld dafür werde ich Dir dann schicken, aber vielleicht nicht auf einmal, sondern ratenweise, wenn ich nur erst weiß, wie ich es machen kann. Zu Weihnachten werde ich mich in Wien darüber erkundigen. Natürlich gilt meine Bitte nur für den Fall, daß Dir die Auslage GAR KEINE Schwierigkeiten macht; denn die Angelegenheit ist ja nicht *sehr* wichtig. Im Falle, daß Du die Bücher besorgen kannst wäre es mir am liebsten Du tätest es recht bald! – Ich bin jetzt in einem anderen Nest, wo es freilich auch nicht besser ist als in dem Vorigen. Es ist schwer mit den Menschen zu leben! Aber es sind ja eigentlich gar keine Menschen sondern 1/4 Tiere und 3/4 Menschen.

Schreib mir bald; auch wie es Dir geht.

Grüße Deine liebe Frau herzlich von mir.

Dein treuer
Ludwig Wittgenstein

Meine Addresse ist:

L. W. bei Frau Ehrbar
Puchberg am Schneeberg
Nieder-Österreich

Vo rein par Wochen erschienen/几个星期之前就已出版——这本书由凯根·保罗11月份出版。这封信没有注明日期，但一定写于1922年11月或12月。

中译文（转译自英译）

亲爱的罗素：

很久没有收到您的信，也没有给您写信了。今天，我提笔的首要原因是想请您帮我一个忙：我真想（如同我们在这儿所说的）"咬您一口"。正如您所知道的，我的书几个星期之前就已出版。出版商寄给我3本，但我还需要3本，因为我需要赠送给更多的人。您能不能买上3本给我寄来？买书的支出我后面寄给您，也许不会马上就寄，而是分期付款，一旦我知道如何处理的话。圣诞节我会在维也纳解决好这桩事。显然，我的要求并不过分，只要这笔支出不至于给您带来**严重的**困难，但这事也并不十分紧要。假如您果真能够买书给我，那对我来说再好不过的是，您立马就去办！——如今，我又换了一个地方，尽管我不得不说这地方比以前的地方好不到哪里去。跟人类生活在一起真是倒霉！他们压根儿就不是真正的人,而毋宁说 1/4 的动物加 3/4 的人。

请尽快写信,告诉我您最近的情况怎么样。

向您的妻子致以最美好的祝愿。

您永远的

路德维希·维特根斯坦

我的住址是:

下奥地利

施内贝格山麓,普赫贝格

埃巴尔夫人转 L.W.

1923

97. 致 B. 罗素, 1923 年 4 月 7 日

23 年 4 月 7 日

下奥地利,施内贝格山麓,普赫贝格

Lieber Russell!

Ich habe lange nichts mehr von Dir gehört und auch nicht geschrieben weil es wenig neues gibt und auch weil ich etwas krank war. Meine Nerven sind durch die Arbeit und viele Aufregung recht herunter gekommen und oft fürchte ich, daß sie es nicht bis zu den Ferien aushalten werden. – Vor kurzer Zeit erhielt' ich "The Meaning of Meaning". Gewiß ist es auch Dir geschickt worden. Ist das nicht ein miserables Buch?! Nein, so leicht ist die Philosophie doch nicht! Dafür sieht man aber, wie leicht es ist, ein dickes Buch zu schreiben. Das ärgste ist die Einleitung des Professor Postgate Litt. D. F. B. A. etc. etc., Etwas so albernes habe ich selten gelesen. – Ein wenig neugierig bin ich auf Ritchies Buch, das er mir schicken will (wie mir Ogden schreibt). Ritchie war ein netter Mensch und ich würde mich freuen von ihm zu hören.

Schreib auch Du wieder einmal, wie es Euch allen geht und was Dein kleiner Bub macht; ob er schon fleißig Logik studiert. Sei herzlich gegrüßt und grüße auch Deine liebe Frau

von Deinem

Ludwig Wittgenstein

《意义的意义》(*The Meaning of Meaning*)——C. K. 奥格登与 I. A. 理查兹合著,1923 年由凯根·保罗出版。

波斯特盖特——J. P. Postgate(1853－1926),古典学者,他还对语言与实在的关系做了一些评论。《意义的意义》后来的版本删除了他的导言。在写这封信的时候,他已经从利物浦大学的拉丁语教授席位上退休,居住在剑桥。

里奇——A. D. Ritchie(1892－1967),生理学家兼哲学家,剑桥大学三一学院研究员,后来成为爱丁堡大学的逻辑与形而上学教授。这里所指的明显是《科学方法论》,它与《逻辑哲学论》和《意义的意义》属同一系列,由凯根·保罗出版。

中译文(转译自英译)

亲爱的罗素:

我很久都没收到您的任何信件,也未给您写信,因为没有什么新鲜事儿,还因为我的状况并不如意。工作和所有的刺激搞得我神经彻底崩溃,我经常担心,我都可能撑不到放假。——

不久前我收到《意义的意义》,不用说您也会收到一本。这难道不是一本糟糕透顶的书？不,不,哲学终究不像这本书那样简单！然而,该书确实证明,写一本厚书多么容易。最糟糕的莫过于文学博士、F. B. A.……波斯特盖特教授为此书所写的导言。我还从没读过这么愚蠢的书——

我对里奇的书倒有些好奇,他打算给我寄上一本(奥格登在信中这么说)。里奇这个人不错,能收到他的信我会感到高兴。

现在,该您给我再写一封信,告诉我您和家人最近都怎么样,您的小儿子在做什么。他对逻辑产生强烈的兴趣吗？最热忱的问候送给您和您的妻子,

您的
路德维希·维特根斯坦

98. 致 J. M. 凯恩斯,[1923 年 4 月]

亲爱的凯恩斯！

您的《欧洲的重建》我已收到,十分感谢。我真渴望收到您的亲笔信,哪怕您只说一句您近来过得还好吧……要不然,您是不是太忙,都没时间写信？我料想您不是这样。您能见到约翰逊吗？如果能的话,请代我向他问好。我也非常渴望收到他的来信(不是

关于我的书而是关于他自己)。

有时间一定要给我来信,如果您愿意屈尊去做这样的事。

您忠实的

路德维希·维特根斯坦

《欧洲的重建》(*Reconstruction in Europe*)——1922年5月18日刊登于《曼彻斯特商业卫报》(*Manchester Guardian Commercial*),并于1923年初变为系列文章。维特根斯坦3月写信感谢奥格登将此文寄给自己。1924年3月,凯恩斯对这封信作了回复(信件105)。

99. 致F. P. 拉姆塞,[1923年]

亲爱的拉姆塞先生:

不久前,我收到奥格登先生的一封信,说你有可能在未来的某个月内来维也纳。由于你出色地把《逻辑哲学论》译成英文,我相信你无疑也能翻译一封信,因此这封信的后面部分我打算用德文去写。

这是一封被遗失的信的英文段落的草稿,很明显,这是对拉姆塞拜访计划的回复,拉姆塞1923年的长假(暑期)曾打算去维也纳。实际上,拉姆塞1923年9月去普赫贝格拜访了维特根斯坦,并在那里停留了两个星期。在这段时间,他们俩每天花几个小时阅读《逻辑哲学论》,维特根斯坦向拉姆塞阐述自己的思想。在这些讨论过程中,维特根斯坦就英译文和部分德文本做了一定数量的改动和修正。这些改动和修正记录在拉姆塞保存的这本书上,至今仍可以进行研究。C. 莱维对此做过描述,见"关于《逻辑哲学论》文本的一个注解",载《心》76(1967 年),第 417-423 页。

在保存下来的两封信中,拉姆塞生动地记述了他与维特根斯坦的那次会面。一封写给约翰·梅纳德·凯恩斯,另一封写给拉姆塞的母亲。下面的段落摘自致他母亲的那封信,日期地址为施内贝格山麓,普赫贝格,1923 年 9 月 20 日。内容如下:

> 维特根斯坦是一名山村小学的教师。他一贫如洗,至少他的住宿十分简陋。他住在白灰粉刷的小房间,里面有一张床、脸盆架、一张小桌子和一把硬座椅子,这就是房间里的所有摆设。昨天晚上,我与他吃的晚餐是令人难以下咽的粗面包黄油加可可豆。8 点到 12 点或 1 点是他的教学时间,整个下午他似乎都可以自由支配。
>
> 他看上去比实际更年轻一些;然而他说自己视力不好并患有感冒。不过,他总体上是健康的。一谈到他的哲学,维特根斯坦便异常兴奋,做出剧烈的身体动作,迷人的笑声使紧张得以缓解。他长着一双蓝眼睛。
>
> 每天,他都用四、五个小时来讲解他的书。总共 80 页的书,我花了两天时间才进行到第 7 页(包括时不时地前后参照)。我们把这本书讨论完时,我试图催促他进一步发展该书

的观念,这是我应该尝试的。他却说自己什么都不想做了,不是因为他感到厌烦,而是他的脑子不再那么好使。维特根斯坦还说,没有人会在一个哲学问题上肯耗费 5 到 10 年的时间。(他的书用了 7 年。)他确信,罗素写不出更有分量的著作了。他这本书的思想并不是任何人通过阅读就能理解的思想,而是总有一天人们会通过自己思考得到的思想,他们还会在该书中发现他们自己思想的恰当表述,由此获得真正的快乐。我认为维特根斯坦夸大了他自己的用词灵感,在措辞方面他比我想象得更为谨慎,但我认为这只是体现了他的思考方式,该方式可能跟别人有所不同。

维特根斯坦已经解答了我的主要疑难,我为此困惑了一年,绝望地放弃自己去解答,并认定他也不曾看到。(这个疑难并不在该书前 7 页,而是贯穿着全书。)他真了不起。我曾认为摩尔是一个伟大的人,但维特根斯坦才是!

他说,我会忘掉这几天他向我解释的任何东西;摩尔在挪威说过,他完全理解维特根斯坦,而当他回到英国后,他并没有比去时变得更聪明。

维特根斯坦说"清楚了吗",我说"还没有",他又说"可恶,**该死的**又得再来一遍",这个过程真令人可怕。有时候他说,我现在无法理解[——],我们必须把它放一放。他常常忘记他 5 分钟之内所写的东西的意思,但不一会儿又记了起来。他故意把有的句子搞得含糊不清,致使它们既包含一种普通意义,又包含一种他所认为的更复杂的意义。

我看得出,他对罗素再版其《数学原理》这件事有点儿看不惯，因为他认为他已向罗素表明，《数学原理》充满错误，新的版本也徒劳无用。这本书必须全部重新改写。四年以前，他与罗素一起度过一个星期。

140 拉姆塞还给奥格登寄了一张明信片：

> 每天下午2点到7点，L. W. 向我讲解他的书。他的讲述非常富有启发；他似乎在享受这个过程，由于我们1个小时才讨论1页，我很可能要在此待上两个星期或者更久。他总是兴致勃勃，尽管他说他的心灵快要枯竭，不会再写任何著作。他在山村小学的教学时间是从8点到12点或1点。维特根斯坦非常穷，似乎过着极为单调的生活，这里只有一个朋友［鲁道夫·科德尔，当时普赫贝格的小学教师，维特根斯坦的终身朋友。——编者］，被他的大多数同事看作有点儿疯疯癫癫。
>
> F. P. R.

"与罗素一起度过一个星期"，指的似乎是1919年12月在海牙的会面（见信件75及注释），这表明他们1922年8月在因斯布鲁克的会面（见信件95的注释）并没有进行严肃的讨论。

100. F. P. 拉姆塞的来信,1923 年 10 月 15 日

三一学院

1923 年 10 月 15 日

亲爱的维特根斯坦:

前几天,我收到普赫贝格一个旅馆的服务生的一封信,里面夹着一张我还未支付的账单(这很难说是我的错,因为旅馆老板的儿子确信我支付了所有账单)。我给他寄了一张支票,可我担心他会在兑现上遇到麻烦。你是否愿意帮我打听一下,看兑现是否顺利,如果不顺利,告诉我困难所在,以便可能的话,我以别的支付途径解决这个问题?很抱歉给你添麻烦,但我认为这也不是太大的麻烦,由于我的支票应该没有问题,这里的银行已经将支票寄出,他也不用久等。

我还没见到凯恩斯,无法向他询问你的学位之事。

我去维也纳的歌剧院观看了《莎乐美》;演出真是精彩绝伦,我对那座歌剧院赞赏有加。我在维也纳逗留 3 天,尽情地观赏图画和建筑物。

我还没有开始研究数,因为我要教一些女学生,一直忙着准备材料。她们假装比我所期望的理解得还多;然而她们是否真能学会,我就不得而知了。

这一次,我随信把我《逻辑哲学论》的另一个副本寄给你。

罗素和他的妻子合著一本书,名叫《工业文明的前景》,他还独自写了一本,书名《原子入门》!

我近来与一个认识冯·施伦克·诺茨男爵的人聊天;他看见

过鬼魂显形的发生过程,给我看他对此拍摄的照片;它们实在不可思议。他非常聪明,已经识破了许多令人眼花缭乱的骗局,但他坚信这些照片是真实的。

恐怕从维也纳到伦敦的票价比我预想的还要贵。我买车票花了 1,940,000 克朗。

我现在还没发现忘掉了你向我讲解的东西。

您永远的
弗兰克·拉姆塞

在这封及下一封信(101)中,维特根斯坦似乎对一两个字或词语划了下划线,以此作为一种备忘。这些段落不曾采用斜体字(见信件 102 的注释)。

学位——显然,维特根斯坦因完成 1913-1914 学年的学习,希望校方授予他学位。见信件 41 及信件 101。

维也纳的歌剧院——维特根斯坦给予高度评价的一座建筑作品。《文化与价值》(《Culture and Value》,G. H. 冯·赖特编,修订本第 2 版,P. 温奇译(Oxford:Blackwell,1980),第 74 页)提到了它的建筑师。在此处,维特根斯坦说,van der Null 是一位糟糕时期的伟大建筑师,因而与良好时期的伟大建筑师面临不同的任务,两者是无可比拟的——实际上,正如我们所应期望的:我们不应该被一般术语(Brgriffswort,就是说"伟大的建筑师")误导。遗憾的是,1980 年版所提供的翻译有点莫名其妙。

我的《逻辑哲学论》的另一个副本——维特根斯坦和拉姆塞对《逻辑哲学论》的文本以及翻译所做的工作,见信件 99 和信件 107。现在邮寄的副本大概是相对于他们修改过的副本的"另一个"副本。

"工业文明的前景"——伯特兰·罗素与多拉·罗素合著的《工业文明的前景》(*The Prospects of Industrial Civilization*)(London：Allen & Unwin, 1923)。

"原子入门"——伯特兰·罗素的《原子入门》(*The ABC of Atoms*)(London：Kegan Paul, Trench, Trubner, 1923)。

施伦克·诺茨——Albert von Schrenck-Notzing(1862 – 1929)是最早用自然科学方法研究鬼魂显形及其它超心理现象的人员之一。20 世纪 20 年代,这些现象在维也纳被热烈讨论过——尤其被维也纳学派成员(见门格尔:《维也纳学派回想录》(*Reminiscences of the Vienna Circle*),第 59 页)以及维特根斯坦的信件中时不时出现的人物所讨论。

他非常聪明——拉姆塞可能指的是跟他聊天的那个人。

101. F. P. 拉姆塞的来信，1923年11月11日

三一学院

1923年11月11日

亲爱的维特根斯坦：

感谢你的来信。

告诉你一个好消息：如果你要来英国一趟，你的费用只需50英镑（= 16,000,000克朗）就足够了。就是这么多，请来吧。我预计你愿意在暑假时候来，我想你说是7月或8月。然而，那段时间的不利因素是，剑桥大学正值假期，这时英国人都去度假了，以至于你要拜访的那些人可能四散各地。我突然想起，如果像你所说有可能的话，你能否在这个学年末离开你所在的学校，那样你或许提前两个月出发，5月和6月到英国，或者待更长些，或者待这几个月的一部分。剑桥大学的夏季学期是从4月22日到6月13日。

我向凯恩斯问过你的学位之事，情况似乎是这样的。由于规章已变，通过学习6个学期并提交一篇论文，不再能获得文学学士。相反，学习3年并提交一篇论文，你倒可以拿一个博士学位。如果你能在这里再待上一年，有可能会把你原来的两年也算上，这样你就可以拿到博士学位。但这只是一种可能性。

我在重建数学方面还没有多大进展；部分原因在于，我一直阅读各种庞杂的东西，一会儿相对论，一会儿康德，还包括弗雷格。我确实赞同，弗雷格真了不起；他在《算术基础》中对无理数理论的批判，读起来真是过瘾。我想读《论H. 舒伯特先生的数》，但是至

今没有找到,除了下面精彩的广告词;我相信你也会喜欢读它。

"Der Verfasser knüpft seine Betrachtungen an die Darstellung, die Herr Schubert in der Encyklopädie der mathematischen Wissenschaften von den Grundlagen der Arithmetik gegeben hat. Er entdeckt darin eine Methode und ein Prinzip, die vielleicht schon früher von anderen Forschern benutzt, aber, wie es scheint, noch nie als solche besonders in Auge gefasst und ausgesprochen worden sind; die Methode, störende Eigenschaften durch Absehen von ihnen zum Verschwinden zu bringen, und das Prinzip der Nicht-unterscheidung des Verschiedenen, wie der Verfasser es nennt, das mit sehr interessanten histrionalen Eigenschaften der Zahlen enge zusammenzuhängen scheint. Indem der Verfasser das Wesen dieser Methode und dieses Prinzips genau in Worte auszusprechen und ihre Tragweite in helles Licht zu setzen sucht, glaubt er den Weg für weiter unabsehbare Fortschritte gebahnt zu haben."

然而,我现在甚是无聊。1月份以来,由于对一位已婚女士产生一段不合适的激情,我的大部分精力已消耗殆尽。这件事导致我罹患心理疾病,到了需要接受心理治疗的程度。要不是两个星期前突然好转,我大概圣诞节会前往维也纳,在那里接受9个月心理治疗。这段时间我已心情舒畅,做了大量的工作。

除了比如与无穷大公理有关的问题外,我认为自己已经解决了关于有限整数的所有难题,但我也可能是错的。然而对我来说,在信里讨论这个问题太不方便,除非我把对这个问题的解释写在纸上,然后寄给你。我希望你在这里;夏天一定要来啊。你注意到没有表达罗素用($\exists x$): $fx.x \neq a$ 所表达的东西而不用=的困难?

我正在阅读《卡拉马佐夫兄弟》,我认为伊凡所描绘的基督与审判者之间的场景太精彩了。

您永远的
F. P. 拉姆塞

奥格登把我发表于《心》的《逻辑哲学论》书评寄给你了吗?如果没有并且你想要的话,我把它寄给你。但是我压根儿写得不好,你要知道我是在见你之前写成的。

《算术基础》中对无理数理论的批判——第2卷,Ⅲ.1§§55-164对无理数证明的批判。部分译文选入《戈特洛布·弗雷格哲学著作译文集》(*Translation from the Philosophical Writings of Gottlob Frege*),P. T. 吉奇和 M. 布莱克编(Oxford: Blackwell, 1952),第159页及以下。

广告词——这再现 G. 弗雷格的《论文集》(*Collected Papers*)序言的某种讽刺意味,B. 麦克奎尼斯编(Oxford: Blackwell, 1984),第249-251页。下面给出了它的中译文(转译自英译)。

我的书评——"《逻辑哲学论》"(批判的评价),《心》32(1923),

第 465—478 页；重印并收录于拉姆塞的《数学的基础》(*The Foundations of Mathematics*)（London：Kegan Paul，1931），但没有收进他后来出版的文集；亦收录于 I. M. Copi 与 R. M. Beard（编）的《关于维特根斯坦的〈逻辑哲学论〉的论文集》(*Essays on Wittgenstein's Tractatus*)（London：Routledge & Kegan Paul，1966）。

弗雷格著作的中译文（转译自英译）

作者的反思的出发点，是舒伯特先生在《数学科学百科全书》中对算术基础所做的阐述。作者发现，有一种方法和一项原则，其他研究者从前也许用过，但似乎从未得到专门研究和充分解释。这是通过忽视各种难以处理的属性而使其消失的方法，这是对差别不加区分的原则（正如作者所称谓的），该原则似乎与数的各种有趣的奇怪的属性紧密地关联着。通过深入揭示这一方法的本质，给这一原则以恰当的表达，以及通过澄清它们的适用范围，他认为自己已经为不可估量的进步铺平了道路。

102. F. P. 拉姆塞的来信，1923 年 12 月 27 日

1923 年 12 月 27 日

亲爱的维特根斯坦：

感谢你的来信；听说你患病并且感到沮丧，我很难过。

首先,这50英镑是凯恩斯给的。他告诉我不要向你直说,因为他担心你宁愿接受陌生人的钱也不愿接受他给的,因为他从未写信给你说过此事。我不明白他为什么不给你写信,也不做说明,只说他在这件事上有些"难言之隐"。他在谈到你时充满爱心并且非常想再见到你。而且,除此之外,如果你愿意来英国,他不愿意你因为缺钱而不能来,他的钱多的是。

我十分理解,你害怕跟别人打交道,但你不必把这事当得太真。我在剑桥大学给你弄到一间宿舍,除了你想见的或觉得能见的人之外,你不必见更多的人。我明白,你与他人住在一块儿或许不方便,因为你难免会接触到这么多人,然而,如果你单独住的话,你就能够逐渐地融入人群。

我不想让你认为,这样安排就是认定你不愿麻烦和打扰任何人,因为我知道我自己十分想见你,但我只想说,假如你确实有这方面担忧,那也好办,你先不跟别人待在一起,先自己单独住宿。

我不知道,用50英镑你能在这里住多久,但我肯定你会住很长时间,值得你来一趟。

我觉得现在读弗雷格的多了;两位伟大的数学家希尔伯特和韦尔都曾写过数学的基础,而且对弗雷格表示敬佩,这表明他们某种程度上对他相当赞赏。不过,随着他所批判的那一代人都已过世,弗雷格自然还会默默无闻下去。

我愚蠢地以为我解决了这些问题。我老是这样以为,可最终发现只是无稽之谈。(摩尔也有这个毛病。)我后面会写信详细说明这个问题,可我担心你会认为我的难题相当愚蠢。对于 $\exists x$:

fx.x $\neq$ a,我不认为存在真正的困难,就是说,它只是对你的同一性理论的一个反对,但我不知道如何去表达它,因为我有一个愚蠢的错觉,即如果 x 和 a 出现在同一个命题,那么 x 就不能取值为 a。认为它不可以这样表述,对此我还有一个理由。从现在开始大约两个星期,我打算对此加以解释,因为这会帮助我把问题搞得更清楚,你也许会认为我是对的,也许会产生兴趣。如果我有什么重要的发现要告诉你,我知道你会充满兴趣,然而我不认为我有。

我已经做了大量尝试,想证明集合论的一个命题,即要么 $2^{\aleph_0} = \aleph_1$ 要么 $2^{\aleph_0} \neq \aleph_1$,没有人知道这个命题,可我还没有取得成功。

我认识了你的外甥斯通巴罗,很喜欢他。

我听说罗素去美国讲学了。

我确实希望你的状况好转一些,别再沮丧和精疲力尽,希望你到英国来。

您永远的

弗兰克·拉姆塞

感谢你给我提供的表达式 fa.$\supset$.($\exists$x, y). fx. Fy;$\sim$fa $\supset$ ($\exists$x)fx。 [146]

在拉姆塞写的这封及下一封信(103)中,下划线(这里用楷体印刷表示)给出的每个标识并不是写信人的强调,毋宁说是收信人的兴趣或赞同。不管怎样,这些标识得到了精确的重现。亦见信件 100 的注解。

"难言之隐"——借以说明凯恩斯不愿回复信件 98,亦见信件

103 和 105。

集合论的一个命题——这个命题（从而也包括其否定命题）1963 年首次由 P. J. 科恩证明不属于集合论（Mengenlehre）公理。

你的外甥斯通巴罗——Thomas S.，后来的 Phil. 博士，维特根斯坦的姐姐玛格丽特的大儿子，当时是三一学院的本科生。拉姆塞也给他写信并解释了凯恩斯的打算，以便时机成熟的话，他把这些情况告知他的舅舅。

罗素去美国讲学——该计划原定于 1924 年 1 月和 2 月，但因罗素生病而被推迟，事实上他于 1924 年 4 月 1 日才抵达美国，并做了长达 9 个星期的普及讲座。罗素欣然承认，这次访美的第一个系列讲座，目的是赚钱供养他的家庭和（后来）维特他的学校：见罗纳德·克拉克《伯特兰·罗素生平》，第 415 页，亦见罗素《自传》，第 2 卷，第 152 页及以下。

表达式 fa……——在一篇未发表的论"同一性"的文章中，拉姆塞用这个表达式（仅仅改变了主要合取项的次序）来说维特根斯坦的记法（即，不是根据同一性而是根据约定来防止不同的自由变量获取同样的值）中所说的《数学原理》中的记法"$(\exists x): x \neq a . fx$"（大概是说：并非 a 拥有 f）所说的。拉姆塞在信件 101 中所提到的那个问题给出了这个转换。

1924

103. F. P. 拉姆塞的来信，1924 年 2 月 20 日

三一学院

1924 年 2 月 20 日

我亲爱的维特根斯坦：

感谢你的来信；我认为你也许会同意如下做法，我不再想让你这个夏天来这里，因为我打算去维也纳，在那里待上一段时间，或许整个夏天！我无法准确告诉你何时出发或者待多久，但很有可能是下个月，所以我现在期待着不久就能见到你。

这件事出于各种原因：我打算在剑桥永久定居，由于我一直在这儿待着，就想先离开一段时间，现在刚好有离开六个月的机会。而如果我住在维也纳，我就可以学习德语，能够经常看到你，(除非你不同意)跟你一起讨论我的工作，这对我来说大有裨益。此外，我一直也非常沮丧乃至很难工作，并且患有与弗洛伊德所描述的某些疾病非常相似的症状，因此我可能尝试接受精神分析治疗，为此维也纳非常方便，这使我能在那里待上整整六个月。然而，我担心你不会同意我这么做。

凯恩斯仍然想给你写信；那真是一个老毛病——他的拖延症；

可他的病没有(不像我)严重到需要弗洛伊德去治疗的程度！他非常希望你能来看他。

我好久都没见到约翰逊了，可我不久要跟他的妹妹一块喝茶。如果他生病了，我会把你的问候亲自转达给他(上次我到他那里，他就病着)。他的《逻辑》一书的第三部分快要出版了。这部分处理的是因果关系。

你跟周围的人较劲而把自己弄得筋疲力尽，我感到很难过；跟其他教师相处肯定是一件难事。你还住在普赫贝格吗？上次我见你的时候，你说如果处境太困难，你可能离开那里，去当一名园艺师。

我无法谈我的工作，我一直为之努力的观点还十分含糊，而且我也马上见到你了。不管怎么说，我完成的工作很少，除了我认为在细节方面对有些矛盾式给予了恰当的解决，这些矛盾式导致罗素的类型论不必要地复杂化，使他诉诸于可归约性公理。几个星期前，我看望了罗素，现在正阅读他要增添到《数学原理》中的新材料的手稿。你的说法是对的，他这样做没有多少意义；在不使用可归约性公理的情况下，这样做实质上只相当于一个巧妙的数学归纳法证明。没有根本性的改变，同一性问题依然如故。我感觉他年龄太大：他似乎理解了每个单独的问题并且说"是的"，但没有留下什么印象，以至于3分钟之后他还在旧思路上。对于你的所有工作，他现在好像只接受这样一点：把一个形容词放在他的类型论起帮助作用的一个实词位置上，这种做法简直胡扯。

他还愤然否定自己曾经说过的话，即模糊性是物理世界的一大特性。

他现在有两个孩子,非常疼爱他们。我非常喜欢他。他不认为《意义的意义》这本书真的重要,但还是帮助奥格登尽力推销。[148]他给该书写了书评,你能看到他在其中引用了一期政治周刊的话。

前些日子,我和摩尔进行了一次充分讨论,他对你工作的领会程度超过了我原来的期待。

很遗憾,我在数学基础方面的功底不是很强;我已经有些想法,但它们还不十分成熟。

我希望你一切安好,在当前环境下尽可能保持快乐。也许马上就要见到你,这真是我莫大的福分。

您永远的

弗兰克·拉姆塞

正如这里所声明的,拉姆塞实际上的确在1924年3月春季学期结束后前往维也纳。他按时返回剑桥,秋季学期开始时接受了国王学院讲师和研究员的职位。他大部分时间待在维也纳,在那里接受精神分析治疗。他定期到维特根斯坦的姐姐玛格丽特·斯通巴罗家去吃饭。我们有证据表明,他对维特根斯坦本人共拜访四次(其中有一次不成功):3月、5月和7月这三次在普赫贝格,一次在奥特塔尔,恰在返回英国之前的9月底,第三次和最后一次是在维特根斯坦担任小学教师的下奥地利的小山村。第一次会见在他到达之后的一个星期内,他写信告诉他母亲如下(1924年3月30日的信):

上周末,我在普赫贝格待一晚。我感觉维特根斯坦有些疲倦,尽管没有生病;然而,我跟他再怎么认真地谈论工作都没用,他听不进去。假如你提一个问题,他不肯听你的答案,而是开始自己去思考一个答案。对他来说,这是如此艰难的工作,如同正把某个过重的东西往山上推。

关于这封信的下划线部分(楷体字),见信件102的注释。

104. F. P. 拉姆塞致 J. M. 凯恩斯的信,1924年3月24日

奥地利

图尔27号

马勒大街7号

维也纳1号

24年3月24日

亲爱的梅纳德:

维特根斯坦在普赫贝格的住址是正确的。我昨天看望了他,他非常高兴得到您的书,并向您表达问候。

他还让我给您写信,问及他前往英国的可能性,因为他担心用英语无法充分地表达自己,如果用德语写信的话,您又可能看不懂。我认为他能把自己的事情说清楚,但这当然要费些劲,于是我说可以帮他试一试。他将事情告诉过理查德,但又担心理查德不能如实地传达他的意思。

他已明确决定,不打算去剑桥了。7月和8月几乎是他一年

中唯一的假期,他一般几乎独自待在维也纳做思考。相比剑桥,他更喜欢维也纳,除非他有特殊的原因前往剑桥,也就是去拜访一些人。他到英国想见的人倒是不多:罗素,他不再交谈;摩尔,他有过误会;真的只剩下您和哈代,约翰逊也许他只是想见见,但他们俩显然无法相处。10月份之前我不打算返回英国。

他认为,前往剑桥仅仅去喝茶或者跟人见面,不但不值得,而且肯定没什么好处,因为这类交流没有增添任何其它益处,只不过分散他的思考而已。因为他觉得,他无法与人好好接触,甚至包括他十分喜欢的您,所以只有双方都做些努力的情况下,他才愿意去见见他们。

总归到一点:尽管他愿意跟您待在乡下,以及再次跟您保持亲密关系,但他不会只是为了度过一段快乐时光而来英国,因为他觉得这徒劳无益,也无乐趣可言。

我认为他这样想是对的,但对此我却感到遗憾,因为假如他能远离当下的环境,也不搞得那么累,而且假如我再鼓励一下他,他会做一些更有益的工作;他可能会奔着这个目标而来英国。然而,他在这里搞教学,我不认为他能做什么事,他的思考是如此令人恐怖的爬坡工作,好像他都要筋疲力尽了。如果这个暑假我一直待在这里,我会试图鼓励他。

所以,我担心他今年不会去英国,我也无法说动他去,除非您愿意邀请他跟您待在乡下,那样的话他才肯去。(他突然意识到,这才是他想做的事情;我可没建议他这样做。)

我希望我已经明确表达了他的想法,这跟我所预期的恰恰相反。当他写信说,他害怕与任何人相处,因为他发现与人相处是一件难事且十分无趣时,我马上想到他可能无论如何喜欢独自生活,偶尔才去见见人。他之所以不去英国，因为他认为他不会理解所见到的人，这些人也无法马上或根本就不会理解他，除非他经常与这些人见面，就像他跟这些人一直相处一样。话又说回来，即便这是一次彻底失败的机会，如果您邀请他跟您待在一起，我想他已经认定，还是值得去英国一试。

令我担心的是，我认为您会觉得这事难办，让您筋疲力尽。即使我非常喜欢他，我怀疑我能让他高兴的时间也不超过一两天，除非我对他的工作怀有巨大的兴趣，我们的交谈才有足够的保障。

然而，如果您真的能让他来见您，我会很高兴，因为这才有可能使他从低谷中走出来。

您永远的

弗兰克·拉姆塞

理查德——R. B. 布雷斯威特（见信件92）。

105. J. M. 凯恩斯的来信，1924年3月29日

布鲁姆斯伯里

戈登广场46号

1924年3月29日

我亲爱的维特根斯坦：

整整一年过去了，我都不曾回复你的信。事已至此，我深感自

责。然而这不是因为对你顾念不够,对你缺乏感情,因而现在才想重续友谊。其中的缘由是,在我写信给你之前,我想彻底理解你的著作;然而,我现在的心思已经远离那些根本问题,对我来说就没有可能把这类事情再搞清楚了。我仍然不知道对你的书应该说些什么,除了我确实觉得它是一本极其重要且充满天赋的书。无论如何,自从这本书完成以来,它就主宰着剑桥所有的根本讨论。

我已经把战争以来所写的各种各样的书用另一个包裹寄给你。《概率论》我在战前已经写完,——我担心你不喜欢它。还有两本半经济半政治性的论**和平条约**的书,一本论**货币改革**的书(这是我当下正极力思考的问题)。

我非常想再次见到你并跟你交谈。不知你是否有机会来英国访问一次?

您忠实的和挚爱的

J. M. 凯恩斯

你可能喜欢看到附件中纪念宾森特的文章。

我会尽我之力做一些事情,以方便你从事进一步的工作。

各种各样的书——关于《概率论》,见信件 58 和 60 的评论。其它的书是:《和约的经济后果》(1919 年,见信件 106)、《论凡尔赛和约的修正》(1922 年)以及《论货币改革》(1923 年)。

纪念宾森特——现在仍不明白指的是什么。在牛津附近的甘桑福德教堂,立着宾森特和他哥哥的一块石碑,他母亲曾住在这里，但剑桥的朋友们不可能跟这些事有关。

106. 致 J. M. 凯恩斯，1924 年 7 月 4 日

施内贝格山麓，普赫贝格
24 年 7 月 4 日

我亲爱的凯恩斯：

好生感谢您寄给我的书以及写于 3 月 29 日的信。我一直拖延这么久才给您回信，是因为我不能决定是用英语还是用德语。德语对我来说轻而易举，但对您来说却困难重重。相反，如果我用英语去写，我担心整个事情到最后会变得令**我**绝望。要不然您可能找一个人把德语信翻译给您。假如我说出了我要说的话，我开始用英语。

Also: Zuerst möchte ich Ihnen noch einmal für die Bücher und Ihren lieben Brief danken. Da ich sehr beschäftigt bin und mein Gehirn für alles Wissenschaftliche ganz unaufnahmsfähig ist, so habe ich nur in *einem* der Bücher gelesen ("The economic consequences [of the peace]"). Es hat mich sehr interessiert, obwohl ich von dem Gegenstand natürlich so gut wie nichts verstehe. Sie schreiben, ob Sie etwas tun könnten, um mir wieder wissenschaftliches Arbeiten zu ermöglichen: Nein, in dieser Sache läßt sich nichts machen; denn ich habe selbst keinen starken inneren Trieb mehr zu solcher Beschäftigung. Alles was ich wirklich sagen mußte, habe ich gesagt und damit ist die Quelle vertrocknet. Das klingt sonderbar, aber es ist so. – Gerne, *sehr* gerne möchte ich Sie wiedersehen; und ich weiß, daß Sie so gut waren, mir Geld für einen Aufenthalt in England zuzusichern. Wenn ich aber denke, daß ich von Ihrer Güte nun wirklich Gebrauch machen soll, so kommen mir allerlei Bedenken: Was soll ich in England tun? Soll ich nur kommen um Sie zu sehen und mich auf alle mögliche Weise zu zerstreuen? 我的意思是,我只要来了就是好事情吗? 现在,我根本不认为这不是一件值得去做的好事——仅当我能够**真正**感觉到美好——或者度过一段美好时光——如果真的是一段**非常**美好的时光的话。

但是,如果每隔一天左右就待在屋子与您喝茶,这样并不十分惬意。不过,为了换取这点小小的惬意,我得付出巨大的损失,眼看着我那短暂的假期像幽灵那样慢慢地消逝,而没有从中得到一丁点好处——我指的不是钱——或者没有获得任何满足。当然,相比我独自一人待在维也纳,跟您待在剑桥要惬意得多。然而,在维也纳我还可以整理一下我的思绪,尽管我的思绪不值得去整理,但总比完全心烦意乱要好一些。

如今,比起每隔一天喝一杯茶来说,我可以从您身上获得更多教益,这似乎并非不可能。也就是说,我能够在聆听您以及跟您交谈的过程中获益,在这种情况下,我才值得去一趟。然而,我还是感觉到诸多不便:我们已经十一年没有见面。我不知道您在这段时间是否已有变化,但我无疑变化巨大。我可以遗憾地说,我并没有比从前变得更好,然而我已有所不同。因此,当我们面面相觑时,您会发现前来看望您的这个人并不是您真心想邀请的那个人。毫无疑问,即便我们能够彼此相互理解,一两席谈话也无法使这个目的得到满足,那么我们见面的结果将使您觉得失望和厌烦,同样也将使我感到厌烦和绝望。——如果我去英国有什么具体的事要做,不管是扫大街还是帮人擦靴子,我都会兴致勃勃地前往,那么美好时光也会随之而来。

关于这个话题我还有许多话要说,然而无论用英语还是用德语,这对我来说都太困难而无法表达。我还是就此打住吧。我想当我写这封信时,我应当用德语把它全部写完。不过,极为充分的理由在于,对我来说,用蹩脚的英语给您写信比使用流利的德语更自然一些。

    致以衷心的问候!您永远的
        路德维希·维特根斯坦
附言:如果您见到约翰逊,请代我向他问好。

我们拥有的另一份草稿与所寄的信一致,维特根斯坦在上面写道:

  您或许找不到任何人翻译我的信。然而现在,我想我毕竟应该尝试用英语来写。好吧:在这个夏天您邀请我前往英国,确实是善意之举。如今,关于这事确凿无疑的是:1)我非常想再次见到您。话又说回来,2)我担心我会令您失望,因为自从我们上次见面以来,我的变化的确很大。尤其是我再也没有能力去做任何好的……

在信纸的末尾,正如我们所看到的,草稿在这里损毁了。上面的这点文本是根据凯恩斯实际收到的那封信打印出来的。

德语部分的中译文(转译自英译)

因此:首先,我想再次感谢您送我的书以及您的热情来信。由于我非常忙碌,而且大脑也跟不上任何具有科学特征的东西,我只阅读了其中一本书的一部分(《和约的经济后果》)。我对此十分感兴趣,尽管我当然实际上不大懂所涉及的主题。您在信中问及,您是否可以尽一切可能来帮我重返科学工作。答案是,不:这方面不会再有任何帮助,因为我自己不再有任何强大的内驱力去从事这类活动。所有我真正不得不说的,我已经说了,因而泉水已经干涸了。这话听起来奇怪,但事实确实如此。——我非常想再次见到您,我知道您一直愿意出钱以保证我去一趟英国。可是,当我想到我真的要接纳您的好意时,各种各样的担忧便涌上心头;我去英国要干什么呢?难道仅仅是为了见您,并从各个方面取乐自己吗?

107. F. P. 拉姆塞的来信,1924年9月15日

马勒大街7/27号
维也纳1区
1924年9月15日

亲爱的维特根斯坦:

我想知道,如果我下个周末即20日去普赫贝格拜访你,你是否方便。你是觉得被打扰或是很乐意见我,就请直说。我不打算跟你讨论数学,因为我近来并没有做多少努力。

我收到奥格登的一封信,内有一位美国商人给你的一份很长的附件,后者自以为是地认为你的书还不错,把自己的有关材料寄给你。这些材料我要么带给你,要么寄给你。信里再没有其它东西。

奥格登还要我征求你的意见,如果可能的话,万一你的书再版,我在这儿做一些修正。(这并非真的可能。)我已经在我的副本上针对我们的翻译以及你用英语写的4个另外命题做了许多修正。显然,我认为对译文所做的修正应当纳入新的版本,唯一不放心的是那些另外命题;你或许还有别的地方需要修改。然而,也不值得为此招惹那么多麻烦,因为第二版尚不可能。我认为,奥格登是为了将来省得跟我们继续联系,如今才这么说。

我10月3号才离开这里。我不知道上次见你的时候是否知道或是否告诉你,下一学期开始,我将被国王学院聘为研究员和数学讲师。

您永远的
弗兰克·拉姆塞

普赫贝格——在这个新的学年,维特根斯坦实际上已迁往奥特塔尔。

另外命题……修正——前者实际上已经全部被插进第二版(1933年),后者则没有:关于这两者见信件99的注释中所引的C.莱维的论文。

一位美国商人——情况不详。

108. J. M. 凯恩斯的来信,1924年12月27日

> 布鲁姆斯伯里
> 戈登广场46号
> 24年12月27日

我亲爱的维特根斯坦:

我很高兴收到你7月份的来信,虽然非常遗憾你未能到这里来,但我同意你的理由,——我认为你所说的理由有道理。对于你我来说,只是在剑桥临时见面,这的确没有多大益处。除非我们都想要,否则在那种情况下我们的交谈就没有必要,这才是令我们满意的解决途径;例如,如果当我工作的时候(我通常在8月和9月会租一幢房子),你跟我待在乡下。那样或许你也能工作,——并

且无论怎样不干扰任何人,只不过你可能感到一点儿烦闷而已。或许在这种情况下,你某个时候会到这里来?

您永远的(饱含深情的)

J. M. 凯恩斯

1925

109. 致 J. M. 凯恩斯，1925 年 7 月 8 日

25 年 7 月 8 日

亲爱的凯恩斯：

几周前，曼彻斯特的一位朋友来信，邀请我假期与他共度一段时光。我尚未确定是否去，如果我去那里能同时见到您（大约 8 月中旬），我倒倾向于去。请**坦率地**告诉我，您是否有一丁点儿愿望见我。即便您回答没有，我也不会怪罪。请尽快回复我，因为我的假期很短，没有足够的时间来安排旅行。

您永远的

路德维希·维特根斯坦

我的地址是：

维也纳 5 区，科里胡波尔街 25 号
亨泽尔博士转 L. W.

曼彻斯特的一位朋友——W. 艾克尔斯（见信件 33）：维特根斯坦 1925 年 5 月 7 日曾写信给他建议做一次访问（见《书信选》，

第 4 卷:第 175 封)。

110. 致 J. M. 凯恩斯,[1925 年 7 月或 8 月]

亲爱的凯恩斯:

非常感谢您的来信。我将于 16 日晚间 10 点 40 分到达伦敦(经由布伦-福克斯顿)。请允许我在伦敦拜见您,因为眼下我不大喜欢独自在英国旅行。如果您能给我本次旅行寄些费用,我将十分欣慰。我实在无法想象我们的相遇会是什么样子。那简直像在梦里。

您永远的
路德维希·维特根斯坦

111. 致 J. M. 凯恩斯,1925 年 8 月 7 日

25 年 8 月 7 日

亲爱的凯恩斯:

十分感谢您的来信和 10 英镑。如您所建议,我将经由迪耶

普-纽黑文旅行,午夜乘轮船离开迪耶普,18日星期二早上到达纽黑文。

再见!

您永远的

路德维希·维特根斯坦

到达纽黑文(位于萨塞克斯)使维特根斯坦能直接(或者更便于接站而一同)前往凯恩斯和他的新婚妻子莉迪亚·洛普科娃附近的住处。当天晚些时候,拉姆塞也赶到这里。维特根斯坦接着前往曼彻斯特访问W.艾可尔斯,前往剑桥看望W.E.约翰逊,他非常喜欢后者。约翰逊8月24日给凯恩斯写信说道:"告诉维特根斯坦,我非常乐意再见到他;但我必须声明我们别讨论逻辑基础了,因为我不再能同他并驾齐驱。"

112. 致J. M. 凯恩斯,1925年10月18日

25年10月18日

我亲爱的凯恩斯:

非常感谢您的来信!我仍当老师,目前尚不缺钱。我已决定继续当老师,只要我觉得所遇到的麻烦也许对我来说还有好处。如果你牙疼,用热水瓶敷在脸上是个好办法,不过仅当水瓶的热度烫疼你以后此法才能有效。一旦发觉瓶子不再给我特殊的疼感以减轻牙疼,我就会扔了它。就是说,如果这儿的人们不把我赶走的话。如果离开教职,我可能去英国找个工作,因为我确信在自己的

国家找不到什么合适的事儿。到那时我会需要您的帮助。

　　请向您的夫人问好！

您永远的

路德维希

如果您见到约翰逊，请代我表达敬意。

　　该信反映维特根斯坦作为小学教师的生活困难。最终，在卷入所谓体罚一名学生的严重危机后，他于1926年4月底辞去教职，再未返回小学教学。

1927

113.致 F. P. 拉姆塞,1927 年 7 月 2 日

1927 年 7 月 2 日于维也纳

亲爱的拉姆塞先生:

　　石里克教授将你的著作《数学基础》借给我,要我告诉他对此书的看法。由于我不同意你的主要观点之一,所以我告诉了石里克教授我的反对意见,而且觉得应该让你也知道这些意见;因为我确信你应该将你对我批评的回答写信告诉石里克教授。我现在来解释我的观点。

你定义 x = y,设

$$(\varphi_\varepsilon): \varphi_\varepsilon x = \varphi_\varepsilon y-----------Q(x,y)$$

你以如下方式证明这一定义:设"x"和"y"意义相同时,$Q(x,y)$ 为重言式,而它们意义不同时,$Q(x,y)$ 为矛盾式。

　　我尽力向你表明这一定义无效,而且想使 x = y 为重言式或矛盾式的任何其它定义也无效。

　　显然,$Q(x,y)$ 是一个逻辑积。令"a"和"b"为有着不同意义的两个名称。然后在我们得到的积中将出现如下的积:$f(a)$ 意指 p,$f(b)$ 意指 ~p。让我称这样的函数为临界函数 f_k。现在尽管我

们知道"a"和"b"有不同意义,我们仍然说,如果 a ≠ b 有意义的话,a = b 不可能没有意义。因为如果 a = b 无意义,那么否定命题即它们有相同的意义也没有意义,因为无意义的否定仍然无意义。现在让我们错误地假设 a = b,那么通过将逻辑积中的 a 替换为 b★,临界函数 $f_k(a)$ 变得无意义(变得模棱两可),整个积也变得无意义。另一方面,让"c"和"d"为有同样意义的两个名称,那么 Q(c, d) 变成重言式也是真的。但是,现在(错误地)设 c ≠ d,Q(c, d) 仍是重言式,因为在我们的积中没有临界函数。即使可以设定(其实不可)c = d,也肯定不可设定存在着临界函数 f_k(如此 f_k 意指 p[,]f_k(d) 意指 ～p),因为这种情况下 f_k 变得没有意义。所以,如果 x = y 是重言式或矛盾式,并由 Q(x, y) 正确地定义,那么 Q(a, b) 便不可能是矛盾式,而是无意义的(因为这一设定使临界函数无意义,假如它是使"a"和"b"具有同样意义的设定的话)。因而～Q(a, b) 也是无意义的,因为无意义的否定依旧无意义。

对于 c 和 d 的情况,Q(c, d) 仍为重言式,即便 c 和 d 被设定为不同(因为在这情况中临界函数甚至不能被设定为存在)。

我的结论是:Q(x, y) 是非常有趣的函数,但不能代之以 x = y。

当你试图说"有一个体"时,这一错误在其后承中变得更为明显。你知道如下事实,即没有个体这一假定使

$$(\exists x). x = x \quad E$$

"绝对无意义"。但是,即使 E 可以说"有一个体",～E 也说:"没

有个体"。因此，从～E得知E是无意义的。因而～E本身必定无意义，而E也一定如此。

该情况跟以前一样。按照你对符号"="的定义，E可能真是重言式，但没有说"有一个体"。也许你会回答：它当然没说"有一个体"，但是当我们说"有一个体"时，它显示我们所实际意味的。然而这不是由E显示，而是径直由符号(∃x)……的合理使用显示，因而也恰好（而且同样强烈地）由表达式～(∃x). x = x显示。这当然同样适应于你的表达式"至少有两个个体"等等。

这就是我所要说的。我的反对意见如此简单，以至于我自己很难相信你不曾注意到，你自己会反驳这些困难。不过，我仍禁不住地觉得它们真是困难。

您诚挚的

L.维特根斯坦

★如果我们已给出 a = b 恰当的含义，它必定合理。

该信的首尾两段由维特根斯坦手写，其余为打印稿，附有维特根斯坦的一些替代手稿。赫伯特·费格尔晚年回忆，有一次在他的住处，卡尔纳普为维特根斯坦打印了一封信，很可能就是这封信。在弗里德里希·魏斯曼的文章中，有该打印部分的一个抄件，当然未经修改。它印在F.魏斯曼的《维特根斯坦与维也纳学派》里，B. F. 麦克奎尼斯编，并与J. 舒尔特翻译（Oxford：Blackwell, 1978），第189页及以下。这封信的冷淡（称拉姆塞"先生"，并建议回复最好寄往石里克而不是维特根斯坦本人）可从拉姆塞

的回复事实上寄给石里克(1927年7月22日;亦见信件114的评论)得到最好的解释。下面是相关的段落:

> 我日前收到维特根斯坦先生批评我的文章"数学的基础"的信,并建议我不是回复他而是回复您。我也许该解释一下您从他那里可能未曾获知的事情,上次相见时我们未能友好地道别,至少我觉得他很生我的气(跟逻辑无关的原因),以至于我甚至都不敢冒险把我的论文寄一份给他。我现在非常希望是我夸大了这点,而他或许正乐于讨论我想征询他的各种问题。但从他来信的口气和没有附上地址的事实看,我还是有些怀疑。

石里克教授——Moritz Schlick(1882–1936),维也纳学派的中心和首领,几乎和凯恩斯一样早就竭力将维特根斯坦引回哲学。其中之一是他将后者介绍给这里提到的小组。他既受到维特根斯坦的很多影响,也得到维特根斯坦的很高赞誉。

你的著作——实际上是以此为题的一篇文章,载于《伦敦数学学会公报》,系列 2,125:5(1925),第 338–384 页;后重印于拉姆塞的遗作《数学的基础》(1931)、《基础》(1978)和现在的《哲学文集》(1990),受到批评的段落分别出现在第 53、204 和 216 页。

114. F. P. 拉姆塞的来信,[1927年7-8月]

剑桥

国王学院

亲爱的维特根斯坦：

非常感谢你寄我你对我论文的批评意见。我希望你别介意我既回答你也回答石里克教授,因为我担心(从他包含某些严重错误的 *Allgemeine Erkenntnislehre* 一书来看)(但他也许已经改正)他不知道我的回答是否正确。很抱歉此前我未自己寄你我的论文,但我没这样做是因为我们在凯恩斯那里时你如此生我的气,我不认为你会对我的文章感兴趣。

如你做的,令 $\varphi_\varepsilon : \varphi_\varepsilon x \equiv \varphi_\varepsilon y,$ $Q(x, y)$

我说(1)每当"x"、"y"有相同意义时,Q(x, y)为重言式,当它们有不同意义时,Q(x, y)为矛盾式。

(2)因此我们可以定义 x = y . = . Q(x, y)　　　Df.

现在我猜测你并不辩驳(i);(或者你会?)但会说承认(i)定义是错的。如果你这样做,你的意思是 Q(x, y)并不说 x 和 y 是相等的,我完全同意。我所主张的是,在一般命题中用 x = y 代替 Q(x, y),其中 x = y 是广义函数的一部分(用罗素的记法),将使整个命题有正确的含义。

于是在我的文章第 351-352 页的例子中

$$(\exists m, n) : \hat{x}(\varphi x) \in m . \hat{x}(\psi x) \in n . m^2 = n^2 + 2$$

如果我们把 $m^2 = n^2 + 2$ 换成

$$Q(m^2 = n^2 + 2)$$

我们将获得整个命题的正确意义,或者(一个更简单的例子)

$$(\exists x) : fx . x \neq a$$

跟 $(\exists x) : fx . \sim Q(x, a)$ 有同样的意谓。

所以 $Q(x, a) . \lor . Q(x, b)$ 也定义一个类,其成员只有 a 和 b [,]正如 $x = a . \lor . x = b$ 被罗素所用。

如果你承认 $Q(x, y)$ 为合理的符号,在我看来这便没有什么问题。

我也同意你就 $(\exists x) . x = x$ 所说的,但是你就 $(\exists x, y) : x \neq y$ 等所说的我并不认为那么清楚,因为如果我们采用"x"、"y"取相同值的约定,那么"$\exists x, y$"的合理使用便成为可能,即便只有一个个体,只有一个个体和有一个以上个体之间的差别似乎也并不显示于 $(\exists x, y) : \sim Q(x, y)$ 是矛盾式还是重言式。

我料想你会说那是相当愚蠢的,因为我们必须采用你的约定,不写为

$$(\exists x, y)：\sim Q(x, y)$$

而是写为　$(\exists x, y)：\sim Q(x, y)：\sim(\exists x).\sim Q(x, y)$

有一个以上个[体]会显示于任何含义上$(\exists x, y)$的合理使用。

[删除：]但其它约定在我看来跟你的一样有效。

[在此之后草稿中断]

这是回复信件 113 的两个草稿的后一个。似乎拉姆塞实际上并未寄出(见信件 113 的评论)，而是写信给石里克，后者在 1927 年 8 月 15 日给维特根斯坦的一封信中告知了该答复。拉姆塞信件的哲学部分(相信由石里克转达)印于《维特根斯坦与维也纳学派》第 189-191 页，与维特根斯坦后来就他和拉姆塞的这一争论所做的评论(1931 年 12 月 9 日)放在一起。拉姆塞致石里克的信存于哈勒姆的维也纳学派档案馆。拉姆塞致维特根斯坦信件的两份草稿都印于 F. P. 拉姆塞的《关于哲学、概率和数学的笔记》，Maria Carla Galavotti 编(Naples：Bibliopolis，1991)，第 341 页及以下。

Allgemeine Erkenntnislehre——M. 石里克的《普通认识论》，两卷本(Berlin：Springer，1918，1925)；英译本为 *The General Theory of Knowledge* (Vienna and New York：Springer，1974)。

跟(∃x)：fx. ～Q(x，a)有同样的意谓——"数学的基础"，《伦敦数学学会公报》，系列2,125:5(1925)，第351-352页；分别重印于拉姆塞《数学基础》(1931)、《基础》(1978)和《哲学文集》(1990)第19、170、180页(见信件113的评论)。

被罗素所用——即被用于定义所说的类。

115. 致J. M. 凯恩斯，[1927年夏]

维也纳3区
公园路18号

我亲爱的凯恩斯：

您已经几年没听到我的消息了。甚至对于大约一年半前您寄我的你的关于俄罗斯的小书，我都未表达谢意。我不打算解释我长段的沉寂：原因有多种。我碰到一大堆麻烦事，一个接一个使我迟迟没有写信，直到它们要全部消失。我现在抽出一小段假期避开这些麻烦，正是给您写信的好时机。我已放弃教学很久了(约14个月)★，已在做建筑，正在建维也纳的房子。这给我带来一堆麻烦，我甚至不知道自己是否会弄得乱七八糟。但我相信房子11月左右会完工，然后我会到英国旅行一趟，如果那儿有人还在意见我的话。我也很想拜见您，同时向您请教。关于您的书，我忘了说喜欢它。它证明您可真是见多识广。

请代我向您的夫人问好！

您永远的

路德维希

★我再也无法忍受热水瓶了。

关于俄罗斯的小书——《俄罗斯浅论》(*A Short View of Russia*)，1925 年 12 月由 Hogarth Press 出版。其中赢得维特根斯坦下面的好评的很可能是这样一个观点：苏维埃共产主义由于其所有可憎的缺陷而"可能展示一种伟大宗教的初步萌芽"。

维也纳的房子——这是维特根斯坦给他的姐姐玛格丽特·斯通巴罗所建的房子（公园路 18 号或昆德曼街 19 号）。许多著作和小册子都描述和说了这事，描述得最详细的要数 Paul Wijdeveld 的《路德维希·维特根斯坦：建筑学家》(London and New York：Thames & Hudson，1994)。

热水瓶——见信件 112。

1928

116. 致 J. M. 凯恩斯,[1928]

维也纳 3 区
昆德曼街 19 号

我亲爱的凯恩斯:

我刚刚完工了房子,它让我整整忙活了最近两年的时间。我现在将有一段假期,自然想尽快再见到您。问题是,您是否在乎见我。如果在乎,告我一声。我会在 12 月初到英国,但无法更早,因为我必须首先把我骨骼的一些地方治疗一下。附寄几张房子的照片,希望您别太讨厌它的简朴。

您永远的
路德维希

尽快回信!

我骨骼的一些地方——尚不清楚这话指的是哪种疾患。

1929

117. 致 F. P. 拉姆塞，[1929 年初]

亲爱的拉姆塞：

　　我昨天见到布雷斯威特，问他布罗德博士到底怎么给他说的，而且今早我去见了普里斯特利先生。他说，他不记得曾向你谈到我的学位论文，即便他谈过，他也不可能肯定地说该书可算作学位论文，因为他只是审查委员会的秘书，这事可轮不到他决定。但是他认为，这事在审查委员会的会议上不会有什么困难，如果道德科学董事会提交的报告有利的话。无论如何，他很乐意向索利和委员会当局提及此事，有什么需要我做的会及时告知。所以，我相信这事现在八九不离十，也不再担心了。

　　对我来说远为重要而且对于周六晚上曾同样重要的事情是，我依然无法理解你在这事上的做法，就是说我现在无法理解，作为我的导师甚至——我曾认为——某种程度上一直对我非常友好的朋友，你竟然对我是否能获得学位并不怎么关心。以至于你都没有想着告诉布雷斯威特，你曾告诉我我的书可以算作学位论文。（我事后想起，有一天我曾在大厅向你说起这事，你说"现在再写一篇论文那太荒谬了"。）——现在该知道我为什么要写信给你谈这些了吧。我不是在谴责你,也不是对此大做文章,而是要解释我为什么周六恼火而未能跟你共进晚餐。陷入我这样处境的人,总是难以明白他无法依赖他想依赖的人。这很大程度上无疑由于国籍的不同:一种说法似乎对我有所意味,而不会对你有所意味。如果你曾在外国人中间生活一段时间并依赖于他们的话,你就会理解我的难处。

您的
路德维希

附言:看到学院账单,我发现给你错说了我的费用;我想它们总数只有 59 英镑,而不是 70 或 80 英镑。

布雷斯威特——见信件 92。这时布雷斯威特是道德科学学院董事会的秘书。

布罗德——C. D. Broad(1887–1971),当时是大学讲师,后来成为剑桥道德哲学的骑士桥教授。

普里斯特利——Raymond Edward Priestley(1887–1974),后来成为雷蒙德爵士,当时是负责研究生的行政人员。后来为维特根斯坦的亲密朋友。他 1935 年离开剑桥,先后担任墨尔本大学和伯明翰大学副校长。他训练为地理学家,曾参加 Ernest Shackleton 爵士(1907—1909)和 R. F. Scott 船长(1911–1912)的南极考察。

该书——这涉及的是维特根斯坦的《逻辑哲学论》是否能被接受为剑桥大学博士学位的学位论文。在该事件中,它被接受为学位论文,因而维特根斯坦获得博士学位。

索利——W. R. Sorley(1855-1935)当时是道德科学骑士桥教授。

118. F. P. 拉姆塞的来信,[1929年春]

亲爱的路德维希:

我真觉得你的学位没什么问题,你不必担心。

至于该事中我这一方面,你说我不够可靠使我颇为痛心,因为我真的不认为我做了什么让你失望的事或没做什么事而让你失望,我觉得我们之间一定有某种误解。

直到最近跟布雷斯威特的交谈,我都确信你的书可算作学位论文,你会据此获得学位。我以前也跟摩尔和布雷斯威特谈过这事,这事谅必如此,我觉得他们也这样认为,只涉及前言要不要算作概要的细节问题。这一确信基于最初与普里斯特利的交谈,在我看来这一交谈有决定性,因为尽管他无权约束董事会,但我不认为他对这事的看法有什么值得怀疑的。

如我所言,我对这事毫不怀疑,直到布雷斯威特告诉我布罗德有所置疑并要考虑一下。我没把这置疑太当回事，因为布罗德很可能改变其看法，尽管他也许带有一丝恶意，这类恶意常常促使人们说一些不愉快的话，但它们从未被付诸行动。我也没觉得能帮上什么忙；我对布罗德没有熟悉到足以跟他充分地谈论这事，如果他那方面真有什么恶意的话；一旦这事提交到道德科学董事会，我知道无论如何摩尔会为你尽一切可能的。

我对布雷斯威特究竟怎么说我已不记得，跟普里斯特利的交谈，我抱歉还真没印象。尽管是我最早提议该书可作学位论文，但我那会儿忘了这事。至于说我"没告诉布雷斯威特，我曾告诉你该书可算作学位论文"，我很抱歉他没有这一印象，的确很奇怪。我没有就这事喋喋不休，但我认为他知道这事。例如我记得有一次谈话我告诉他，我跟摩尔曾谈到你是否应该写个概要，由这谈话便可清楚看出（因为全部问题只不过有关该书的概要），我和摩尔都理所当然地认为该书可作学位论文，只是怀疑前言是否可算作概要。

我认为你可以有权谴责我的地方不是我做了什么或没做什么，而是我的心态，而这我很抱歉地说是偶然的。首先我没意识到你是多么需要一个学位或为此做出了多大牺牲，当我没充分意识到如果你未能获得学位的话会感到多大的欺骗时，我恐怕不会过多地提醒你，因为我认为这事搞砸的危险极小，因而试图尽可能少地干扰它，这难免给人莫不相干的感觉。我还觉得，即便这事真的搞砸，也可能出于某种可怕的混乱，而不是你难免设想的恶意。尽管我感觉布罗德可能带有恶意，但我不知道他是否真有，而我没觉得自己做错什么，所以我不得不在这儿多浪费些口舌。

可是，路德维希，说我并不在意你是否获得学位，却不是真的。[167]我或许未能意识到这事事关重大，但我的确在意它，我不知道你怎么会设想我不在意。我肯定在费解地澄清自己，跟个笨蛋一样在极力地找借口。但是，你认为我没有给你最炽热的友谊，或者你不能依赖我，却让我痛心。

毕竟，如果你的书没被接受为学位论文，我将犯最严重的错误，因为我自认为与普里斯特利的谈话证明它可以算作；但如果最终真的这样，尽管我依然认为不大可能，我还是希望你相信这只是一个错误，不管我做了什么或未能做什么，请就此原谅我。

您永远的

弗兰克·拉姆塞

这封信的文本基于拉姆塞自己的誊清稿，后来R. B. 布雷斯威特在拉姆塞的文章中发现。很有可能，拉姆塞要么给维特根斯坦寄了另一抄件，要么口头表达了同样观点。

119.致J. M. 凯恩斯，[1929年5月] [168]

亲爱的凯恩斯：

向您写这封信，我感到很为难。在您批评之前，请您试着理解。（用外语来写使我更加为难。）但是，在我给您而且也许请求给您做出我确信您不会喜欢的长篇解释之前，我觉得我无法像您想要的那样去拜见您。当我上次见您时，我确证了上学期末就已产生的一个看法：您很清楚地向我表明，您讨厌我的谈话等等。现在请您别认为我介意这一点！您为啥不该讨厌我，我有时不相信我能被您容纳或招您喜欢。我真正介意的是从您的话中听出暗含的怨恨或厌烦。也许这些词用得不准确，但事情就是这一类。我一点也找不出其中的原因究竟为何，直到脑子突然蹦出的一个看法被偶然证明为正确。它是这样的：我觉得您或许认为，我跟您建立友谊除了其它原因就是能在我需要时（正如您想象我有一天会需要）能从您那里得到资助。这一想法让我很不愉快。但是如下方式证明我的看法是对的：这学期开学我去见您，想还您曾借我的一些钱。由于我的言辞笨拙，我把还钱行为开口说成"哦，首先我想要钱"，意思是"首先我想解决一下钱的事情"或诸如此类的话。然而，您自然而然误解了我，您随后做出的表情让我明白了一切。接下来我们的对话谈到学会，您展示了心中已汇集多么强烈对我的否定表情。而这事从未阻止我想跟您喝杯茶；我会非常乐意，如果我可以料想您的怨恨已经消退的话，尽管我对此还找不到什么好的理由。但是，您信中的第二个标记似乎向我表明，您待我不想作为朋友而是作为恩人。然而我不接受恩赐，除非来自朋友。（这正是三年前我在萨塞克斯接受您帮助的原因。）

如果哪天您想要我去喝茶而不谈论我的财务状况，我将乐意前往。——请别回我这封信，除非您给我简洁友善的回答。我写信不是为了得到您的解释，而是要告诉您我的想法。所以如果您不能用三两行给我一个友善回答，多少回答都不能让我高兴。

您永远的

路德维希

学会——众所周知的"The Society"或"The Apostles"讨论俱乐部。参见对信件37的评论。

三年前——因为这可能指的是维特根斯坦1925年对英国的访问，所以他该写成"四"而不是"三"。

120. 摘自道德科学俱乐部的备忘录，1929年5月10日

会议结束时，维特根斯坦先生建议，俱乐部旧的规则即文章长度不能超过七分钟应该修改一下。出席的大多数会员似乎认为对文章设一个时间限制是可取的，但七分钟太短。

维特根斯坦先生还建议，分钟计时应该取消。

这一规则1912年秋季学期被采用，显然出于维特根斯坦的建议，见前面7的注释。当时对该规则的讨论推迟至这学期最后一次会议，最后一次会议要改选管理人员。

121. 摘自道德科学俱乐部的备忘录，1929年5月17日

维特根斯坦先生认为，20分钟便足以提出供俱乐部成员讨论一晚上的哲学问题。

最终执行的是M. O'C. 德鲁利提出的修正案：这类规则只用于补充会议（不向大学研究生成员开放的会议）。

122. J. M. 凯恩斯的来信，1929年5月26日

剑桥

国王学院

1929年5月26日

亲爱的路德维希：

你真是个疯子！关于钱你所说的当然没有一点儿是事实。这学期开学时，除了兑换支票或类似的事情，我脑中从未出现过你向我要钱的念头。我从没想过你可能会向我要钱，除非遇到我觉得给你钱是合适的情况。不久前我在便条中提到你的财务状况，那是因为我听说你正困扰于不曾料到的各种费用，而我想果真如此的话，看看是否可能在第一眼看到你时就能给你一点建议，就是说是否有可能从三一学院得到适当帮助。我曾考虑自己亲自出马究

竟好不好，最后决定最好还是别亲自出马。

不——并非"暗含的怨恨"使我们上次见面时我说话语无伦次；而只是疲劳或对困难到几乎不可能的事情的急躁，当时谈到与你个人密切相关的事情，要有效地做到既想给你传达真情实意又要排除虚情假意。然后你离开了，制造如此远离我当时想法而又从未想过要防止的解释。

真相是，我在兼顾欣赏你和你的谈话以及对此完全力不从心。没什么别的事情！我一直如此——二十年来从未变过。但是，"怨恨""无情"——如果你能看到我的心里的话，你会看到完全不同的东西。

如果你能彻底原谅我，今晚能来餐厅共进晚餐吗（下周我几乎每天都不在这里）？至于你谈还是不谈钱，那由你自己决定了。

您永远的

JMK

123.致 G.E.摩尔，[1929年6月15日]

星期六

亲爱的摩尔：

巴特勒先生星期四写信给我，要我去讨论研究津贴，说明我想用它究竟做什么，我的未来计划如何——我尽可能地做了说明，但不确信我是否已陈述清楚。所以这封信我想再尽可能清楚地陈述我的想法，尽可能防止发生误解。

我处于一项研究工作的中途，我不想就此中断，因为我觉得它很有希望。总而言之我有 100 英镑，可以支撑我假期或许再加一两个月；但我不该全花光，还要留些储蓄找工作时用。——因此，我申请学院再补贴我 50 英镑，使我能继续我的哲学研究工作，至少到圣诞节。如果补贴能再到的话，我这段时间就可写出上乘之作——可由学院认为这方面合适的任何专家来判定——如果我认为还可以成功地继续我的工作的话，我会提请学院再予以某种资助。

巴特勒先生问我，我觉得这得多长时间。——我无法回答这一问题，因为我不知道我多长时间能写出上乘之作。（就我所知——尽管我认为不大可能——我明天就可停。）但我认为，这问题让人误解我究竟想干什么。让我解释一下：假如我今天被一辆巴士碾了，然后见到我的导师说："我现在成了终生跛子，学院给我些钱支持我吧。"那么可以合理地提出问题："你认为要支持多久，你什么时候能自理？"但这并不由我决定。我打算开展研究，我有模糊的想法，学院在某些情况下通过研究津贴、奖学金等鼓励这类研究。就是说，我能写出某类作品，如果学院要用这些作品，我想要学院使我能写出它们，只要它们有用就行，只要我能写出它们就行。——另一方面，如果学院用不着它们，那就杜绝发生。

您永远的
路德维希·维特根斯坦

信件的时间为摩尔所标。

巴特勒先生——J. R. M. Butler，后来的詹姆士爵士（1889-1975），当时是三一学院的导师，后为剑桥大学现代史的钦定讲座教授。

1929年6月19日三一学院理事会批准100英镑津贴，使维特根斯坦能在剑桥开展其工作：50英镑在仲夏支付，50英镑在米迦勒节支付。

G. H. 冯·赖特评论道，"了解维特根斯坦的任何人都会发现，这封和下一封信（124）完全反映作者的风格。"

124. 致G. E. 摩尔，[1929年6月18日]

星期二

亲爱的摩尔：

这是我上封信的附言。我今天在街上碰到巴特勒先生，他问我：(1)您是否知道我的全部财务状况（我答，您知道）；(2)我是否有其它的收入来源（我答，没有）；(3)我是否有其他帮助我的亲戚（我答，我有而且告诉过您）。由此看来，我好似在隐瞒什么事情，请您记住我的书面申明：我不仅有一大堆富裕亲戚，而且如果我问他们要的话他们会给我钱。**但是我不会问他们要一个便士。**（除非——当然——他们欠我钱。)我还要补一句,这不是我的任性。

您永远的
路德维希·维特根斯坦

125. 致 B. 罗素,[1929 年 7 月]

星期三

亲爱的罗素:

　　13 日星期六,我将在诺丁汉的亚里士多德学会宣读论文,我想问您是否能光临现场,因为您的到来会极大地加深讨论,也许是唯一使讨论值得进行的因素。我的论文(为这次会议写的论文)是"略论逻辑形式",但我打算向他们宣读些有关数学中的普遍性和无限性的其它内容,我相信它们很有趣★。——我担心不管谁向他们宣读,要么达不到预期效果,要么在他们心中引起无关的麻烦和问题,所以如果您能来,我将非常感激,以便于——正如我所说的——使讨论值得进行。

您永远的
路德维希·维特根斯坦

★尽管对他们来说就像汉语一样。

　　亚里士多德学会和心灵学会联合会议于 1929 年 7 月 12-15 日在诺丁汉的大学学院召开。维特根斯坦所写的论文"略论逻辑形式"以该名称出版于《亚里士多德学会会刊》(1929)增刊第 9 卷,第 162-171 页。关于无限性所实际宣读的内容保留于拉姆塞的论文:见我的论文"维特根斯坦与拉姆塞",载 Galavotti 编《剑桥与维也纳》,第 24 页。

罗素的约会日记未表明他是否去了诺丁汉。

1930

126. 一首书信体诗文

路德维希·维特根斯坦先生（哲学博士）致理查德·布雷斯威特先生、文学硕士（国王学院研究员）论伦理和美学信念的主题

我在困惑的世间怯懦地探险，
最强的武器便是手中挥舞的诗篇。
若用德莱顿的诗句交战，
定当引来狂放哲人的愤怨。
深知这斥责乃我所应受，
在已知的、未知的世界中将被侵蚀。
深知我是卑微的约拿，
连海中巨兽都会藐视。
知识多、逻辑清、善雄辩之流，
便除形而上学之外一无所有。
而我仍期许能有一两行诗遗下，
这便会使约拿之辈心忧。
理查德若可因此比拟而警惕，

我便可用他的武器奋起抗敌。

他们叵测居心的论调，

可与……相比。

（礼节上这让人困惑，

可这隐喻他曾用过。）

我只有平凡无奇的信念，

正契合了质朴才智的狭窄界限。

明智与推理，乃我所期望，

伏尔泰拥有，将它们饰为教皇（Pope?）。

理性的常识，简明的规矩，

数百年始终是剑桥的标记。

在泰勒玛，我期待毕业的来到，

在伊壁鸠鲁的花园、与憨第德的同僚。

人生乃是愚蠢，应受戏谑，

赫里克爱我的女人，也爱我的诗句。

我们知其然，也知其所以然，

于是巴特勒说形而上学是最高的箴言。

你愈追问，我愈坚持，

只因信条人人皆知。

真相必将浮出，

"价值只在于灵魂之处。"

若你一再困惑，

我又为何飞蛾扑火？

逻辑是我对手擅长的论调，

于我、他或是驳倒,或是溜掉。
这样的问题我能做答,
他与我都要懂得自己的才华。
可谁又曾得见,
路德维希克制了法律的声言。
狄更斯是大师,弥尔顿在耍把戏,
他们在英国政治中首屈一指。
在剑桥,圣贤都承认的最伟大的愚人,
路德维希是他们的导师,衣衫不整,却光环笼罩。
我崇敬的人们、我热爱的人们,
他厌倦,他咒骂、他责问。
聚会中他对我们吼叫,
打断我们的争论,自己娓娓来道,
如此争执从不间断,严厉、愤怒、喧闹。
他永远正确,值得骄傲。
如此缺点人人皆有,
但维特根斯坦在艺术上如此狂傲。
所以,理查德勇武侠义是我的理论,
我只想守护我那被侵犯的缪斯女神。
而蹂躏或许已被她习惯,
因此禽兽都可以逃避审判?
他说一切推理一文不名,
让我心悦诚服,让我恐惧渐平。
我们或许知晓,或许不知,

他是对的,我们生来便有如此差异。
享有特权的上帝高高在上,
看到整个世界都在说谎。
计划中的电子运动消失在每个漩涡里,
他阅读,如钟表般精密。
每个事实都被瞬间捕获,
知晓每个行为的后果。
绘出宇宙之图的曲线,
在意原子转向的瞬间。
深知人类思维黑色的深度,
激励思索它们的名字、形态和任务。
最喜悦的忘形,最残忍的绝望,
美人把周遭瞬间点亮。
当情人分离,爱侣重逢,
全知的维特根斯坦也不再淡定。
每个散乱反射,每个戏谑与奇思,
每个希望、恐惧和幻想,都为他深知。
然而,尽管他遍寻了思绪,
仍寻不见网中飘荡的价值。
他如是说,我也如是觉,
(许这只是我的简单无邪。)
路德维希无所不知,那我便有礼谦卑,
可他究竟是上帝,还是魔鬼?
还是让我来将他详谈,

在遍览他的逻辑与诸事之前。
别像他一样处处打断,
他的论辩滔滔不绝,如诗般流淌。
世界之墙上飘摇的价值敲打着节奏,
如醉饮后奔驰的车手。
未知的、触及的、品过的、听到的、嗅出的、未诉的,
价值在敲响,就在一墙之隔。
我们要做出陈述,不论正确或是谬误,
也有事实要去判定或是提出。
这些人们都懂,一目了然,
对于价值的陈述只是空谈。
若我所思诚然,
他对美德的谈论只是一派胡言。
只因世间总有最高的公正与美好存在,
人类的语言无从表白。
思维无法言语,科学不可表述,
价值究竟何物。
而我是否该指出,所谓正确或谬误,
皆是愚人之歌中愚笨的束缚。
一切所行、所思、所感皆相似,
只意味着一个空洞的名字。
或者,可以试着走进艺术海洋,
也许他口哨吹得比莫扎特还棒。
也许,弥尔顿可以和 D 一起去学校,

也许，傻瓜 L 正与阿诺德并坐。
若这些无稽之谈只是偶然，
他们为何比他更加荒诞？
他胡言乱语，他侃侃而谈，
他永远沉默的誓言被击穿。
道德，美学，对日与夜的讨论，
世间万物皆有好坏对错之分。
宇宙沿绘好的航道飞驰，
他从神秘之地带回知识。
众所周知，神秘主义是他最后的归宿，
如宿敌重整旗鼓。
他的经历恰似倾诉，
凌驾知识与理智的却是何物。
接受他的言论，走入他的神秘世界里，
我们是否只能找到灵魂存在之地？
他之判断，毫无错漏，
心理学终有一日可以参透。
伟大的逻辑学家似已忘记，
不论这些是或不是；
这规则是神秘主义的坚守，
他的洞察若在，便会存留。
科学审视的主体，
恰如交配或是三分率。
浩淼宇宙中，他的见地

被写进了精神病例。

面对未被拯救的世界，多少故去的圣贤咆哮，

咆哮自己的愚蠢与胡闹。

科学大步前行，

地图日渐完整。

证实圣贤所信仰之境，

证实心灵所欺骗之病。

但一如他所坦承，

这一切的因由一文不名。

赞同：我该从何处整理思绪，

这该是考验耐力之地。

让除他之外的人们自由判断，

忙碌的先知也无法将石块投得最远。

但这一切路德维希都会抛开，

他会做出权威的命令：何为好，何为坏。

一目了然，无人在意，聆听者唯有愚人，

他该何去何从？

理由被抛弃，规则无人循，

他却仍能让我们追寻。

既然劝导是他唯一的方法，

那就让他来为我们传道。

劝导，诗歌威重之力，

诗人为之而生，甘之如饴。

哲学家逃避的价值，

却被诗人捕获,为它赋予形式。
他对思想的表述无力苍白,
可若是拉辛、弥尔顿,又将如何诉来?
永远存在十个整齐的音节,
所有与智者相识的英雄都能感觉。
德莱顿的诗句与高亢的步伐共同响起,
你将发现,价值未被抛弃。
而我们重回他的信条,
梳理本质:燃烧之外,它还是什么?
宗教再次抬头:-
亡者集体复活:-
被蹂躏的年老娼妓看见,
有位愚蠢的神父,暗自回忆她的呻吟,满怀欲念。
恰如优秀的理性主义者一般,我们从未被任何人诱导,
任他是耶稣也好,娼妇也好。
若我们反对,则杀戮不再,
里程碑与海洋,都消逝于暗夜的雾霭。
他如此劝导,但终将觉醒,
这世界已有了另一副思想。
只因加尔文用刑台与火焰拯救了我们的魂灵,
只因卡拉斯用生命捍卫了天主教的声名。
他撑起了宗教,不知他可曾思及,
伏尔泰如何一次次在法庭嘲笑上帝。
友人到来,与我捧起圣水,

与费尼花园之水一同洒下。

让他去劳作,捡拾枝条,

堆起柴捆,焚烧异教。

但若我们记得,记得火药阴谋,记得第五个十二月,

请不要惊讶。

老派英式的优雅风度仍未退场,

麻布衣领与信徒最是相当。

若非这般暴力,我们仍能体会,

隐藏在疯人院的高墙之后,是宗教的安危。

唯其如此,在他将地球变为地狱之前,

会在病室中找到乐园。

今天,何物是宗教所能赋予?

能教授生存的秘密?

老笨蛋(Blockhead)能给出何种高见?

是安抚心灵,还是纠正谬言?

在判定宗教的莫斯科之墙上,

路人读道:"人民的鸦片"。

而诚实的思考之心无惧,

无情,亦无欲。

若有自立的勇气,例如可直面,

生命短促,万物无言。

问题纷乱,

只有智慧之心能给出答案。

这种心灵不畏先知,只因已经领悟,

如此布道只是荒唐,尘埃,虚无。

人生苦短,宛如朝露,

将我们驱入地狱般的坟墓。

啊,理查德,我等深知一切皆是徒劳,

为何必须走出用苦难拷问的迷宫才能将价值找到。

当我们轻易发觉

每具身体和灵魂的欣悦。 178

对路德维希,我虽不赞同,却也怜惜,

他观点的缘由人尽皆知。

在禁欲的生活中,他想要逃离。

那众人皆有的欢愉。

For how should he in matter value see

当问题于他是神秘之时。

心中盘旋着纷扰的疑虑,

清冷世界中隐藏着不为人知秘密。

不论善或恶,喜或罪,

He does not seek without, but finds within.

因此计划于他空洞无效,

因此世界于他微不足道。

他将缺点变为美德,

他无法理解,便会断然拒绝。

若他用手去触,用眼去看,

便不会在意蔑视的目光。

若他见过寒冬将至,

朔风呼啸，冰霜刺骨，

蓝天被灰雾笼罩，

金色的树叶在风中飘摇；

田园风光浮现眼前，

丛林青翠欲滴，篱笆中红土肥沃；

一望无际的平原上，坐落着农庄与教堂，

地平线的尽头，是低沉的雾霭茫茫；

群山蜿蜒，河流清澈，

宛如穹庐下巨幅的地图。

似是灵魂飘荡之地，

穿过沼泽，越过高地，四处寻觅：

沸腾的血液让心跳加速，

万物之美就在脚下臣服。

哪怕云起，哪怕雨落，

美景长留心中，永存魂魄。

哪怕困惑不解，哪怕冷风侵袭，

我们诅咒冰霜，在阴霾中直面世界。

或者，用音乐的力量－

莫扎特在颤动的琴弦下重生－

理智掌控的声音奏响，

从沉睡的灵魂中流淌。

低吟浅唱，几不可闻，

如飞鸟盘旋天际。

高音响起，倾泻而出，

如秋风掠过心灵。
沉浸乐土,无以言表,
骤然间,弦断,乐止。
这取决于我们最大的善意,
一切平息,价值停止。
我们的世界中,所有的王国都英勇无畏,
我们别无所求。
若路德维希看到这些,他会明了它们的价值,
也会懂得虚伪的定义。
我已偏离主题,不妨再举一例,
你信,或不信。
若路德维希曾公正看待克洛伊,
我便胜出,问题不再。
若他爱过、见过、懂过,
便知空气、笑容、笑声都为她所有。
她带来的喜悦,如清晨第一缕阳光,
一颦一笑,优美典雅,令人难忘。
她的脸庞闪耀温暖的光彩,
他已拥有了最美好的一切。
万物之美敌不过克洛伊的双眸,
如同她在自己的世界中种下的花朵。
胜利不难讲述,
美貌如伊,也是红颜易逝。
岁月流逝,风光变迁,

179

音乐停止，画面消失。

哲人的论辩必当终止，

维特根斯坦也终将平静。

他们与我们承袭了同样的黑暗，

路德维希与克洛伊殊途同归。

对我布道的老理查德，我老掉牙的道德观，

走到尽头，你能否承认我的正确？

于我，这很简单，

在理智与癫狂之间。

让现实与我们的热情一致，

或是面对真相，利用它。

朱利安·贝尔

《冒险》，5（1930年2月），第208—215页

朱利安·贝尔（1908—1937）是克里夫·贝尔和瓦乃莎·贝尔的儿子，弗吉尼亚·沃尔夫的外甥。作为使徒会成员，布鲁姆斯伯里圈子中一些年轻人学会的中心人物，他当时正在撰写国王学院的论文。他虽发表了诗歌，但从不是一个现代主义者，一段时间采用波普风格，就像这首书信体诗文那样。《冒险》由他和威廉·恩普森编辑。在中国讲授一小段英文后，他成为西班牙内战的一名卫生员。所有在这次战争中牺牲的4名剑桥大学志愿者都与维特根斯坦有一定关联：约翰·康福德和大卫·格斯特批评过他；艾弗·希克曼是忠实的朋友，尊重但并不惧怕维特根斯坦。

维特根斯坦对这首"书信体诗文"的反应尚不知悉,但他说过,他身后留下的"都是些朱利安·贝尔们"。

剑桥学院——还不清楚指的是哪个学院:"合理的常识"让人想起里德(一名苏格兰人)的体系或洛克(一个牛津人)。

Thelema——拉伯雷《卡冈都亚》中的大修道院,在那里全部法律就是"做你决心做的一切"。("Thelema"意思是"Will"。)

"价值只驻留心态"——摩尔《伦理学原理》的首要原则。

"half a mo"——暗指维特根斯坦使用过时的俚语;请对比信件 355 的注释。

Say Milton should, with D-, go to school,——可能指的是达迪耶(乔治)·赖兰兹和(F. R.)里维斯。

Calas died to save a Cathlic's name——在虚假质控之下被依法判处死刑的一名新教徒,他曾勒死一个想皈依天主教的儿子。后来伏尔泰证明他无辜。

127. 致 G. E. 摩尔，[1930 年 3 月底]

亲爱的摩尔：

我现在在维也纳，正做最令人讨厌的口述手稿概要的工作。这真是可怕的工作，我感觉进行口述好惨。前几天在彼得菲尔德见到罗素，我有违自己的起初意愿，开始向他解释**哲学**。当然，我们无法在两天时间进展多少，但他似乎只理解其中一点。我的计划是 4 月 22 日或 23 日去康沃尔见他，把概要交给他并做些解释。我的讲座 28 日星期一开始，我想知道 26 日以后去剑桥是否可以。请您就此尽可能早点写信给我，因为我必须相应地做计划。我诚挚地祝您假期愉快，尽管我自己不得轻松。

您永远的
路德维希·维特根斯坦

地址：

奥地利维也纳，
4 区，普伦兹·奥义根大街 18 号
沃尔海姆博士转 L. W.

概要——指的是信件 128 提到的《哲学评论》的打字稿，在维特根斯坦大手稿卷 I、II、III 和 IV 一部分（在 G. H. 冯·赖特《维特根斯坦》的编目中列 105–108）的基础上形成。

彼得菲尔德（Peterfield）——罗素和多拉·布莱克 1927 年建

立的比肯希尔学校(Beacon Hill School)在汉普郡的彼得菲尔德。维特根斯坦曾前往那里见罗素,很可能在 3 月 14 日和 16 日期间,恰好在去奥地利前。维特根斯坦复活节周日(4 月 20 日)返回后,再次去见罗素,后者当时在康沃尔郡度假。见信件 128 及评论。会面之前和会面之后,罗素都向摩尔写过信。在会面前的信中(3 月 11 日),他写道:"我真不知怎能拒绝阅读维特根斯坦的著作并写份报告。同时,因为涉及与他的争论,你是对的,这要完成大量工作。我不知道还有什么比争论中不同意他更累人的事情。"

会面后的第一封信(5 月 5 日)实质上表达了跟罗素正式报告(见信件 128 的评论)同样的判断。在后一封信中(5 月 8 日),罗素告诉摩尔他已将这一报告寄给学院董事会,评论说:"我感觉只有身体良好时才能理解维特根斯坦,而当下却不怎么好。"(剑桥大学图书馆收藏的摩尔书信)

哲学——大写字母可能指的是维特根斯坦的著作或计划中的著作,尽管手稿卷宗使用的名字是《哲学评论》或《哲学思考》。摩尔当然不曾见过打字稿。

沃尔海姆——Oskar Wollheim 是维特根斯坦家的一位朋友,后来被维特根斯坦的姐姐安全带往纽约。家庭的其他成员可能已在新森林犁地人街,而维特根斯坦则待在城里以便口述。这次度假中只有与石里克和魏斯曼的一次会面(5 月 22 日)被记录下来。

128. 致 B. 罗素，[1930 年 4 月 25 日]

亲爱的罗素：

我仍在前往彭赞斯的汽车里，我想起手稿中用过的一个记法，您很可能不理解它，因为——我相信——我不曾解释过：我使用符号 II'。我首先得说，凡是您发现像 II 这样两个大写 I 的地方，它指的是 π，因为我的打字机上没有 π。π'是一种指定，它由某一类似下面的规则从指定 π（即我们据此展开 π 的小数延展的指定）推出："但凡您遇到 π 的小数延展中的 7，就代之以 3"，或者"但凡你在这一延展中见到 3 个 5，就代之以 2"等等。在最初的手稿中，我用 $^5\pi^3$ 表示这类东西，我不大肯定在打印的手稿中是否不曾使用这一符号。——当然很可能有许许多多这类细节使稿子晦涩难解，除了它本身就已经晦涩难解之外。

我还想起一种情况：当我写"π_4"，我指的是在某一既定系统比如小数系统中 π 展开到 4 位。因而在小数系统中 $\pi_1 = 3 \pi_2 = 3.1$。这会儿没有其它什么要写的。我感到沮丧，脑子一片混乱，部分归于剑桥的气候，我总是要花好多天去适应。我觉得这封信的错讹几乎跟文字一样多，但我却无能为力了。

您永远的

L. 路德维希

这里参照了一个打字稿的复件，这个打字稿即维特根斯坦死后出版的《哲学评论》，R. 里斯编（Oxford：Blackwell, 1964）——这个书名写在最终给摩尔的打字稿上。维特根斯坦在复活节假期于维也纳口述了它之后（见信件127），将一份复件送给位于康沃尔的罗素。在摩尔的请求下，罗素和 J. E. 李特尔伍德向学院委员会提交了关于该工作的报告（见信件129和133）。

错讹——的确有许多拼写错误，此处基本上已更正。

129. B. 罗素致三一学院委员会的信，1930年5月8日

彼得菲尔德, 哈廷
比肯希尔学校
1930年5月8日

由于患病，我未能按预想的那样去彻底研究维特根斯坦的最新著作。我花了5天时间与他讨论，他解释了自己的想法，留给我厚厚的打印稿"哲学评论"，我读了其中大约三分之一。这个打字稿只是由一些粗略的笔记构成的，不借助与他的交谈很难理解。不过，不论如何我认为下面至少呈现了他《逻辑哲学论》以来的部分新观点：

在维特根斯坦看来，任何事情发生时，可以说对事实的特定领域而言，某些其它事情也许曾经发生。例如，假设墙的某一块是蓝色；它也许曾经是红色，或绿色，或别的颜色。说墙的这一块是这些颜色的任何一种是假的，但不是无意义的。另一方面，说墙的这

一块是大声的或尖利的，或将任何其它适于声音的形容词用于它都是在说无意义的。因而存在着涉及任何事实的某一种类的可能性的集合。维特根斯坦称这一可能性的集合为一个"空间"。于是有颜色的"空间"和声音的"空间"。在颜色之间有各种关系，颜色构成该"空间"的几何学。在一种意义上，所有这些都独立于经验：就是说，我们需要借之我们知道"绿色"是什么的那类经验，而不是借之我们知道墙的某一块是绿色的那类经验。维特根斯坦使用"语法"一词涵盖语言中与这些不同"空间"的存在对应的东西。但凡意指某一"空间"的一个地方的词都可以代之以意指该"空间"的另一地方的词，而不会造成无意义，但不能代之以意指属于其它任何"空间"任何地方的词，否则造成糟糕的语法，即无意义。

维特根斯坦著作的可观部分涉及对数学的解释。他认为，说数学是逻辑或者是由重言式组成是假的。他用不少篇幅讨论"无限"并将其与概率概念相连，而后者是他相关于其各种不同"空间"发展出的。正如他称谓的，他相信"无限概率"，而不是实际的"无限类"或"无限序列"。他关于无限所说的东西明显与他的意愿相反，倾向于与布劳威尔所说的有些相似。我认为这种相似也许不像初看起来那么接近。他对数学归纳也做了大量讨论。

维特根斯坦这项新工作所包含的理论相当新颖，无疑非常重要。它们是否真确，我尚不知。作为喜欢简单性的逻辑学家，我宁愿认为它们并不真确，但从我已阅读的部分来看，我完全相信他应有机会完成这项工作，全部完成后，它们也许很容易证明它们构成了一种全新的哲学。

伯特兰·罗素

三一学院董事会 1929 年 6 月 19 日给维特根斯坦设立 100 英 184
镑的公费生基金。1930 年 3 月 7 日董事会责成 G. E. 摩尔去取
得两份关于维特根斯坦工作的报告:来自罗素和李特尔伍德的两
份报告宣读于 1930 年 6 月 6 日,1930 年 6 月 13 日又批准 100 英
镑,分两次支付。关于李特尔伍德的报告,见信件 133。

布劳威尔——L. E. Brouwer,直觉主义之父。维特根斯坦
1928 年在维也纳事实上受到了布劳威尔报告的启发,尽管在拉姆
塞看来,他自己早已形成半直觉主义的观点。

130. 关于朱利安·贝尔的"论维特根斯坦的书信体诗文"

朱利安对自己的感受喋喋不休,
他口齿不清,价值观含混不明。
灵魂在布鲁斯伯里冥想,
正如神秘主义者在命运之路上徘徊。
他总是沮丧,
只因维特根斯坦会让他解释自己的言辞。
所以在残暴的路途上找到庇护,
丧钟(感谢上帝)早已敲响。

G. G.

《剑桥评论》(1930 年 5 月 9 日),第 391 页

书信体诗文——信件126。

G. G.——尚未得到识别。注意其中的巧妙：敲钟的正是贝尔(Bell)。

131. R. B. 布雷斯威特的来信，1930年5月16日

> 国王学院
> 道德科学学院董事会
> 1930年5月16日

亲爱的维特根斯坦：

我可以高兴地通知您，本董事会已设立学院见习讲师席位，并从1930年10月1日起聘任您，为期一年。大学院系总董事会同意，确定您这一年的薪金为250英镑，这意味着您在1930-1931学年三个学期的每一学期每周上3小时的课，要按照您这一年正上的样子（例如1小时讲座和2小时讨论）。

我们在就此主题提交给总董事会的备忘录中，认为您本年的讲座和讨论课非常成功，事实上您的学生从您那里收获颇丰，这是他们以其它方式难以获得的。

您得理解，目前做出的这一安排只适用下一学年。不管我们

的财务状况还是哲学学生的数量都使我们还无法预知以后的情况。

本董事会还通过,总董事会也已同意,对您本年的工作多支付25英镑,使本年付给您的总款达到100英镑,而不是45英镑。这是因为,您现在每周3小时的教学,而我们建议45英镑时是认为您每周只需2小时的教学。所以,我附上62.10英镑(=￡37.10.0+￡25)的支票和一份收据,请签名并交还我。

您诚实的

董事会秘书

R．B．布雷斯威特

抱歉我患病(且仍在病中),因而错过了您对普遍性的讨论。

对普遍性的讨论——可能是5月12日或15日的讲座,注明于维特根斯坦的袖珍日记。

132．摘自三一数学学会的备忘录,1930年5月28日

各项事务已经商定,会长请路德维希·维特根斯坦博士做"数学的基础"的讲演。

在指出这么短时间不可能谈论如此宽泛的主题之后,维特根斯坦博士做出了颇为成功的尝试。他从引证和批评罗素对数的定义开始,即"类的类相似于一个既定类",相似性借助于1-1对射

来定义，并向我们指出，罗素把这一对射的存在与其存在的可能性混淆起来了。一个类似混淆的例子见于两点以及连结两点的线段。弗雷格说，一条线段连接着这两点，即便它没有被划出，而且实际上存在的也只是划出这一线段的可能性。

在更为充分地阐述这一观点后，维特根斯坦博士进而描述了去世的拉姆塞先生就这一主题所做的极其原创性的工作。这一工作以及弗雷格和其他人的工作的唯一缺陷是，它如此漂亮以至于任何孩子都能看到它是错的。

讲演结束于对算数的一些评论，大意是后者实际上只是一种游戏，其应用跟数学没有关系。

接着是热烈的讨论，大部分讨论都在试图说服 L. C. 扬先生相信，说 a = a 为一个约定没有意义。从其给出的日常经验的大量例子中，维特根斯坦博士认为，象真的斜走的话，棋盘对火星上的战争问题也许真的有用。会长暂停了讨论，会议于晚上 11 点宣布结束。

查尔斯·库尔森

15/10/30

L. C. 扬——Young(1905‑2000)，伊萨克·牛顿奖学金资助生，后来是三一学院成员，继而成为一名杰出的数学家。关于他对维特根斯坦的看法见信件 155 的注释。在群论方面他曾与 H. S. M. 考克斯特合作过（见信件 166 和 167）。

133. 摘自 J.E. 李特尔伍德致三一学院委员会的信，1930 年 6 月 1 日 [187]

剑桥
三一学院
30 年 6 月 1 日

维特根斯坦 6 到 8 次向我口头解释了他的观点，每次 1 小时到 1 个半小时。这对于完全理解尚不够，但足以形成一个印象，即他的工作极其重要。他的观点具有革命性，在我看来其中一些观点必将成为逻辑思想的一部分。有时人们会遇到某种新颖独到、绝对一流的工作，即使外行也会充满信心且有充分的理由感到它很重要。我现在的情况就是如此，委员会问我的看法，这便是我的看法。不过，在逻辑甚至数理逻辑方面，我只是个外行。

我起初出于某一原因或毫无理由地认为，维氏可能生活在老资本中，或者无法交流他的观点。事实上令我惊喜的是，每一次交谈开始时我总是兴趣盎然，陶醉其中。他的阐述令人吃惊地高度清晰，他常常猜到我迟疑不决的地方，如此等等。事实上不管他在其它方面可能有怎样的怪癖，在这一行他却是一流的头脑。

关于老资本的看法是毫无根据的。维氏以前写过一部书，当我说我看不出有什么理由他不会再写另一部，也许更为重要的一部书时，我没有一点夸张的意思。

J. E. 李特尔伍德

维特根斯坦的袖珍日记的确显示1930年5月与李特尔伍德的8次会面，多次结束于大厅的晚餐时间。

维特根斯坦的研究职位的选举——在20年代末,给路德维希·维特根斯坦B资格研究职位的问题在委员会被提出。罗素的报告似乎有所保留,例如他说他不确信维特根斯坦的理论是真确的。任何保留意见对研究职位都可能是致命的。维特根斯坦还不曾获得后来的地位,委员会对之有所怀疑。他们决定让我跟维特根斯坦做系列交谈,提交报告,他们将据此做出决定。在我看来整个事情不可置信——我跟维特根斯坦有私交;假设答案是"否"。我曾说委员会给了我一个不轻的责任,我们得认真完成。

除了说"这不可能",维特根斯坦从没说完一句话,说"我错了"成了口头禅。五六次交谈之后我便十分确信,做出了报告,维特根斯坦获得了B资格研究职位。

付费似乎跟下面这种想象的说法没有任何关系。委员会建议给5英镑。C. D. 布罗德说曾看到我疲惫不堪地踉跄进入大厅,因而付费提高到10英镑(经许可引自J. E. 李特尔伍德的《李特尔伍德札记》,Béla Bollobás 编辑和校订(Cambridge: Cambridge University Press, 1986), 第138页)。

正如从上面罗素报告的注释(信件129)会看到的,公费生基金的资助真的要求有报告,不过,李特尔伍德甚至委员会很可能已经在考虑将来设立一个研究员的职位。

怪癖（idiosyncracies）——更正：idiosyncrasies。

134.致 G. E. 摩尔,1930 年 6 月 18 日

30 年 6 月 18 日

亲爱的摩尔：

非常感谢您的好消息。我十分感激委员会的慷慨给与。

很高兴听到您在快乐度假。我尚未开始度假,因为我还不曾做任何工作,我相信这部分归于上周前后我们这里的闷热天气,部分由于我的脑子一直不转。我希望老天早点结束这种状态。好生沉闷,脑子没有一点灵光,好像从不曾点燃似的。但是,我敢说这很快将会过去。——能否麻烦您将暑假中期的 50 英镑付我并寄到我的住址？如果这不太麻烦,您愿意汇寄的话,我将非常感激。

希望您一直快乐度假,我的假期不久也能安排好。如果有机会收到您的来信并知道您的近况,我将非常高兴。

您永远的

路德维希·维特根斯坦

感激董事会——基于罗素和李特尔伍德的报告（信件 129 和 133）,三一学院委员会另给维特根斯坦 100 英镑,使他能在剑桥继续其研究。

住址——明显指的是维特根斯坦在奥地利度长假的地址。

135. 致 G. E. 摩尔，[1930 年] 7 月 26 日

7 月 26 日

亲爱的摩尔：

要告诉您的是，我现在才开始做一些真正的工作。直到大约一周前我都很少工作，所做的事情也无关紧要。我无法想象自己怎么会这样，既感到兴奋又无法集中思考。或许是有些劳累或者气候的缘故，我们这里几乎一直吹着可怕的南方热风，许多人都颇感不适。但是，我希望这已经结束，大约 10 天以来我都在乡下，待在去年的同一地方，眼下很是孤独。——我已收到三一学院的 50 英镑。我现在的生活非常节俭，事实上只要我待在这儿就不需要花什么钱。我希望您一切安好。

您永远的
路德维希·维特根斯坦

年月无疑是摩尔更正过的日期。

同一地方——在霍赫莱特。亦参见信件 136。维特根斯坦的袖珍日记显示，他 7 月 17 日到那儿。

136.致 G. E. 摩尔,[1930 年 8 月]

亲爱的摩尔:

谢谢您的来信。对您家里遇着这类麻烦深感难过。这些疾病简直令人生厌。——我的工作进展适中,但也不过如此,很难达到才思泉涌。天气可以容忍,尽管变幻不定。您也认识的戴斯蒙德·李前来奥地利,在我的住处附近跟我的家人待了好些天。我们谈到您,不知您是否会喜欢这个地方。我几乎觉得您会喜欢。只要可能我会一直待在这儿,把手头事干完。

您永远的

L.维特根斯坦

李——H. D. P.(后来的戴斯蒙德爵士)Lee(1908 - 1993),当时是剑桥基督圣体学院的本科生和古典学学生。1930 年李与维特根斯坦家人待在霍赫莱特。维特根斯坦本人住在地产的猎场看守人的屋子。李编辑了《维特根斯坦 1930 - 1932 年剑桥讲演集》(Oxford:Blackwell, 1980),写过他与维特根斯坦友谊的说明,该友谊自然地结束于他开始古典哲学学术生涯时。后来他成为成功的大学校长和剑桥一所学院的院长。

137. R. E. 普里斯特利的来信,1930年12月2日

剑桥

大学注册处

亲爱的维特根斯坦:

拿到您的通知函我高兴得难以言表。谨致最衷心的祝贺。真是头等新闻,顺便解决了您的食宿问题,我想您在三一学院会有房子。您现在可以确信,只要您创造力依旧,您的工作会继续下去,剑桥大学会感激您。我希望下一步是您适当时候成为大学的讲师。

您的

R. 普里斯特利

新闻——当选为三一学院研究员,正式通知后面下发(见信件138)。

138. 三一学院院长的来信,1930年12月5日

剑桥

三一学院

1930年12月5日

亲爱的先生:

我非常荣幸地宣布,在今天上午学院委员会会议上,您当选为

B资格研究员。

您至为诚挚的
J.J.汤姆森

维特根斯坦博士:研究员职位授予仪式在今天下午2点15分,请您2点5分前往集会处。

J.J.汤姆森——三一学院院长,1918-1940。

1931

139. 致 P. 斯拉法,[1931 年 2 月 18 日]

亲爱的斯拉法：

我期待你星期五大约 7 点 45 分到我房子来,因为我们的食堂 8 点开始。

您的
路德维希·维特根斯坦

我想跟你讨论一下活体解剖的问题。我认为它跟我们将要探讨的东西密切相关。

皮耶罗·斯拉法(1898-1983),尽管不多产但杰出的意大利经济学家,大卫·李嘉图著作的编者。他 1926 年起躲避法西斯主义,先在凯恩斯的保护下在剑桥国王学院从事其职业活动,1931 年变为三一学院的研究员。1930 年起他不仅成为维特根斯坦的朋友,而且是维特根斯坦承认对其产生过思想影响的少数人之一,这可从《哲学研究》序中看出。两人相遇于 1929 年维特根斯坦返回剑桥后不久,但其定期讨论开始于秋季学期(1930 年 10 月)。少数晚上见面一般起因于学会或俱乐部的会议。这是唯一的晚餐会,也是我们见到的第一个写下的交流。它表明有非正式的讨论项目,也告诉我们讨论的范围有多宽。

日期来自维特根斯坦的日记:邀请1931年2月20日去。

140.致W.H.沃森,1931年8月19日

8月19日

我亲爱的沃森:

如果你觉得我这么长时间不回信非常不礼貌,我一点也不惊奇。实际情况是,我一直都忙疯了,分不出一丁点儿时间。我曾在挪威待了约3个星期(包括旅行),为我的女性朋友找份工作。现在我回到了奥地利,在乡间工作,希望天气能够好转,因为天天下雨叫人郁闷。我的工作进展比较顺利。非常感谢《约翰·奥·伦敦周刊》(John O'London Weekly),真是棒极了,不只有关哲学的文章,而且也包括所有其它内容。我希望假期的开头能口述我最近3年所写的东西,将其变成更成熟的形式。但是我还做不到,因为我在不断补充一些新内容。下一秋季学期我很可能不开讲座,想用全部时间把这工作做完。但我想跟学生有私下交谈,如果有学生愿意交谈的话。我将这封信寄给麦吉尔,因为我不知道你的伦敦旧址是否还通畅。请给我来信,你写什么我都感兴趣,一直

感激你寄我的任何无意义的剪报。

您的

路德维希·维特根斯坦

邮戳：霍恩贝格，1931 年 8 月 20 日

威廉·赫里奥特·沃森(1899－1987)是在剑桥从事研究的物理学家，1929－1930 学年和 1930－1931 学年听了维特根斯坦一些课，偶尔也与维特根斯坦有私下的会面。正如这些信件表明的，他前往加拿大教学了。1939 年，他出版了《论理解物理学》(Cambridge：Cambridge University Press, 1939)，用了很多维特根斯坦的教学内容。就受益于维特根斯坦而言，也应参考第 2 版的《理解当今物理学》(Cambridge：Cambridge University Press, 1963)。在两人的往来信件中，注意"我亲爱的沃森/维特根斯坦"这样的称呼，其亲切程度超过别人。这可能也有对夏洛克·福尔摩斯的模仿。

我的女性朋友——Marguerite Respinger。

无意义的文章(nonsensical articles)——维特根斯坦在一个文件盒中保存着这类文章(仍存在)。大量文章寄自沃森，沃森特别讨厌"宽容伴随着对现代科学的通俗解答的那类专业哲学文献，它们披着对知识进行综合的外衣，却为某一宗教目的服务"(《理解当今物理学》，第 xi 页)。这一次他寄的(加着感叹"怎么了？")《约翰·奥·伦敦周刊》剪报涉及上述观点，是 1931 年 7 月 18 日的副

刊,写给"探寻的门外汉"。作者 J．W．N．沙利文提出一种观点,即任何阐明哲学的伟大历史问题的看法都来自现代科学。沃森在整个一段的页边划出感叹标记:"整合思维是一个缓慢过程"。剪报的背面包含《周刊》众所周知的文学大赛,对卡萨诺瓦式日记的幽默评论以及其它平常的材料。

141. 致 G．E．摩尔,1931 年 8 月 23 日

31 年 8 月 23 日

亲爱的摩尔:

　　谢谢您的来信。我完全能想得到您不怎么敬佩魏宁格,加上糟糕的翻译以及魏氏对您来说非常隔膜这一事实。他确实是古怪的,不过却是伟大而古怪的。我们不必须同意他或更确切说不可能同意他,但伟大就在我们不同意的地方。伟大的正是他的巨大错误。就是说,大致说来,如果您对整部书只添一个"～",那么,它就说出了一个重要真理。不过,最好等我返回后再做讨论。——离开剑桥后我忙得够呛,已经做了巨大量的工作。现在请您帮我一个忙:这学期我不想做任何正式讲座,因为我想我必须花全部精力来完成自己的工作。当然,我可以跟学生私下(免费)讨论,如果有任何学生想的话。就是说,这学期我不想列在讲座课表中,但同时布雷斯威特可以告诉他的学生(您可以告诉您的学生),如果任何人想跟我交谈的话,我会安排时间交谈。请在 9 月初之前给布

雷斯威特写个条子解释一下这事。——假期的第一个月我遇到可怕的热天,现在又是令人讨厌的冷雨。很遗憾听到英国的天气让您烦闷,而我这里也不尽如人意。

您永远的
路德维希·维特根斯坦

魏宁格——Otto Weininger(1880-1903)是维特根斯坦尤为仰慕的作者。这里所说的书是魏宁格最有名的著作 *Geschlecht und Charakter*(《性与性格》)的英文版。在大学图书馆特殊借阅簿的极少(也许他是独一无二的)借阅中,维特根斯坦1931年6月1日借了"魏宁格",可能是他6月2日会面时要给摩尔看。

古怪的——这里只是在"过度怪诞"的意义上。

私下讨论——整个1931-1932学年,维特根斯坦都有(免费)交谈课,但没有做正式讲座。

142. 致 W. H. 沃森, 1931 年 10 月 30 日

三一学院,10 月 30 日

我亲爱的沃森:

有一天我在一片纸上曾看见你的完整地址,然而假期中给你

回信时却找不着了。因此,我径直寄到加拿大麦吉尔大学,所以你很可能收不到我的信。我非常喜爱《约翰·奥·伦敦周刊》的剪报。——我今年不做讲座,只每周一次在我的新房子里上非正式的讨论课。这是因为我完全忙着自己的工作。我跟几乎所有朋友都断了联系,我很少去见别人——不过我并不后悔。德鲁利依然上进,我很高兴他这样。——我希望一年内能出版些东西。——

我当本科生时曾在这里做讲师然后去牛津的数学家哈代教授,现在回来当教授了,他是我去见的少数人之一。我非常喜欢他。有一天我碰到普里斯特利(另一个杰出的人),我们谈到你。——我希望你安好,请来信告诉我你的生活,如果碰到那些无意义的文章就寄给我。

您永远的
路德维希·维特根斯坦

邮戳:剑桥,1931 年 10 月 30 日

给你回信时——信件 140,它说明了这里第一段的大部分的所指。

我的新房子——维特根斯坦 10 月份从主教旅馆搬到大庭院的套间(H4)。他只是在 1933 年才搬回位于惠威尔院塔楼顶层的本科生时的房间。

德鲁利——Maurice O'Connor Drury 博士(1907－1976)是

维特根斯坦剑桥时期的亲密朋友,后来去了都柏林,维特根斯坦曾于1936年6月去访问他,此后也经常去。

哈代……普里斯特利——分别见信件28和117。

143. W. H. 沃森的来信,1931年11月12日

蒙特利尔

麦吉尔大学

麦克唐纳物理学实验室

1931年11月12日

我亲爱的维特根斯坦:

[……]

知道您希望一年内出版些东西,并且排除了讲座的分心而能全神贯注于您的工作,我无法告诉您有多高兴。如果您计划用德文出版,请安排好合适的人将其翻译为英文。听从您的建议,我已沉浸于弗雷格的《算术基础》,麦吉尔大学图书馆不知怎么刚好有这本书。费了很长时间去搞清 Wahrsein 和 Fürwahrhalten 之间的区别,不过现在已经搞明白。即便对我这样一位不晓德语之精妙的可怜的物理学家,弗雷格对心理学和逻辑的论证,对概念的特征和事物的特质之间区别的论证,也以其清晰有力的表达而震撼着我。但是,语言(其微妙之处我还不懂)的困难使阅读变得相当费力,只是我是在有矿石的地方挖掘这一信念使我保持耐心,决定

持续下去。所以呼唤一种翻译！

[……]

您要无意义的文章，我附上一些《蒙特利尔之星》剪报。我相信您会喜欢美国新闻业的花边新闻。还可看看 10 月 24 日《自然》对英国协会有关宇宙本性讨论的报道。附带地说，您是否读过斯穆茨对文学硕士的演讲。这是最为精彩、相当精炼的笑话集。事实上，我强烈推荐您尽可能定期到联合图书馆浏览《自然》，您每月都会发现一篇好的作品（即该杂志每四期中有一篇）。

[……]

祝您健康并顺利完成您的手稿。

您永远的

Wm H. 沃森

《蒙特利尔之星》剪报——1931 年 10 月 22 日保留的一份描述了奥利弗·洛奇爵士的信念：爱迪生的头脑指向的是死亡之后的工作。维特根斯坦收集的大部分无意义的文章都与心理研究及心理现象相关。洛奇（1851 - 1940）是著名物理学家，曾与海因里希·赫兹合作，但在通灵学方面也有名气。

1932

144. 摘自 P. 斯拉法的笔记，[1932 年 1－2 月]

如果语言的规则只能通过观察来建立，那么人们决不能说出任何无意义的话。这确认一个词的原因和意义。

鸟的语言以及形而上学家的语言都可以用这一方式连贯地解释。

事情仅仅在于发现他们说一个事物的场合，就像一个人发现他们打喷嚏的场合一样。

如果无意义的话"只是声音"，那么一旦有原因它必定会发生，就像喷嚏一样：这如何能跟其意义区别开呢？

我们应该放弃概括，采用特定例子，我们由此开始。看看条件命题：它们什么时候是无意义的，什么时候不是？

"如果我是国王"是无意义的。因为这样的话，不管我还是工作都必定会完全不同。我确切地知道使这不可设想的原因：我明白，使它可设想所要求的改变实在太大，以至于我将认不出如此改变了的自己，或者没有人会说目前适合我的工作是国王的工作。

"如果我是一名讲师"是有意义的。因为我去年是，而且我不认为我或工作有多大改变。差别很小。或者更恰当地说,我看不到差别:我无法确切知道去年以来我发生了哪些变化。这一看法对我来说没有什么矛盾的地方。

但是,它径直依赖于我的知识吗?(因为差别是大还是小,依赖于我是否清楚地看到它。)如果我知道得足够,它们便是无意义的。

当然,有一些命题,其中"如果"代表"何时":例如,名称代表类,而且至少对该类的一个成员来说该命题是真的(或可设想的,如上面所说)。

笔记由斯拉法保留,现存于三一学院图书馆(斯拉法文献D3/12/71),显然他打算在讨论中将之展示给维特根斯坦。

日期参照斯拉法"去年"为讲师——他的助理讲师停止于1931年9月30日——也参照维特根斯坦手稿中斯拉法关于这一论题的思想。

145. 致 W. H. 沃森,1932年3月4日

32年3月4日

我亲爱的沃森:

我许久没收到你的来信了(你这个没礼貌的!)另一方面我原

谅你，因为我这里也没有什么好说的。最近这两个月我的工作进展得不很满意。我的脑子远没有所期望的那么好使。我的讨论课开设得还不错。我希望你能在这儿。有一天我碰到卡皮查（我不知道你怎么拼写他），我们谈到你。他真像是个孩子，好可爱，但我们没什么可共同讨论的。

德鲁利这学期末（即一周前）有些消沉，我很抱歉失去他。英曼在临近曼彻斯特的一个地方做经济学研究。李在一个煤矿（在英格兰）的办公室。我不常听到他们的消息（他们跟你一样懒）。正如我说的，我很高兴见到你，并跟你讨论工作，但是当然没有机会。

快点给我来信吧。

您永远的
路德维希·维特根斯坦

邮戳：剑桥，1932年3月4日。

卡皮查——P. L. Kapitsa（通常英语写法）(1894－1984)，俄罗斯物理学家和诺贝尔奖获得者。他1921－1934年在剑桥工作。1932年，他已经是英国皇家学会会员和剑桥蒙德实验室主任。

英曼——John Inman，1931年以经济学一等毕业生毕业，曾协助曼彻斯特前市长恩内斯特·西蒙爵士，写了一本论住房问题的著作。他很多年在政府经济部门工作。

李——见信件136。

146. W. H. 沃森的来信，1932年3月6日

> 蒙特利尔
> 麦吉尔大学
> 麦克唐纳物理学实验室
> 1932年3月6日

我亲爱的维特根斯坦：

这些天还好吗？已经好久没有收到您的信：我希望您一切安好，别过度工作伤害您的身体。您的书完成得如何？书出版的话一定告诉我，记着您的承诺签名一本寄我！

我设法搞了一些剪报给您，——包括我在剑桥时告诉您而现在在我的文件中找到的精彩系列内容。慢慢品读这些剪报，肯定够您消遣的。

我发现我在冬天没有我预想做的那么努力，而且对于这段时间我的工作也没有多少可说的。当一个人没有时间赋闲而必须赶去上规定的课程时，理性地看，做讲座是不合算的事。您的讲座和讨论给我留下美好的回忆，因为它们似乎不受项目的驱使，而且因为我自己也很少有那些方面的想法。

您什么时候来这里访问，去看看美国？我希望您没有放弃这

一念头,而是着手计划这一旅行:当您到蒙特利尔来,我保证带您去电影院。我们可以选择法语和英语:我喜欢前者。

假如您有闲时和意愿,下次给我写信时请告诉我您的一些经历,以便我能将朦胧地萦绕心头而孤立不明的事实联系起来。当您这样做时,能否也给我讲讲弗雷格?现在请做吧。

最亲切的问候和良好的祝愿!

您的

Wm H. 沃森

精彩系列内容——1928 年《每日新闻和威斯敏斯特公报》20 期的关于"亡者在何处?"的"国民大辩论",许多受欢迎的思想家参加了讨论——Bernard Shaw、Hilaire Belloc、G. K. Chesterton、Lloyd George、Arthur Conan Doyle 及其他人。辩论开始于一篇怀疑文章,指出难以找到供那么多亡者容身的空间。似乎生存引起了给养困难!

147. 致 W. H. 沃森,1932 年 4 月 8 日

32 年 4 月 8 日

我亲爱的沃森:

非常感谢你 3 月 6 日的来信。现在我想你也收到了我从剑桥

写给你的信。我目前在维也纳度假,但仍在艰苦工作。我的确给一位在写一本有关哲学(在我所理解的这个词的意义上)的书的人带了一些材料。我这样做部分因为我对出版自己的著作,就是说出版我最近三四年所写的东西越来越感到疑惑。某种程度上说,我可能没有压缩它而将其变成可出版形式的权力,在这种情况下,我并不介意让其他人来出版。但是,让我们拭目以待。

我不知道是否有机会前往美国。除非前去做些工作,否则我不会去做一次愉快的旅行。这实际上意味着,只有被邀请在某一大学做讲演,我才能真正前往。但我不知道它们为什么会邀请我。(大多数情况下美国的哲学——如果我没有弄错的话——与我关心的是完全不同的。)

十分感谢你的剪报。我特别想让你买一本书,名字是《视点》,是 BBC 广播内容的汇集,包括 Lowes Dickinson、J. B. S. Haldane、Dean Inge、Olive Lodge 及其他一两个人的哲学。如果你在蒙特利尔能买到,请买一本。它很值得。你无法一下子看到更多的愚蠢、晕头转向和哄骗了。我那会儿身体不舒服,感冒卧病在床。现在感觉好多了,但脑子仍然不好使。所以我觉得信只能写到这儿了,另外找时间再写更多的。关于弗雷格你想要哪种信息?他的观点?那将是一项艰巨任务。关于他的生活,我真的知道很少。我 1911 年第一次见他时,他大约 60 岁,是耶拿的教授,大约 1922 年去世——最美好的祝福。

您永远的

路德维希·维特根斯坦

十分感谢你的剪报!

一位在写一本有关哲学（在我所理解的这个词的意义上）的书的人——弗里德里希·魏斯曼（1897－1959），石里克的助手，跟维特根斯坦很长时间保持紧密联系，被托付完成这里提到的任务。他死后该书以《语言哲学原理》为名出版，R. Harré 编（London：Macmillan, 1965），关于该书的成因，参见 G. P. Baker 和 R. Harré 编的第二版（London：Macmillan, 1997），或者要看到其成因，参见德文原版 *Logik, Sprache, Philosophie*, G. P. Baker、B. McGuinness 和 J. Schulte 编（Stuttgart：Reclam, 1976）。维特根斯坦后来对魏斯曼的工作非常不满。魏斯曼1937年前往剑桥，并在奥地利被吞并时留在了剑桥，1939年在牛津找到职位，余生一直在此处教学。

我前往美国——这是信件146中沃森的建议。

《视点》——*Points of View: A Series of Broadcast Addresses*，由 Lowes Dickinson、Dean Inge、H. G. Wells、J. B. S. Haldane、Sir Olive Lodge 和 Sir Walford Davies 的讲演构成，G. Lowes Dickinson 作序和总结，Olive Lodge 提供补充信件（London：Allan & Unwin, 1930）。

148. W. H. 沃森的来信，1932 年 5 月 25 日

蒙特利尔

哈奇逊大街 3514 号

1932 年 5 月 25 日

我亲爱的维特根斯坦：

[……]

我只有一份剪报寄您，但您一定会觉得无价的。与此相伴的最近新闻，即爱因斯坦在大谈裁军问题，似乎表明人们将他排除出有活力的科学思想家的名单是有道理的。除了相对论，他还做了大量非常有价值的工作，因此这有点令人太不舒服了。

我直到今晚才写信给您，因为今天下午在物理学讲演厅我听了怀特海关于哲学对科学的支承的演讲。他好吓人。他的位子确乎是布道坛。他实际上喜欢这样的观点，即哲学是新观念的**最恰当来源**，给我们讲的都是些关于心理学和生理学的陈芝麻烂调子，涉及到逻辑时又有着最可怕的混乱。他似乎没有注意到，"真"和"假"两词不能被正确地用于假说；相反，他使用这样的论证，即关于一个科学理论之真没有什么硬性标准，以之为头脑混乱做辩护。我真高兴您不在那儿！

从您的上封来信知道，您对出版您的著作感到心灰意懒，这让我很难过，希望这只是感冒偶尔引起的暂时情况，希望您现在已完全康复。剑桥将马上就到了其最好的时刻，但我想您正收拾行李以躲避三一晚会！这让我想起我们去年夏天的告别。顺便说，您答应寄我的展示您自己的照片怎么样了？请记住，我可不希望是

一张幽灵般的,"全完蛋"("All Over")洛奇所喜欢的照片!

趁天气变得凉快些,我准备去买《视点》!我希望我能向您介绍这儿物理系主任的一篇文章,这是为即将出版的通论物理学和人类旨趣的综合卷册而写的。我被要求阅读和指正,而且必须告诉我的老板,如果我处在评判的位置上,对他所写的东西是否应该出版会怎么说,我应该说不应该。他现在是一位老人,至多不在最佳状态,可是却被爱丁顿和琼斯完全搞乱了。我觉得非常遗憾的是,深怀同情和慈善的人尤其可能被爱丁顿的"宗教"著作引入可想象的最可怕的混乱中。

现在我必须上床休息了。

愿您今夏在奥地利度过愉快的假期,而且不久听到您著作出版的好消息。

　　　　　最良好的祝愿

　　　　　　　　您永远的

　　　　　　　　　　Wm H.沃森

201　　一份剪报——现在无法确定这是哪份剪报。在维特根斯坦收集的无意义的文章中,涉及爱因斯坦的文章有许多,一些说爱因斯坦爱出风头和喜欢闹剧,一些谈他对政治、人类未来、宗教和其它一般事务的看法。一些是沃森收集的,一些是维特根斯坦的哥哥保罗收集的,还有一些无疑是维特根斯坦自己收集的。有一两份站在爱因斯坦一边——这一"无意义的"指的是一个牧师或中学教师试图用初级方法驳斥爱因斯坦的理论。

"全完蛋"洛奇——信件143提到的那位物理学家和通灵学家受洗时名字("Oliver")的幽默变体。

《视点》——见信件147。

物理系主任——Arthur S. Eve(1862-1948),与卢瑟福一起工作的著名物理学家,常常被描述为好性格的人。他以诸如"作为整体的宇宙"为题做过一些通俗的或大众的讲演。

爱丁顿和琼斯——Arthur Eddington 爵士(1882—1944)和 James Jeans(1877-1944)是齐名的天文学家。前者接近一名物理学家,后者接近一名数学家。他们都是各自主题的成功普及者,他们意在将这些主题与哲学和宗教联结起来。两人都是三一学院的人。

149. 致 W. H. 沃森,1932年6月13日

1932年6月13日

我亲爱的沃森:

非常感谢你的来信和剪报。是的,我相信爱因斯坦只是一名热血记者——很高兴听到你已有一个小动物,希望他全都好好的。我度过非常忙的一学期,做了大量工作,见了很多学生。但是我的

工作进展很慢,因为它是如此巨大的工作,我难以胜任。——关于你的老板所写的东西我相当感兴趣,这是时下本来良善的人们身上常发生的事情。

我希望有一天能去你那儿看你,跟你讨论交流。

您永远的

路德维希·维特根斯坦

爱因斯坦只是一名热血记者——对爱因斯坦热衷于谈论裁军的新闻(见信件148)的反应。

一个小动物——参见"Tierchen",维特根斯坦对于Marguerite的爱称(见信件140)。这儿指的是沃森的第一个儿子,彼得,这一年出生,现在是位于安大略省金斯顿的女王大学的荣休教授,这些信件就保存在那儿。

150. W. H. 沃森的来信,1932年9月2日

蒙特利尔

哈奇逊大街3514号

1932年9月2日

我亲爱的维特根斯坦:

因为蒙特利尔天气闷热,我这些天也没有兴致写什么东西,但

我不能允许自己将很久以来就打算写的信再耽搁了。我觉得我所附的剪报绝对无价,以至于您会原谅我。是否可以愉快地认为,剑桥大学校长能够说报纸认为是他说的无意义的话(报道中**不可能**有任何错误——尤其是我标记的段落)。"原子攻击机"的说法是典型的美国报纸的风格——当它自由行事时。以后有一天我打算提出这一"神秘之谜"的弗洛伊德理论。

您的命题符号对我很管用。我记着您在剑桥讲演时的样子,我在想照片中从照片底片印到您的脸上的指纹是否有意为之,因而是您的指纹,抑或只是粗心大意的技术导致的证据!非常感谢您的照片。

[……]

我建议您看看沃尔泰拉《泛函理论》第 204、205 页的"论抽象空间";别的不说,先是这点:"……数学一直所做的正是,不断地从具体走向抽象。"这说的什么呀?——而且出自在现代数学上做出许多发现的人!

您的手稿进展如何?我希望您别放弃支持维也纳那个在写作"您的意义上的哲学"书的人。顺便说一下,请告诉我那个人的名字,什么时候打算出版那本书;事实上,如果您能方便寄我一本,让我知道多少价钱,我会寄您必要的费用。我不可能成为德国学者,但借助词典读起来很便利。

[……]

记着见到德鲁利和其他人的话代我问好。

您永远的

Wm H. 沃森

剑桥大学校长——Stanley Baldwin。在渥太华帝国会议的报告中,他表达自己的敬意,"因为你们的[科学家们的]工作总是处于宇宙奥秘之境"。剪报仍在,这一段打了标记。

"原子攻击机"——1932年8月1日《蒙特利尔公报》的一份剪报(也保留着)。段落结尾是:"谦卑而敬畏地说,原子攻击机是压倒一切的,因为它们越来越深地进入位于原子核的神秘之谜。"

沃尔泰拉——Vito Volterra(1860-1940),意大利数学家。

维也纳的那个人——见信件147的注释。

151. 致 W. H. 沃森,1932年11月4日

11月5日

我亲爱的沃森:

非常感谢你9月2日的来信,请原谅我没能立即回信。有一大堆工作以及一大堆个人的和其它的麻烦妨碍着我。剪报好极了!——一、两周内琼斯将以"宇宙的最深处"为题做讲演。我接到邀请,但我想最好还是不去。——我现在比往常做更多讲座(或毋宁说讨论)。一周4小时,1小时是给数学家开设的特别课程。

我的听众很可怜——不是数量上而是质量上。我相信他们没有从中得到任何东西,这使我非常忧虑。摩尔仍然来听课,这倒是一个安慰。我自己的工作进展缓慢。我最近有德鲁利和汤森的消息。德鲁利在南威尔士做帮助失业者的工作。他一如既往地优秀。汤森在一所学校教书。信就写到这儿吧,简直不像一封信,写信时我感觉很不舒服。感冒着,糟糕的学生,坏天气,不时地让我感到郁闷。当然这些都会过去。请快点回信。收到你的信我总是很高兴。但我自己是一个不……通信者。

您永远的

路德维希·维特根斯坦

邮戳:剑桥,1932 年 11 月 4 日。

琼斯将做讲演——那一年的西奇威克纪念讲座,实际讲座是在 11 月 26 日。讨论的是银河系的形状和重量以及爱因斯坦对空间曲率的阐述。

给数学家开始的特别课程——见信件 155 和描述这一课程的注释。

汤森——Raymond Townsend(1902－大约 1986)来自新西兰,当他 1931 年在道德科学荣誉学位考试中获得第一名时要比同类人年长些。他在剑桥又待一年,后在法国找到了职位。他是一名中学教师,正如信件(254 及以后)所表明的,与维特根斯坦保持着朋友关系。他将整理好的笔记交给李和金，以便 H. D. P. 李编辑的《维特根斯坦 1930－1932 年剑桥讲演集：来自约翰·金和戴斯蒙德·李的笔记》(Oxford：Blackwell，1980)的出版。

152. W. H. 沃森的来信，1932 年 11 月 13 日

蒙特利尔

哈奇逊大街 3514 号

1932 年 11 月 13 日

我亲爱的维特根斯坦：

自从您上次来信已过了很久，我在想您那里发生了什么事。希望您一切安好。

我无法告诉您我多么渴望看到您著作的印行，因为我这儿除了《逻辑哲学论》再没别的，我从这本书中能获得哲学刺激，而阅读过程又不至于痛苦。我一直在物理学上努力工作，目前致力于把麦克斯韦的电学理论撕成碎片！当把该理论批判性地看作一种发明时，令人惊异的是它看起来非常不同。它包含了至少一个白兔假设的变体。我不知道当这一假设被扔掉后将会发生什么。

剑桥目前怎么样？您还去磨坊路的电影院，或者碰到三一学院教员吗？我期待不久您能寄信给我，写些这类亲密细节，帮助我回忆那个地方。

您可能注意到随信寄去了一张小照片。我希望您察觉出我儿

子聪慧的小脸。拍过这张照片以来,他已取得好大的进步,我和妻子为他深感幸福。我想您能理解我上述表达中按捺不住的愉快心情。

请赶快告诉我您的近况。

您永远的

Wm H. 沃森

麦克斯韦的电学理论——沃森的这一观点受到海因里希·赫兹("麦克斯韦理论是麦克斯韦等式系统")的不少影响,出现在《论理解物理学》的好几个地方。

磨坊路的电影院——现已不存在:它当时叫 Kinema(见信件153)。也许人们觉得它还不够格成为集市广场附近的艺术影院。

153. 致 W. H. 沃森,1932 年 11 月 24 日

11 月 24 日

我亲爱的沃森:

非常感谢你的来信和照片。我必须说,孩子看起来好可爱。我这样说并不是恭维你。最近两、三周我一直感觉很糟,总是担心精神会崩溃。我大概有 10 天时间没有碰我的工作了,除了今天做了点,也许接着我能好一些。不过,整个时间我都一直在做讲座。

班级中等规模。摩尔仍来听课,有两个很不错的数学家(你不认识他们)。我这学期只去了大约三、四次电影院,有一次去"Kinema"(磨坊路)看了相当烂的战争片。李(我想你可能还记得他)附寄给我了些剪报,顺便说一下,我想放回收集中,但想让你看一下,获得点灵感……

再给我早点回信。

您永远的

路德维希·维特根斯坦

邮戳:剑桥,1932年11月24日。

154. W. H. 沃森的来信,1932年12月29日

蒙特利尔

哈奇逊大街3514号

32年12月29日

我亲爱的维特根斯坦:

谢谢您的两封来信。听到您感觉不大舒服很难过,希望经过假期能够好些。容我建议,您也许需要好好休息一下!!!

您寄来的有关心灵人(Mind People)的剪报棒极了。我把它寄回,还加一份剪报,相信您乐于添加到您的收集中。请注意克罗克博士的主题也相当适合!如果我能让人抄一份,我愿意寄您马

克斯·普朗克论"因果概念"的讲演——载于1932年9月伦敦物理学会会刊:简直混乱不堪。我老想对此写个批判文章,但总是太累而无法开始——"这是一团乱麻,从哪开始?"

我希望您告诉我一些琼斯讲演(您接到邀请而决定不参加)的情况。(我认为,这意味着剑桥出版社将出版一些更烂的东西。)

如果您刚好给他们写信,请代为问候李和德鲁利。

最良好的祝愿

您永远的

Wm H.沃森

心灵人——来自对C. C. Hurst博士《创造性进化的机制》(Cambridge:Cambridge University Press,1932)的报纸报道,该书预言了人类后继者的演化,该书的影响如果不是全部也几乎被人们遗忘了。

克罗克博士的主题——所讨论的剪报确实包含一个预言,即爱因斯坦的发现也许会给我们一个新的上帝概念。Crocker博士(在所说的会议上)非常坚定地谈论了"一种完美的麻醉剂",沃森幽默地说它也许真的有用。

1933

155. 致 M. L. 卡特赖特,[1933年1月]

星期六

亲爱的卡特赖特小姐：

非常感谢你的来信和论"数"的论文。我在想,你是否允许我下星期三在我们课上讨论它。这的确会非常有用。在这些课上把任何想法搞清楚的唯一办法是你自己竭力清楚地表达自己的思想,然后对它们做透彻分析。因为如果它们能经得起分析,就再好不过。如果没有任何毛病,我也无法挑刺。你如果不反对星期三我讨论你的论文,就请不用回信了。

您诚挚的
路德维希·维特根斯坦

玛丽·卡特赖特小姐（给编者来信）注明,这一事件发生在"1933年的两个学期",当时她参加了维特根斯坦给数学家开设的课程,这一课程的确开始于1932年秋季学期的一个星期三。作为后来的格顿太太和皇家学会会员,卡特赖特小姐(1900 – 1998)是天资聪颖的数学家,哈代的学生,后来跟李特尔伍德有合作。正如她所回忆的:"标题是'什么是三?'他不断说'给我点时间'。一张支架桌子上摆着各种纸张,就像《逻辑哲学论》那样的东西,在长时间的沉默中我看着这些东西。我感到失望,因为他并不像在无限基数方面走得那么远。"她还回忆道:"的确困难和重要,他自己还没有把握和信心。"乔治·坦普尔教授坚持这样的印象:他一直觉得,也许会有一个启示降临,但对他来说从未降临。L. C. 扬教授则持不同看法:洞察到维特根斯坦的思维方式和对深度的需要使他们成为更好的数学家。具体而言,他记着相关于哈代《纯数学》引入的无理数而对 10 条线段所做的讨论(哈代没有深度:跟李特尔伍德的合作才使他富有成效)。同样的,维特根斯坦以前也校正过拉姆塞只从数学上思考逻辑的毛病。所有这些评论都来自给编者的私人信件:在维特根斯坦的朋友 H. D. 厄塞尔的讣告中,扬公开地说:"维特根斯坦的看法在更深的层面融合进了全新的创造性环境。这也许是剑桥大学最好的阶段之一"(《伦敦数学学会简报》,20(1970),第 344 - 346 页)。玛丽·卡特赖特小姐(仍是在信中)说:"维特根斯坦的基本态度是现代拓扑学及其抽象探究引入时同时发生的转变的一部分,这种转变发生在此处和别处尤其是在美国,而总的转变则很少跟[他]有关。"有关维特根斯坦"1932 - 1933 年给数学家开设的哲学课"的笔记,印在爱丽丝·安布罗斯编的《维特根斯坦 1932 - 1935 年剑桥讲演集》(Oxford:Blackwell,1979)第 206 - 225 页。

156. 致 W. H. 沃森，1933 年 4 月 26 日

我亲爱的沃森：

谢谢你的来信。收到信时我在维也纳，在那里忙着口述我那大约 800 页的可怜哲学。它们包括所有我想说的东西，但是说得很糟糕，我现在开始重写整个著作。全部完成以后，我会拿去付梓（假如我还活着）。我跟往常一样做讲座，安排得不好，大多数学生不能理解，这学期学生很少。其中除了摩尔，你不认识其他人。复活节假期前我刚好见到德鲁利。他干得很辛苦，在做一份出力不讨好的工作。汤森在一所学校教书，情况显然不错。大约有 4 个月没有得到李的消息。

邮戳：剑桥，1933 年 4 月 26 日。该信没有签名，但写在问候纸片上，结尾印着"带着作者的问候"字样，无疑被拿来幽默地重用。

忙着口述——可能是信件 197 描述的"大打字稿"的 TS213，这是 700 页的手稿卷 TS211 的笔记或早前摘录。两者都部分地由（前者几乎完全是）以前的口述材料的重新安排构成，比如 1930 年给摩尔和罗素看过的材料（R. 里斯编《哲学评论》(Oxford：Blackwell，1964)）。见信件 127－129。

157. 致凯根·保罗，[1933 年 5 月 20 日之后]

KP-FJW

亲爱的先生们：

　　这里回复你们 5 月 18 日的来信，我抱歉地说已经忘了拉姆塞先生的更正是什么，在第二版付梓之前我很想看到它们。我确实不希望有任何新的变动。

　　还有一件事我想告诉你们。我不知道对我的书的需求如何，但从你们在准备第二版以及其它征象看，现在书的销量还不错。如果我没记错的话，我们协议的条款中书的全部版权当时都给了你们。但我在想，如果你们不认为不公平的话，是否让我拥有第二版（以及以后各版，如果有的话）的版权。正如你们将理解的，我提这一建议的理由是，尽管我觉得我们的最初协议是完全公平的，因为你们在出版这本书时在冒相当大的风险，但现在很明显该书在盈利。

　　我希望这一建议不至于让你们觉得不合适。

　　这是一封信的草稿。见信件 160。

　　KP——出版商 Kegan Paul。

　　FJW——可能是出版商 Frederic John Warburg（1898－1981），当时在 Routledge & Kegan Paul 出版社工作。

158. 致《心》的编辑（G. E. 摩尔），1933年5月27日

亲爱的先生：

我已读过最近出版的《剑桥大学研究》一书中布雷斯威特先生的文章，感觉有些吃惊，尤其是他在那儿所展示的是我眼下对哲学问题的看法。最近4年来我一直在做哲学研究，但我的工作还没有出版任何著作，除了在这一阶段的最开始在亚里士多德学会会刊上发了一篇短（而且浅）文章外。如果我的思想已经出版的话，我也就不用写信打扰您了。因为那时任何严肃的读者都可以在我自己的出版物中看清我的观点是什么。实际情况倒是，如果他对我所想的东西感兴趣，他的唯一来源倒是布雷斯威特先生的文章。因而我必须正告这样的读者，我拒不对布雷斯威特先生归于我的那些思想观点负责。他的部分陈述可以看作是我的观点的不准确再现，其他部分则显然与之相矛盾。

我著作出版的推延，以清晰连贯的形式呈现它的困难，不用说妨碍我在一封信的篇幅中陈述自己的观点。因此，读者必须对这些观点提出质疑。

您忠实的
路德维希·维特根斯坦

剑桥
1933年5月27日

布雷斯威特的文章——"哲学"，载 Harold Wright（编）《剑桥大学研究1933》（London：Ivor Nicholson & Watson，1933），第

1-32页。

亚里士多德学会会刊的文章——"略论逻辑形式",《亚里士多德学会会刊》增刊第9卷(1929),第162-171页。

布雷斯威特也写了一封信,发表在《心》7月号(42(1933),第416页):

亲爱的先生:

维特根斯坦博士足够友好地让我看了他如上发表的信件。如果我让人们觉得维特根斯坦博士要对我的文章的任何陈述负责,我深感抱歉。我曾希望我的开首段落已经澄清,文章所陈述的只是各位剑桥哲学家所留给我的印象。但是,因为维特根斯坦博士担心人们会认为他对文章有责任,我现在后悔没有清楚地提醒读者,别不加批判地接受我对某些观点的阐述,这些观点还没有被作者以印刷形式出版。

我误述维特根斯坦博士的程度尚难断定,直到我们都热心期待的著作出版了为止。

您忠实的

R. B. 布雷斯威特

159. 致 G. E. 摩尔,[1933 年 5 月 27 日之后]

星期六

亲爱的摩尔:

请在附件中查收我给《心》的信件的校样。我没做什么修改。请通读一遍,看是否有需要修改之处。我在想第 8 行"Now"后面以及"print"后面的句号是否必要。如果不必要,我建议将其删掉。三行之后"think"后面的句号我觉得也没必要。

您永远的
路德维希·维特根斯坦

给《心》的信件——所建议更正的前两处而不是第三处在打印的文本里做了更正,这也可以在 James C. Klagge 和 Alfred Nordmann 编辑的维特根斯坦的《哲学时刻》(Indianapolis and Cambridge: Hackett,[1993])第 156 页中看到。

160. 致 C. K. 奥格登,1933 年 6 月 21 日

剑桥
三一学院
33 年 6 月 21 日

亲爱的奥格登:

5 月 20 日我收到凯根·保罗的一封信,说我著作的第一版现

在几近告罄,他们即将印些新书。他们在信中提到拉姆塞所做而且我也授权的某些修改,问我是否想做进一步的修正。我5月27日已回复说,我不知道拉姆塞做过哪些修改,在新版付梓之前我想看一下它们。此后我没有得到凯根·保罗的回音,直到今天他们写信给我,说我能否"足够友好地给他们寄回《逻辑哲学论》的修改校样……这些现在要得很急"。这显然是在说胡话,因为他们不曾寄我任何校样,这让我觉得他们想骗我。所以,请你能否去看看,帮我搞清这件事情。

您诚挚的
路德维希·维特根斯坦

修改校样——关于修改之处见信件99和101的注释以及那儿引证的C.莱维的文章。出版商1933年6月27日写信给奥格登说,他们收到了维特根斯坦寄回的修改校样(因而一定是那几天寄的),其中包含由他做的"不少补加的修改":这些可能是莱维所记录的修改,而不是在第一版的拉姆塞的副本上的修改。所有的修改之处都很容易查到,因为那时所用的去色技术使得修改之处的印痕要比未更正的文本淡一些。

161. 致 G. E. 摩尔,[1933年10月底]

星期一

亲爱的摩尔:

我觉得该让您知道,我星期二不去跟您喝茶了。我应该两三周前将这事写信告诉您,事实上大约两周前我给您写了封信,但是又把它毁了。然后我离开剑桥一周,推迟了给您写信,把这事给忘了。请原谅我的疏忽。

我还想告诉您,我不去的原因是您有两次表达得不够亲切,第二次是我们上次见面时。(您没有不友好。)您的行为使我觉得我们以往见面的方式未能很好地表达我们的实际关系。我知道我没能说清这一点,但您理解我的意思。

如果您允许我偶尔茶会之后去您的招待会,我会去的。

您的
路德维希·维特根斯坦

摩尔如此记录到:维特根斯坦这月 23 日(星期一)从一周的步行度假中返回。

招待会——摩尔的"招待会"是讨论哲学论题的场合。

162. C. L. 斯蒂文森的来信,[1933 年] 11 月 18 日

美国麻省剑桥
沃克大街 59 号
11 月 18 日

亲爱的维特根斯坦先生:

我一直处于某种不安宁的心态,既在适应一个新国家(因为它

几乎总是新的),又在适应一种新的哲学行话,结果一直推迟写信给您,因为没有多少确定的东西可说。

我对这里所做的工作一点也不兴奋,不过,另一方面还可以容忍,而我一旦开始做自己的论题(可能在 2 月)就会有趣得多。眼下我正准备一场考试,它假定一个人对哲学史有相当多的知识。其结果是,我必须做的阅读对我来说太散乱而难以吸收,而我一直在跟一个微弱的声音争吵,它告诉我当其他人的混淆如此显而易见时,我根本没必要知道这些混淆的细节。

[……]

希望您安好,希望剑桥的工作令您满意。

在去年将近年末跟您谈话时,我总是感到笨拙,因为我觉得,您认为我对待哲学的态度有点漫不经心和肤浅,在我们第二学期的讨论中只是敷衍地对待您的专注和诚意。但是,我认为从我的方面来说,这不是别的而更多是防御。您不管说什么,都是以如此巨大的活力和信念说出,以至于我总是想立即相信它,就仅仅因为您人格的力量。这当然从不曾有过。所以,为了争取时间——让我的观点以它们自己的缓慢方式会集起来,——我倾向于以某种有礼貌的方式加以防御,而您肯定想到别的地方了。可我似乎没能力找到别的替代办法。我非常想让您相信的事情是,我看重认识您这件事不管怎么表达都不为过。对我来说最近感受尤其如此,因为在您的人格中我发现某种铠甲,可以抵抗似乎总是充满学术圈的自私和盲目。

请代我向摩尔教授表达最深切的问候。路易斯要我代问您好。

诚挚的

查尔斯·斯蒂文森

我附上一句您会感兴趣的引自康德的话,万一您没读过的话。(我收集了很多更精致的无意义的例子,但等找到许多其他例子后再寄给您。)

215 C. L. 斯蒂文森——(1908-1979)曾随摩尔和维特根斯坦学习的美国人,后来为耶鲁和密歇根的教授,以《伦理术语的情感意义》(1937)和后期关于同一主题的著述而闻名于世。

康德——维特根斯坦敬佩康德,但是对其谬误之处并非不知。他曾告诉克雷泽尔:"康德的风格不是坏,而是疯"(给编者的信)。

163. 致 W. H. 沃森,1933 年 12 月 11 日

12 月 11 日

我亲爱的沃森:

非常感谢你 10 月 22 日的来信,请原谅我回信这么迟。这学期前两周我感觉不大好,后来又特别忙。长假期间我做了相当多的工作,工作实在过度了。回来后我发现自己没法做一点工作。

所以经过迟疑,我决定暂歇一周去徒步旅行,让自己整个一周完全不再思考工作。返回之后我发觉可以再度工作,尽管不是很好,而且两周之后我又可以正常工作了。谢天谢地!——我没有浏览《物理评论》,没有浏览是因为我必须节省对于我的真正工作来说本就很少的精力,不让那些既不算休息也不真正重要的事情分散我的注意力。

请别给我寄你的手稿。我可能无力去看它。我非常想见到你,跟你一起讨论,但我不擅长阅读!它让我极度紧张,使我一事无成。正如我所说,我希望我能抽时间过去,跟你讨论。

我做了很多讲座,采用我觉得最适合我的方法。我向学生解释些东西,然后向他们口述我们已经讨论和得出结论的简要陈述。这些口述接着被打印和复制,以便每个人都能有一份清晰复件。如果你想有一份复件,以便了解我们正做的事情,请径直告诉我。

我想起一个人,曾在剑桥碰到过而且感觉的确很好,已是麦吉尔大学的哲学教授。他的名字是 McLenan(我不知道是否拼写得对)。你知道他吗?

请快点给我来信。祝你和家人圣诞节和新年快乐。

您永远的

路德维希·维特根斯坦

邮戳:剑桥,1933 年 12 月 11 日。

你 10 月 22 日的来信——没有找到。

你的手稿——显然是《论理解物理学》手稿(见信件 140 的注释)。

这些口述接着被打印和复制——这是准备《蓝皮书》的早期阶段(见信件 166-167)。

麦克莱纳——可能是 R. D. Maclennan,许多年都是麦吉尔哲学系的顶梁柱(亦见信件 168)。

164. 致 G. E. 摩尔,[1933 年 12 月]

星期六

亲爱的摩尔:

这是估计。我的讲座都没有超过 1200 个单词,如果我们用大页纸打印,每次将花 4/6 英镑,就是说 20 份将花这么多。我无法确切知道将有多少次讲座,因为下学期我决定一周口述 3 次,而不像这学期那样一周 2 次。这学期我只口述了 10 次,因而这一学年总共将最多口述约 52 次,这些将花 11 到 12 英镑。如果每次讲座只印 15 份,而且没有确定的理由印更多,这将少花 10%,即大约花 10 英镑。

您的

路德维希·维特根斯坦

祝您及您夫人圣诞节和新年快乐。

摩尔1933年在日记中写道:"维特根斯坦星期二没有来,直到11月28日来询问董事会何时支付复制他的讲座笔记的费用。"信件161解释了所指的星期二。关于复制,见信件165和166。结果毫无疑问出于摩尔的建议,1934年1月23日道德科学学院董事会会议"同意发给不超过15镑,用于本学年[维特根斯坦博士的]学生复制笔记的费用。"

165.致C. L. 斯蒂文森,1933年12月22日

33年12月22日

亲爱的斯蒂文森:

(我希望你不在乎我没用"先生")非常感谢你的来信。看到它我很高兴。遗憾你得大量阅读哲学史,因为阅读很难帮助你澄清自己的混乱。理解其他人的思想或者从其他人的迷乱中学到什么真的相当难,尤其当他们生活在很久以前,说着跟你不一样的哲学语言时。可做的唯一事情一直是,告诉你自己你不理解他们究竟在说什么。如果你真正有过自己的思想,你就会知道他人很难准确地理解它,然后你还会知道你也难以理解其他人的思想。我知道,如果是一位哲学教授,你得声言理解每个人所说的东西……但你不是一位教授,所以享受自己的自由好了!

至于我们去年的讨论,我对你将来的发展前景的确有些担心。我的意思是,你是否会以真正严肃的方式从事哲学。因为我知道,

走向肤浅的诱惑无处不在，除非你离群索居地活着；即便如此，诱惑也无处不在。在哲学中思想准确透彻的一般标准异常低，以至于任何人只要能看穿邻人思想的某些混乱，就轻而易举地觉得自己无所不知，认为自己一点也不比他周围的许多著名哲学家差。我希望你对自己能持守像样的标准，不要理会别人在工作中采用多么糟糕的标准。

我很乐意读到你在信中就我所说的溢美之词。因为尽管这些话向我表明你过高地估计了我，但它们也说明我曾对你起了作用。你对任何人所能帮的忙无过于告诉他，他是一个有用的人。

如果你不是太忙的话，请快点给我回信。你写的任何东西我都感兴趣。

请代我向你夫人问好。祝你们三人圣诞节和新年快乐。

您诚挚的

路德维希·维特根斯坦

166. H. S. M. 考克斯特的来信，1933年12月29日

萨里郡

哥姆肖

霍埃

33年12月29日

亲爱的维特根斯坦：

抱歉再次用这样的小事打扰您。但我听说您估计会得到10

英镑,用于复制一年的讲座笔记。这当然又好又便宜;但我恳请您用我的吧,不只是因为这里会更便宜,而且因为相当一部分工作已经完成。当我见到8-10英镑出售的状况良好的最新型号雷诺复印机时,非常高兴地购买了。学期末之后,我和布雷斯威特夫人充满乐趣(也相当麻烦)地开始复印工作。因此您最初6次讲座的20份复印件,每次讲座平均只用花大约4先令(用于纸张、墨水和模板切割)。在您方便的时候,布雷斯威特夫人将呈递过去请您批准。我希望您能原谅我的冒昧,别觉得我"别有用心"。如果您决定让我们继续复印,机器本身仍是道德科学学院的资产,但您只要有需要就借给您和您的学生。在财务上,这一计划在本年没有什么不同。但正如我们所共同希望的,如果您同意继续在这里复印,下一年将有更多优惠。

祝您一切安好。

诚挚的

唐纳德·考克斯特

考克斯特——Harold Scott Macdonald(后称为"Donald")Coxeter(1907-2005),三一学院毕业的数学家,后来知名的加拿大射影几何学教授。

相当一部分工作已经完成——在1934年1月1日给斯蒂文森的信中,安布罗斯小姐(见信件176注释中的简介)将自己前一学期跟维特根斯坦的接触描述如下:

现在谈谈维特根斯坦。这学期他搞得有点滑稽。班级一开始很大,而且一直很大。大约两周以后,他决定两周一次跟他自己挑选的5—7人见面。幸运的是今年维特根斯坦喜欢我,我们相处得不错。这使剑桥对我来说有些奇妙的不同。目前我是被选去等待面授的人之一。布雷斯威特夫人、斯金纳、古德斯坦、考克斯特(三一学院的数学家)和我第一批去,后来奈特夫人和一个叫马蒂诺的小伙子也允许参加。班上的其他人羡慕不已,因此事情变得非常尴尬的混乱,因为留下的其他人维特根斯坦虽然教着,但事实上那么多人似乎让他烦乱。[……]在小班上他是这样做的:他跟我们讨论他想说的东西(他跟以前一样谈论语言游戏),然后他口述。他尝试做相关的讨论。我可以说,这年要结束时我们都获得相当于半官方的解脱。至少他在英语上煞费苦心,我们中的一人给他打印笔记,笔记要加以改正。每次我们跟他见面,我们待 $2\frac{1}{2}-3$ 小时,除了他我们都力不从心。这是两周一次,然后有其他两小时的讲座。到学期的最后一周,他还没有结束,所以我们又见面 $2\frac{1}{2}$ 小时。他仍然没有结束,所以我们又见面 $3\frac{1}{4}$ 小时。他的批判和分析跟以往一样精彩。[……]我知道维特根斯坦在他的书上遇到了障碍。想必跟我们的这些讨论也是他澄清困难的方式。

220 模板切割是考克斯特和布雷斯威特夫人(马斯特曼小姐)承担的额外工作。安布罗斯相信,出于嫉妒,斯金纳影响了维特根斯坦对考克斯特的态度。两个《蓝皮书》较短的第一个可能就是考克斯特和布雷斯威特夫人制作的那个。在这一学年期间,当维特根斯坦没有正常口述时(部分在"其他两小时的讲座"中),安布罗斯和布雷斯威特夫人做了更多笔记,收集于《黄皮书》,大部分在《维特根斯坦1932-1935年剑桥讲演集》中出版。

1934

167. 致 H. S. M. 考克斯特，[1934 年 1 月 13 日]

亲爱的考克斯特：

我非常不赞成你所做的事情；尤其不同意置我于"既成事实"的做事方式，以至于让我没得选择。我还不知道我会怎么做，这件事我会去征询一个朋友，他的看法我可以信赖，在此之前我不会做出决定。但是我想让你知道，如果作为一个讲师，我不能廉洁从教并远离广告宣传，我甚至会走到辞去讲师职位的地步。

您诚挚的
路德维希·维特根斯坦

这是一封回信草稿，写在考克斯特的信(166)的空白处。日期是从维特根斯坦圣诞节从维也纳返回推算出来的。尚不确定（但并非完全不可能）这封回信是否真的寄出。

一个朋友，他的看法我可以信赖——肯定指的是摩尔。摩尔的日记表明，维特根斯坦拜访了他，"谈到复印机"——他 11 月 28 日曾向摩尔提出学院董事会支付复印费一事，这事的结果见信件

164 的注释。很可能摩尔与考克斯特缓和了事态。

168. W. H. 沃森的来信,1934年1月14日

蒙特利尔
迪罗谢大街 3575 号
1934 年 1 月 14 日

我亲爱的维特根斯坦：

非常感谢您的来信和美好祝愿。收到您的来信时,我正认真地考虑该去核实您是否还活着,是否还活在剑桥！但是您的来信让我确信您活得好好的,我对您在讲座中采用的新方法尤其感兴趣。要是能收到您上课笔记的复件,我会十分高兴。也许有一天我们会相当幸运,参加您讲座的人有足够的速记知识,以至于可以完整地记录您所说的话。

接到您的信以来我还没见到麦克莱纳,所以我还未能带去您对他的问候(!)：他患病了,不过现已康复。我也觉得他人很好——除了他暗示,我受过你的"灌输"。麦克莱纳在教师中以极其严肃而著名,他非常讨厌这个异乎寻常寒冷的冬天。

您对我请您看我手稿的回答在预料之中：我尊重您的想法,但抱歉无法采纳您的建议,就是说我无法去剑桥跟您讨论,今年的资金无法支持这事。我们仍然在因去年夏天的访问而节省,而且眼下汇率也不大合算。我很乐意再次访问剑桥,以便向您请教一堆

问题:因为访问看来不可能,所以请您还在信件中一如既往地讨论哲学。

[……]

我们很少有奥地利的消息,但现有消息叫人沮丧。我觉得那儿的事情很糟糕,谁的生活都不会轻松。英国似乎是当今地图上的一个亮点。

早点给我回信,祝您健康、快乐。

您永远的

W. H. 沃森

这是对信件 163 的回复。

McLennan——Maclennan 的名字这里拼错了。

我的手稿——无疑是《论理解物理学》手稿(见信件 140 的注释)。

169. 致 P. 斯拉法,[1934 年 1 月 19 日]

星期一

亲爱的斯拉法:

上次见面时,我说我会抽时间拜访你,我想解释一下我为什么还没拜访。我现在很少或者实际上没有精力,我的工作耗尽了我的精力。你知道,我们最近一个时期(指大约最近6或9个月)的谈话总是让我有很大压力,我相信你也一样。这本身倒不是问题,但我认为很显然,无论如何就目前来说,我们已经将能够给予彼此的都给了。从过去两三年我们的交谈中,我从你那里学到很多东西;但我无法说在最近几次交谈中我从你那里学到了很多。这不是说我已学到你能教的全部!但我已学到目前我所能吸收的大部分。这就是我们最近几次交谈不那么有成效的原因。所以我觉得,没有理由不再见面;但这是我之所以避免与你交谈的原因,除非我感觉更强有力。

您的
路德维希·维特根斯坦

日期由斯拉法用铅笔轻轻标出。从两个人的日记判断,跟斯拉法的定期交谈1933年10月停止。1933年12月有两次见面,1934年春秋学期有一次借助备忘录进行讨论的尝试(见信件170－175;有些日期不太准确)。此后,定期见面似乎只到1935年复活节学期(5月)才开始。

170. 致P. 斯拉法,[1934年1月31日]

星期三

亲爱的斯拉法:

下面是我对我们上次交谈的主题所做的一些评论。我希望它们别太不连贯,希望你能将其读完。

你说:"奥地利人能做德国人所做的大部分事情。"我说:你怎么知道?当你说他们能时,你所考虑的是怎样的环境?"他能从他的手指上去掉订婚戒指。"的确,戒指不太重,也没有黏在他的手指上。但是:他也许羞于去掉戒指;他的妻子可能不允许,等等。

你说:"从意大利已经发生的事情中学习。"但是,我应该从它们学到什么?我不确知事情在意大利如何发生。所以我从中能引出的唯一教训是,有时人们不期待的事情会发生。

我问:我不能想象其狂怒时的面孔的一个男人,当他暴跳如雷时看起来会怎么样?他能暴跳如雷吗?当我看到他狂怒时,我会说什么?不只是"噢,他毕竟还能暴跳如雷",而且:"这是他能狂怒的方式;这是狂怒与其前面的表现联结起来的方式。"

事实上,我能轻易地想象某些特征在变成愤怒(记住我关于在波西米亚的德国人所说的话),但不能想象其它特征在变成愤怒。这当然并不意味着,我否认其它特征也能看起来像愤怒;但困惑我的是它们能够看起来是哪种愤怒。也许对我想象它所是的愤怒类别,我会去猜想。

你对我说:"如果一个男人狂怒,他脸上的肌肉 a、b、c 收缩。这个(奥地利)男人有肌肉 a、b、c,那么为什么它们不该收缩。事实上,如果维特根斯坦你想知道他狂怒时看起来如何,去想象有着这些收缩的肌肉的他就好了。奥地利转向纳粹时,它看起来如何?将没有社会主义政党,将没有犹太法官,等等等等。这就是它看起来的样子。"我回答:这没给我一张面孔的图像;除了如下事实,我对这些事情的了解还不够,因而不知道你所指出的所有这些变化是否会一块儿发生。因为说肌肉 a、b、c 将收缩,我明白意味着什么,但许多肌肉等在它们之间将变成什么,我却不明白。这一特定面孔上一块肌肉的收缩难道不会阻止其它块的收缩吗?你知道这一特殊情况中事情怎么互动吗?

你可能说:的确,确定未来面相的唯一方式是越来越准确地知道所有(不只主要的)肌肉的收缩等。

我说:我不认为这是唯一方式;还有另外一种方式,尽管两种方式会相遇。我或许问一位生理学家面孔将会怎样,但我也可以问一位画家。两人会给我不同的回答(画家要画愤怒的面孔),尽管如果他们都是对的,他们会相互认可。当然,我知道画家必须学习解剖学。我想知道画家的回答,我也想知道生理学家可以告诉我怎么检验画家的回答。

我有兴趣知道,当奥地利人转向纳粹时,他们将使用什么措辞。假设他们的爱国主义只是谈话,那么我感兴趣的就恰恰是他们未来的谈话。

我还想说一件事:我觉得你在讨论中的毛病是:**你不太帮助人!**我像个男人邀你在我房间喝茶;但我的房间几乎没有家具,人们不得不坐在盒子上,茶杯放在地板上,杯子没有把手,等等。我赶紧收拾我觉着应该收拾的所有的东西,以便我们可以一块喝茶。你却阴着脸站在那里;说你无法坐在盒子上,无法端没有把手的杯子,总是让事情变得更糟糕。——至少在我看来如此。

您的

路德维希·维特根斯坦

日期是斯拉法用铅笔很轻地标注的,但也只能是这个日期。奥地利确实有纳粹化的危险,而且这一年的二月政变事实上导致了独裁政权的建立,尽管不是纳粹政权(的确导致对社会主义——确切地说是"社会民主"——政党的压迫)。

我们上次交谈——两人的袖珍日记都没有记录1934年较早的见面,但信件173暗示至少安排了一些见面。

171. 写给P. 斯拉法的笔记,[1934年2月21日]

我觉得,把我的论证写下来可能是使得表达它们是值得的唯一方式。——因为不管正确还是错误,我相信它们大多情况下值得听,也值得加以适当考虑,不过我在陈述它们时深感绝望,因为我知道当我说它们时它们在浪费你的时间。这就像在竭力去灌一个没有底的桶一样。

我的意思不是说,我确信如果写下来你就会搞清我的论证。这只是可设想的;因为只要你愿意就可以慢慢琢磨它,不会像只是听那样,轻而易举就将之忘了。

———

德国人无法满意或繁荣地生活在一个共和国,因为他们是君主制下的人们,这样说是正确的论证吗?人们可以通过如下的发问攻击这一论证:"你对路易十四治下的法国人不是说过完全同样的话吗?"这一论证让我想起与它显然无关的东西。人们如果问"时尚(例如着装时尚)为什么变化"这一问题,大多数人会回答:因为口味变着。他们会说,人们如其所好地着装,因为他们现在喜欢这样着装。但是在大多数情况下,这样说是错的或者什么都没说。人们如其所好地着装有各种不同原因:因为他们看到别人以这样的方式着装,因为他们的裁缝正好在做这套服装,如果他按照不同的样式做服装,他们的着装就会不一样。即使设计新样式的裁缝也不能轻易地说他们设计新服装是因为喜欢新服装。他们可能认为新服装更合适或者本能地在设计新服装等等。当然有时候也会有一个人在不同样式间选择,喜欢一个样式超过另一个,要裁缝照之裁制。我想指出的幻象是这样的,——认为人们所做的每一行为都预设着一个特定心态,行为不过是其结果。所以他们不满足于说裁缝今天设计一种样式,明年设计稍微不同的样式,这有各种各样的原因,而是说有一种心态、口味、喜好在变化;将设计样式的行为看作次要事情(将心态看作首要事情)。就好像变化了的口味尤其不在于设计他们确实设计的服装。该幻象可被描述为,人们预设了一个心理的水库,我们行为的真实原因都保存在水库中。这关联着我们的第一个问题,因为人们想考虑这一水库,即"国民的心性",当人们谈到一个国家可能经历的政府变化时,人们想象这一东西即心性不会改变。

设想人们问"没有王冠能是个国王吗?"这一问题。人们在这里可能想说"不能,因为担当国王的角色怎么能没有王冠呢,或者如果国王没有王冠怎么能跟王权的面相相配呢。"但是对这一问题的回答其实是"好吧,这一面相也会改变,也有没王冠的国王。"

226　　如果人们说,"德国无法变成适当的共和国,因为这不像德国人,不像我所看到的他们的面相。"我认为这一论证的幻象是,人们(某种意义上无意识地)预设某一类型的特征(它构成心性或是心性的体现)不会改变。该幻象大抵说来是认为,如果发生未被期待的事情,人们会丢脸,**没有**面相。

如果我曾观察人体在做圆周运动,它刚做完第一圈,像这样

◯

这时这一图像给我的印象如此强烈,以至于在我看来人体继续运动时不可能不以同样的圆周运动。因此我会说,它的运动有圆周的面相。但是假如它以如下这一方式继续运动

∞

这时这当然没有旧的面相,而是有非常简单的新面相,而且我一看到它,就又想认为,现在人体一定明显以 8 的形状在运动。

因此正如你所说的,说"如果你想知道德国将发生什么,别从面相或诸如此类的事情去论证"将是正确的。但这不是因为这一面相太模糊。一点不是。而是因为人们从面相去论证,就是从偏见去论证,这种偏见认为:某些东西将不变化,尽管没有理由设想它们不变化。

我们在脑海中储存一些印象、某些标准(比如带王冠的国王的印象),倾向于认为我们遇到的每样东西一定符合这些标准。但是,如果我们碰到其中国王没有王冠的王国,我们不久就会将这一情况也收进我们的标准里。

这是两份文件，其中第二份被加到第一份里。斯拉法在第二份上用铅笔标注了日期，它明显是维特根斯坦的口述，弗朗西斯·斯金纳所记（可能是信件173提到的口述）。

172. P. 斯拉法的笔记，[1934年2月23日]

至于我们讨论（评论或论证）的方法，我要说以下的东西。我要说的很长，而不是一点；我必须竭力专注一点，而不是从一个漫步到另一个，而它们是明显没有关联的；我非常笨，无法发现隐藏的关联。我也无法满足于暗示或暗指（或无法搞得一清二楚的东西），我必须弄清楚它。

但是，列出我们不论怎样都不能坚持的条件是没有用的；如果实际的结果我们俩谁都无法容忍，那么我们就会放弃。

———

时尚、口味、喜好、水库——就其本身而言棒极了（我没法表达这么好）。我对你所批判的回答（时尚为何变化？因为口味变化）有进一步的反对意见。但是那样你会偏离你已经铺设的轨道。国王——德国——面相——幻象是假定面相不变化。不，幻象是要假定面相是首要变化的水库。我们所需要的不是不可变的事物的水库，而是首先变化的事物的水库。这是关键之点。我认为，水库必须包括明确的具体事物，最好是某种程度上可测量或可确定，独立于我们的喜好和厌恶。面相肯定不是这样；它们由我的偏见、同情等组成；我从经验知道，我对面相的看法总是在我曾尝试预测的事件发生之后——很久之后才变化。

我想要事物的一个水库，其变化是首先可见到的，或更准确、更确定、更容易见到的，而且（尤其）是如此，以便我能更平心静气地确信（尽可能独立于我的愿望、偏见、同情、习惯等）；这是德国生产的煤炭数量那样的事物（如果有关的话），而不是德国人民的精神那样的事物。这就是我试图（不准确地）将之描述为"模糊"的东西。

然后，你批判了常见的回答，给出你自己的回答。你说"人们如其所好地着装有各种不同原因"。

但是这一回答对任何人都没用；如果我是一名裁缝，带着准备下一季节样式的想法来问，那么我是想让你指给我一个我现在就能看到的东西，给我一条规则，这一规则根据那个东西的样子，使我现在就能告诉下一季节人们会买的是什么。

或者如果一个丝绸制造商提这一问题，他可能想着他能影响时尚，以便增加对丝绸的用量；对他，你必须指出他能掌握的某种东西，例如你可以说：时尚以如此这般方式依赖于广告。

当然，在裁缝或丝绸商的情况中，他们的问题也许并没有答案——例如如果他不能去巴黎，或没有钱做广告。

但是，在回答时，你必须指向可依赖的东西；如果你对裁缝说，"看看人民的精神，当它改变时，着装必须跟它相称"。这一规则对这裁缝有任何用吗？它能像你如下说的那么有用吗：报纸上一直充斥着图坦卡蒙，时尚将会模仿埃及的服饰，而不是模仿丝绸，因为农作物歉收，而且丝绸太贵且需做些改变机械织机才能制造出来,另外颜色要更暗一点,以便它们在伦敦不至太脏等等。

这两份文件的日期是猜测的,但它们显然是对信件171两份文件的回应。R. 里斯编的《蓝皮书与褐皮书》(Oxford：Blackwell,1958,II. 6,第143页)回应了这一交流(也见信件174)：

6.思维有一种通病,它总在寻找(和发现)可称为心态的东西,我们所有的行为都从中涌出,就像从水库涌出一样。于是人们说,"时尚变了,因为人们的口味变了"。口味是心理水库。但如果一个裁缝现在设计的一套服装不同于他去年设计的,难道不能说所谓的他的口味变化部分或全部在于他只是这么做了?

但是,从斯拉法对信件171第二部分标注的准确时间看,这一回应让人想到此次交流(包括信件174和171)的日期应该在1935年,当时《褐皮书》的第二部分正被口述。另一方面,存在着与信件169的主题的相似。

173.致P. 斯拉法,[1934年] 2月27日

星期二

亲爱的斯拉法：

我星期日等你来。6点你都没来,那时我想去你那里,看看究

竟发生了什么，但我有点不舒服，所以就在家待着。——我写了10页一封长信，回答星期日收到的你的来信。我是用铅笔写的，字迹模糊你可能看不清楚；而且有些地方只是草稿。如果可能的话，我会写得更好些（或者口述它）。现在我还不能，因为我不大舒服（神经和膀胱）。

恐怕下个星期日不能见你了，因为有人要来看我。3月11日那个星期日我没事。我可以去你那里吗？

您的

路德维希·维特根斯坦

1934年是2月27日是星期二，3月11日是星期日的唯一可能的年份。亦见信件175。答应写的长信（实际上写了：见信件175）还不曾找到。

174. P. 斯拉法的笔记，[1934年3月4日]

错误在于将直觉看作科学的临时替代物："当你给出满意的科学时，我会放弃直觉。"——这两样东西不能两两相对地放置在一起，它们处于完全不同的层面。直觉是一种行为方式，科学是一种认知方式（物理学家）。

行为不要求理性的辩护——它们是解释的对象。

你在试图将直觉理性化——而且说直觉是科学暂时采用的方法。

《褐皮书》第143页回应了斯拉法的这一评论，早于信件172相似的回应一点点。相关的段落写道：

> 不存在使我们使用规则的洞察、直觉行为，就像我们在特定时刻要使用的那样。称它为决定行为会少些含糊，尽管这也会令人误解，因为没有决定行为是必须发生的，发生的可能恰恰是写作行为或说话行为。在这儿以及无数其它场合我们常常会犯的错误由"使"(to make)这个词所标记，比如，我们在句子"没有什么直觉行为使我们像实际做的那样使用规则"中，因为存在着这样一种观念："某种东西必定使我们"做我们所做的事情。这又跟原因和理由之间的混淆相关联。我们不需要像我们实际做的那样遵守规则的理由。理由之链有个尽头。

175. 致 P. 斯拉法, 1934 年 3 月 11 日

亲爱的斯拉法：

最近两周我疲惫不堪，以至于没能把给你的信写完。我今早

上写完了(有一些改动)。

另一方面,我觉得应该跟你见个面,整个下午坐在露天茶馆,因为明天要去做讲座,感觉累得都要死了。我不想有任何不必要的消耗。在此之前我没有告诉你,因为我想去见你,今天早上写完信之后,我觉得不告诉你不明智。

下个星期六我要出去一趟,如果可能的话,在此之前我很想见见你。我打算下周五茶歇时间见你,聊聊天,道个别。请告诉我,这样安排你是否方便。

您的
路德维希·维特根斯坦

日期为斯拉法用铅笔所注。斯拉法的袖珍日记显示了3月11日4:30跟维特根斯坦的会面(取消了),另一次是3月16日(星期五)的4:30。被重写的信可能是信件173提到的现在已丢失的信。

176. A. 安布罗斯的来信,1934年6月22日

温布尔登,西南19区
沃普尔路39号
1934年6月22日

亲爱的维特根斯坦博士:

我极其高兴地告诉您,我的助学金已经续延了,下一年又能跟

您在一块了。而且，关于钱款的所有麻烦都已经解决。助学金的150英镑够我明年花，而且诺曼夫人写信告诉我，她已拿到我存在诺曼先生那里的钱，现在可以一次付清而不用不时地小量付款。所以夏天我可以对付了——尽管事实上布雷斯威特先生的贷款已经足够。您、摩尔教授和布雷斯威特先生都答应夏天帮助我贷款，一下好事连连——这是我想对我的学生好好做的事情，如果我也从事教学的话，当这样的好事让我碰上时，就像又第一次感到人间实际上还是挺好的。我充满感激。

可怜的诺曼夫人状况不好。她写信给我说，她可能要失去她的家了，必须马上找个工作。很显然，经济拮据是自杀的原因。

随信所附的是最近4次讲座的笔记，我在与布雷斯威特夫人野营时打印的。我还没来得及喘口气去修改其中的打印错误，但希望别打印得太糟。野营生活闹哄哄的，不过我挺享受，离开剑桥挺好的。我们在一座山上搭帐篷，从那里能望穿丘陵。我从没尝试过极端条件下的原始生活，因为我还是个孩子。今年夏天音乐节上演时我要在萨尔茨堡附近待一段时间，还将在蒂罗尔漫步。我渴望着这次步行，因为我还从未有过一天以上的步行。我想我可能从那儿去维也纳。（我能想见您摇着头，说我不应该。但我很想去那儿至少一段时间，我也想有次步行。）不管待一个地方还是做一次步行，您如果有什么建议的话，我会非常乐意接受。如果我找到一个好地方，您也许会来跟我喝茶或用餐。我大约8月份到那儿。但如果您有什么建议，我非常乐意告诉您眼下我知道的唯一地址：慕尼黑利比格大街28/III号，赫希施泰特博士夫人。我明天早上动身，直到7月7-9日都在那儿。

一年前的今晚，您来我房子共进晚餐。下一年我还将一个人准备用餐，一个人住在布雷斯威特房子的顶楼平房；所以我希望您还能来，我们将享用美国食品。不管味道怎样，您将至少不用去里昂餐馆。三年前今晚的样子，难以想象那是我生活的一部分。那是一次古怪的纪念。我一直在想如果我返回美国的话，我是否能够开始一种连接这段间隔的生活。

我没告诉你，我和贝尔蒙特和好了，就在跟您用过晚餐之后不久。我认为，按照他对摩尔教授的态度而判断他可能不太公平，因为我对之感到不安又知道什么原因；所以我请他喝茶，不是伪君子地请他，而这事我无法做得那么自然，我向他真诚地说出我对待他的真正原因——我当然知道他敏锐地观察到了这一点。喝茶之后我对他感觉棒极了，我想他也感觉好多了。无论如何此后我喜欢他。他甚至变得比上学期更好。我觉得跟您在一起对他大有好处。我觉得他吃苦头了，受到不小伤害。

此处附上斯金纳的笔记，万一您需要它的话。这最后一次讲座您好像中间停了下来。我想我们下一年还继续同一课，倘若您跟以前一样继续的话。我希望下一年您能多谈一些数学中的证明、归纳、一般命题和存在命题。我现在跟您一起读希尔伯特和贝尔奈斯论基础的新书。开头似乎相当混乱——关于数学语言和元数学语言的混乱。

已到后半夜，我必须停笔了。再次感谢您这个夏天对我的慷慨帮助。我渴望能见到您，即便不在8月份，也在秋季。这个假期请好好休息一下。

您最诚挚的
爱丽丝·安布罗斯

安布罗斯——后来的 Alice Ambrose Laterowitz，维特根斯坦的美国学生，记录其口述的学生之一。关于《蓝皮书》（最初有两个分册）的情况，见信件166的注释。《褐皮书》，他1934–1935学年只口述给了她和斯金纳。

诺曼先生——悉尼街的一个裁缝，他和妻子是摩尔夫妇的好友。安布罗斯至少1933–1934年住在他们那里（安布罗斯1934年1月1日致斯蒂文森的信），直到此处提到的悲剧发生为止。

赫希施泰特——安布罗斯后来告诉斯蒂文森，她的女房东是维特根斯坦的亲戚，他的确有些叫赫希施泰特的亲戚。

贝尔蒙特——David Belmont，访问剑桥的加利福尼亚数学家，参加了哲学聚会，安布罗斯小姐觉得他聪明但傲慢。他向道德科学俱乐部做过"演绎的符号理论"（1934年2月9日）的报告。维特根斯坦的通信者泰勒1939年在加利福尼亚见到他，后者正在学习成为一名会计。见信件247。

斯金纳——Francis Skinner，1930年到三一学院，是维特根斯坦的主要朋友和伙伴，直到1941年去世。当维特根斯坦在学院没有住房时，他们两人在东路共用住房（见信件207）。斯金纳放弃数学(他曾是数学荣誉学位考试优胜者和研究学生),按照维特斯根坦的想法去生活和思考。

希尔贝特和贝尔奈斯——D. Hilbert 和 P. Bernays,《数学基础知识》(Berlin：Springer,1934)。

177. 致 A. 安布罗斯,[1934 年] 8 月 18 日

下奥地利

霍恩贝格邮局,霍赫莱特

8 月 18 日

亲爱的安布罗斯小姐：

非常感谢你大约两个月前的来信。我一收到信,就立马回复,写了约有半页。然后,我被打断了,从那时开始诸事不利,总有事情耽误我写信。——不用说,知道你已获得奖学金我确实非常高兴；尽管我从未怀疑你会获得。——我渴望跟你一起用餐,我相信美国食品会很好；但我必须说,我一点不介意每天去里昂饭馆。事实上我很喜欢那个地方。——听到你已跟贝尔蒙特谈过,我很高兴。这的确是件好事,不管对谁都是好事。

我希望下一年能谈到数学的基础,尽管我肯定不会从它开始。我在想我们的课会是什么样子。

恐怕秋季之前见不到你了,因为除了几天之外,我 8 月份不在

维也纳,届时我会非常忙。

我希望 10 月份之前你能收到这封信。

您非常诚挚的
路德维希·维特根斯坦

178. 致 G. E. 摩尔,[1934 年 9 月 10 日]

星期一

亲爱的摩尔:

谢谢您的来信。看在上帝份上,我希望您参加我的课程!这让我能更有机会把问题搞清楚,向您也向其他人。如果我向您保证提供一把很舒服的椅子、烟草和烟斗通条,您能来吗?我一周前回来,星期五出发去爱尔兰,10 月 1 日将返回。我计划 10 月 2 日去拜访您。我会打电话,看看您是否在。——关于普里斯特利,我十分抱歉!

您的
路德维希·维特根斯坦

日期由摩尔标注。

课程——摩尔似乎没有参加 1933-1934 学年或 1934-1935 学年维特根斯坦的课程。因为前一年安布罗斯小姐解释说(在致斯蒂文森的信中），他正在开另外的讲座课，完全没有时间参加。

普里斯特利——见信件117的注释。普里斯特利1934年底要去墨尔本。

179. 致C. L. 斯蒂文森，1934年9月10日

剑桥三一学院

34年9月10日

亲爱的斯蒂文森：

非常感谢你6月5日的来信。很高兴你通过了笔试，我相信你口试也一定没有问题。我希望你享受教学；不过，如果你擅长教学，我认为一旦你发现如下事情真是无比困难，即要把一件事情搞得清楚到你能向另一个人解释它而不是欺骗他和你自己，你的享受就会某种程度上下降。我的意思是，如果你没有发现教哲学的困难有多大，你就还不那么擅长教学。因为我觉得，你所说的"最低限度的诚实"是难以企及的。

至于"把你自己的片段想法带入某种连贯的秩序"，我认为你到60岁就能有足够的时间做到了。我觉得，如果你能写下许多像样的片段，就会慢慢累积起来。有一天你会发现这是真的。——上一学年压力真大，但我现在好好休息了几乎一个月，所以不久应该又可以做些工作了。我去奥地利待了6个周，一周前才返回。

几天之后,我将去爱尔兰与德鲁利待4晚上,我估计你还记得他。然后我就回来。我在想我的课将怎么开,我自己的脑筋将会怎样。——安布罗斯小姐获得了下一学年的研究奖学金。她的确学得挺好。

代问你的夫人好,代问库利好,如果你见他的话。

您极其诚挚的

路德维希·维特根斯坦

快点再给我来信。

库利——John Cooley,剑桥的访问学生,后来在哥伦比亚大学讲授哲学。

180. 致 W. H. 沃森,1934 年 11 月 25 日

星期日

11 月 25 日

我亲爱的沃森:

我应该大约9个月前写信给你,我记得开始写过两封信,但又把它们毁了。此外,我还大约每两三天就想给你写信。但是你越是耽搁,下笔就变得越困难。最近忙坏了。我有两个学生,每周5次,从9:30 到 1:30 共 4 个小时,我们中间只茶歇一小会儿。用这些时间我主要向他们口述,所口述的东西以后也许会出版,也许不

会。这一小班之外，我还有每周3小时的正式大班。这里现在有一名非常不错的男生，他是哲学讲师，也到我的课上来。他的名字叫韦斯顿。他在我的班上听课非常努力，讨论中表现很好，因而对我和其他学生都是极大的帮助。谢天谢地，我又能沉入工作，因为从8月中旬到10月初，我变得完全懈怠，无法集中精力做一点像样的思考。真是糟糕的一段。值得欣慰的是我跟斯金纳（你也许记得他）和德鲁利在爱尔兰度过2周。我希望早点收到你的来信，尽管说实话我不配。

你听说过普里斯特利离开剑桥吗？他被任命为墨尔本大学常务副校长。对剑桥来说是个巨大损失，对我来说也是不小的损失。因为我非常欣赏他！

最良好的祝愿！

您永远的

路德维希·维特根斯坦

邮戳：剑桥，19[34]年11月25日（唯一可能的年份，其中这一天是星期一）。

两个学生……我主要向他们口述——弗朗西斯·斯金纳和爱丽丝·安布罗斯：见信件176和182。

181. 致 R. E. 普里斯特利, 1934 年 12 月 11 日

1934 年 12 月 11 日

亲爱的普里斯特利:

请原谅,您已经够麻烦了,我还有事打扰您。但事情很重要,我知道除了您没有其他人能帮得了我。——我的学生爱丽丝·安布罗斯小姐写了一篇论文,以便于明年秋天去哈佛应聘一份工作。出于这一目的,该论文明年 10 月份必须准备妥当。如果她能拿到剑桥博士学位,这对她有极大的帮助,但为了这一目的,该论文明年 4 月份不得不准备妥当。——尽管她有可能在 4 月份准备好博士论文所需的东西,但我确信她那时无法写出真正的优秀论文。更重要的是,她在这一论文上拼命研究(因为她不得不研究)会妨碍她这一学年的其它时间学她该学的东西,真正在这儿该学的东西。

那么我想,如果不是因为口试,就不会有那么严重的麻烦。因为她可以在她准备好的时候比如秋天将论文寄过来,然后在晚些时候获得博士学位。但她既没钱也没时间从美国返回这里参加口试。我当然为这事感到十分绝望。因为她本人觉得,如果她在 4 月份必须写出论文,论文不能真正如愿地写好,而且将她的全部精力用于论文会妨碍她达成最重要的目标,即只要她在剑桥就无论如何可以达到的学习目标。

我在想能做些什么事去帮助她。我们星期四见面的时候,或

许您能仁慈地告诉我我能做些什么。

您的
路德维希·维特根斯坦

这一年,他在剑桥的最后一年,普里斯特利是学院的总秘书。

您已经够麻烦了——可能说的是他即将去澳大利亚(见信件180)。

剑桥博士学位——关于这一点实际所发生的情况,见信件186-188以及注释。

1935

182. C. L. 斯蒂文森的来信,1935 年 1 月 15 日

美国麻省,剑桥
沃克大街 59 号
1935 年 1 月 15 日

亲爱的维特根斯坦:

非常高兴收到您最近的一封信。您很直率地谈到某种程度上改变我生活的事情。我应该很快就回复,但我正处于首次教学的中间,也正在写论文。倒不是说这简直使我没有一点时间,而是说这让我没有去写信的好心情。

[……]

正如您所说,"在哲学中把事情搞清楚而不欺骗学生和你自己"是困难的。但是,我希望所有困难都跟这个困难一样合宜。即使解决一半困难所带来的喜悦也是如此巨大,以至于任何失败似乎都是暂时的。我在写作有关伦理学的论文方面有优势,我也在这方面进行教学,以至于我能够全身心地投入我所从事的每个题目。无疑我常常是不清晰的,但有时候我似乎让人们明白了我径直知道很重要的要点;那时我感觉像个神。这些时刻还很少——

是的，该死的很少——但它们足以使我向往着将来成为对人们有用的人。我一再想起您经常说并在您班上实践的那些话——清晰几乎全在于举出例子。所以我把自己沉浸于例子，几乎做梦都在想着例子。学生开始不理解其他任何语言，而我跟他们一样从例子中获益。

［……］

我最近收到安布罗斯小姐的一封信，她说您的工作进展使您得到极大鼓舞。这真是绝顶的好事……她还说她和斯金纳在跟您做口述的工作，口述都已经变成了打印稿。那我能有幸获得一份复件吗？的确没有什么比这更让我喜欢的，如果您愿意将（我想）不是最终形式的工作交给我看的话。如果只有几份复件，那么我抽时间读完后会很高兴奉还您。或者如果我可以保存一份的话，我会十分感激。（我当然乐于支付所涉及的费用。）不管哪种方式我必须有一份复件。请您足够仁慈地满足我这一要求。我刚写信给爱丽丝·安布罗斯要一份复件，所以如果您愿意，我会有一份复件，如果您太忙无法寄，也许您可以让她寄。我相信她会乐于寄的。

［……］

诚挚的
查尔斯·斯蒂文森

我已经演奏了很多巴赫的音乐，感觉我自己逐渐清除了不相干的多愁善感，以至于它有点像样了。在他的音乐中有完整的灵感世界。

安布罗斯小姐的一封信——明显不是信件166的注释所提及的那封,而是后面的一封,其中她肯定描述了《褐皮书》(1934-1935)的口述。

183.致A.安布罗斯,1935年1月17日

星期四
1935年1月17日

亲爱的安布罗斯小姐:

我对明早的课仍十分不确定,但我不想让你尴尬,想给你提个建议:你能不能像往常一样9:30来,把一部分内容随身带上,去安静地好好准备,万一我发现自己不能口述或解释的话。我的意思是,带上一部分内容,因为阅读我的德文手稿不是那么容易的事情;它只是代用品,因为不在上面花大量时间你无法恰当理解它,而且一想到你念着手稿而陷入困惑,我坐在那儿就会感到浑身不自在。如果我提的这一建议你不大喜欢,请别因为我而采纳。另一方面,如果你愿意这样去做,我会很高兴。

您十分诚挚的
路德维希·维特根斯坦

附言:这个签名值100英镑。

口述或解释——除了跟斯金纳去维特根斯坦那里做口述《褐皮书》的工作,安布罗斯还单独指导数学哲学(正如信件186所设

想的)和(正如这封信所表明的)拿口述材料。

我的德文手稿——维特根斯坦可能指的是《大打字稿》TS213 的数学部分(见信件 197)。他的文稿中只有这些内容的一个分册,上面有分开使用和流传的标记。上面部分的标题是"数学基础知识"。在 F. 魏斯曼文稿中发现了一个经过一定编辑的加贝尔斯贝格速记形式的转录。

184. 致 P. 斯拉法,[1935 年 3 月 17 日]

星期日晚

亲爱的斯拉法:

我想尽力澄清剑桥人尤其是我的想法中那些使你讨厌的东西。人们难道不会说你有这样一些感觉:这里的人试图以奇怪的方式"不公平地"谈论事情,他们声称可以脱离自己的肉身,他们以能够理解每个人的感情、愿望、倾向等等的方式说话。这好像演员忘记了他们不是他们所模仿的人一样。——当他们对不同国家做出断言时,他们要么力图处于上帝、公正等等位置;要么如果他们持有立场,他们还手执一种理论,该理论表明他们的立场是唯一立场,一旦没有这一理论,他们就不敢持有立场。

顺便说,这就是我的三个宗教人士的明喻所要告诉你的。我的明喻的应用是:比如说,你像一位希腊东正教徒,这位东正教徒说:"我喜欢一位真正的新教徒——他完全跟我不同——胜过喜欢一个说自己是宗教徒而且既能理解新教又能理解我的人。"

关于这一点我唯一想说的是：每种思维方式都是对的，只要它不是愚蠢的。就是说：问题只在于在我自己的方式我走得是否足够远。如果我走得足够远，它就会将我引出茂密的森林。我唯一担心的是半途而废。而我真正担心的便是成为这样。我的思维方式是对的，我感谢上帝把这一思维方式赋予我；我是否正确地运用了我所拥有的思维方式是一个不同的问题。事实上，我知道不会那样去做……

文本得自柏林斯特格拍卖所683编号的文件，这封信2006年3月22日在那里拍卖。整封信有2¾页长；这里的文本呈现了编号中复制或报告的全部。一位不愿意透露姓名的买者买走了这封信。

斯拉法用铅笔加注了日期。两人的日记都表明，1935年3月两人的唯一见面是在3月1日下午4:30。

185. R. E. 普里斯特利的来信，1935年3月26日

墨尔本
墨尔本大学
1935年3月26日

亲爱的维特根斯坦：

非常感谢您的来信。很高兴又看到您的笔迹。我常常想到

您,而且不只是星期二早晨的早餐时间。

[……]

我知道您会想我,但我希望您别想我太狠,我十分高兴地听说您在跟罗意威和巴赫金接触,而道德科学的新大学讲师韦斯顿已证明是投缘的和值得称赞的。

[……]

您永远的
R.普里斯特利

星期二早晨的早餐时间——普里斯特利习惯于早餐时接待(尤其)研究生和来访的极地探险家,他的日记(向本编者展示的)谈到与维特根斯坦吃早饭是常有的事。他们经常谈论南极洲,从不谈论哲学。维特根斯坦自己日记的许多"普里斯特利"条目中的几个提到合适的时间(10 点或 9 点 30 分),当然不是所有的见面都会记下。

罗意威——Fritz Loewe(1895 - 1974),来自德国的避难者、气象学家和极地探险家,他后来跟着普里斯特利到墨尔本。有趣的是这两个新朋友都是外国人,跟维特根斯坦当时的许多联系人(不是弟子)一样。

巴赫金——Nicholas Bachtin(1894 - 1950),文学批评理论家米哈伊尔的哥哥。他第一次世界大战时是俄国军队的志愿兵,内战时期在白军,尽管他的同情心后来把他引向红军。他还参加了法国外籍军团。获得剑桥博士学位(1932-1935)后,他讲授古典学(后来语言学),在伯明翰去世。更多注释见信件205。

韦斯顿——John(A. J. T.)Wisdom(1904-1993)。他在剑桥接受教育,1934年作为讲师返回那里。他在冯·赖特之后接替维特斯根坦教席(在冯·赖特竞聘时没有被考虑)。关于维特根斯坦希望韦斯顿是系里的一个朋友,见信件267。

186. A. 安布罗斯的来信,[1935年]5月16日

剑桥
贝特曼街58号
5月16日

亲爱的维特根斯坦博士:

就明年的工作所出现的情况,我今早去找了摩尔教授,之后我们讨论到我和你之间的事情。我告诉摩尔教授我会写信给您。

首先,我认为您会乐于知道我今早收到了密歇根大学的一份电报,答应提供给我讲授一年逻辑的职位。昨晚我收到一封鼓励信,来自我告诉过弗朗西斯的那所大学,那里可能不久就会有一个永久职位。我不想为了密歇根现在提供的暂时职位而失去这个机

会；但无论如何我对明年充满信心（相当意外）。我写信给您，是想不用麻烦您就我的事情而写信答复纽曼的要求，因为一旦这件事定下来，我就撤掉那儿的申请。

第二，关于您给摩尔教授提议我给《心》另写一篇文章，请您定夺。他推断这篇文章是我基于跟您一起讨论基础问题而完成的，希望我写一些东西既纠正上一篇文章的错误，又显示您的观点（就我所使用而言）。我在想这一提议能不能成功，下面是我这样想的一些理由。

第一，值得怀疑的是，跟您进一步讨论后我所最终写的东西是否令您满意——除非您口述这些材料。对于后一篇文章我拒绝。如果您想写一篇文章，那是您的事情；引用您的东西却署我的名字那怎么行。

第二，就像我认为的，如果第二篇文章注定跟第一篇一样不准确，我就只能缩短我本来在8月中旬返回美国之前要完成论文的很短时间，那么论文就很可能无法完成。出于实际原因，重要的是我要努力完成论文。到了明年我便无法保证，因为用于教学工作的第一年我没有时间去写论文。假如我去跟您讨论，我无法抽出两周以上的时间，最多能抽出三周。这一年跟您紧张工作之后，我现在疲惫不堪，而根据经验推断，我跟您讨论时我不可能写任何东西，这样我至少要放弃两周时间，然后才能重新恢复自己的工作。

第三，我觉得我们之间所出现的紧张情况使我们不可能一块儿工作；我完全拒绝去您那里，让您就那些我已知道的看法把我当作开火的靶子。我对您强迫我接受您的建议很愤慨，这个建议我一个半周之前就拒绝了您。我不会接受强加于我的建议,这样的策略没用。如果我去见您,我应该去学习,而不是皈依。我不能容忍您觉得我的论文的发表是不光彩的暗示,不管公开的还是其它的。关于这个话题所要说的都已经说了,我拒绝再谈论这个话题。[241] 我不同意您的感觉,而且我也不会进一步尝试强加给我一种我自身没有的感觉。

如果我能够在我所确定的条件下去跟您学两三个周的数学基础,结果也许是值得的。尽管正如我已经指出的,我认为这一结果不可能达到,即便您愿意或能够不去使我接受您的感觉。在这种情况下,如果我去见您的真正目的是学习,那么学习我手头的您的手稿,一如我现在正在学习的那样,在我看来这会更加合适。

这就是对于您的提议以及该提议所可能谋求的条件我所真正考虑的。看上去似乎不值得一试,但我认为您会同意这一点。

您诚挚的

爱丽丝·安布罗斯

［维特根斯坦手写的便言:］

别毁掉这信,有一天再读时你也许觉得有趣。

安布罗斯小姐和维特根斯坦之间的异议是有关文章"数学中的有限论",她将其分两期发表于《心》,摩尔当时是《心》的主编。这两期是卷44(1935)第186－203页和第317－340页。维特根斯坦5月1日自三一学院图书馆(他在图书馆登记处的第二次和最后一次记录)借了前一期(4月)。这一期包括总的陈述(以及某些特定鸣谢):"所陈述的观点自始至终得到路德维希·维特根斯坦博士1932年到1935年间在剑桥所做讲演中某些建议的指导。"

在第二期中（在写这些信件时论文的发表还成问题，但事实上最终发表了），这一鸣谢尤其在上下文中明显地修改如下：

> 这是我理解路德维希·维特根斯坦博士在其讲演中所提出的观点，也是从不可能由我提出的观点。正是在这一意义上，我所提出的任何观点都可以说受到他所提出建议的指导。[她进一步以同样的口吻提出声明。]

但是，还有一个异议是有关安布罗斯小姐的博士论文（其中这两篇文章不允许构成其中的部分）是否可以提交。因而也许维特根斯坦是否能注册为鉴定人（见信件187）。在这一事件中，她1938年4月被缺席授予学位，这是维特根斯坦在信件181曾请求过的程序。替代的鉴定人（R. B. 布雷斯威特）在其报告中断定该论文良好，其中它并未背弃维特根斯坦的影响。

这一囬事在剑桥引起一些骚动，由于《褐皮书》口述的打断，或许也促成维特根斯坦自己工作方式的改变。在爱丽丝·安布罗斯和莫里斯·拉兹洛维奇（编）的《路德维希·维特根斯坦：哲学与语言》（London：Allen & Unwin，1972）第22-24页可以看到安布罗斯教授自己对整个事件的说明。

弗朗西斯——可能是Francis [Skinner]的误写；否则无法知道是谁。

187. 致 G. E. 摩尔, 1935 年 5 月 16 日

剑桥
三一学院
1935 年 5 月 16 日

亲爱的摩尔：

此信仅只确认上个星期二我们谈话中我所做的声明,即我将辞去安布罗斯小姐博士学位的鉴定人。

您的

路德维希·维特根斯坦

博士学位的鉴定人——5 月 7 日学院董事会已经决定由布雷斯威特代替维特根斯坦(鉴于他不愿意参与这件事)。

188. 致 G. E. 摩尔, [1935 年] 5 月 18 日

5 月 18 日

亲爱的摩尔：

我现在寄回安布罗斯小姐的手稿——在星期四跟您谈话后,她写给我一封信,信中向我大发雷霆。——我没有回答她,只是附上一句话将信寄回:"别毁掉这信,有一天再读时你也许觉得有趣。"——我觉得你还不知道她面临怎样的严峻形势。我说严峻不

是因为找一份工作的困难；说严峻是因为她现在实际上处于十字路口。一条路导向对她智力的永久误判，因而伤及自尊自信等等。另一条路会将她导向对其潜能的自知，从而总是产生良好结果。——现在您是唯一对她有影响的人，我希望您能用自己的影响好好帮一下她！——我已经放弃跟纽曼谈一下的想法。我觉得对我来说正确的做法是不再插手这件事。我是否给《心》写封信还没有决定。

您永远的
路德维希·维特根斯坦

她写给我一封信——信件 186。安布罗斯小姐自己 1936 年 2 月 8 日在给摩尔夫人的一封信中描述道："我维护自己……我告诉他我怎么看待他的自负。我烦透了他不停地制定道德规则……但他的心中充满大量的爱。"

纽曼——数学家 M. H. A. Newman(1897 - 1984)，他被聘为安布罗斯小姐的联合鉴定人。

是否给《心》写封信——维特根斯坦明显没有写。他可能对安布罗斯小姐在第二篇文章中的免责声明（见信件 186 的注释）感到满意。在 1935 年 7 月 31 日给石里克的信中（第二篇文章发表之后），他说他太忙没时间管这事，对他来说这事现在成为漠不关心（gleichgültig）的事情之一，尽管这不是他的初衷。

189. 摘自道德科学俱乐部的备忘录,1935年5月31日

韦斯顿先生宣读"简论摩尔和维特根斯坦":

人们或许说,维特斯根坦在其讲座中花了大量时间说些不确定的东西,布罗德在卖狗皮膏药,摩尔追求一点干货,但据他(韦斯顿先生)观察,他们每个人都引起参加其讲座的人的变化,尽管每个人的情况不一样,这种变化在每种情况中都是哲学家们一直在寻求的那种变化。

190. 致J. M. 凯恩斯,[1935年]6月30日

6月30日 星期日

我亲爱的凯恩斯:

抱歉我有一些事情还得打扰您。有两件事情我想请求您:

a) 我感觉几天前我们在您房子谈话时您想以某种方式把我介绍给麦斯基大使。我当时说,我想他不是会给我想要的建议的人。但是这几天人们告诉我,如果他能帮我写封介绍信给俄罗斯官员,会对我帮助很大。所以我的第一个问题是,您是否愿意把我介绍给麦斯基,以便使我能跟他交谈一下,他可能给我做个介绍?

b) 我现在大致决定9月份作为游客去俄罗斯,看是否有可能在那里找到合适的工作。如果我发现(恐怕很有可能)我在俄罗斯找不到工作或得不到工作的许可,那么我还想返回英国,而且如果

可能的话学习医学。您现在告诉我您会在我学医期间资助我时，我想您不知道我想去俄罗斯，我打算在俄罗斯找份医疗工作。我知道您并不赞成我去那儿（我想我理解您）。所以我必须问您，在这种情况下，您是否仍然准备帮我。我不愿意向您提这一问题，不是因为我担心答复是"否"，而是因为我厌恶提这类问题。如果您答复，请直接写在明信片上：

  a）否或 a）是，等等

  b）否，等等

视情况而定。

  即使您对 a 和 b 都做出否定回答，我也不会认为您有一点不仁慈。

  前几天我离开您的办公室时心情沮丧。这再自然不过，您并不完全理解为什么我现在这么做，也不知道对我来说现在有多艰难。

您永远的
路德维希

我有一些事情还得打扰您——这也许指的是如下事实，即1935年春天维特根斯坦跟凯恩斯讨论出版他当时正写作的著作的计划。凯恩斯在1935年3月6日给摩尔的信中提到这事。凯恩斯表示愿意支付印刷费，如果出版计划遇到经费困难的话。维特根斯坦似乎想让其著作的出版得到英国科学院的赞助。

  麦斯基——Ivan Mikhailovitch Maisky（1884－1975），1932－

1943年苏联驻英国大使。

191. 致J. M. 凯恩斯，1935年7月6日

35年7月6日 星期六

我亲爱的凯恩斯：

谢谢您的来信。对您对a)点的回答表示感谢其实不大合适，因为没有哪个感谢词是真正恰当的。——至于b)点，我没能见维诺格拉多夫，因为他前往莫斯科了。他告诉我，我跟他谈话之后，他星期六就要离开。在这次谈话中，他不怎么愿意帮助，就是说不像他能做的那样热心。但是我确信，当您问他我见麦斯基的事情时，他没有表现这一点。维诺格拉多夫在我们的谈话中十分谨慎，我确信他不得不这样。他当然跟任何人一样知道，推荐会对我有帮助，但很显然他不打算帮助我得到推荐，至少不会帮助我得到真正有分量的推荐。——我对麦斯基的需要是这样：我想去见他，并同他交谈一下。我知道我或者我的情况给他带来良好印象的机会很少。但我觉得还是有这样的机会。进而也有可能他认识列宁格勒或莫斯科的某些官员，他可以把我介绍给他们。我想跟两个机构的官员谈谈；一个是列宁格勒的"北方学院"，另一个是莫斯科的"少数民族学院"。就我所知，这些学院办理想去"移民区"即苏联边疆新开拓的地方的人员的事情。我想得到这些机构有关人员的

消息和可能的帮助。我认为麦斯基会把我介绍给那儿的某人。我想象这样的推荐或介绍可能有两种情况。要么可能是完全官方的；在这种情况下只能说"情况如此这般，见到我很高兴，愿意听听我的情况"。因为我清楚地知道，麦斯基不会做大使以外的任何事情。要么可能非官方地推荐给他熟识的某人，这种情况只有在我给他留下良好印象时才有可能，而这——我知道——几乎不可能。如果我所想的靠谱——上帝知道是否靠谱——那么在我看来您将我介绍给麦斯基就是有帮助的。在这一介绍中，我不要您求他给我做介绍，而只是允许我跟他交谈，以便我获得某些信息或建议。如果他允许我见他，我自己会问他是否可以将我介绍给俄罗斯的某人。您在介绍中应该说到，我是您的亲密朋友，您确信我在政治上没有危险（就是说，如果这是您的看法的话）。——如果您感到，这样一种介绍以及后面的交谈对我没有什么帮助，或者出于任何其他理由您感觉做这样一种介绍不舒服，不管哪种情况，我都会对您没有介绍我这一点感到**十分**满意。

我确信您部分理解我想去俄罗斯的那些原因，我承认它们部分是不妥的，甚至是孩子气的原因，但在这些原因后面有深层的，甚至良好的原因也是真的。

您永远的
路德维希

您对a)点的回答——凯恩斯显然说过，他会践履诺言而资助维特根斯坦的医学训练，即便他知道维特根斯坦想去俄罗斯找份医疗工作。这一点事实上是维特根斯坦前封信中问题 b) 的一部分。

维诺格拉多夫——Serge Vinogradoff，俄罗斯大使馆的新闻随员，也许临时不在；他 1936 年 1 月曾在剑桥做演讲。

192. J. M. 凯恩斯的来信，1935 年 7 月 10 日

维特根斯坦博士
剑桥
三一学院
1935 年 7 月 10 日

亲爱的路德维希：

我附上给麦斯基的介绍信。我建议你将此信寄给他，补上一句话，问他是否可以安排点一时间接受你的拜访。

我从维诺格拉多夫处获悉，困难在于你要从某一苏联组织得到一封邀请函。如果你是可能对他们有帮助的任何行业称职的技术人员，得到邀请函倒并不难。但是，如果没有这样的资质，最好是医疗资质，邀请函就会有些困难。

您永远的

JMK

麦斯基先生
肯辛顿宫花园 13 号
W.8.

1935 年 7 月 10 日

亲爱的麦斯基先生：

请允许我冒昧向您介绍剑桥三一学院的同事，路德维希·维特根斯坦博士，他非常希望找到能够获得或多或少永久地居住在俄罗斯的办法。

作为一位著名的哲学家，维特根斯坦博士是我亲密的老朋友，我为您对他做的任何帮助深表感激。至于他想去俄罗斯的原因，我必须留待他自己向您讲述。他不是一名共产党员，但他对他认为的俄罗斯新政府所代表的生活方式深表赞同。

我要提醒的是，维特根斯坦博士是一名奥地利人，尽管他在一战前和一战后很长时间居住在剑桥。他已经拜访过维诺格拉多夫先生，后者给他了一些初步建议，但我猜测维诺格拉多夫先生已经不在英国了。

您诚挚的

193. 致 J. M. 凯恩斯，[1935 年 7 月 10 日之后]

星期五

亲爱的凯恩斯：

此信只是就您的介绍信向您表达谢意，并告诉您我对麦斯基的拜访一切正常。他相当友好,临结束时承诺寄我一些俄罗斯人的地址,我可以从这些人得到有用的信息。他似乎不认为准许我定居俄罗斯对我来说完全无望,尽管他也不认为有可能。

您永远的

路德维希

维特根斯坦1935年9月初访问俄罗斯。1936—1937年他从挪威返回剑桥后,仍然计划去俄罗斯。见保罗·恩格尔曼的《路德维希·维特根斯坦的来信》,第58页。

194.致P.斯拉法,[1935年7月13日]

星期三

亲爱的斯拉法:

我想问你的是,你曾向我提到的防虫药的名字是什么。我想你说过,你在俄罗斯时随身带着这药。也请你告诉我哪儿能买到它,如果你刚好知道的话。——

我曾对你说今天我会抽时间写信给你,但事实上我觉得写信给你对我来说不很自然;除非有一天我清楚地看到在我们谈话的根本点上你是对的,或者如果我清楚地看到你是错的。我现在能说的只是:有些地方我根本上是错的。——如果一个视力良好的门外汉看着一幅糟糕的绘画,他看到那是糟糕的,而且常常直截了当地告诉你他认为糟糕在什么地方;他会坚持说比如鼻子太长。

画家可以安全地采信他的看法,认为这画是糟糕的;但他让缩短鼻子这一点通常不是好的建议。因为看到一幅画糟糕是一回事,而看到缺陷在哪里则是完全不同的事。——因此,当你考虑我的想法时,你看到有些地方不对——我同意——但是你指出错误的地方是否为真正错误的地方却是可疑的,——而且也许不是真正相关,因为把某些地方真正改正过来毕竟是我的事儿。让我们希望这事能真正完成,有一天我会觉得对劲。

您的

路德维希·维特根斯坦

日期为斯拉法用铅笔所标,几乎看不清了。这写于维特根斯坦去俄罗斯旅行前不久,信本身反映了他对自己生活和工作的不满。

防虫药——维特根斯坦对臭虫极其厌恶,曾要他的朋友亨泽尔给他找一间不 *verwanzt*("招惹臭虫")的房间。具有维多利亚气质的罗素,1922年在因斯布鲁克见维特根斯坦时,曾嘲笑他在意臭虫。

195. 致 P. 斯拉法,1935年[7月19日]

亲爱的斯拉法:

我想把我们见面的时间改到星期六。——我相信我已找到我们所讨论的问题的解决办法。它是这样：我无论说什么你都不会真正感兴趣。只有这可以被当作解决办法，如果你好好思考一下的话。你喜欢跟我讨论，是因为我固执而聪慧（一定意义上），但是对一场良好讨论来说是必要的另外方面即每个人应欣赏另一方所说的却很缺乏（就是说，你不欣赏我所说的，而不是相反）。

欣赏一定意义上是润滑讨论的机油，而对我来说它也许是一场讨论中真正有价值的东西。首先听起来有点离奇的是，这种缺乏会造成如此巨大的差别，试想一想如果一台机器缺润滑油会发生什么。如果这一切还没有让你明白，就别奇怪又是我在向你说话。

您的
路德维希·维特根斯坦

年代是斯拉法标注的。两人的袖珍日记表明，在星期五定期见面之后在所建议的那天有一次见面。

196. 致 G. E. 摩尔，1935 年 9 月 18 日

1935 年 9 月 18 日

亲爱的摩尔：

我大约两周后返回剑桥。我打算准备好出版一些东西。是否成功，上帝知道。我想整个学年留在剑桥并做些讲座。如果你认

为这明智,请公告我的讲座。

> 您的
>
> 路德维希·维特根斯坦

来自莫斯科的明信片,风景是克里姆林宫。

我想整个学年留在剑桥并做些讲座——或许改变了想法:维特根斯坦不再想到俄罗斯过一种新生活;他很少有在那里很快找到工作的可能,他也无法带着朋友斯金纳(现在病着)一起去,而且不能不管他这个患病的孤独的朋友。维特根斯坦明确指出"整个学年"是因为他的研究员职位12月份到期(尽管由于他的助理讲师职位,最终延长到1936年9月30日)。

197. 致 B. 罗素,[1935 年秋]

> 三一学院
>
> 星期三

亲爱的罗素:

大约两年前,我向您承诺寄给您我的手稿。我今天寄给您的不是那份手稿。我仍然在打磨它,天知道我是否能出版它或者它的任何部分。但是,两年前我在剑桥做了一些讲座,向我的学生口述了一些笔记,以便他们能即便不是用脑也用手带回一些东西。

我复制了这些笔记。最近我纠正了其中一些复件的印刷错误和其他错误，突然想起您会不会喜欢有一份复件。所以我寄您一份。我不想建议您应该读一下这些讲座；但如果您没有更好的事情可做，如果您从中能得到一点享受，我会由衷地高兴。（我认为要理解它们非常困难，因为很多观点都只是暗示到。它们只是对听过讲座的人才含义清楚。）正如我所说的，即便您不读它们，也没有关系。

您永远的

路德维希·维特根斯坦

手稿——维特根斯坦寄给罗素的"手稿"一定是 1933-1934 学年给他班上的小组口述的《蓝皮书》（见信件 166、176 和 182）。维特根斯坦提到的所写的其他部分可能是"大打字稿"，由维特根斯坦 1932-1933 年这段时间编制，是 1930 年《哲学评论》的后续著作（以及很大部分的合并物）。对这一打印稿的说明见《哲学语法》（Oxford：Blackwell，1969）的编者注，此后有过大量的讨论：例如 A. J. P. Kenny 的《维特根斯坦的遗产》（Oxford and New York：Blackwell，1984）第 24-37 页，以及 S. Hilmy 的《后期维特根斯坦》（Oxford：Blackwell，1987）第 1 章。现在它已作为《大打字稿：TS213》出版，C. Grant Luckhardt 和 M. Aue 编（Oxford：Blackwell，2005）。因为它是 768 页的打字稿，所以也许维特根斯坦想寄给罗素的只是信件 183 注释中所描述的数学部分。

198. 致 W. H. 沃森，1935年10月19日

剑桥

三一学院

35年10月19日

我亲爱的沃森：

你已经很久没有收到我的来信。我现在寄你讲座笔记，它们取自两年前（即1933－1934学年）我做的讲座。请别阅读它们，除非你真的没有更好的事情可做！假如你读了它们并从中获得一些乐趣，我会由衷地高兴。我还没有出版任何东西，不知道是否还会出版，但我现在的打算是到这一学年末把一些东西搞到可出版的状态。之后我想离开剑桥和哲学，我有一些疯狂计划。一个是去学习医学，如果我仍有学习任何东西的心智的话。我渴望有一份能让我跟人类更紧密地打交道的工作。

德鲁利，我想你认识他，在都柏林学习医学。他的确做得挺好。我唯一担心的是他工作太多而吃得太少。

我还比较健康，尽管逐渐变得越来越迟钝。没有让迟钝停下来的药物。摩尔教授也挺好，一点都没变（就我所注意到的）。

我希望能快点收到你的来信。

最好的祝愿！您永远的

路德维希·维特根斯坦

祝愿你合家欢乐！

讲座笔记——这封信随寄了经过维特根斯坦修改的《蓝皮书》

复件(见信件 166-167)。该复件保存在安大略省金斯顿的女王大学。

199. 致 B. 罗素,[1935 年 11 月 28 日之前]

三一学院

星期日

亲爱的罗素:

我遇到一些难处:我猜想您 28 日要来对道德科学俱乐部宣读论文。去参加会议并加入讨论对我来说应该是自然的事情。——但是:——a)我 4 年前就不去道德科学俱乐部了;当时人们多多少少反对我在讨论中说得太多。b)会议上会有布罗德,我认为他反对我最激烈。另一方面(c),如果我参加讨论的话,对我来说唯一自然的事情是——很可能是——说很多,就是说相当长的时间。d)即便我说许多,我也可能发觉无望在这样的会议上解释一些东西。

所以有以下几种可能性:a)我不去参加会议——这显然是对的,除非您明确想让我去。

b)我可以去,但不加入讨论。这对我来说也是对的,如果您想让我这样做的话。c)我去并在您想让我说的时候说,就是说每当您想让我说的时候。

您也许不太理解我所说的。它大致如下:如果我觉得我必须采取立场反对某些东西，而我又有机会成功，那么我就做，不管布罗德是否在。但事实上，我感觉自己像闯入茶会中而茶会中一些人并不在乎有我没有。另一方面，如果您想让我在那儿说话（当然以我自然的方式），那么看上去就像主人想让我在茶会一样，这种情况下我就不会在意是否有客人反对我。——如果我没去道德科学俱乐部，我和一些会员后一天仍可以在我房间跟您讨论，或者只有我和您。

如果您能就此给我写个便条，我会很高兴。（假如您不认为我所写的有关礼貌问题是胡说或者沽名钓誉的话；等等。）会议之前我们还可以商量怎么做最好，如果我那时能见您一分钟的话。

我很高兴您在读我的手稿。但请别认为这无论如何是必须的。关于它您毋需写或说一个评论。我知道它还没有它应该的那样好，而另一方面它还可能更差。

您永远的

路德维希·维特根斯坦

对道德科学俱乐部宣读论文——记录簿标注这一讲演为1935年11月29日，没有记录维特根斯坦的任何介入。罗素后来在1936年4月5日向亚里士多德学会宣读的论文是"经验主义的界限"，它发表于学会的《会刊》。

我的手稿——《蓝皮书》（见信件197的注释）。

1936

200. 致 P. 斯拉法，[1936 年 9 月 30 日之前]

亲爱的斯拉法：

我觉得你可能不介意我写信，所以就给你写信。我很高兴来到这儿。在这儿生活我觉得不错，尽管也不容易（或者不如说由于那个原因）。我在村外自个儿住一间小房。你在这张照片上无法看到它，我不得不自己做全部家务，要花掉大量时间。但家务也是好事。我的工作进展尚好。——我来这里时还病着，好久没有康复，但现在已经完全康复。我常常想起你，一点没有讨厌的感觉。我有时也想起我们上次在巴克有关西班牙的交谈，我是多么的错。我的地址是：松恩的肖伦，万一你在乎让我收到你的信的话。我希望你一切安好，工作顺利。代我向凯恩斯还有沃森问好。告诉后者别那么懒散，让他给我写信。

您的

路德维希·维特根斯坦

我的房子在湖上，湖从这儿开始，因为**这儿**是峡湾。

1936 年 8 月，维特根斯坦在其剑桥职位到期后，前往挪威的小屋居住。他先整理德文版的《褐皮书》，这是他 1934－1935 年向爱丽丝·安布罗斯和弗朗西斯·斯金纳口述的；维特根斯坦的该书德文版的一部分（独立于该书其它部分的翻译）已作为"Eine philosophische Betrachtung"发表于 *Schriften* 第 5 卷（Frankfurt: Suhrkamp, 1970）。但是，维特根斯坦自己不久放弃了这一工作，做出全新的开始，其结果是第一版《哲学研究》。维特根斯坦在挪威一直待到 1937 年 12 月，中间只被访问维也纳和英国打断，前者大约在 1937 年圣诞节和新年（6 周），后者在 1937 年夏天（3 个月）。见信件 204。

"这儿"一词的箭头指向明信片照片的一角，而"这儿"下面的双划线实际上指的是卡片上的水体。

日期参照 1936 年 8 月 27 日到达肖伦的时间。

沃森——这里是 Alister Watson（见信件 229），不是 W. H. Watson。

201. G. E. 摩尔的来信，1936 年 9 月 30 日

剑桥
切斯特顿路 86 号
1936 年 9 月 30 日

亲爱的维特根斯坦：

很高兴收到你的来信，你的工作进展顺利，我很欣慰。我希望

最终证明你去那里是做了件正确的事。我记得你曾带着我去你说你打算建房子的地点；我记得那个地点挺不错。但我不认为我知道你在那里实际建了房子；也许你没有建，而是建在别的地点。如果我没有记错的话，你带我去的地点离明信片上的地方不远，就在右手边，峡湾上面的一个好地方。

我的工作进展得一点不好：我还没最终写下什么东西。我一直在竭力去想，但我发现那些东西非常令人困惑：有如此多的不同点，我无法将它们汇集起来。我再次通读了我手头有的你的所有著作，希望能搞得更清楚些。

在其它方面，我们的事情都还顺利。我今天碰到韦斯顿，还是你离开后第一次：他不久前才回来。他在公共空地喂他的母马。我告诉他我收到你的来信，以及你说你会不久写信给他。我们边走边聊好大一会儿，见到他我非常高兴。

我才收到里斯的来信，他在戴顿贝尔的书店找到一份工作。他发现他无法为三一学院的研究员职位写任何东西；所以他有点不配。他对此非常沮丧。

您的
G. E. 摩尔

里斯——Rush Rhees(1905-1989)，维特根斯坦的学生，后来是他的遗嘱执行人。

202. 致 G. E. 摩尔，[1936 年 10 月]

星期三

亲爱的摩尔：

我非常高兴收到您的来信。我的房子没建在您所指的地点。这张图向您指出房子所在以及为什么我不划船就无法进入村子；因为山特陡，任何人都无法沿湖盘山而过。感谢上帝，我相信对我来说住这儿是件好事。我无法想象我在别的地方能跟在这儿一样工作。这里安静，也许还有十分优美的风景；我指的是肃静。

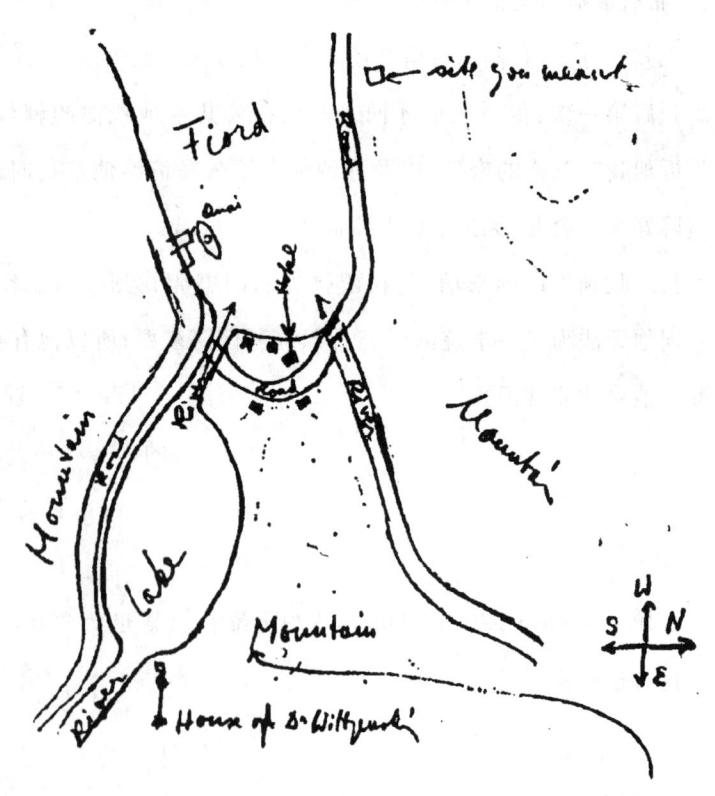

听到您的工作进展不太顺利,或者不太满意,我很难过。我相信不管怎么说您会有出色的工作,同时我认为我能理解为什么您无法"最终写下什么东西"。我觉得这表明您正做的事情是对的。但是,我指的不是如果您最终写下什么东西就证明是错的,事实上我希望您将写下。当然,里斯的情况非常不同,但这里我也禁不住觉得那不是坏事,他发现自己无法写出任何东西,实际上那是对的。如果您见到他,请您代问他好,告诉他我很高兴他还无法写下什么东西。那是好的兆头。当酒在发酵时,人们无法喝它,但正是发酵过程表明它不是洗碗水。您知道,我仍做了很好的比喻。——告诉里斯,我不高兴,因为我有恶意。

最近4周我们这里有最宜人的天气,尽管现在变冷了。瀑布已完全冰冻,气温晚上大约-3℃。但我没像在伦敦那样忍受阴冷,因为天气干燥。

请向您的夫人问好,如果见到哈代和李特尔伍德,请代我问好。

您的
路德维希·维特根斯坦

日期由摩尔标注。

里斯——见信件201。

203. 致 G. E. 摩尔, [1936年11月]

星期三

亲爱的摩尔:

请在附件查收照片。我不知道它们是否……好,但无论如何它们应该跟我一样好。一张——在植物园——是德鲁利在都柏林拍的,另一张是帕蒂森在法国拍的。看起来我像个老年先知的那张是我病重的时候拍的。背景上有座桥的那张是我自己拍照片时拍的。如果您不喜欢这些照片就直接扔掉,如果以后有更好的照片,我会寄些更好的。我附了一张照片,确切表明房子所在的地方,尽管它没有显出房子,照片拍了以后才建的房子。您在照片最前面看到的脚手架不存在了,我想您战前看到它时,它只有部分存在。

您的
路德维希·维特根斯坦

帕蒂森——Gilbert Pattisson 1929年是剑桥的本科生时也成了维特根斯坦的亲密朋友,维特根斯坦20世纪30年代在去伦敦时总是安排与他见面。两个人1936年7月在法国度过短暂的假期。

204. 致 G. E. 摩尔, [1936年] 11月20日

星期四
11月20日

亲爱的摩尔:

很高兴收到您的信。我的工作进展还不错。我不知道我是否

给您说过,我来这里以后开始以德文翻译和重写我曾给斯金纳和安布罗斯小姐口述的东西。大约两周前,我通读了我迄今为止所做的工作,发现全部或几乎全部乏味造作。因为有英语版在面前束缚了我的思维。所以我决定全部重新开始,除了它们自身,别让自己的思想受任何东西引导。——我发现头一两天非常难,但后面就变得容易了。因而我现在在写一个新的版本,我希望说这个版本比上次的好没说错。——除了这件工作,所有事情都发生在我的体内(我的意思是在我的心中)。我现在不写它们,但回到剑桥时,因为我打算新年时候回去几天,我特别希望能够跟您谈谈它们;然后我想在某些非常困难和重要的事情上得到您的指导和帮助。——

非常高兴地听到斯金纳去道德科学俱乐部而且发表演讲。我希望一旦有机会您能去看看他!您去看他会对他大有裨益。因为他需要能合宜而严肃地跟他讨论的人。

如果您见到赖尔或写信给他,请转达我的爱。我完全能想象到,他读不到好的文章,而且他还是友好、优雅和讨论中谦和的人。

我打算大约12月8日离开这里去维也纳,大概12月30日去剑桥,待大约一周。

最美好的祝愿

路德维希·维特根斯坦

我曾口述的东西——《褐皮书》,参见信件183的注释。

新的版本——这是《哲学研究》到189节的第一个版本。手稿写在带封面的大笔记本上，维特根斯坦将之当作圣诞节礼物送给他的姐姐斯通巴罗夫人。她将其跟其它手稿一起托付给维特根斯坦的朋友鲁道夫·科德尔（见信件99的注释），科德尔的儿子发表了对这件事的说明：见J. 科德尔夫妇，"科德尔夫妇所藏维特根斯坦遗著目录一览表"，载《布伦纳档案馆发布》，12（1993），第52－54页。

跟您谈谈——见信件206及以下信件。

赖尔——Gilbert Ryle（1900－1976）从1929年起认识维特根斯坦。他在这些年是基督堂的学生，后来成为牛津大学的韦恩弗利特形而上学哲学教授。主要是他将语言哲学引入了牛津大学。1936年10月30日，他向道德科学俱乐部宣读论文"我的不可证实性"，接着发表于《分析》，4（1936－1937），第1－11页。赖尔接替摩尔成为《心》的编辑。

205. N. 巴赫金的来信，1936年11月22日

南安普顿
海菲尔德
希尔顿路34号
36年11月22日

亲爱的维特根斯坦：

我直到现在才给您回信，真是令人不舒服——我总是想写，但

从没写成。我很高兴您一切安好,工作顺利——也那么有耐心,我已开始尝试翻译它。我知道,您回来之前我无法真正做什么,我们可以就它一起工作,但我认为如果我提前看到其中一些,对文本熟悉一下,给您寄一些翻译的样本供您改正和指导,这样会好点。所以请寄些东西来。

我们现在居住在[纸板]小屋,屋后有小溪和一片荒地。这样来开始还不算太差。工作一如既往地烦人又有趣,但似乎运行得更自动,因而某种程度上似乎不太沉重。斯金纳那里没什么消息,但乔治·汤姆森来这里一周,说斯金纳看起来非常快乐(顺便说,我刚从伯明翰得到消息,汤姆森已在那里上任,但这还不是正式消息——一定会有正式消息传来)。

您的圣诞节计划是什么?您来这里吗?我们打算去巴黎两三周(从12月18日到1月1日),但如果您来的话,我们当然会调整,以不错过您。请来信并寄来著作!

您的
N.巴赫金

寄些东西——这封信有趣的地方是提供了两人合作的证据。在1936年长假期间两人有过多次见面,似乎形成了一项计划,巴赫金翻译当时计划中的著作。维特根斯坦可能从挪威寄给巴赫金著作,他的确在1937年1月访问剑桥之后带着感冒和"忏悔"(见下文)去跟这对夫妇待过(这里省略巴赫金夫人康丝坦斯的热情友好的日记)。他1937年1月18日到23日在南安普顿。返回挪威后,他在日记(1937年2月7日)写道,"Es fehlt meinem

Schreiben wieder an Frömmigkeit und Ergebenheit. So sorge ich mich darum daß, was ich jetzt hervorbringe, Bachtin schlechter erscheinen könnte, als was ich ihm gegeben habe."（"我的写作还仍然缺乏诚挚和谦逊。我担心我现在所写作的东西对巴赫金来说似乎比我已经给他的还糟。"）(MS 183)——要点在于这恰恰是不用担心的事情。

维特根斯坦（正如《哲学研究》前言所提及的）1943年正是对巴赫金解释了《逻辑哲学论》，并意识到他的后期思想最好与前期思想相对照并以之为背景来理解。（在一些版本中，前言说到"四年前"只是原初打字稿"两年"未加解释的手稿修改的结果，原稿本身现在已轶，以至于我们无法判断出于谁人之手。）维特根斯坦的日记表明，他1942年圣诞节访问了伯明翰，汤姆森的信谈到了1942-1943年的访问，两者说的也许是一回事。汤姆森说，维特根斯坦总是喜欢与巴赫金长谈，跟后者谈论俄罗斯。1943年，维特根斯坦建议剑桥大学出版社将《逻辑哲学论》与其新作一起印。原初的出版商难以接受这一建议。巴赫金那时是否想做翻译者尚不清楚。1938年，里斯翻译了新书的一部分，这也许因为急需向哲学教席选举人展示一些东西，但他的翻译不管多么正确都不合维特根斯坦的口味（见信件240-242）。

汤姆森已上任——汤姆森如期成为伯明翰的希腊语教授，见信件206的附信。1938年巴赫金也到那里当古典学讲师。

1937

206．G．汤姆森的来信，1937 年 1 月 5 日

剑桥

亨廷登路

吉尔顿门

37 年 1 月 5 日

我亲爱的路德维希：

　　这封信只是重复我昨天所说的——我对您的感情一点没有减少，相反如果有什么不同的话，通过您所告诉我的只会增加。我全部告诉了卡瑟琳，她跟我有同感。未来任何时候您如果有痛苦的记忆——它们应该已消除——被唤起，我希望您想想我们以及我们对您的感情。

您永远的

乔治

卡瑟琳

　　这封信明显是对维特根斯坦一封"忏悔"信的回应。在 1937 年新年前后访问维也纳和英国期间，他向许多朋友谈到一些私人

事件和他内心的挣扎。参见恩格尔曼的《路德维希·维特根斯坦的来信》第 58 页和鲁斯·里斯(编)《路德维希·维特根斯坦:私人回忆录》中的法尼娅·帕斯卡尔,第 26 – 62 页。我们现在有维特根斯坦的回复,是 M. 亚历克西乌教授在其母亲的文档(d. 2006)中找到,并友好地让我看的。当我看到该信时,目前的卷册已经编好,因而按照时间顺序排列和正常编号附印在这里。所猜测的日期是维特根斯坦到达他挪威的房子后的第一个星期五。

致 G. 汤姆森,[1937 年 2 月 5 日]

松恩的肖伦

星期五

亲爱的乔治:

  对于你十分友好的来信,我还没有向你及夫人表达谢意。你的信的确让我很高兴。

  我见你时说我要离开剑桥一些天。但我没能离开,因为患上感冒,在床上待了几天。我 1 月 23 日离开英国时仍感觉有点虚弱。我觉得还没有完全恢复,因为我的头还木着,我的工作进展一点都不好。我敢说不久一切都会好转。

  我希望你能发觉伯明翰是个还算不错的地方,学生也不太笨。

  请向你的夫人问好。

  最美好的祝愿,再次感谢!

您永远的
路德维希

207. 致 G. E. 摩尔，[1937 年 1 月 11 日]

东路 81 号
星期一

亲爱的摩尔：

上一周我没能如愿地离开剑桥。相反我患感冒星期三不得不躺床上。我已经能下床但仍很虚弱。您看明天您是否能来我这里一起喝茶？——但是转念一想，我发觉自己肯定能好到去看您。所以，大约下午 5 点我会去看您，除非我知道您来我这里。我非常想跟您说说。

您的
路德维希·维特根斯坦

我会去看您——去做"忏悔"（见信件 206 的注释）。

208. 致 P. 斯拉法，[1937 年 1 月 14 日]

星期二
东路 81 号

亲爱的斯拉法：

我给你写信，不知道你是否能下床。我患感冒仍在床上，仍然太虚弱无法出行。我**非常**想见你。

你能明天下午 4 点来看我（上述地址）吗？我只能在这里再待几天了。

> 您的
> 路德维希·维特根斯坦

日期根据日记标出——根据与斯拉法的会面（实际上在 11 日）和感冒。见信件 209。这儿的见面无疑也是出于"忏悔"的目的。

209. 致 P. 斯拉法，1937 年 1 月 16 日

> 星期六

亲爱的斯拉法：

这封信只想说，昨天跟你交谈我非常高兴，我舒服多了，深感欣慰，我希望你也感到一切顺利。谢谢！

> 您的
> 路德维希·维特根斯坦

我下午跟凯恩斯谈了。部分由于我的失误，谈话并没有像预期的那样顺畅。

这是维特根斯坦"忏悔"的另外两个例子。凯恩斯将此向丽迪雅描述为"古怪的目的"，说维特根斯坦看上去不大好。

日期为斯拉法用铅笔所标。

210. 致 A. 安布罗斯,1937 年 2 月 17 日

> 挪威
> 松恩的肖伦
> 37 年 2 月 17 日

亲爱的安布罗斯小姐:

我很羞愧,圣诞节都没有给你寄一张贺卡。你在我打算写信的清单上,但莫名其妙地把你忘了。几天前你的贺卡寄到这里,我很高兴收到它。所以请接受我最美好的新年祝愿,尽管新年已经过去一点了。去年 8 月以来我一直住在挪威,但大约圣诞节前后我回了家,也去了英国。我希望你的工作进展顺利,希望你原谅我在剑桥时给你造成的痛苦。

> 您诚挚的
> 路德维希·维特根斯坦

造成的痛苦——见上文,尤其信件 188 的注释。这里的道歉是维特根斯坦这段时间"忏悔"的一部分。

211. 致 P. 斯拉法，1937 年 3 月 3 日

> 挪威
> 松恩的肖伦
> 3 月 3 日星期三

亲爱的斯拉法：

我常常想你，很想收到你的信。你是否读过利希腾伯格？我希望你读过而且欣赏它。

返回这里之后，我的工作进展不是很好，但我现在无法说这事。目前情况已经小有好转。

如果有可能的话，我很想让你去看看斯金纳。他那儿没有人能理智而严肃地跟他交流，我禁不住觉得让他见到你对他会好些，即便你们无法有很棒的交谈。我想哪怕只是看看你对他也有好处。

替我代问凯恩斯和沃森好。我很想收到沃森的来信。

> 您的
> 路德维希·维特根斯坦

年代由斯拉法用铅笔标注。

利希腾伯格——维特根斯坦经常向朋友推荐（例如见信件 20）。

沃森——所指的还是 Alister Watson（见信件 229）。

212. 致 G. E. 摩尔,[1937年]3月4日

松恩的肖伦

3月4日星期四

亲爱的摩尔:

这封信要说的只是我想知道您的情况。——我返回这里后工作进展不是很好。这部分是因为我对自身感到很困惑。最近几天我能较好地工作,不过仍然非常慢。现在白天变得长了,这让我活跃起来,但从我住的地方仍然看不到太阳(尽管村子里阳光要照好几个小时)。

请代我向韦斯顿问好,告诉他请不时给我来信。您有里斯的情况吗?我猜您不曾见过斯金纳,否则我会从他那里知道这点。尽管我希望您见过!——

我附上两张邮票,也许对您夫人有用。请代我向她问好。我希望不久能收到您的信。

诸多美好的祝愿!

您的

路德维希·维特根斯坦

我对自身感到很困惑——维特根斯坦在挪威的自我探寻当然是上面提到的忏悔的背景,返回挪威后还在继续。MS 183 包括这一阶段以及前些年访问挪威(1930 – 1932)的性灵日记。直到10年前该手稿才为人知,现在已出版为路德维希·维特根斯坦:《思想活动日记:1930 – 1932/1936 – 1937》,Ilse Somavilla 编(Innsbruck：Haymon，1997）。

213. 致 W. H. 沃森，1937 年 11 月 22 日

挪威
松恩的肖伦
37 年 11 月 22 日

我亲爱的沃森：

是的，你是个糟糕的通信者——而我也是。最近 16 个月我在挪威，中间小有打断，住战前我自己建造的小屋。我在这里思考、写作，不受打扰。但是，我不知道我的著作在有生之年是否会出版。我感觉它不会。

知道你出版了一本书我很高兴。但我不用告诉你我不会读它。因为 a)我不理解它，b)我很少读东西（实际上不读）。你在前言中提到我，你很友善，你提到我，我相信你这样做是出于善意，所以我也不用看了。我还没看到魏斯曼的书，我不会去看了。我很高兴你发觉它清晰有趣——我听说布雷斯威特也写了一本书。我相信它不怎么的，没有看到。我打算在这儿再待 3 周，然后去维也纳过圣诞节，圣诞节之后去英国。8 月份见过摩尔之后还没有再看到他，但我听说他一切安好。

我敢说你圣诞节前后会收到这封信，所以我最想做的是祝你圣诞节快乐、新年快乐。

请给我写信,别太久了。寄三一学院我都能收到。我希望什么时候能见到你。

您永远的

路德维希·维特根斯坦

内含照片,题写"我的房子或小屋坐落在这一斜坡,在这背后,所以你看不到它。"

你出版了一本书——《论理解物理学》出版于1938年,但沃森无疑已经有了一本。

魏斯曼的书——可能是弗里德里希·魏斯曼的《数学思想导论》(Vienna:Springer,1936)。

我听说布雷斯威特也写了一本书——布雷斯威特1953年前出版的唯一著作是《宗教信念的状态》(London:Hogarth Press,1927)。维特根斯坦可能指的是某一计划中的,从未出版或被选入布雷斯威特后期出版物(都在战后)中的书。

1938

214. 致 M. O'C 德鲁利，[1938年2月]

亲爱的德鲁利：

　　关于我们星期日的交谈，我想了很多，我想就这些交谈说或者毋宁不是说而是写一些东西。我想主要是这样：别想自己，而是想别人，例如你的患者。你昨天在公园说你选择作医生有可能是一个错误；你马上补充说可能这样想就是错的。我相信这样。但不是因为作为医生你也许不会走错路或走向堕落，而是因为如果你那样做了，这跟你错误地选择了职业没有什么关系。因为即使这是一件错事，人类对什么将是好事能说什么？你没有犯错误是因为那会儿你不知道或肯定不曾知道你忽视了什么。只有这点能称为犯错误；即使你在这一意义上犯错误，这一错误现在也必须被看作基本事实，就像你无法改变（控制）的其它内外环境一样。现在的事情是要活在你所处的世界，而不是思考或梦想你愿意生活的世界。看看人们的苦难，身体的和精神的，你眼边就是这些苦难，这应该是治愈你烦恼的良药。另一个办法是每当你需要休息时就休息一下，使自己安静下来（不是跟我一起，因为我没让你休息）。至于宗教思想，我不认为渴望安宁是宗教性的；我认为一个信教者会将安宁或平静看作上天的礼物，而不是看作人们必须求取的东西。更近地看看你的患者,那些陷入麻烦的人,更加珍视你必须向这么多人道"晚安"的机会。这正是上天给你的许多人都会嫉妒你的礼物。我相信这种事情会治愈你破损的灵魂。这永无止境;当身体累了就需要休息一下。某种意义上我认为你还没有足够近地去看人们的脸。

跟我交谈时,别老想有你感觉有滋味的交谈(尽管你无论如何无法获得这点),而是要努力得到具有最愉快的后味的交谈。最重要的是我们不应该有一天不得不告诉自己,我们浪费了我们可以好好一起度过的时间。

愿你有好的想法,但主要是有好的心情。〔德鲁利的抄本结束于此。〕

这封信写作于都柏林,当时维特根斯坦在那里访问朋友,并在思考换一个职业。所说的公园是凤凰公园,两人常在那里一起散步。维特根斯坦从2月8日到3月16日待在都柏林,然后返回剑桥处理由于奥地利被吞并而引起的一些危机事务。但似乎显然,他确实在思考重大的改变,可能包括放弃哲学(见后面的信件)。也许是政治局势事实上将他留在了学术生活中。

215. 致 G. E. 摩尔,1938 年 2 月 22 日

1938 年 2 月 22 日

亲爱的摩尔:

如果您能让我知道董事会会议就我的手稿所做的决定的话,

我会非常高兴。我的地址是

    都柏林,拉尼拉,

     切姆斯福德路 36 号

我希望这几天您能见到斯金纳。

     您永远的

      路德维希·维特根斯坦

董事会会议就我的手稿——维特根斯坦大约这一时期计划将自己的文稿存放在三一学院图书馆。鉴于这些手稿仍在奥地利,他向姐姐写信要求装箱子寄过来:

> Meine M. S. S. warden nämlich bis auf weiteres für niemand, außer mir und noch einem, in der Bibliothek zugänglich sein. [条款是,除非另有通知,否则只有我和另一个人能借阅我存在图书馆中的手稿。]

这封信(信的第一页似乎丢失,上面有日期和上面要求的动机)明显是写给他姐姐赫尔米娜的,目前存在因斯布鲁克的布伦纳档案馆。内部证据(提到的生日)表明,信可能是 1938 年大约 3 月初写的。这一日期得到维特根斯坦文稿的一份打印单的支持,该单与他姐姐做的那一份完全一致。不过,它包括可能由弗里德里希·魏斯曼或许写于 1936 年的札记。

  提到的"另外一个人"很可能是维特根斯坦的朋友斯金纳。

在整个事件中,一定预先请求过三一学院图书馆收藏这些或其它手稿,因为1938年1月22日,高级财务主管T.尼古拉斯写信给摩尔说,尽管董事会"非常愿意"在该图书馆中收藏维特根斯坦博士的手稿,但他希望知道手稿的借阅条件和版权情况。尼古拉斯最后说,"很遗憾他不出版这些著作"。

所说的奥地利文稿最终藏在奥地利国家图书馆和三一学院图书馆,除了《逻辑哲学论》的手稿,它现在藏在牛津的博德利图书馆。

216. 致 P. 斯拉法,1938年3月12日

> 都柏林
> 拉尼拉
> 切姆斯福德路36号
> 38年3月12日

亲爱的斯拉法:

谢谢你的来信。——恐怕我的这封会很长,并且会跟我糊涂的脑子一样糊涂。当然对奥地利最近发生的事情,你知道得比我多。我认为,它们很可能是一场战争的直接准备,如果一场战争现在就爆发,天知道会发生什么,我将不再讨论这一可能性。相反我认为,一场战争不会在未来6个月爆发。假定如此,那么,我想知

道我应该做什么。起初我的计划是5月或6月去奥地利做惯常的访问，在那儿待一个月左右，然后返回英国或都柏林。根据现在的情形，我在想 a) 如果我去奥地利，我能否获准入境，b) 我能否获准从奥地利入境英国。能够离开奥地利和进入英国对我来说都**至关重要**。不得不居住在奥地利对我来说是不可忍受的，而且我的朋友在英国，我不想离开。我在英国还有大约300-400英镑（我在奥地利没有钱），它们至少可以使我生活一年不用工作，这总体上说对我的工作（即我的书）也有好处。但是，我现在认为在剑桥想办法找份讲师工作对我来说也很重要（我指的不是获得讲师席位，因为没有空缺，但可以让他们支付我一门讲座课的费用，就像他们以往做的那样）。我的目标是这样：

1) 如果我可以说我在英国有一份工作，他们就不会轻易把我扣在奥地利。

2) 如果我在剑桥有份工作，他们（我指的是英国移民当局）就会让我返回英国。

3) 如果我有工作，我在别处会更容易找到工作，而且也许能获得某个其他国籍。因为我现在比任何时候都更想放弃奥地利国籍。

我毋需说，作为犹太人的后裔，我在奥地利不可能找到工作。（不过，即便我有机会，我也愿意做别的而不是接受工作。）

出于我所提到的这些原因，我倾向于下一学期（或假期期间）返回剑桥，就像我一直做的那样开些讨论课，试着当起某种讲师。我很想在爱尔兰这儿找份工作，但我认为目前没有机会（但以后可能有）。顺便说一下，当我说我也许想获得其它国籍时，我想的是爱尔兰国籍。我不知道我是否能说通我的原因，但大概是这样，我在这儿可以完全被看作难民，而在英国拿着英国护照，我是一个假英国人。我不知道你是否理解我的想法，也可能我是错的。——关于我的推论以及在剑桥找份工作是否明智正当★，我很想听听你的意见。很抱歉让这事打扰你；但实际情况是，我甚至想着到英国去看你，听听你的意见。如果你可以，请给我来信。我希望你仍然能在剑桥收到这封信，希望复活节或之后能见到你。越快越好。

您的
路德维希·维特根斯坦

★或者倒不如说有些愚蠢

1938年3月12日——德国军队这一天挺进奥地利，13日宣布"德奥合并"，但这种发展早已是可以料到的。

217. P. 斯拉法的来信，1938年3月14日

剑桥
国王学院
38年3月14日

亲爱的维特根斯坦：

在试图可能以混乱的方式讨论之前，我想清楚地回答你的问题。如果正如你所说能离开奥地利返回英国对你来说"至关重

要"，那么毫无疑问——你不必去维也纳。不管你是否为剑桥的讲师，现在你都不准离开奥地利：奥地利的边界已不准奥地利人出去。毫无疑问，这些限制一个月后会在某种程度上放松。但很长时间都不能确定你是否能获准离开，而且我认为很有可能一段时间内你不能获准出境。你无疑意识到你现在是德国公民。一旦进入奥地利，你的奥地利护照肯定作废：那时你将不得不申请德国护照，这仅当盖世太保感觉你值得拥有时才可能获批。

至于战争的可能性，我不知道：任何一刻都可能发生，或者我们可能有一两年的"和平"。我真的不知道。但我不会打赌有6个月和平的可能性。

如果不管情况怎样，你都决定返回维也纳的话，我认为：a）如果你是剑桥的讲师，肯定会增加你获准离开奥地利的机会；b）一旦你获准离开奥地利（我应该说德国），进入英国不会有什么困难；c）在离开爱尔兰或英国之前，你应该在德国领事馆将自己的护照换成德国护照；我认为他们很快就会开始做这事；在这儿应比在维也纳更容易得到更换；如果你拿着德国护照，你更容易（尽管一点也不肯定）获准再离境。

我认为，你一定要小心各种各样的事情：1）如果你去奥地利，你一定要下定决心不说自己是犹太后裔，否则他们肯定拒绝给你护照；2）你一定别说你在英国有钱，因为你在那儿时，他们会强迫你将钱交给德国国家银行；3）当你在都柏林或剑桥为登记或换护照而跟德国领事馆打交道时，必须注意你的回答，因为轻率说漏嘴的话会使你再也不能回维也纳；4）你如何写家信要极其小心，仅仅谈论私人事务，因为信件肯定要接受检查。

如果你已经拿定主意,你应该马上申请爱尔兰国籍——申请国籍时你定居英国这段时间也许可以计算在内:在你的奥地利护照被收走前做这事,作为奥地利人比作为德国人可能容易些。

在目前形势下,我对英国国籍不应该有疑虑,如果这是你不用再等着居住10年而能获得的唯一国籍的话:而且你在英国有朋友,他们可以帮助你获得国籍:一份剑桥工作肯定能使你快点获得国籍。

直到星期五我都在剑桥:此后我到意大利才能收到信件,所以小心你的措辞,因为你可能将信写给了意大利信件检查员。

我的电话是3675:你可以中午之前或晚上10点之后打给我。

您的

皮耶罗·斯拉法

原谅这封混乱的信。

这是维特根斯坦文稿中保存的唯一一封斯拉法的信。这里印出的其它信件是在其它地方找到的,主要是在斯拉法的文稿中。

这封混乱的信——斯拉法的标准很高。凯恩斯致他的一封信的开头是:"在跟美国人做了三个月的商业交往之后,我感到几乎可以与你通信了。"

218. 致 G. 帕蒂森，1938 年 3 月 15 日

亲爱的吉尔伯特：

　　我相信最近这些天你已多次提醒我阅读有关奥地利的文章。正如你所想象的，我已经和正在受到这些事件的极大困扰。就我判断，到目前为止我的亲戚还没有陷入危险，因为他们几乎全是退休且很受人尊重的人。按照新的法律，我的哥哥姐姐都是犹太人（不过他们的孩子不是，因为这些孩子没有犹太祖父母和受洗的曾祖父母）。尽管如此，新的政权[会|一定会]讨厌他们。入侵以来我还没有收到来自家里的消息，但这还没过多少时间，而且我的家人总是设法以温和的可能方式传递给我消息，以使我放心。我已写信给家里说，如果他们需要我，我任何时间都可以回去，但我几乎认为他们不需要我（并非他们不想见我）。我现在真正想写的是关于我自己。我被置于奇怪的地位。正如你所知，我自动地变成了德国公民，即德国犹太人。变成德国公民这一想法对我来说好恐怖，甚至且不说地位的降低等等，我与我的亲人一样地位降低了，而且我认为我可以忍受。尽管我不知道它是否[可能|会]继续萦绕在我心头。但是一个更严重的后果是，如果我访问奥地利，我很可能不能获准[离境|返回]英国。你当然明白，对我来说不可能在那儿找到工作，而且即便能找到工作，我也几乎无法面对[这样的可能性|这一想法]。你可以称这为脆弱，但情况就是这样。我的家人都富有，尽管有这些变化，甚至仍可能有足够的钱收留我。但我毋需说这对我来说意味着什么。[所以我现在|因此我现在已]认真地考虑获得英国国籍这一想法。你知道，我原先考虑过这一可能性，尽管从未认真地考虑，至于原因我和你讨论过。它们大

抵是，我不想变成一个假英国人。但是在我看来现在形势已发生变化，因为我不得不在如下两者之间做出选择，一个是剥夺我的一切的新[国籍|公民身份]，一个是至少在一个国家给我工作机会的国籍，我在这个国家度过大部分成年生活，有朋友，做出了最好的工作。我请求上帝，别将体面等等都给了英国[国籍|公民身份]，它(尽管我也不厌烦它)不是我所寻求的。但是这也身不由己。有一个很重要的原因，它使我不大愿意获得新的国籍，这就是作为一个英国公民，我很有可能被德国人阻止重返奥地利，因而无法去看我的家人，除非比如说去瑞士见他们。然而我目前还看不清楚，对我或对他们来说这要比我在奥地利苟且偷生或在英国被不实的地位和焦虑所困扰更糟。[因此我在|由于这些原因我在][考虑认真地努力去获得英国国籍|认真地考虑努力去获得英国国籍。]当然很可能是，甚至在这样做之前，我就被家人一封信召唤回家了(在这种情况下我[会|将]走)，但我没有理由相信这样；他们从未想到叫我回去，除非处于最严重的紧急情况。

正如你可以想象的，关于这些事情许多内阁会议在我的脑子召开，我也想亲自跟你谈它们——头脑冷静地。因此我很想12天之内去英国，即在……，如果你能为我腾出周末的话。仅仅为了讨论起来容易些，你可以对国籍的问题做一些研究——除非(就是说)你立于我的处境强烈反对它。请尽可能早点让我知道，如果你能见我，在哪里何时。原谅我让你读这么长一封信，请别将信扔掉，如果你可以[还|再]读它。不管你怎样考虑我的问题，我都
　　　　　　　一直是您的

　　　　　　　　　　亲切的

　　　　　　　　　　　　L.

万一我获得英国国籍,我考虑不住在英国,而是比如说住在爱尔兰,在那里我更显然是个避难者。就是说如果我可以在那儿找到工作的话。(我知道我毋需告诉你,我所需要的不只是避难所,而是为他人工作的可能性。)

这是在维特根斯坦 MS 158 文件夹 29 及以下发现的一封信的草稿。日期据这天的一条日记,日记写道"给吉尔伯特的与申请国籍有关的一封长信"。帕蒂森,一名会计师,在实际事务中往往是维特根斯坦的向导以及财务管理员。

在……——实际上维特根斯坦 3 月 18 日之前到达剑桥(致凯恩斯的信),但可能 3 月 27 日在伦敦见到帕蒂森。

219. 致 J. M. 凯恩斯,1938 年 3 月 18 日

剑桥

东路 81 号

38 年 3 月 18 日

我亲爱的凯恩斯:

非常抱歉在您自己也不大好的时候用我的私事打扰您。无论如何我想描述一下我的近况,请求您是否可能有机会以您不太为难的某种方式给我一些建议或帮助。您知道,随着奥地利被德国

吞并,我变成了德国公民,而且按照德国法律变成了德国犹太人(因为我的祖父母有三个作为成人受了洗)。当然,这也适用于我的哥哥和姐姐(不适用于他们的孩子,他们算作雅利安人)。因为我在维也纳的家人几乎都已退休,而且是极其受人尊敬的人,他们在言行上一直爱国,总的来看,他们现在还不大会有任何危险。入侵以来我还没收到他们的信件,时间过去不长,他们一定在等着事情有些眉目时再给我消息。我一周前给他们写信说,如果他们需要我,我任何时候都可以回去。但我相信,他们不打算叫我回去,我目前也没办法为他们做什么,可能只有向他们祝福了。——但是,如果我现在去维也纳的话,后果可能是

a)我的奥地利人的护照被收走,b)很可能不给我护照;因为除非在非常特殊的情况下,我想护照不会给予德国犹太人。所以我会 c)不能再离开奥地利,d)再也找不到工作。

我的家人战前富有,现在仍然富有,因而即便大量财富被掠夺走,他们很可能仍有足够的钱收留我(而且他们会高兴这样做),但我毋需说这是我最不希望发生的。

我还必须说,成为(或是)一个德国公民的念头,即便排除掉所有肮脏的后果,对我来说也是**恐怖的**。(这也许是愚蠢的,但就是如此。)

出于所有这些原因,我现在决定尝试1)在剑桥找份大学的工作,2)获得英国国籍。

获得英国国籍的想法我以前就有了;但我因为如下原因总是抗拒这一想法:我不想变成一个假英国人(我想您理解我的意思)。但是,现在形势对我来说已完全改变。因为我现在不得不在两种

新国籍之间选择，一种会剥夺我的一切，而另一种至少允许我在一个国家工作，我在这个国家度过了成年的大部分时光，有最好的朋友，做出了我最好的工作。

现在如果我想在这儿入籍，恐怕我得赶紧；其中一个原因是（正如斯拉法向我指出的），在我持有奥地利护照的情况下，事情会容易些。而我可能不久必须放弃奥地利护照。

至于在剑桥找份工作，您可能记得我是5年的学院助理讲师，而条规不允许一个人做这份工作5年以上。当我的5年工作到期时，学院准许我跟以前一样继续开讲座，他们跟以前一样继续付我薪酬。我现在要申请的正是这个，因为没有其它空缺的职位。事实上我曾想过申请；尽管不是现在，而也许是明年秋季。但是对我来说现在尽可能快地找份工作很重要；因为 a) 它有助于我的入籍，b) 即使我不能入籍，不得不变成德国人，如果我在英国有份工作的话，我会有更多机会在看望我的家人后获准再离开奥地利。

我昨天跟斯拉法谈过所有这些。他今天或明天前往意大利，我从都柏林急忙赶到这里见他，跟他讨论。他认为，对我来说该做的事情是就有关入籍的事情去找一名律师，一个在这类事情上的专家。斯拉法认为，您也许可以推荐我一个合适人选，或者就这件事情或就申请大学的工作给我一些建议。

我想补充的是，我没有一点经济困难。我大约有300或400英镑，因而可以轻易再支持一年左右。

这就是全部。原谅我让您读这封长信；如果您确实读到这一行的话。

我希望再次见到您不会太久。您不管怎么想我或我的问题,我都是

您永远的
路德维希

附言:如果我的家人现在写信给我,他们要我回家,我当然必须回去。但正如我所说,这几乎不可能。

也不大好——凯恩斯1937年后患有严重的心脏方面的疾病。

作为成人受了洗——于是无可否认地是犹太人(尽管结果三个人中有一人被划为雅利安人)。

一名律师——从维特根斯坦的袖珍日记判断,凯恩斯似乎推荐了麦肯纳有限公司的F. A. S. 格沃特金,1938年4月11日和6月30日维特根斯坦跟他有约见。想要的国籍证第二年4月5日由内务部签署,维特根斯坦1939年4月12日宣誓忠于英国。

220. 致P. 斯拉法,1938年3月30日

剑桥
东路81号
38年3月30日

亲爱的斯拉法:

局势大致这样:

我现在收到很多家信,没有一封包含我那里朋友和亲人有危

险的消息。所以我觉得我不需要麻烦你去那儿看望他们。我一个姐姐目前在纽约,将在一周内或两周内返回维也纳,我已安排在她回家的途中在南安普顿或巴黎见她。

至于我申请国籍的事情,到目前为止还没有确靠消息,原因很复杂无法在一封信中说清。但是,我没有什么理由认为我没有好机会。我还未去领事馆。

我打算假期待在这里,期待着下学期应邀开讲座。

请告诉我你什么时候返回。

谢谢在我的事情上帮我分担麻烦。

最美好的祝愿!!

您的

路德维希·维特根斯坦

这封信寄往意大利的斯拉法。有趣的是,斯拉法也出于政治原因在准备着关闭意大利的家宅,将其母亲带往英国。

221. 致 P. 斯拉法,1938年4月1日

剑桥

东路81号

38年4月1日

亲爱的斯拉法:

我两天前写信给你说,我现在不需要麻烦你去看我的家人,因

为我从他们得到的消息听起来不错。但是,如果你不管怎样都要去维也纳,我会很高兴你去看望他们并告诉他们我的情况。

再见

您的

L. W.

去看我的家人——斯拉法事实上的确从意大利返程中去看望了,证据是信件 222 和赫尔米娜·维特根斯坦致路德维希·亨泽尔的一封信,载 I. Somavilla、A. Unterkircher 和 C. P. Berger(编)《路德维希·亨泽尔-路德维希·维特根斯坦:一场友谊》(Innsbruck:Hayman, 1994),第 148 页。

不管怎样都要去维也纳——斯拉法没有非常明显地去维也纳的动机,除非他自己喜欢看看当时正发生的重要政治事件;比较信件 232 维特根斯坦期待去捷克斯洛伐克的访问。

222. 致 P. 斯拉法,1938 年[4 月 20 日]

星期六

东路 81 号

亲爱的斯拉法:

这封信只是告诉你,a)我从凯恩斯处收到一张便条说,他的律师指导我给内务部某一官员写一封信述说我的情况(这显然对我有很大帮助);b)我收到来自维也纳一个姐姐的信说,她们非常高兴见到你并跟你交谈。

您的

路德维希·维特根斯坦

注意这张卡片的金边,这正是现在我要的东西。

1938年为斯拉法所标:显然是他从意大利返回(1938年4月17日,正如他护照的印戳所表明的)之后收到的。

我的情况——申请国籍。

223.致J.T.桑德斯,1938年5月14日

剑桥

东路81号

38年5月14日

我亲爱的桑德斯:

我昨天收到尤因博士的一封来信,通知我说你拒绝就我的许可证的事情(用于接受大学职位)向内务部写信。请你告诉我这是

否属实,或者尤因博士的信息是否基于某种误解。

您真诚的

路德维希·维特根斯坦

桑德斯——剑桥大学的助理教务主任。

尤因——A. C. Ewing(1899 – 1973),剑桥的哲学讲师,当时是道德科学学院的秘书。

224. J. T. 桑德斯的来信,1938 年 5 月 20 日

抄送尤因博士

G. B.9038 1938 年 5 月 20 日

亲爱的维特根斯坦:

当尤因博士问我,就允许您续留在这一国家的许可证的更新的事情,我是否可以写信给内务部时,我告诉他,只有总董事会通知我,我才能这样做。因此在总董事会星期三的会议上我咨询了他们,他们建议我以您的名义写封信。董事会同意,作为最初一步,您自己必须递交许可证更新或延期的申请书。

您诚挚的

学院秘书长

L.维特根斯坦博士

225. 致 J. T. 桑德斯，1938 年 5 月 23 日

剑桥
东路 81 号
38 年 5 月 23 日

亲爱的桑德斯先生：

我收到您 5 月 20 日的来信。正如我所担心的，是有一种误解。不是申请准许我"续留在这一国家"（如您所写）的许可证问题，而是申请准许我在这一国家接受大学的聘约。所以，当您问总董事会第一个问题时，他们的回答不可能跟我的情况相关。

但是，我不想给董事会带来任何进一步的麻烦，因此如果必须的话，我自己向内务部申请，不过，我现在有理由认为情况还不是这样。

您真诚的
L. 维特根斯坦

226. 致 P. 斯拉法，1938 年 6 月 25 日

剑桥
东路 81 号
38 年 6 月 25 日

亲爱的斯拉法：

我附上一封今早收自我的律师的令人沮丧的信。你认为我应

该问他是否有加速进程的方法吗？我不认为这样；这也许根本不可能，而我必须对已经完成的事项，就是说对我想他打算告诉我的东西表示感谢。根据你的建议，在给律师的信中我略去了所有关于"重要的原因"的信息。我现在在想省略这样的信息是否明智。

我昨天收到帕蒂森的一封信说，我仍然有将近 300 英镑在他那里。他写道，他最近有一堆私人麻烦，所以并不喜欢写。——

好吧，再见！

您的

路德维希·维特根斯坦

我在想我是否该再写一封信给律师说，我的理由是希望事情尽可能快地办完。

帕蒂森——关于他所起的作用，见信件 218。

227. 致 R. 里斯，1938 年 7 月 13 日

剑桥

东路 81 号

38 年 7 月 13 日

亲爱的里斯：

我相信你会认为我太差劲了，竟又改变主意不参加那个……的会议了。但实际情况是，我很高兴我改变了主意。想到去并坐在逻辑实证主义者等等中间就感到害怕；即便你的出席也无法弥补所有的肮脏。但是，我一直下不了决心不去，直到今天早上我有

一个写信这会儿我无法很容易向你解释的想法。去参会的一个好处是,我毕竟想不久出版些东西,以便结束经常不断的误解和误释。我很想过去跟你谈谈这件事。请原谅我的浮躁,或者无论如何再次跟我见面之前暂不下判断。

我希望不久就能见到你。

您的
路德维希·维特根斯坦

那个……的会议——这唯一可能的是 1938 年 7 月 14－19 日在剑桥格顿学院举办的科学统一第四届国际会议。(见 Friedrich Stadler 的《维也纳学派:逻辑实证主义的起源、发展及影响研究》(Berlin:Springer,2001),第 383 页及以下;还见"科学的语言:第 4 届科学统一大会于 1938 年在剑桥召开",载《认识》,7(1937－1938),第 135－422 页。)令人惊奇的是,维特斯根坦竟然想去参加,甚至是在里斯的督促下。

228. 致 W. H. 沃森,1938 年 7 月 28 日

剑桥
东路 81 号
38 年 7 月 28 日

我亲爱的沃森:

你已很久没有收到我的信,而这封也超乎寻常的短。我的一

个多伦多的朋友 J. C. 泰勒可能经过蒙特利尔,我非常想推荐给你。他一直在这里研究哲学,是不管哪方面都很优秀的人。如果他去找你的话,请给他你能给的任何帮助。——就健康和工作而言我很好,但深深忧虑着奥地利的事件。我不久会多写一些。

最美好的祝愿!!

您永远的

路德维希·维特根斯坦

泰勒——见信件 231 的注释。

229. J. M. 凯恩斯的来信,1938 年 8 月 30 日

路德维希·维特根斯坦博士

剑桥

东路 81 号

1938 年 8 月 30 日

我亲爱的维特根斯坦:

很高兴收到你关于阿利斯特的信。事实上,更为重要的是他应该努力成功,像你说的那样,这比继续有奖学金更重要。正如你所知,我对此所知不多。但我的印象是奖学金的问题实际上已经决定了,不可能再续。如果他已获得大学讲师职位,情况或许有所

不同。但在这种情况下,他再有奖学金会是件极为不同寻常的事情。以前的问题是从3年延长到6年,这跟6年以上的延期是完全不同的事情。

无论如何,我确定地认为,他失去奖学金并不意味着他将离开剑桥。我并不是空口无凭这样说,但我认为他的父母对他有资助,还跟从前一样可以继续资助。当然,我最近很少见他,因为我一直不在。我想让你知道,正如我已说过的,我认为奖学金的事情实际上已经决定了。

非常高兴听到你要出版著作了。我感到十分确定的是,只要出版社咨询任何行内人的意见,就会同意出版。

我现在已经好多了。但恢复起来还得些时间。然而关键是衰弱没有以往那么长那么深了。我希望下学期能更多地住校。

您永远的

JMK

这封信是对已遗失的维特根斯坦的信的答复,印自凯恩斯文稿中保留的复件。原稿的日期很可能是在伦敦标注的:所说的健康问题是凯恩斯缺席剑桥的原因。

阿利斯特——A. G. D. Watson(1908－1982),学者,1933年起为国王学院的研究员,是凯恩斯和维特根斯坦两个圈子的信徒和成员,由于其个人品质而颇受欢迎。观点明显左翼。在数学问题上他是维特根斯坦(一如斯拉法)的顾问,在道德科学俱乐部甚至是维特根斯坦的代言人。他在《心》47(1938)发表了"数学及其基础",战争期间和战后转向(服务于海军)雷达通信、然后是声呐、再后是海洋学方面的工作。他后来被广泛地怀疑与一个为苏联间谍机关服务的剑桥人有牵连。他否认这一点但承认人们有理由怀疑他。

出版社——剑桥大学出版社,维特根斯坦大约在这一时期将现在为《哲学研究》第一部分的稿子交给了出版社。在维特根斯坦的笔记(MS 117)中,这部分的前言跟这封信标注的是同一月份。见 G. H. 冯·赖特的"《哲学研究》的来源和构成",载于他的《维特根斯坦》,第 120-121 页。手稿准备以德英对照的形式出版,标题为《哲学评论》(Philosophical Remarks / Philosophische Bemerkungen)。

230. 致 R. 里斯,[1938年9月9日]

东路 81 号
星期五

亲爱的里斯:

谢谢你的来信。到目前为止还没得到家里任何消息,因此情况仍然不明。我也就只好等着。——

正如你所知,我期望你在论文写作方面好运多多。尽管坚持下去；如果可能，有时牺牲连贯性。我的意思是，如果你感到你现在只能说一些东西，但它还不完全是这个地方应该说的东西——那就先说出来，稍微跳过去，而不是固结于"单轨"而不前行。就是说，如果你能这样做。如果你不能跳，就沉重地前行。你仍然有十足的好机会去做。如果你无法完成，仍然要提交。

再见！

您的

路德维希·维特根斯坦

仍然要提交——旨在获得奖学金的论文。里斯没有提交论文，他也没有完成博士论文，令他的导师——摩尔——很惋惜。

231. J. 泰勒的来信，[1938年] 9月24日

加利福尼亚，伯克利

黑斯特街 2426 号

1 号公寓楼

9 月 24 日

亲爱的维特根斯坦：

[……]

我没做任何布道工作，我深知自己还没修行到那个程度，但有三、四个有智慧的人热心地跟我谈过（我所提到的研究生），我已讨

论了很多,像摩尔那样讨论当他们说错话时的那种跳跃,我认为这对我或对他们都并非无用。这些讨论跟我经常与斯麦瑟斯和莱维的讨论不同。谢谢您,我在一些事情上要比那些人碰巧拥有的看法清醒。我并不直接使用您说过的话,就像比如魏斯曼那样或石里克有时那样;如果我真的使用了您的词语或例子或看法,尽管我尽可能少地使用,我提到这是您的。如果瞌睡了或厌烦了,我一点也不讨论,我尽量不做随意的评论。这样做是否有好处我不知道。我确实知道我并不耻于这些讨论,也没有在讨论之后感到不舒服。

[……]

我相信您一点也不喜欢这儿——相当令人讨厌,整体上这儿要比我期望的更糟。

在很少一些相当聪明的研究生中,您的名字还让人们充满了好奇和仰望。尽管甘斯似乎没有像您所做的那样给任何人以任何特别清晰的观点。在一种意义上,这是不可能的。

这儿的人都相当慈善友好。尽管我没有觉得特殊舒服或特别满意。还没碰到像您或像我在剑桥喜欢的四、五个人。生活方式要相对散漫一些;我担心也会散漫下去。

如果我的经济状况好些的话,我会返回剑桥。尽管我不讨厌自己在这儿正做的事情——无论如何,一点也不。这会花掉我的一切,也许甚至还不够,还挡不住。补救的办法是,正如我所计划的,我更努力地工作。就目前而言,我只能避开坏人。

我读了两遍《蝴蝶》。故事跟您描述的一样好。我不喜欢作者刻画的某种尖酸刻薄的人物,他不像他认为的那样无情,一个比较坚强的人不必在一些事上尖酸刻薄。(写完上面的句子之后,我明白我这儿评论的方式就像您有一次向我评论卡夫卡的方式那样。)但是,我喜欢这本书。

贝尔蒙特问我您已写出和可以看到的东西。我没说您可能不久出版,因为我想那还不完全确定;但我确实提到您五、六年前向斯金纳和安布罗斯小姐用英文口述的手稿。我说他如果想看的话,我会向您去借。当您回信时,请告知我,您究竟是否愿意让我给他手稿。

我希望您提到的小书出版了。我期待着看到它。

如果爆发一场战争,一切都将改变,正如您所说的,我猜我会作为加拿大人卷入其中,如果战争持续够长的话。我想我希望他们真的因为捷克斯洛伐克而走向战争。最好停下雪橇,与狼一决高下,而不是把外婆扔给狼。

请带给斯金纳我最美好的祝愿。

如果您愿意,告诉我您对所有这些的看法;就是说,我是否听起来像骗自己的人。请告诉我您怎么想。

我希望您去了都柏林。

泰勒

泰勒——(1914-1946),在三一学院修完了其第二个本科课程的加拿大人。1937-1938年,维特根斯坦曾在他的房子里开课,并与他有多次会面。这封信表明他在伯克利教学。他在前往墨尔本接替乔治·保罗的途中,死于酒馆一场原因不明的争执。

斯麦瑟斯——Yorick Smythies(1917-1980),1937年后尤其

受维特根斯坦喜爱的学生。有时他是维特根斯坦讲座中唯一允许做笔记的学生。跟斯金纳（见信件 176）一样，他为了以维特根斯坦的方式生活和思考而放弃了正常的晋升路径。

就像比如魏斯曼那样或石里克有时那样——关于魏斯曼，见信件 150；关于石里克，见信件 113。石里克后期文章的一些段落让人联想到维特根斯坦，但这只是甚至是间接地暗示维特根斯坦可能对这一点有所反对。

甘斯——Abraham Gans，听过维特根斯坦课的美国人（参见雷德帕斯的《路德维希·维特根斯坦：一个学生的回忆》，第 19 页）。也是摩尔的学生，摩尔 1935 年 1 月 22 日的日记写道："维[维特根斯坦]跟往常一样来，看到甘斯跟我在一起：跟他争论。"

《蝴蝶》——威廉·布什的两个寓言之一（另一个是《爱德华·特牢姆》），维特根斯坦经常给朋友推荐（见信件 376 和 378）。

贝尔蒙特——见前面与安布罗斯的往来信件（176 和 177）。

用英文口述的手稿——《褐皮书》。

232. 致 P. 斯拉法，1938 年 9 月 29 日

38 年 9 月 29 日

亲爱的斯拉法：

我当然一点也不知道你的计划——但我很想知道万一有机会，你是否愿意去捷克斯洛伐克，以这种或那种方式帮助那儿；如果这是你的意愿，你是否不介意带着我去做点事情。

你可能问 a)"究竟是什么让你认为斯拉法会帮助捷克斯洛伐克？"b)"为什么我应该想带你去？"对于这两个问题，我的回答是：我不知道；但是在我看来这不是**不可能**。

我在去爱尔兰的路上；我的地址将是：

都柏林

拉尼拉

切姆斯福德路 36 号

德鲁利转交

万一你真的需要我，我会喜出望外，在这种情况下，发电报给上述地址，或者同时给这一地址和东路 81 号。我可以加入你去捷克斯洛伐克的行列。

如果我的想法离奇，也无伤大雅。

美好的祝愿！

路德维希·维特根斯坦

信纸抬头是"伦敦斯特兰德 WC2，斯特兰德皇宫酒店"，但地址被删掉了。

捷克斯洛伐克——这封信写于慕尼黑协定签署的日子，该协定使捷克斯洛伐克说德语的部分并入德国。

233. 致 R. 里斯, [1938 年 10 月 3 日]

剑桥

东路 81 号

星期一

亲爱的里斯：

我昨天已从都柏林返回。我为什么比当初打算的更早返回，有时间我再解释。我在这儿找到你的第一章，有些失望你没有将它提交。我认为不提交是错误的，如果你提交得有些迟有可能被宽容的话，我认为你仍然应该提交。我只是浏览了几页，目前还不能看更多，但我的印象一点也不赖！所以我不明白你凭啥老是想做自己的考官。正如我所说的，它仍然有被接受的可能，我认为你应该将它提交。

我希望不久见到你！

您的

路德维希·维特根斯坦

将它提交——供申请奖学金(见信件230)。

234. 致 R. 里斯,[1938 年 10 月 6 日]

> 剑桥
> 东路 81 号
> 星期四

亲爱的里斯:

我患感冒在床上。我渴望能见到你!大学出版社已经接受了我书。

最好的祝愿!

> 再见!
> 路德维希·维特根斯坦

谢谢你的来信。我明白你的看法;但我仍然认为你可以试试。无论如何我希望早点见到你。

> L. W.

我的书——见信件229。

235. 致 G. E. 摩尔，1938 年 10 月 19 日

剑桥

东路 81 号

38 年 10 月 19 日

亲爱的摩尔：

我仍然不太好。身体比较虚，摇摇晃晃的，我感觉无法确当地思考我的工作。所以我现在不能开始上课，我不知道后面 3 周我是否有足够的精力去上课。我身体状况的原因是什么，我并不确切知道，但我相信是因为最近的感冒和最近一两个月的神经过分紧张。(我在维也纳的家人陷入巨大的麻烦。)

我在想是否最好在公告栏公布一下，我目前无法上课，等待另行通知。

您是否可以告知我您觉得怎么最好，或者您觉得怎么最好就去做吧？

美好的祝愿。

您的

路德维希·维特根斯坦

我在维也纳的家人——见信件 217。获得南斯拉夫国籍的尝试甚至使他的两个姐姐和一个外甥短期但极令人担忧地被拘于监狱。(伪造的护照被她们当作真护照。)在接下来的一年中，维特根斯坦多次卷入与纳粹当局(以及家庭中)的谈判，谈判的结果是妥协——大体上是将奥地利之外的部分家庭财产转移回国，回报是

获得了混血的地位。维特根斯坦刚从苏黎世飞回来(可能是去看他的哥哥保罗),这肯定跟这些谈判有关。

我目前无法上课——事实上维特根斯坦的下一次课是1939年四旬节学期的数学哲学(诺曼·马尔科姆对此记有笔记)。在秋季学期,尤其是在11月,维特根斯坦的日记表明,他跟打字员做了大量工作。这肯定是力图完成刚接受要出版的《哲学评论》(见信件229和234),结果是TS 221(与TS 220持续标注页码,但用不同的机器打印):见麦克奎尼斯《走近维特根斯坦》,第283-284页。

236. 致G. E. 摩尔,1938年10月20日

东路81号
38年10月20日

亲爱的摩尔:

我今天收到尤因一个柬帖说,我已被"聘为道德科学学院的成员"。您能告诉我这究竟指的什么?我以前不属于该学院吗,有什么变化使得我现在真正属于学院?我有什么新职责或新权利吗?如果您能简单介绍一下这点的话,我会很高兴。美好的祝愿!

您的
路德维希·维特根斯坦

附言:我已看到道德科学俱乐部的计划,我觉得它令人生畏。

维特根斯坦的学院助理讲师职位1935年到期,此后有相对小量的经费用于支付他所做的讲座。(董事会通知,对于1938-1939年之后,不能做任何承诺:如果不能当选为教授的话,他可能没有一点收入。)将他包括在学院正常续聘的讲师名单中(有很少的选举和发言权利)不涉及经费,也许旨在帮助他申请国籍,或者更一般地说,表明他不是暂时在剑桥有家的流亡学者之一。

道德科学学院——这个传统名字1969年以后被称为剑桥哲学学院。A. C. 尤因是董事会秘书。

道德科学俱乐部的项目——它包括布雷斯威特、尤因、赖尔、韦斯顿和阿瑟·爱丁顿爵士(见雷德帕斯的《路德维希·维特根斯坦:一个学生的回忆》,第78-79页)。

237.致P.斯拉法,1938年12月1日

东路81号
星期四

亲爱的斯拉法:

我这里又发生了一件事,它可能对我很重要。如果你接受三

一学院职位——尽管从我们的讨论来看,你不知道它对你来说最终是好事还是坏事——你的确知道它会带来地位的变化从而可能有助于提升你。也就是说,你也必定会离开你现在的位置而到另一个位置上,因此它会教你新东西,这正是应该接受它的关键所在。

就一种意义而言,你会放松自己,找另一种工作;这至少是一个姿态。正如我所说的,它会教你新东西,给你也许你应该有的经验。(我不认为出于这些理由那会儿不接受它是错的。在这件事上没有什么轻率之处。)(我知道不同意它会怎么说。)

路德维希·维特根斯坦

将这封信再从头到尾读一遍!

日期为斯拉法用铅笔所标。在这一事件中斯拉法跟维特根斯坦同一天被接受为三一学院研究员。对于此事件显然有很多议论,总的来说维特根斯坦倾向于接受,但斯拉法在致信 Joan Robinson 时说:"维特根斯坦建议我接受,但他的理由很复杂,这可能因为他已经接受了教授职位,无意中想把我降低到耻辱的地位"(1939 年 2 月 15 日的信,当时维特根斯坦已经被选为教授:像斯拉法世界的其它很多事情一样,这是来自 Gary Mongiovi 博士给本书编者的信函)。关于"耻辱",比较信件 372,那里维特根斯坦担心斯拉法可能"变成三一学院的导师:严厉、冷淡和不友好"。

238.摘自道德科学俱乐部的备忘录,1938年12月1日

第7次会议 1938年12月1日

A. C.尤因博士:对韦斯顿博士论无意义的答复

本学期的第7次会议在道德科学图书馆召开。摩尔教授主持会议。尤因博士宣读了对韦斯顿博士论无意义的答复。他主张,尽管韦斯顿博士对无意义的评论要比对证实原则之哲学有效性的其他支持者的评论更为缜密,然而,即便他的很好的例子也无法阻止证实原则成为哲学的巨大威胁。

在讨论中,维特根斯坦博士说,直到大约两周前,他才听说证实原则。他知道寻找命题的证实方法。寻找证实某一陈述的主要之点是找出区别。他不喜欢称如下陈述为原则,这一陈述说:一个命题的意义是其证实的方法。这使得哲学太像数学。在哲学中不存在原初命题。韦斯顿博士认为,所争论的陈述就是通常所说的原则,因此,不要担心将其称为原则,而将它称为某种别的东西。维特根斯坦博士认为这相当危险。他不明白为什么尤因博士认为证实方法的结果可能有害。尤因博士说,它可能有害,如果被认为不可证实的陈述被当做无意义的话。维特根斯坦博士说,寻找人们如何证实一个陈述就是寻找人们对它做了什么。要证明这样一个问题是有效的,人们必须对它进行哲学探讨。尤因博士说,他还没有用这类问题澄清自己的思维。而且一个人可能仍然将一种方法当作原则,即便他说它不是一种原则。

维特根斯坦博士说,尤因博士已表达过如下看法,即仍然存在

着是否有先验综合命题的问题。那么,问题就在于:经过某种处理后,某些问题将会要么有效要么无效。尤因博士:你是否想说已经表明这些问题没有答案?维特根斯坦博士:在一种意义上,我可能说没有答案,在你无法摆脱它们的意义上。证实方法让人们感觉不需要再追问一些问题。韦斯顿博士认为,维特根斯坦博士表达自己的方式,使人们想对他说,他想阻止人们追问某些问题。韦斯顿博士认为,最好这样来解释,即证实方法带来的满意在于,更好地掌握了语言的用法。维特根斯坦博士认为,表明研究方法是否有效的最好方式是借助它彻底解决一两个问题。稍后布罗德教授说,如果一个人是称职的哲学家,他会将这一方法分别应用于每个问题。

西奥多·雷德帕斯

290　　雷德帕斯这一时期是俱乐部的秘书,他比通常做了更为详细的记录。他对这一时期维特根斯坦的兴趣和对俱乐部的影响的记述,见其《路德维希·维特根斯坦:一个学生的回忆》,第77－88页。

1939

239. 致 J. M. 凯恩斯，1939 年 2 月 1 日

剑桥

东路81号

39年2月1日

亲爱的凯恩斯：

  我昨晚带着手稿到国王学院兜了一圈，但被告知您已去了伦敦；所以我又将它带回了，会保留到星期五，除非您此前需要看它。我想花两天时间稍微看一下翻译，也许会改一些严重的错误。我还不曾有时间修改（听起来有些奇怪）。我的翻译者翻译了第一卷大约一半，然后不得不赶到美国，几周前他父亲在那儿去世了。我还给您德文文本——万一对您有用处的话。我不是想德文文本或者译本值得您看；而是想如果您愿意看的话，会方便一些。（摩尔读过大部分德文文本，也许能给出一些意见。）恐怕现在只有一份英文复件，只有一份修改过的德文复件；这两份复件都给您。

  十分感谢您处理这么多麻烦（在我相信会失败的事上）。

您永远的

路德维希

手稿——《哲学研究》（用为最终书名）当时版本的开头部分，由洛什·里斯翻译为英文。这一打字稿仍存（在冯·赖特的目录中编号226），并且的确有多处维特根斯坦手写的修改。修改过的德文打字稿仍保存为220a；220b是这一打字稿未修改的复件之一；其它部分被打乱用在《哲学研究》的后来版本。

失败的事——维特根斯坦申请哲学教授职位，摩尔退休后该职位空缺。凯恩斯是有权选举主席的人之一。

240. 致 G. E. 摩尔, 1939 年 2 月 2 日

          剑桥
          东路 81 号
          39 年 2 月 2 日

亲爱的摩尔：

  我星期三收到凯恩斯的明信片说，他想看我的书的英文译本，或者已经译好的部分。我毋需说，整个事情有些荒谬，因为他甚至还不清楚该书是否翻译好了。但是，为了在给凯恩斯之前修改一下译文，我今天试着通阅一遍时发现，翻译得相当糟糕。尽管我跟斯麦瑟斯一整天都在很辛苦地工作，但我们也只改了12页，因为有一大堆错处必须修改。明天我必须继续修改，因为明晚凯恩斯

要拿到译本。所以明天下午我恐怕不能过去见您了。我曾写信给凯恩斯说,您已读过我第一卷的第一部分,会给他一些意见;因为显然您阅读原文一定能比凯恩斯匆匆忙忙阅读糟糕的译本更了解此书。因此我希望他会让您给他一些意见。顺便说,请您别告诉任何人我认为译本做得不很好。里斯的确尽了最大努力,这该死的稿子真难翻译。

我希望早点见到您。最好的祝愿!

您的

路德维希·维特根斯坦

我第一卷的第一部分——这大抵是《哲学研究》(德文)前188节:冯·赖特目录中编号为220,1939年1月很可能未完成的221将成为第二部分(见信件235的注释)。第二卷无疑将处理数学哲学。

241. 致 J. M. 凯恩斯,1939年2月3日

剑桥

东路81号

39年2月3日

我亲爱的凯恩斯:

昨天我开始通阅我的书的英文译本时,发现它比我期待的要

糟糕得多,所以要修改它几乎无望。但是,无论如何我过了一遍,这两天尽我所能几乎逐字逐句地修改,您看英文手稿就会看到这些。以这样的方式我修改的还不到 20 页。如果您可以读点德文的话,我应该去校阅一下德文本。现在整个事情似乎比几天前更像一部闹剧。

美好的祝愿!

您永远的

路德维希

译本——见信件 239。

242.致 J. M. 凯恩斯,1939 年 2 月 8 日

剑桥

东路 81 号

39 年 2 月 8 日

亲爱的凯恩斯:

谢谢您友好的便条。是的,译本相当糟糕,但翻译它的人却是一个优秀的人。只是他并非十足的翻译家,没有什么比翻译白话体(非专业的)散文更困难的事情。

您永远的

路德维希

译本——见信件(239 和 241)。

243. 致 J. M. 凯恩斯,1939 年 2 月 11 日

剑桥

东路 81 号

39 年 2 月 11 日

我亲爱的凯恩斯：

谢谢您的电报,谢谢这么多事情麻烦您。但愿您没有选错。我知道,该由我来证明您没有选错。我希望自己是一位称职的教授。

再次感谢。

您永远的

路德维希

电报——维特根斯坦 1939 年 2 月 11 日获选教授职位。出席的选举人有剑桥的副校长（H. R. 迪安）、布罗德、康福德、哈迪、凯恩斯,牛津的普赖斯,（格拉斯哥退休的）N. 康普·斯密斯,以及伯明翰的 L. J. 罗素,最后一人喜欢说他来是因为真正的罗素不能来：这某种程度上是真的,他被委派代替尚在美国的罗素勋爵。维特根斯坦所担心的持反对意见的柯林伍德没有到会,或许

由于健康原因。普赖斯告诉本书编者,这是一个相对短的会议:做了一些讨论后,布罗德说,"显然我们必须选举维特根斯坦",哈代发了言,[该职位的][行政]事务被放在了一边。

244. 致 P. 斯拉法,1939 年 2 月 11 日

剑桥

东路 81 号

39 年 2 月 11 日

亲爱的斯拉法:

我已被聘为教授。我希望未来会表明我没有申请错这一职位;因为驱使我去申请的因素很大程度上(如果不是全部的话)当然是虚荣心。但是,为无可挽回的事而忧伤是没用的,我必须抱乐观的希望。——聘约对我明显不利的一个因素是,它使你的预测正确,因此你会在未来的讨论中比以往更为独断。但是我这也活该。如果我没有得到你的不同意声音,我会在星期二通常的时间去见你。

再见

维特根斯坦教授

通常的时间——下午 1 点 15 分,但这一次改到下午 4 点 30 分(维特根斯坦的日记记载"马歇尔图书馆 4 点 30 分",而斯拉法

的记录也注明时间的更改)。大致说来,学期中间每周一次的见面,1938-1939 年在午饭时间,1939-1940 年在茶歇时间。

245.摘自道德科学俱乐部的备忘录,1939 年 2 月 16 日

第 5 次会议　1939 年 2 月 16 日

D.普林斯先生:词的用法

本学期的第 5 次会议在国王学院布雷斯威特先生的房间举行。摩尔教授主持。普林斯先生宣读了题为"词的用法"的论文。他试图表明,等式"一个词的意义"="该词被赋予的用法"="它在其中被使用的场合"站不住脚。

在讨论中,维特根斯坦博士力图表明第一个等式的用法,坚持认为在他的意义上没人曾主张第二个等式。但是他认为,在一些情况下人们从一个词被使用的场合能推知它的正确用法,但在某些情况下人们不能。他说,对于两个人明显冲突的评论,其区别究竟是事实的区别还是语言的区别,人们在这种情况中无法拿定主意,例如,如果我说"这辆自行车是绿的",而人们通常称它为黑色的。

他后来说,说"我从不知道桌上是否有一本书"不是关于语言的陈述,而是指出说这句话的人的记法可能有助于排除他的困难。

西奥多·雷德帕斯

D. 普林斯——Derek T. Prince，国王学院新来的研究生。

246. 摘自道德科学俱乐部的备忘录，1939年2月23日

第6次会议　1939年2月23日

★L. 维特根斯坦博士

本学期的第6次会议在国王学院斯麦瑟斯先生的房间举行。秘书主持会议。有两个嘉宾，尤因博士和布雷斯威特先生。作为讨论的开场白，维特根斯坦博士做简短发言。他向出席人员提出如下问题：哲学家为什么问一个词（一个最普通的词）的意义是什么？他们是否忘记了该词的意义等？

尤因博士认为，哲学家在其中寻找一个词的用法的最重要情况是他们在做某事而不是他们认为他们在做某事的情况，例如有关物理对象的情况。斯特雷奇先生指出，他们在寻找问定义，或者至少在试图找出是否能有一个定义。布雷斯威特先生说，他认为哲学家在一定意义上是在寻找对使用该词的行为的清楚描述。

维特根斯坦博士然后问，一个定义如何对一个词的用法做出连贯的说明。他说，人们可能说，定义将词的各种用法聚集在一起。当奥古斯丁寻找一个词的意义时，他就收集该词的各种用法。他提醒自己。如果定义是对意义的一种说明，那么人们竟会忘记

它(普林斯)不是很奇怪吗,因为定义的确是非常简单的东西?

维特根斯坦博士然后问,一个定义要试图成为对一个词的用法的连贯说明,什么可以看作必要条件。一定不存在使定义似乎显示所讨论的语词相关于所有这些符号的确切位置的符号操作技术。假如一个人像弗雷格那样定义数,那么他给"数"或"一"的用法以充分说明了吗?没有,数有着未被它说明的实际用法,例如算人数。定义是对一个词的用法的一种特定说明。只有你已经掌握了该语言的技巧,你才能从定义中学会该词。在这一意义上,一个连贯的说明不是由定义给出的。

试以物理对象为例。借助感觉材料能定义"帽子"吗?维特根斯坦博士认为这很容易,但这没有什么用。

我们为什么想要一个连贯的说明呢?哲学家们只探寻某些词。布雷斯威特先生:他们探寻某一组中典型的词,例如是某一组中典型的词的桌子。维特根斯坦博士:是的,但另一种情况也是真的,就是说,即使他们确实探寻,而且他们确实想要一个定义,他们也不想要最自然的定义,例如对于"椅子"他们不想要"某种能坐的东西"这一定义。他们为什么不满足于椅子的正常定义,或者换一种方式提这个问题,他们为什么想寻找一个物理对象的定义?

厄尔先生指出,他们想根据哲学家的词汇定义它。

维特根斯坦博士问,人们是否可以说,该哲学家想描述一种类型的词和另一种类型的词之间的关系。

部分地。

圣奥古斯丁发现要找到时间是什么非常困难。关于时间他想找到什么?有人可能说,圣奥古斯丁并不对"时间"一词的用法感到困惑,这是路人皆知的东西,而是对时间的本质感到困惑,这似乎并非那么人人知晓。他为什么困惑呢?

洛什·里斯先生说,困扰往往产生于用法之间有冲突时。维特根斯坦博士:这往往被称为矛盾。他引用了赫兹《力学原理》的一段话,赫兹在书中说,人们寻找物质等等的本质,因为这些概念上面有许多进行定义的标准,而且这些标准相互冲突。这让我们心中不得安宁,迫使我们寻找"如此这般的本质是什么?"对此做出回答不能给予更多的标准,而是要给予较少的标准。当这些矛盾消失时,问题便不再被提出,不再困惑的头脑便停止寻找。维特根斯坦博士说,他必须坦承,在他看来这段话似乎总结了哲学。

对于哲学,没有什么比一个人对同一问题问一千遍更典型。一种情况是一个人一直这样做。另一种情况是一个人不再这样做。什么使你不再这样做?有时是一个新的类比,它代替了旧的类比。

他常常指出,当一个词有两种不同的意义时,孩子会感到困惑。如果要不再困惑,必须有其它情况。

维特根斯坦博士继而回到上一周的讨论上:

在很多情况中,"一个词的意义"可以由一个词的用法来代替。这以什么方式是有效的。莱维先生:它可以消除意义依附于语词的图像观念。维特根斯坦博士:用法和图像是如何连在一起的?不是有比如指物定义和用法之间的完全平行的关联吗?假如我问:什么是斑马?某个人指向一幅斑马图像表明他在跟我们一样使用"斑马"一词?意象或图像与用法的关联在于,实际上在很多情况中,一个特定意象对应着一种特定用法,而在没有对应的地方这种情况也很多,困惑便产生了。

为什么在很多情况中寻找用法而不是寻找意义有效?因为意义让人想到一个对象,而用法让人想到在时间中展开的一系列对象。

"在很多情况中用'一个词的用法'代替'一个词的意义'是明智的"是一个口号。它有时被嘲弄;它有时被夸大。两者都是错误的。如果人们从事哲学,很自然地会走向某些步骤,而采取这些步骤是明智的。哲学研究乏味而困难,考验人的记忆。口号容易,有助记忆。如果用法变了,但口号留着,它便是荒谬的。维特根斯坦博士说,尽管他常常使用口号式词语,但他从不需要称[它]为任何东西。

围绕我们的所有对象都有一个名称,这是无比重要的事实。这是关于什么的一个原则?

西奥多·雷德帕斯

★ L. 维特根斯坦博士——星号表明,这是一次重要的会议,通常来说不是大学讲师是不允许参加的。在这一场合,尤因和布雷斯威特都是作为斯麦瑟斯的客人出席的,因为会议在他的房间举行。见雷德帕斯对该情况的说明,载其《路德维希·维特根斯坦:一个学生的回忆》,第 79 页以下。

斯特雷奇先生——可能是国王学院的 Christopher Strachey,研究数学和自然科学,1939 年毕业;后来为计算机科学家和丘吉尔学院成员(信息来自乔纳森·斯密斯)。

厄尔先生——T. J. Earle,圣约翰学院新来的研究生。

引用了赫兹《力学原理》的一段话——维特根斯坦经常提到赫兹如何解释"力"和"电力"(也适用于"物质")这类概念的困惑之源和解决办法。它们的性质和本质的问题"相关于问题所期待的答案被错待了。回答这一问题不是要找出更多的和新的关联,而是要消除已知的关联之间的矛盾,而且也许是要减少关联。这些令人痛苦的矛盾被消除掉后,力的性质的问题就不用再回答;我们不再烦恼的心灵,停止去问不合法的问题。"(《力学原理》导言,P. E. A. Lenard 编(London:Macmillan,1899;New York:Dover,1956),第7-8页)楷体的句子(德文)为《哲学研究》的格言,1947年4月27日被内斯特罗伊论进步的虚幻的话所替代。该论题出现(也与奥古斯丁对"什么是时间?"的讨论相关联)在《蓝皮书》(《蓝皮书和褐皮书》,R. 里斯编(Oxford:Blacwell,1958),第26页)和W. H. 沃森的《论理解物理学》第4-5页,后者是再现维特根斯坦关于自然科学的思想的最好著作。亦见维特根斯坦1946年对波普尔的答复(信件358)。

247. J. 泰勒的来信，1939年2月24日

美国，加利福尼亚，伯克利
锡达街2203号
1939年2月24日

亲爱的维特根斯坦：

[……]

感谢马亨克，我常在课堂跟他讨论，他对肤浅的观点有真切的批评，只要有可能他就迫使我接受他的看法，对于摩尔尤其韦斯顿所做工作的局限性，我要比离开剑桥时看得清楚多了。我认为我更好地理解了这类工作的有限价值之所在（我觉得它当然有价值），它在哪里不再有价值，以及太关注一本书中的小错误如何使人难以看到它是否包含更重要的东西。您去年向我指出这些，您肯定记得；我现在更懂得您话中的真理。我也比以往更明白您的学生做糟糕的事情的危险。以蹩脚的方式使用您得出的结论，去代替对任何问题的严肃思考，是件很容易的事情。我想您比任何人都知道这种情况。最后，我比离开剑桥时更明白您以前向我指出的，我在哲学上天分不大。

您应该不难想象，所有以上看法的影响以及我在这里的整个处境使我越来越怀疑我在哲学上是否能做出有价值的工作。我在这儿倒不是真的糟糕透了，但我对自己怀疑渐多，不知道我从事的工作对别人是否有好处。目前，我还能起某种有效的批判功能，我也努力工作，将问题搞得更清楚。这当然不可小视，但也乏善可陈。如果能找到别的令我感兴趣的，我也能做好的事情，我会尽早地转去做它。情况既然如此，如果可能，我下一年仍决定留在这

儿——当一名助教。我已经讲授某些课程，我所做的事儿并非只是摆设而毫无价值，我觉得这事儿也许比其它任何事情更适合我。我希望这事儿能让我某种程度上走出剑桥的样子，或许我应该说走出我自己的样子。再下一年我会更清楚落脚何处，目前我还比较迷惑，一切还都全然无从确定。

我保留着您寄来的所有书信，我肯定；寄给您的那一封是前天收到的。收到日期为1月30日的信时我也许当时应该写个短柬，但我计划给您写一封信，而且论文、课程和其它事情忙得不可开交。我的确很早就该写一封了。谢谢您所有这些未被回的简函。

在我看来肯定的一点是，政治局势的确使每个人都在某种程度上产生这样的感觉，即它不值得思考。反正我心里的确产生了这样的感觉。更有甚者，导致这里没人做真正原创的工作。

贝尔蒙特没有《褐皮书》的复印件，所以我给了他一份。

关于慕尼黑，我跟您的感觉一样，我宁愿有一场战争。对于政府所做的任何事情没人再感到惊奇，哪怕是他们竞相承认佛朗哥。我认为战争真正爆发时，如果可能的话，他们还会卖光法国，即法国殖民地。

谢谢您寄我一份您著作的序言的复印件。就我所能做的判断来说，我认为把需要搞清楚的事情搞清楚才是正事。我认为您的著作有助于廓清这一点，并促使人们把这些事情搞明白。

当您收到这封信时，您可能已经知道摩尔教席的认命。就我所知，您似乎低估了您获得教席的可能性。

本学期道德科学俱乐部的规划似乎好多了（莱维给我寄了复印件）。

鉴于您没要求我寄回序言的复印件，我就当作我可以保留它。

我很想返回剑桥,申请做研究员[……]。

很高兴您在恢复[自我]感觉,在开讲座。

您的

J. C. 泰勒

马亨克——美国哲学家,他曾是剑桥的访问者,当时在加州大学伯克利分校任教。

慕尼黑——1938年英法与希特勒的协订,允许希特勒割取捷克斯洛伐克。

您著作的序言——1938年的序言,但照贝克和汉克的说法,它包含着终于在1945年出版的序言的大纲(G. Baker 和 P. M. S. Hacker(主编),*An Analytical Commentary on the* Philosophical Investigations, vol. 1: *Wittgenstein*, *Understanding and Meaning* (Oxford: Blackwell, 1980),第19页)。

248. 致 G. H. 冯·赖特,1939年3月9日

剑桥

东路81号

39年3月9日

亲爱的先生:

很抱歉要麻烦你写信给我。我想解释一下,为何有一天我课

堂的两个新来者严重搅扰了我。——在课堂上,我在尽最大努力向这学期来听课的学生解释一个极为困难的问题。我知道,一个在期中或期末加入的学生是根本不可能搞清楚我们所真正努力解决的问题。事实上,他肯定会得出错误的看法。我希望你能理解这点,如果你真的理解这点,你也就理解为什么当我应全力以赴我的课程时意识到这一事实是多么地搅扰我。如果我像其他许多人那样,能准备打印的讲稿,并在课堂上读讲它们,新来的人就不会打扰到我。但是,因为我没能这样准备,不得不进行全新的思考,所以当我上课时,很容易受到干扰。

因此,作为对你来信的回答,我建议如果你想听我的课,你应该从下学期初开始;但请别在这学期的最后几次(2或3次)来。我希望你理解我的意思,别想着我的这一建议不够友善。

您诚挚的

L.维特根斯坦

附言:如果你愿意,明天下午4:30到我房间(上述地址)来。见面要比写信让我更容易解释这件事情。如果你不能来,也不用回复我。下午4:45以后,我就不再等你。

"临近1939年春季学期末,两个新来者出现在维特根斯坦的讲座之一。知道他讨厌此类突然闯入,我不知道会发生什么。如果我没记错,维特根斯坦问他们来这里干嘛,是否打算一直听课。他们的回答并没有真正让他满意。他的确也几乎没给他们时间回答,因为他十分坚决地补充说:'我这里不需要任何旅游者,知道不!'但是,他们还是被允许听完这次讲座"(雷德帕斯:《路德维希·维特根斯坦:一个学生的回忆》,第86页)。

冯·赖特在 J. C. Klagge 和 A. Nordmann(编)的《维特根斯坦:哲学时刻》(Indianapolis and Cambridge:Hackett,1993)第460页说道:"我未征得他的预先允许走入他的课堂。我那时刚到剑桥,院务委员会主席 C. D. 布罗德准许我参加哲学的讲座和课程……我接受维特根斯坦的诚挚邀请,我们此后的交谈可以说为彼此的友谊和理解奠定了基础。"冯·赖特后来成为维特根斯坦的继任者和遗著执行人之一。

249. 致 P. 斯拉法,[1939 年]3 月 15 日

剑桥

东路 81 号

3 月 15 日

亲爱的斯拉法:

我附了一张我侄子的便柬,上面有斯宾格勒的引语。

这当然不是我写信给你的原因,而原因是,当我昨天问你假期的地址是哪里(以便我有什么有趣的事情时可以写信给你)时,你回答我的方式给我一种印象,你几乎不大想要我的来信。如果我的印象是对的(或几乎是对的),请你确证这一点。

至于对斯宾格勒的引证,我想说的是,尽管你没有从中领悟到

什么对我无关紧要,但当我告诉你这一引证时你对它抱以(特殊种类)一笑对我却的确非常重要。我必须再次坦承,我一点也不喜欢这种情况。这显然是对你所不了解的东西的轻蔑态度(在我们的对话中你表现不止一次的态度)。我相信通常情况下我知道你的理解多么卓越和正确;但我也相信你的理解还非常狭隘,且禁不住认为你对自己的狭隘还不了解。

我还必须说,这一点也不减少我对你的尊敬(等)。事实上,如果我不是出于对你的这些感情,我也不会这么严肃地看待这件事情。我希望这事别弄成似乎一个更聪明的人在向较不聪明的人提出忠告。(你知道我怎么看待自己。)

祝你事事顺遂!

您的

路德维希·维特根斯坦

附言:我的律师今早写信告诉我,副国务卿已通知他们,他收到9英镑就会给我签发入籍证书。请收好我侄子的便柬,我的意思是别毁了它。

侄子——便柬实际上是寄自维也纳"约翰"(斯通巴罗)的明信片,尽管写着寄给斯拉法,但显然旨在小心翼翼地告诉维特根斯坦,一切都挺顺利(很可能跟假护照事件有关,参见信件235的注释)。斯拉法当然保存着它。斯宾格勒的引语肯定跟明信片无关,引语只是附在上面。

斯宾格勒——维特根斯坦受到奥斯瓦尔德·斯宾格勒《西方的没落》(Munich：Beck，1923；*Decline of the West*，C. F. Atkinson 译(London：Allen & Unwin，1932))的深刻影响,他把斯宾格勒跟斯拉法一起看作是其后期哲学的启发者之一。("家族相似"观念是斯宾格勒最明显的贡献。)维特根斯坦对德鲁利说过："你无法将历史置入模子。但斯宾格勒的确指出了某些非常有趣的比较"(里斯(编):《回忆维特根斯坦》,第 113 页)。关于斯宾格勒的总体影响,参见 Allan Janik 的"采集提醒物"(Assembling Reminders),载《维特根斯坦哲学概念的起源》(Stockholm：Santerus,2006)。亦见信件 428。

假期——那一年从 3 月 16 日到 4 月 18 日。事实上,这期间袖珍日记本记着 4 次会议和一系列来往信件(见后面)。

250. 致 P. 斯拉法,1939 年 4 月 1 日

剑桥

东路 81 号

39 年 4 月 1 日

亲爱的斯拉法：

今早收到我教师朋友的一封信,我曾向他问询过,信中说 4 月

5号事情能定下来,而且看起来问题不大。全信由一种密码写成,整体上看,情况可能比实际的糟。——我昨晚写信给阿德里安,以便他今早第一时间能拿到这信,如果他在剑桥的话。我要他尽早给我答复。我星期一大约2:30去拜访你是否合适?再见!

维特根斯坦

教师朋友——无疑指路德维希·亨泽尔。事情是,维特根斯坦的姐姐们曾打算获得南斯拉夫国籍,并天真地用伪造的文件,因此受到指控。4月8号(邮戳)维特根斯坦在一封没收在这里的信中告诉斯拉法,他收到确证这件事的明信片。(先提出了上诉,反对无罪释放,然后又被取消,维特根斯坦当时不知道这些。)

阿德里安——后来为三一学院院长,在选择糖尿病医生的事情上提过建议;亦见信件300。

251. 致 W. H. 沃森,1939年4月17日

我亲爱的沃森:

谢谢你3月19日的来信。收到你的信让我非常高兴。我还没有出版,上帝知道我会不会出版。在目前情势下,对我来说很难工作。我的姐姐们仍在维也纳,我目前不能去那儿,也帮不了她们什么。如果我觉得有一个相对合适的机会而不被送往集中营的

话，我可能一两月内努力去趟维也纳。我不认为有去美国的合适机会。我希望你能来这儿！我很渴望跟你谈谈。

您永远的
路德维希·维特根斯坦

一张复活节卡片。邮戳日期。

你 3 月 19 日的来信——没有找到。

252. 致 R. 里斯，[1939 年]4 月 20 日

剑桥
东路 81 号
4 月 20 日

亲爱的里斯：

直接到我的课堂吧（第一次将在星期一下午 5 点）。如果谁有什么意见，我会处理的。我很高兴在那儿见到你，但我知道自己的表现很糟糕。各种各样的事情让我烦透了，一点感觉不到自己能足够地集中心思去谈论值得谈论的东西。我确实感到畏缩不前。

您的
路德维希·维特根斯坦

里斯按规定不住校。

253. 致 G. H. 冯·赖特，[1939年] 4月20日

>剑桥
>
>东路81号
>
>4月20日

我的首次讲座将于4月24日星期一下午5点在斯麦瑟斯的房间开始。

>L.维特根斯坦

见信件252。

254. 致 R. 汤森，1939年5月19日

>剑桥
>
>东路81号
>
>39年5月19日

我亲爱的汤森：

谢谢你的来信。很高兴知道你在船上想念着我——但我想说

点别的，我指的是严肃的东西：诸如忽视你的朋友之类的事情。想念朋友是件乐事，但这有点容易，而且对朋友也没太大帮助。他们有时需要忠告，有时需要帮助，有时仅仅需要支持，如果你从不见他们，你就不给他们说出自己需要什么的机会。（我此时此刻既不需要忠告，也不需要帮助。但知道某个地方有人真的关注你会很开心。）——也许令人讨厌的是，我们在这个世上拥有身体和感官，彼此不能进行纯精神的接触；而且无法摆脱这一事实。——当然，我知道你有最合适的理由孤立自己。另一方面，我认为也可以想象，你还没有充分意识到你在远离朋友（他们有身体，正如我说的）。

我想说的归根到底是这样：请核对你账户里的这些项目。如果它们全都正确，我就不用多说什么；我想的只是它们那里也许有某种不是完全正确的东西。假如眼下有这种情况，我当然也不会为此谴责你，因为在我的一生中也没有什么是全对的。但是，如果你忽略了我总是认为是重要的事情，我会很遗憾。

祝你好运多多。

您亲密的

路德维希·维特根斯坦

汤森——见信件 151 的注释。

255. 致 P. 斯拉法，[1939 年 7 月 3 日]

亲爱的斯拉法：

　　截至目前我的事情进展都顺利，但我非常担心我的姐姐。如果你能告诉我你认为我应该知道却不知道的任何新闻，我会非常高兴；必要的话，给我发电报。请代我问候你的母亲。

您的
L. 维特根斯坦

日期根据邮戳，但也许是前一天所写。明信片寄自维也纳，维特根斯坦 6 月 23 日到那里。他显然期待在维也纳收到答复。见下封信的注释。

256. 致 P. 斯拉法，1939 年 7 月 3 日

维也纳 4 区
阿根廷人大街 16 号
7 月 3 日

亲爱的斯拉法：

　　我可能两三天就得离开这儿，7 号到达伦敦，以便赶上 8 号从南安普顿开往纽约的阿基塔尼亚渡轮。鉴于这种情况，我可能没有时间去剑桥取我的旅费，恐怕得请你给伦敦某一地址寄 60 英镑

（以支票或别的方式）。我觉得最好是寄成留存邮件并发电报告诉我在哪里去取。我是否不得不赶往纽约还不清楚，但钱款必须备好，以防万一。

我很好。如果我不得不走并且能够到剑桥待几个小时的话，我会给你发电报，或者如果你方便，我们可在伦敦碰面。

好运多多。请向你母亲问好。

您的

路德维希·维特根斯坦

斯拉法显然回了一封电报（见后面）。事实上，维特根斯坦7月5日去了柏林，无疑为了与德国国家银行进行未预定的谈判。他7月7日返回维也纳，7月9日再次离开。他7月10日到达剑桥，7月12日才乘坐玛丽女王号离开南安普顿前往纽约。

257. P. 斯拉法的来信，[1939年7月5日]

斯拉法烦请伦敦EC2，格雷沙姆大街99号，瑞士银行温塔赫先生，将所申请的款项寄[往]维也纳17区，新森林犁地人街38号，路德维希·维特根斯坦教授。

这是答复信件256的电报草稿。草稿最初这样写着："向马塞尔[·温塔赫，等]要求款项"。这显然出于谨慎考虑做了改动。

258. 致 P. 斯拉法，1939 年 7 月 24 日

39 年 7 月 24 日

亲爱的斯拉法！

只是想给你说，这里的事情变得非常糟糕。我明早前往苏黎世，会议在那儿继续。这里跟地狱一样灼热，其它许多方面也让我觉得在地狱。

您永远的
路德维希·维特根斯坦

我的地址：苏黎世留存邮件

明信片显示纽约市谢尔顿酒店（特别怪异的图片）。

事情变得非常糟糕——事情是指他在哥哥保罗和姐姐们之间所做的调解努力，涉及向德国国家银行让步，以换取相对豁免于最近被吞并的奥地利的种族和其它法律。见前面他致斯拉法的信件(255)。关于此事，D. Edmonds 和 J. Eidinow 的《维特根斯坦的拨火棍》(London：Faber，2001) 第 94-108 页做了迄今出版物中最详细的说明。亦见 Howard Reich 的特别报道"再发现的欠债钢琴家的最后遗产"，载《芝加哥论坛报》(2002 年 8 月第 11 期)，其中包含许多得自保罗·维特根斯坦的文件的有趣信息，这些信息是从别的地方得不到的。Alexander Waugh 先生正在准备研究保罗，尤其承诺要阐明这一难免复杂而隐秘的问题。

259. G. H. 冯·赖特的来信，1939年8月27日

芬兰，因科，瓦洛

1939年8月27日

亲爱的维特根斯坦：

我在剑桥的最后几周真的非常愉快。我待在三一学院（作为布罗德教授的客人），尤其高兴的是我能在优美的学者花园做自己的工作。对一个不得不常年在赫尔辛基给予学生的各方面都非常不舒服和压抑的条件下工作的人来说，这是一种非常特别的体验。我还跟年轻的剑桥人进行了多次哲学讨论，跟摩尔的交谈非常有趣和(对我来说)重要。这些是目前我对剑桥"哲学生涯"之一般印象的恰切总结。我还观察了这些讨论中所碰到的一般思维方式，我很愿意跟您谈谈我的一些看法。我不认为能在一封信中把我的观点说清楚，但如果我可以借用一个比喻来描述某种"Ganzheitseindruck"，我会表述如下：包括摩尔在内的大多数人并不总是意识到，一个哲学问题全部的广度和深度是跟可被称为"语言表达式的表层"连在一起的，该问题的解决在于对这一表层进行仔细的谨慎考察，但在这一考察后，要挖到对于"呈现在"表面的现象来说的某一"基础"之点。（我的意思不是说这一挖掘必定跟关于语言和实在之间的符合的形而上学理论关联着；我所说的现象并不是像一种根深蒂固的心理态度那样的哲学学说。）这一点我在关于归纳问题的多次讨论中就已经意识到，但在跟摩尔讨论感觉经验句子所谓的"绝对确实性"时，它更深地触动了我。——顺便说说，对最后提到的问题，我最近搞清晰多了，特别是下一问题，即相关于比

如颜色的两种感觉材料是相似还是"相同"最终意味着什么。彻底剖析这一问题让我得出一系列新观念,尽管我还不能将其完全描绘出来,但在我看来它们有着最大的哲学重要性。然而,不幸的是,这是语言就其本身来说极其虚妄和误导人的地方,以致要去我竭力到达的这"点",连哪怕最少的线索也不易找到。

我很想念,我现在无法跟您讨论这个和其它哲学论题,而且我会更加想念,因为目前情况下对我来说似乎不可能在不远的将来见到您。我知道对我的学术发展来说跟您谈话无比重要,我也认为我现在要比上学期在您课堂上对您更为有用,可以说当时我还不怎么熟悉您的"方法"。但是我必须诚挚地补充说,我在剑桥期间从您的讲座和跟您的讨论中收获的东西,给了我某种跟随之而进入一个思想领域的"调子",我正站在这一领域的边界,静心努力地倾听着,以便采取那里的正确道路,而调子正由之发出。我们还不知道我是否能到达那儿,或者我是否会一再地走错地方,但是我听到调子这一事实就足以使我终生充满幸福,感谢跟您相遇,被您惦念,即便只有很短时间。

(此处所言都是认真的,但我对自己的表达方式很不满意。这绝不是夸大其词或故作姿态。)

所有最好的祝福。
乔治·亨里克·冯·赖特

Ganzheitseindruck——也许是"总的印象"。

260. 致 P. 斯拉法，1939 年 9 月 3 日

星期日上午

亲爱的斯拉法：

我猜想你现在正在剑桥。我到这里来看德鲁利。现在不是假期，我身体不大舒服，现在所发生的事情足以使一个健康的人得病。我附了一张想让你留着的图片。我几乎不抱希望，任何糟糕的事情都会发生。如果在波兰的事情上和平被宣布，我不知道自己该怎么办。无论如何我希望不久见到你。

再见

路德维希·维特根斯坦

写在庞特普里斯的新客栈旅馆的信纸上。

日期根据邮戳。维特根斯坦跟他的朋友德鲁利在威尔士。战争事实上在这封信盖戳（下午 8:15）之前已经爆发，一如英格兰和威尔士几乎每个人都阴郁而确定地认为会爆发那样。

想让你留着的图片——斯拉法文件中保存的可以说是这一天的荒谬的报纸图片（"国王前往唐宁街"），显示首相正虔诚地鞠躬接住依然年轻微笑的乔治六世国王的手。

261. 致 R. 里斯，1939 年 9 月 13 日

剑桥
东路 81 号
39 年 9 月 13 日

亲爱的里斯：

非常感谢你如此详细的消息。我还跟以往一样不知道自己该怎么做，除了我认为，现在可做的是等着看这场战争是否真的演化为一场战争，因为这在我看来仍然非常可疑。万一真是一场战争，我认为人们很容易在红十字会找份工作，将不会"保留"很多岗位。但是现在他们实际上不需要任何人，也不知道是否需要。所以如果他们没有明确答案，这也难怪。再次感谢你的好意。带给夫人我最好的祝福。

我希望不久能见你。

您的
维特根斯坦

红十字会——关于相关的计划，见信件 286。

演化为一场战争——见信件 263 的注释；事实上维特根斯坦只是在德国入侵俄罗斯后才到医院去工作。见信件 294。

262. 致 R. 汤森,1939 年 9 月 13 日

剑桥
东路 81 号
39 年 9 月 13 日

我亲爱的汤森:

谢谢你 8 月 11 日的来信。收到你的来信我很高兴。我现在要在剑桥待五六天。你能来这儿吗？我也许会在这儿待到 10 月初开学时。我感觉自己的未来十分不确定,心都急得要跳出来。

我很抱歉,听说你在离开英国之前都忙坏了。

关于忽视朋友这点,我认为你可能有点误解我。我毫不怀疑,如果一个朋友联系你,说他急切地想见到你,你就应挤出时间去见他——但是,如果你只是在他们急切地想见你时才去看他们,他们即便想见也不会联系你。这才是要点。一个人不会要从来见不到而只在理论上知道紧急时候会来的那个人的帮助。部分原因是紧急情况并没有明确的界定。——

然而,我不打算将这一点哲学化。

我希望不久见到你。

您永远亲密的
路德维希·维特根斯坦

263. 致 G. H. 冯·赖特，1939年9月13日

> 剑桥
> 东路81号
> 39年9月13日

亲爱的冯·赖特：

非常感谢你8月27日的来信。收到它我很高兴。我希望我在你的风景那里。它一定跟我喜欢的挪威风景相似。我希望你能在这儿，给我的讨论课提供帮助。讨论课将在大约3周后开始；但我还不知道我将如何开讲座。我感觉在目前丢人而压抑的情况下，我似乎应该做点别的事情而不是跟那些并不真正对哲学问题感兴趣的人讨论哲学问题。

我非常乐于将我著作第一卷的手稿寄给你。我感到它在我的有生之年绝不会出版，而且也许会完全丢失。我很想知道你读过它，也有一份复件。如果你想要的话，写信告诉我；如果能寄的话，我会寄给你。

收到你的来信我总是非常高兴，我认为这是不言而喻的。我自己是个*差劲*的通信者，尤其现在我做的什么事情对我来说都是徒劳，我不知道我该过怎样的生活。

让我早点收到你的来信。

> 您的
> 路德维希·维特根斯坦

丢人——维特根斯坦非常怀疑张伯伦先生及其政府真正想与

希特勒开战,称其为"所有那些富裕的老人"。

寄给你手稿——冯·赖特安排通过外交函件邮寄,但维特根斯坦明显觉得这不够安全。后来到秋季,芬兰卷入了跟苏联的战争(冯·赖特,载 Klagge 和 Nordmann(编)的《维特根斯坦:哲学时刻》,第 461 页)。

第一卷——跟后来《哲学研究》前 188 节对应的著作。第二卷打算处理数学哲学(冯·赖特,载 Klagge 和 Nordmann(编)的《维特根斯坦:哲学时刻》,第 461 页)。

264. 致 R. 汤森,1939 年 10 月 15 日

剑桥
三一学院
39 年 10 月 15 日

我亲爱的汤森:

谢谢你 10 月 3 日的来信。我很遗憾你无法来看我。我感到许多方面都相当糟糕,尽管我现在搬到学院要好一些。我有一间非常安静的房子,有一位很和蔼的寝室管理员,好了很多。我整个一年都无法做专业方面的真正工作;确切地说,从上一年的危机以来。我认为这无论如何部分是由于这里以及别处强加在我身上的

令人讨厌的政治事件。我作为研究者似乎是完全失败了；这对我来说是个严肃的事情，因为我感到我不再适合待在我目前的职位，因为我有些老了，不知道是否还能干别的工作。也许战争（如果它变成一场真正的战争的话）会帮我解决这一问题。正如你知道的，**我非常**想见到你。所以如果你能做到，就别犹豫了。

再见！

您亲密的

路德维希·维特根斯坦

寝室管理员——学院整理床铺和打扫卫生的服务员。维特根斯坦住在惠威尔院角落塔楼他的老房子里。

1940

265. 致 P. 斯拉法,[1940年1月]

三一学院

星期三

亲爱的斯拉法：

a)我认为如果我星期三不去你那里,可能会更好些。原因可能仅仅是目前我们没有可成功地讨论的东西。

b)相反我倒愿意用餐之后偶尔去拜访你,只担心你不在或忙着等。

c)对我来说,这样做不方便的是我将看不到你母亲,我非常想见到她。我想知道她是否乐于让我有时去看望她,比如茶歇时。你可以问她吗？

d)如果我没得到你的答复,我会认为你同意所有这些。

再见！

您的路德维希·维特根斯坦

我拿回哈代的书后,这得好几天,就拿给你。

约会:1939年秋季学期之后,星期三的定期见面停止了,尽管

2月7日和28日以及4月17日和24日还有几次。其它见面不定期地持续着（斯拉法日记中记录复活节学期有6次）。

哈代的书——G.H.哈代《一位数学家的辩白》，1940年由剑桥大学出版社出版。维特根斯坦收集的无意义的东西中有该书的出版方声明。1944年，他写道，哈代可悲（elenden）的著作中对数学哲学的评论完全不是哲学，而是跟所有这类抒发（Ergüsse）一样，只能也只应作为哲学的原材料（MS124）。

266. 摘自道德科学俱乐部的备忘录，1940年2月2日

第12次会议，1940年2月2日

L.维特根斯坦教授：因果的和逻辑的必然性

学会的第12次会议在三一学院维特根斯坦教授的房间举行。摩尔教授主持。维特根斯坦教授做因果的和逻辑的必然性的报告。该报告的主要观点是想表明，一个起初基于体验并被接受为经验的命题如何达至被看作是必然的和分析的。因果必然性的观念（或毋宁说因果必然性的一个观念）被看作密切关联着甚至归因于"跟踪机制"概念。

接下来主要讨论"自明"一词的意义和用法，例如当有人说某些因果命题或原则是自明的时。

卡西米尔·莱维

"跟踪机制"——沃森《论理解物理学》第4章对机制与因果之间的关联做了充分讨论。作者坦承对维特根斯坦的无比感激。斯拉法对因果概念的用法颇为怀疑。

267. 致 J. 韦斯顿,[1940 年 2 月 12 日]

亲爱的韦斯顿:

谢谢你的来信。我想做两点评论:1)我相信你所说的全都诚挚真实;但我不认为那是全部真相。我觉得还有更重要的事情你没说出,因为你还不明白。你如果问自己如下问题,你会明白这一点:如果不是我而是布罗德博士使你厌烦,你是否想过会传播这一事实?——我相信对这一问题的真实回答是理解整个事情的线索。

2)尽管你说称乔德的文章为"腐臭的攻击"属于夸张,但它肯定不是我夸大自己的情感或者我自己变得暴怒意义上的夸张。"腐臭的攻击"一词是我对乔德文章虽然简短但相当温和的评论,该文章我相信从头至尾都是**邪恶的**——我不想再多说什么,因为说了也没用。

再次感谢你的来信。我知道你用意良好,希望你能够一直用意良好。

　　　　　　　　　　　您的

　　　　　　　　　　　　路德维希·维特根斯坦
　　我想再强调一点:在咱们系我很想把你当朋友；但前提是能跟你开诚布公，而不是在我感觉到你非常不赞同的时候还藏着掖着。

　　韦斯顿——他把自己看作维特根斯坦的追随者，坚持认为后者所显示的混淆就其本身来说也是洞见。对维特根斯坦（及他人）坦诚的公开评论见前面和后面（信件189和290）道德科学俱乐部的备忘录。

　　维特根斯坦的这封信涉及2月初的一次讨论（争论可能很激烈），在道德科学俱乐部会议（2月2号；见信件266）之后的那一天，维特根斯坦对韦斯顿的评论（听说或有人告诉他）持有异议，当时韦斯顿批评维特根斯坦在亚里士多德学会会议（1月29号）上的反应，关于这次会议参见后面。韦斯顿接着写了一封现在已丢失的信，无疑是坦诚的但倾向是平和的。眼下这封信是对该信的答复。我们现在还有（本书就要付印时三一学院档案管理员乔纳森·史密斯先生发现并告知我）韦斯顿回信的草稿，日期为2月15日，印在这一注释的末尾。

　　乔德的文章——Cyril Edwin Mitchinson Joad（1891 – 1953）是人气很高的哲学教师和普及作家，二战期间其在BBC所做的广播尤为著名。伯特兰·罗素和大多数学院哲学家都讨厌他。在提交给1940年1月23日剑桥亚里士多德学会的文章"呼吁哲学家"

（刊在学会《会刊》第 40 卷（1939－1940））中，乔德指出，我们这样的政治混乱与宗教和道德滑坡的时代需要一种严肃而建设性的哲学，像苏格拉底、柏拉图和亚里士多德提供给他们的时代那样的。"在我看来，执迷于对句子意义的正确分析是罗马在焚毁时还在做微不足道的智力活动。"维特根斯坦跟斯拉法参加了该次会议。据说维特根斯坦在那儿评论说，贫民窟房东自然会反对清除贫民窟。主席试图平息紧张的气氛，说维特根斯坦当然并不是说乔德和贫民窟房东相似。但是，维特根斯坦却说，"这恰好是我想说的"（R.索利斯向本书编者出示的日记记录（根据记忆））。

该信的日期参照上述交流内容估定。

韦斯顿书信的草稿

剑桥

三一学院

1940 年 2 月 15 日

亲爱的维特根斯坦：

我必须将您发问中的"传播"换为别的，并问一句，假如布罗德作为重要的人物并且像您一样厌烦我，当摩尔、麦斯、莱维问"你感觉昨晚怎么样？"您会对这一问题回答"我厌烦了"吗？

先说莱维。就我所知，他不大可能对布罗德抱有偏见而站在您的一方。对摩尔和麦斯，我想我会回答"我厌烦了"。我希望谁都可以对我说厌烦了。带着同样的热心，同样的感情，同样的犹豫？不会，除非我们假定布罗德想显示同样的热心，以及有同等的权力，因而是不可攻击的令人生畏的人物。

我还不清楚您的问题是否在含沙射影。如果回答"我不会"是否表明，相比您我更害怕布罗德或者我更不想伤害他的感情？

这儿的关键是——您把您自己强调得过多。我发觉文章厌烦。我发觉晚上厌烦，而且如此说了。如果摩尔问我是否发觉您厌烦，我回答"他当然不会，但到目前为止他［可以］那样。"当麦斯几乎同样地问时，我说"是的"。

我讨厌您附言的影射——我有时也得让您想一想，我们之间的友谊是由您隐藏自己的不喜欢换得的。

我希望您还是别含沙射影，而是径直提出您的重要要求。

您的

约翰·韦斯顿

扩展了一些简略，增加了一些标点符号。至于内容（以及俱乐部会议之后的讨论），《李特尔伍德杂录》屡次澄清，例如在三一学院价值表中，诚实地对待这类反应在价值上要高于对感情的考虑（"导师们打破日常生活的某些惯例"，《李特尔伍德杂录》，第133页）。摩尔尤其以毁灭性的直率而著名。乔德事件属于不同的范畴。

麦斯——C. A. Mace，心理学教授。

268. 摘自三一学院数学学会的备忘录,1940年2月19日

[……]

主席邀请 L. 维特根斯坦教授做题为"数学的下降"的讲演,他尽管身体不适还是欣然答应。

教授首先分析各种通常的包含比较观念的句子。其中一些句子譬如比较不同人的句子是经验陈述。另一些句子例如"黑比灰更暗"被看作语法句更为恰当。当讨论到长度和测量观念时,区别便是重要的;数学哲学的主要困难之一是来自于伪装成经验陈述的定义的困难。

讲演者继续讨论其它陈述,他将其描述为"处在明显的区域内",描述为"整体大于部分"。这类性质的命题独立于时间,但在测量方法上涉及某些限制。数的比较可以有许多种方式,包括向每个要被计数的对象指派一个有序的符号,以及一一对应的关系。正常的成人观察者总是发现,不同方法所得到的结果是相同的,除非一些情况下不同被认为是由于进一步考察就可以纠正的错误。

维特根斯坦教授解释说,也可以设想情况不是这样的系统,对于这些系统,两种或更多的结果都同样正确。他分析了罗素的加法定义,总结说定义的引入包含一种新的技巧。讨论的问题涉及物理学与数学的关系。经过多次不成功的尝试,主席最后利用纽曼-维特根斯坦争议中的短暂间歇,感谢教授的演讲,22点55分宣布会议结束[……]。

纽曼-维特根斯坦争议——无疑是与 M. H. A. Newman 的争议,他也出席了会议。

269. G. H. 冯·赖特的来信,1940 年 2 月 22 日

芬兰,赫尔辛基,体育花园 24 号
1940 年 2 月 22 日

亲爱的维特根斯坦:

正如您也许从报纸获悉的,从 11 月底芬兰进行着一场战争。战争以最残酷的方式改变了这个国家的日常生活,生活在这里的人们可能再也无法回到以前的生活了。随着战争的爆发,人们逼迫断绝对未来的任何念想,隔断跟过去的有机联系。人们生活在只知道现在时的全新世界。

这权且作为一种解释,说明我为何没能就自己的职业和思想谈点有趣的东西。在写这封信时,我脑子想的主要是想让您知道我仍活着,还在表达自己最全心全意的希望和愿望:您过得还好,没有感到过于不幸,尽管这个世界令人沮丧。

身体方面我很健康。我没有受到频繁的空袭或不同寻常的寒冬的任何伤害。也没有遭受生活必需品的任何匮乏。我目前的职业还不是真正的士兵,但我被这儿称为"军官"。我不得不做的工作并非全然无趣,但也无关"军事"。然而,不久我将短期(并以我目前的工作)奔赴边界。

很遗憾，如果人们可以这样表达的话，我每天都感到新的和重要的思想（如果它们真是我所期待的）在我的脑子里成熟，但却在没能去品尝果实、对之加以检验的这一人生阶段发生了这样的事情。我时时觉得我从没像现在这样充满生命感、真诚和攻克问题的热望。不知道脑子的活力能持续多长时间；它也许会在外界环境的压力下消失，以至于再不会出现。目前抗拒这种压力成为我最大的职责，只要我能成功地抗拒，我就知道我仍然脑子活跃，一旦外界环境再次恢复正常，我仍能持续我已经开始的状态。

但是另一方面，我对如下想法感到某种幸福，即如果我现在不得不死去，我是带着幸福的心情去死，而不必体验（或许不是体验）这一变得烦累的过程，而且最糟糕的是变得自满的过程，在我看来，许许多多的生命而且还是诚实善良的人们的终局就是这样。一定意义上哲学的澄明不能以"系统"或"理论"的形式永恒化，而是以某种心态为典型特征，并随着这一心态而缘起缘灭。哲学家的活动在哲学的"瞬间"达到其顶点，想象这些"瞬间"可以被总括入更大的整体中是一种幻觉。所以，对于哲学家来说，长寿并不是十分合意的。

这封信是模糊的和错误的表达的可怕混合物。我希望您能原谅它。我之所以这样写是因为我很久以来就有跟您联系的极强烈需要。我想以某种方式表明而不是告诉这一点（正如我这里正做的），即在我的学术发展中没有哪个人比您更让我感激，也几乎没有人给我留下如此多友善、美好和新鲜的回忆。

您诚挚的
乔治·亨里克·冯·赖特

芬兰进行着一场战争——这是反对苏联入侵的第一场战争或冬季战争,开始于1939年9月30日,结束于1940年3月12日,签订莫斯科条约。冯·赖特当时在大后方工作,大多时间写作政府发布的新闻稿。他在二次大战也做这一工作,当时芬兰在德国(现在变成了盟友)入侵俄罗斯后试图收回失去的领土。他早期阶段的许多信件在他尚不知情时被C. D. 布罗德印在《剑桥评论》(1939—1940)中("芬兰来信")。

奔赴边界——可能指的是"到前线"。俄国人已经越过了边界。

270. J. H. 克兰普汉姆的来信,1940年2月28日

剑桥

梯级尽头

1940年2月28日

亲爱的维特根斯坦教授:

斯麦瑟斯只在今天刑事部法庭开庭之前来过。我"呈上了"您的信。事实上他呈递了非常完整详尽的文件,包含各种假定的有关良心的例子——在什么情况下他必须入或不必入狱。他并没很仔细地研究过法律,因为入狱的风险非常小。

他的诚实显而易见。唯一的问题是拿他怎么办。我们最终完全豁免了他，因为(i)诚实(ii)他显然不适合农业劳动或某种类似的工作，这不会跟他的信念冲突。

我的确希望他找到满足他良心和心灵的职业。（他说他本学期末离开剑桥。）但我还难以轻易描述那可能是什么样的职业。在我们看来，他似乎独自远离外部世界——常见的哲学家。〔记着斯拉法的好处，手稿有维特根斯坦的手书补充：〕我认为！

您诚挚的

J. H.克兰普汉姆

出处：三一学院图书馆的斯拉法文件。

克兰普汉姆——J. H.克兰普汉姆爵士，英帝国二等勋位爵士，后来成为经济史教授和国王学院研究员，凯恩斯的朋友，尽管在许多方面是其反对者。后面将看到，他是斯麦瑟斯法庭的成员。

作为一名拒服兵役者，斯麦瑟斯告诉他的朋友弗兰克·乔菲，在出庭之前，他拜访了维特根斯坦和斯拉法（这可能在2月24号，他们的日记记载了他们之间的会面），他们严肃地批评了他打算呈递的答辩。他在这上面很敬佩他们（这出人意料地似乎对他没有造成伤害）。经过一段时间培训，斯麦瑟斯受雇为牛津一家森林研究所的图书馆员。

271. 致 N. 马尔科姆,1940 年 3 月 26 日

剑桥

三一学院

40 年 3 月 26 日

亲爱的马尔科姆:

你的信和杂志一两天前同时寄到这儿。周末游览了黑斯廷斯,我今天回来后在这儿发现了它们。十分感谢!我确信它们妙极了。即便没有读它们,我的批判眼睛也能看出这一点,因为我批判的眼睛是 X 射线眼,可以穿透 2 到 4000 张纸。事实上我正是这样获得自己的全部学识的。现在放缓点!每月一本杂志足够了。如果你寄多了,我就没时间搞哲学。你也别在杂志上为我花钱,得明白你要够自己吃喝!我很高兴告诉你,斯麦瑟斯已被无条件豁免。我明早见他,我会带去你的问候,我知道他也会问候你,我现在就带给你。这学期的讲座已适量完成,我希望下学期讲座别太吓人。我现在感觉比较累。你碰到了可以友好相处的人,我相当高兴。祝你心想事成,好事多多。

您亲密的

路德维希·维特根斯坦

马尔科姆——Norman Malcolm(1911-1990)1938-1939 学年从哈佛去剑桥,参加了维特根斯坦的讲座。他们变成好朋友,正如彼此的通信和马尔科姆的《回忆路德维希·维特根斯坦》所表明的。此时他在普林斯顿教学和完成博士学位。

杂志——马尔科姆提到 Street and Smith 所出版的系列读物，其中每期有许多短篇侦探故事（马尔科姆：《回忆路德维希·维特根斯坦》，第 30 页）。参见后面，尤其信件 274。

豁免——免于服兵役；见信件 270。

272. 致 R. 里斯，1940 年 4 月 5 日

亲爱的里斯：

我在这儿收到了你的信。我今晚将返回剑桥。收到你的信我很高兴。我挺喜欢你到工厂工作的想法。如果你能坚持，我毫不怀疑你会越来越好。祝福你们两个。我希望不久见到你。

维特根斯坦

到工厂工作——见信件 288。维特根斯坦经常向他的朋友（阿维德·索格伦、弗朗西斯·斯金纳、诺曼·马尔科姆（见其《回忆路德维希·维特根斯坦》，第 30 页））推荐体力劳动，他自己曾在奥地利做园丁，在挪威打包装箱。

273. 摘自道德科学俱乐部的备忘录,1940年5月23日

牛津万灵学院的以赛亚·伯林先生宣读论"唯我论"的论文

〔因缺少更完整的备忘录,这儿插入伯林自己的记述:〕

"所有的剑桥哲学家都出席了——布雷斯威特、布罗德、尤因、摩尔、韦斯顿,以及个子不高但相貌英俊的第六个人,身边围着跟他一样穿花呢夹克和白衬衫的追随者。他就是路德维希·维特根斯坦。伯林提交的文章讨论一个人如何能有他人的内在心理状态的知识。他记得,这'相当折磨人'。在起初几个问题之后,维特根斯坦变得不耐烦,接过了讨论。伯林记得他说,'不,不,那一点不是讨论它的方式。让我。我们不讨论哲学;我们讨论彼此的事情。日常事情。在日常环境下,我对你说:"你看到一个钟。分针和时针都以某些数字固定在钟面。整个钟面在来回走,但时间保持相同。不?这就是唯我论。"'"

以赛亚·伯林——(1909-1997),牛津的哲学家,后来被广泛看作观念史学家,并且更一般地被看作智者。

伯林还记载:"在牛津,人人都知道法兰西的衰落在迫近。在剑桥,人们却在不真实地幻想。"在会议的那一天,英国远征军的命运(现在限于敦刻尔克的桥头堡)是人们最关切的。

关于伯林的记述,尽管维特根斯坦感谢他带来了有趣的讨论,但他清楚地看到维特根斯坦对他文章的内容(真的)没有留下多少

印象。这对伯林告别"活跃的哲学生涯"(例如转向观念史)起了某种作用(Michael Ignatieff 的《以赛亚·伯林》(London：Chatto & Windus，1998)，第94页；引证经慷慨允许)。(描述这次会议的文本就取自该书；俱乐部的备忘录只记录了演讲者及其文章的标题。)

该记述基于与伯林的对话录音。本书编者从伯林那里听到同样的说法,只有微小的变动。Ignatieff(以及毫无疑问伯林)将会议标记为1940年6月10日,这不大可能,标题是"他人的心灵"。这里的日期和标题根据道德科学俱乐部的备忘录。

274. 致 N. 马尔科姆,1940年5月29日

> 剑桥
> 三一学院
> 40年5月29日

我亲爱的马尔科姆：

谢谢你的杂志。它们很有趣,当然不像"侦探故事"杂志那么妙趣横生。我想知道你为啥看新的杂志而不是坚持那些旧的证明为好的杂志。——我这学期的讲座还不太差,上周我搞了一次"家庭招待会",我现在打算定期搞家庭招待会,因为我觉得这可以稍微使人们更稳定一些,如果他们还想继续进行某种重要的思考的

话，尽管人们感到不安。当然，如果人们都不打算来，也只好任由其便了。斯麦瑟斯还在剑桥，就自己来说，我很高兴他在剑桥。最近摩尔看起来不是太好。我今早见他了，他跟以往一样不错。

好运！

亲密的

路德维希·维特根斯坦

杂志——见信件271。

人们感到不安——由于战争局势，见信件273的注释。在6月3日给里斯的信中有类似的说法："我认为，这可以稳固人心而必须不时地进行艰苦的思考。"

275. 致R.汤森，1940年5月31日

剑桥

三一学院

40年5月31日

亲爱的汤森：

一两年前，我的一个姐姐来剑桥看我，把随身带来的一些有价值的音乐手稿和一些珠宝给我，以便我能为家族成员保管它们，也许他们有一天需要。我把这些东西（两个包裹）存在我的银行，剑

桥贝尼特街的巴克利斯银行,除我之外还有两个人有权从银行取出这些东西。他们是经济学家 J. M. 凯恩斯和我们学院的研究员皮耶罗·斯拉法(你可能听说过他)。我现在决定也授权你能取出这些东西,如果我的家人要求的话。我的理由如下:我不再年轻,又是外国人,因而也许有某种(尽管不是很大)危险,凯恩斯年老多病,而斯拉法虽然在我看来是理想人选,但他是意大利人,也许哪天被监禁,如果意大利卷入战争的话。你还年轻而且相对安全。我已将你的名字告诉银行,他们现在需要你签名的样本,他们好据此识别你。所以请你寄我一张上面有你日常签名的纸。——我身体还不错,但跟许多人一样发觉这段时间很艰难。尤其是我看到人们的愚蠢态度(在我看来)。——我希望你别跟你的朋友全然失去联系。他们现在可能对你没多大用处,你在经济上可能帮不了他们什么忙,然而不失去跟他们的联系仍然很重要。如果你认为我在说蠢话,那你就大错特错了。祝你生活多姿多彩。

再见!

您亲密的

路德维希·维特根斯坦

有价值的音乐手稿……——偷运出奥地利的家族财产:重要的是它们不会被看作敌对联盟财产,所以被说成是当时在纽约的维特根斯坦的侄子费利克斯·萨尔茨的财产。关于手稿性质的一些看法得自 I. Suchy、A. Janik 和 G. Predota(编)《空袖套:音乐家和赞助人保罗·维特根斯坦》(Innsbruck: Studienverlag, 2006),这是论维特根斯坦的单臂哥哥的论文集。还见 E. F.

Flindell 的"19 世纪维特根斯坦家族的起源和历史汇编",载 *Musikforschung* 22(1969),第 298 – 313 页,Sotheby 的"萨尔茨的收藏品:美妙音乐与大陆手稿"的目录(伦敦,1990 年 5 月 17 日)。这一收藏品包括例如莫扎特的一首回旋曲和贝多芬的一首大提琴奏鸣曲。

276. 致 W. H. 沃森,1940 年 6 月 17 日

> 剑桥
> 三一学院
> 40 年 6 月 17 日

我亲爱的沃森:

我的一个朋友,剑桥哲学讲师约翰·韦斯顿先生,出于您想象得到的原因想让他 6 岁的男孩也许还有他的妻子去加拿大。如果他们万一去蒙特利尔,你在他们需要的时候帮助一把,我会十分感激。

我觉得这段时间非常艰难,要投入工作相当难;但只要我身体还跟得上,我就试图思考自己的工作。我的健康状况还行。

我很高兴韦斯顿的托付迫使我写信给你。我喜欢记着你,希望你能过得如意。

好运!

> 您的
> 路德维希·维特根斯坦

277. 致 N. 马尔科姆，1940 年 6 月 22 日

> 剑桥
> 三一学院
> 40 年 6 月 22 日

我亲爱的马尔科姆：

谢谢你 5 月 31 日的来信和 1½ 美元。它们就寄到附近了。祝贺你获得博士学位！而现在：希望你能好好利用它！我指的是：希望你既别骗自己也别骗学生。因为这正是人们所期待于你的，除非我全然错了。不去这样做非常难，也许不可能；万一这样：希望你有勇气离职。

今天的布道就到这儿。——最近我对斯金纳颇为担心，大约一月前他罹患被称为"腺热"的病患，现在康复得很缓慢。——几天前我见到摩尔，他的身体还不错，精神状态很好。——好几周我都几乎难以工作，因此，我和莱维待在一起，每天跟他谈一两个小时的数学基础或类似主题。这对他没有害处，还能帮助我，现在这似乎是能让我脑子运转的唯一方式。真丢人——但只能这样。斯麦瑟斯已经离开了，我还不知道他究竟在哪儿，但希望不久能收到他的来信。

当我接受审判的时候，希望我不被证明为一个卑鄙小人。

祝你有良好但不必聪明的思想以及不会流逝掉的体面生活。

> 亲密的
> 路德维希·维特根斯坦

如果斯金纳知道我在给你写信,我想他肯定让我带给你他最好的祝福,这些祝福是:……

你的学生——马尔科姆当时在普林斯顿教学。

当我接受审判的时候,希望我不被证明为一个卑鄙小人——在末日审判时(根据马尔科姆的理解)。

278. 致 W. H. 沃森,1940 年 7 月 19 日

我亲爱的沃森:

非常感谢你日期为 7 月 3 日的热情来信。韦斯顿夫人和她的儿子即将前往加拿大,所以韦斯顿写信给我,但他没有写明她们出发的日期。韦斯顿夫人到达蒙特利尔时,她会设法去看你。我希望这别使你太麻烦,或者至少没有不舒服的麻烦。

我这儿有大量手稿,事实上我过去 10 年所有研究的手稿都没有出版。——大约 2½ 年前我将我的全部手稿交于三一学院,目前它们大多数在学院图书馆。在那儿是否安全,只有上帝知道了。对所有这些事情眼前所能期望的只有听天由命了。你建议把手稿寄往加拿大的想法不错,但我认为无论如何不会去做。这全都是打赌。

这段时间给人的神经和思想造成奇怪的影响。我希望不管发生什么,我的反应都足够恰当。

您的

路德维希·维特根斯坦

将我的全部手稿交于三一学院——见信件215。

不管发生什么——在这个节点,英国似乎非常可能被侵入。

279. 致R. 汤森,1940年7月19日

剑桥
三一学院
40年7月19日

亲爱的汤森:

我想知道你怎么样。我现在不敢离开剑桥,我不在的时候如果事情发生了,我可能无法返回来,我不想让斯金纳有大麻烦——尽管天知道我能否帮他什么忙。你不久会在这儿附近吗?我想很快收到你的来信。

我最近一直阅读约翰逊博士名为《祈祷者与沉思录》的著作,

从中受益良多。我很喜欢它。

祝你内外一片好运！

> 您亲密的
> 路德维希·维特根斯坦

如果事情发生了——当然有这一时期对入侵的恐惧。斯金纳的健康不容乐观。

280. 致 P. 斯拉法，1940 年 7 月 26 日

> 剑桥
> 三一学院
> 40 年 7 月 26 日

亲爱的斯拉法：

我已让书商寄给你"瘦子"了，这是我大约几个月前告诉你的侦探故事。读读它，喜欢了也别觉得丢人，即便你知道我也喜欢它。我去看过你母亲多次。她看上去很好，似乎一点也不沮丧。

哈特曾打过电话。

我得到了纽约我姐姐那里的好消息。

我感觉还跟往常一样。

> 您的
> 路德维希·维特根斯坦

我已让书商……——从1940年7月至10月,斯拉法作为敌国人被拘禁在英国属地曼岛。跟维特根斯坦不同(面临不同的问题),他从没试图入籍。

281. 致R. 里斯,1940年8月14日

剑桥

三一学院

40年8月14日

亲爱的里斯:

收到你的来信以及将我的名字列入参考,我都很高兴。我当然不在意!——但是,我很遗憾你想着放弃目前的工作!你可能做得不是非常好,你有可能有时做得不好,你可能有时觉得工作非常压抑,但不管你干什么都会如此。我知道这不关我事,你也没有寻求我的指导,但我还是禁不住要说:如果有可能的话,请坚持目前的工作。它无论如何是诚实的工作,相比在学校教书要多100个好处,你不用怎么想象就可以告诉自己的好处。

没有哪种工作绝对完全地适合你(正如某件成衣不会总是适合某些人)。我所说的是:请谨慎换工作,要感谢上苍,你毕竟找到

一份还算适合你的工作。

原谅我以这种方式写信给你。

您的

路德维希·维特根斯坦

282. W. H. 沃森的来信，1940年9月8日

蒙特利尔

大学街3560号

1940年9月8日

我亲爱的维特根斯坦：

在夏天大部分时间远离这个城市后，我和家人大约一周前返回。韦斯顿夫人星期四晚上来看我们——一月前我曾跟她通过大约一个小时电话。她起初有点不安，但后来平静下来。[……]她非常渴望我们立即决定让汤姆住在我家，她每周付5美元。但[……]她曾经有4个可选择的家庭，那些人经济条件都要比我家好，能得到适当的帮助。（我的妻子帮不了两个男孩子多少。）我迟迟未做决定显然迫使韦斯顿夫人接受为她所做的安排，这封信意在向您澄清一下情况。我相信您可以理解，如果汤姆一个人来，情况就不相同了，而且我是想让他得到很好的照顾。

您不必从这封信的直率而推知，我们跟韦斯顿夫人之间的交流不友好。一点没有。她不久就会带汤姆来看我们[……]

我注意到，您不得不接受一个新的三一学院院长。您不希望

是阿瑟·爱丁顿爵士吗？

我希望您安好,即便在这个时代也要振作。

告诉韦斯顿先生别担心他的家人。

您永远的

W．H．沃森

一个新的三一学院院长——事实上任命的是历史学家 G．M．特里维廉。维特根斯坦有关无意义的收藏包括有他那种宣布其意图的("亲爱的维特根斯坦……"),"通常(尽管不是很规律地)"在规定的几小时内在某一地点"将我自己近距离地置于学会个别成员中"。特里维廉是罗素的同代人和副手,1918－1919年曾参予从战俘营营救维特根斯坦或至少他的著作的活动。

283．致 W．H．沃森,1940 年 10 月 1 日

剑桥

三一学院

40 年 10 月 1 日

我亲爱的沃森：

谢谢你 9 月 8 日的来信。我非常感激你如此坦率地写信给我。如此看来,假如我哪天需要,我请你帮个忙不是那么难开口了。(这听起来矛盾,但却是真的。)我觉得你事情处理得相当好,如果汤姆一个人去,情况肯定不一样。过去 6 个月我的工作十分

糟糕。我感到压抑,心上似乎压了一堆事情。——我希望能见到你,跟你聊聊。我感到最糟糕的事情之一是这段时间我的工作完全没有希望,根本不可能教任何人哲学。

祝你好运!希望不久能再次见到你!

您的

路德维希·维特根斯坦

284. 致 N. 马尔科姆,1940 年 10 月 3 日

剑桥

三一学院

40 年 10 月 3 日

亲爱的马尔科姆:

谢谢你 9 月 9 日的来信。收到你的信我很高兴。我很乐意收到你的侦探杂志。现在它们可真是稀缺之物。我的心灵感到[严重]营养不良。——事实上,这一夏天的大部分时间我都感到糟糕透了。部分由于我的健康,部分由于我的脑子不再……那么好,并且不能工作。现在我感觉好些:就是说,我的身体完全正常,我的脑子似乎活跃了一些。但天知道这能持续多长时间。我祝你好运;尤其是你在大学的工作。欺骗自己的诱惑会非常吸引人(尽管我不是说在你的位置上对于你的诱惑比别人更大)。在教哲学时你能做像样的工作那简直是个奇迹。请记着这些话,即便你忘了

我以前给你说的一切；如果你想做好这件事，就别把我当作怪物，因为不会有其他人告诉你这点。——我有大约4个月没收到斯麦瑟斯的信了。我不知道他为啥不写信，也不知道他在哪里。我这些天很少见人。斯金纳几乎是唯一一个我定期看望的人。他不得不工作很长时间，但他身体挺好。我也没见到韦斯顿。从蒙特利尔的一位朋友处我得知韦斯顿夫人的情况。我想她都好着。——好运！

亲密的

路德维希·维特根斯坦

我没收到斯麦瑟斯的信——斯麦瑟斯最终11月6日写信（在一封一位朋友后来部分审查过的信中）解释说，经济和情感的困难让他没去看望维特根斯坦，现在打算看望维特根斯坦，尽管担心不受欢迎。就表面来看，维特根斯坦顺利度过了这种疏远。

蒙特利尔的一位朋友——W.H.沃森（见信件282）。

285.摘自道德科学俱乐部的备忘录，1940年10月25日

*第2次会议 1940年10月25日

L.维特根斯坦教授："他人的心灵"

第2次会议在三一学院T.摩尔先生的房间举行，莱维先生

为主席。维特根斯坦教授宣读一篇论文,他在文中讨论了跟他人心灵有关的各种问题。首先他提到对"我们如何知道其他人的心灵的存在?"这一问题所已经给出的许多答案,解释为何他认为类似的论证不能令人满意。然后他讨论了这一问题本身的性质;此外,他以较大篇幅描述了一种环境,他甚至想说,在这种环境下,一个人不相信其他人有心灵,或的确相信花儿有感觉。

接着进行讨论。

蒂姆·摩尔

T.摩尔先生的房间——G.E.摩尔的儿子,当时是一名本科生。

286. 致 R. 汤森,1940 年 11 月 13 日

剑桥
三一学院
40 年 11 月 13 日

我亲爱的汤森:

收到你的来信好生高兴。最近两个月我的身体一直挺好;但我的脑子一点也不转。部分外在原因,部分内在原因。我不忙,我懒散,我愚蠢,我的念头老在那些不应该去想的事情上打转。这学

期开始我的课程糟糕极了;后来有所好转。班上没有一个真正聪明认真的学生。简直是有点恐怖的班级,一些人世故老成,一些人昏昏欲睡。——我现在在上一门急救课,打算 12 月初考试。我很可能考不过,而且很可能即便考过了对我也没什么用处;不过也许有用。——我现在成天很少见人,事实上几乎不见人,随着变老我更加难以跟人接触。

让我早点收到你的来信。

您亲密的

路德维希·维特根斯坦

急救课——维特根斯坦的文件中包括一份日期为 1940 年 12 月的证书,他曾在圣约翰救护学会的剑桥分会参加了训练课,并获得"伤员急救"资格。这是维特根斯坦开始相信战争是真正的战争(见信件 260-263)的某种证据。

287. G. H. 冯·赖特的来信,1940 年 12 月 9 日

芬兰,赫尔辛基

体育花园 24 号

1940 年 12 月 9 日

亲爱的维特根斯坦:

[……]

我真后悔就我在给《心》的一篇文章中阐述的对或然率的看法

给你写了一封长信。这是我感到自己最为珍贵的那种热心的一份成果。它可以说是一种调子。

亲爱的维特根斯坦！如果我们真的还能再相见,现在这种悲惨便是可以忍受的。但是,很不幸看不到多大希望。

最好的祝愿。您诚挚的

乔治·亨里克·冯·赖特

附言:在1939年9月的一封信中,您提到想把手稿寄给我。如果这能以安全的方式办到,我会非常高兴做这事。不管怎样,我不认为可以通过"普通"邮件来邮寄。如果您请求芬兰公使馆的冯·诺灵先生,有人已经告诉了他这件事,您便可以——如果他认为这明智的话——将手稿装进外交包裹,航空寄到芬兰。

[……]

我很少有时间听音乐和读书。只有一次伟大的"经历"值得提及。我记得我们谈论音乐时,有一次您用口哨吹了贝多芬 F 大调四重奏,我那时不知道那是贝多芬的。我现在从唱片中知道了。它的确是人类所创作的最美妙的东西之一。我希望您现在还能听到它。

我希望如果我以如下的表白结束这封信,您别感到难过:

在未来完全不确定以及——至少有时——感到非常不幸福的这些天里,我常常回想起自己战前的生活。我想说的是,对于战前我所经历的所有东西,我最怀念的就是遇到了您。我们只见了五次面(除了在讲座和道德科学俱乐部的聚会上),大多情况下我们没讨论很重要的事情,即便我们讨论哲学,我也并不总是能跟上您的思路。但我仍收获颇丰(我真的不知道究竟是什么)。

有关或然率的长信——信还在,保存在三一学院图书馆,但跟本书不是特别相关。

288. R. 里斯的来信,1940 年 12 月 31 日

> 斯旺西
> 布瑞恩路 96 号
> 1940 年 12 月 31 日

亲爱的维特根斯坦:

[……]

关于您去年 9 月份的电报:如果我真的让您有不想见您的印象,那印象肯定是假的。我是有点害怕见您,因为我认为您会讨厌我在此处找这样的工作。但我真的很想在学期开始之前见您。阻止我的是外部环境而非其它。

如果这一道歉不合时宜(我觉得似乎没有,因为这基本上是我去年 9 月底想说的),那么我认为导致我换工作的想法就更是如此。我想说的是,我并非无视您的忠告。我最终决定来这里的时候,您的建议曾让我很担心;此后所经历的许多事情也支持您的看法。我一直焊不好东西,而且我认为(还不那么愚蠢)我可能永远

也无法焊得很好。还有很多与此相关的事，但我最好是不谈它们。我提一下引起这种情况的两个主要想法。一个是我受过的训练是学术和教学方面的。（我总是觉得自己是机器车间的笨蛋，这部分是因为我作为年轻人没有过学徒期。）显然如果我去做某种我受过的训练能够对之有所帮助的工作，我可能更有用处。坦白地说，另一个想法是我心中一再回响的您的说法。当我提出我可能从事焊接工作时，您的第一个看法是，我尝试这工作是愚蠢的。对于这类工作，您的评论之一大抵是"它太非个性了"。当我把工作干得一团糟时，我脑子就不停地这样想。我总是觉得我好没用，——好吧，好吧，但我感觉就是这样，我希望我不是，——我一直想知道我是否能对他人有所帮助，如果我从事有个性的工作的话。我觉得我有点混乱，但对我来说当时就是这样。当希思写信说这里有一个临时职位时，我最终同意了；尽管不是马上。

当然现在看起来不同了。我所接受的训练使我适合做这类工作的想法是荒唐的。我不知道如果我更好些会多大程度上有益于他人。我在这儿聘用到6月。还没有多大可能去制定长期计划。但我认为6月之后如果我还活着，没服务于政府，我可能尝试回去再做焊接工作。我不知道。

我一直想知道剑桥现在怎么样，您在讲座上都在讨论什么。我现在想说的话很多。其中一些事情我想对您说已经很久了。也许我不会再说。无论如何我不想让这封信退回来。

很久以来我一直想给其写信的另一个人是斯金纳。我希望我很快能振作起来。

我想知道您是否可以跟人们交流。

诚挚的
R. 里斯

希思——A. C. Heath，当时为斯旺西的哲学教授。里斯在那儿获得职位，他此后一直在那里教学。他退休得早，显然是为了编辑维特根斯坦的文献。在生命的最后阶段返回了斯旺西。

1941

289. 致 P. 斯拉法,1941 年 1 月 8 日

三一学院

41 年 1 月 8 日

亲爱的斯拉法:

恐怕这将是一封长信;不过我觉得写一封差劲而冗长的信,总比什么都不写要好。我觉得你可能没有理解我昨天晚上在你的房间所做的评论,因为我表达得太差,但是我还是想让你理解。我说我的脑子已经退化,并补充说你也没有恰当地思考——似乎我认为这两件事情处于同一层次上。——然而我并不是这样想的。在我看来,我思考能力的退化似乎是永久性的,它仿佛出于某些生理原因;而我在你的思考中似乎观察到的那种衰退,我相信是某种可以改变的事情,因此应该引起你的关注。我似乎看到的这一衰退,直到最近我都没有把它认作衰退。它的症状是,你现在无法从容地抵挡有力的反驳,我指的是某个不相信你的推理——在我看来经常是混乱而肤浅的推理——的人提出的反驳。当然,每个人的思维都倾向于如此;但是你过去常常把反驳当作良药;而反驳一词,我指的并非异议的礼貌表达而是挑战!你可一直不是谦和地

接受它（然而谁又会呢？），但是你过去受到反驳时并不像某些动物一样四肢挥舞地反击。当我第一次注意到这种反击，即表现为**相当有攻击性的说话**时，我还不能恰当地解释它（也许现在我也解释不了，但我认为我能）。人们可能会反驳说:"既然维特根斯坦除了看过斯拉法对自己的反应外，从未看过他对其他人的反应，他怎么能判断斯拉法对反驳他的人的反应呢？"——我的回答是，在我看来，一个不能经受与我激烈讨论的人，几乎可以肯定，完全不能经受激烈的讨论。我不是指我并不经常以十分难以相处且令人讨厌的方式说话，或者这样说话不应受到谴责，而是指，根据我的经验，想要恰当地研究解决问题的人会忍耐我更加令人讨厌的脾性，因为他们发觉我非常有用。

因此我的看法是，讨论中我激怒你的并非仅仅是这些脾性——到了现在无法进行深入讨论的程度——而坦率地说，这种情况的原因是，你已经在某种程度上变笨了。——我不知道为什么会这样；但是我一直认为这也许是由于如下事实，即现在比几年前有更多的人赞赏你；而当我们谈到赞赏对哈代教授带来的负面影响时，我不仅想到我自己就是另一个例子，而且也想到了你。

当然，我可能是**完全错误的**，而如果我错了——好吧，我告诉你我的想法也没什么坏处。如果我没错，仍然没什么坏处，因此从逻辑上讲，无论怎样都没什么坏处。

我怀着美好的情感，

您的

路德维希·维特根斯坦

四肢挥舞地反击——一个语气强烈的表达。斯麦瑟斯记得曾听见斯拉法说,"我不会被你吓坏的,维特根斯坦!"(由弗兰克·乔非披露)。

290. 摘自道德科学俱乐部的备忘录,1941年1月31日

第8次会议 1941年1月31日

约翰·韦斯顿:"我们有这样的想法……"

第8次会议在三一学院摩尔先生的房间召开,尤因博士主持。韦斯顿先生的开场白提到,上一次会议中哈代教授引用马尔科姆先生发表在1940年4月《心》上的一篇文章中的一个评论,大意是当我们做出必然陈述时,我们并没有描述事实;维特根斯坦教授对此"嗤之以鼻"。韦斯顿先生解释了他认为维特根斯坦教授对马尔科姆先生这篇文章所做的工作的质疑所在,但是坚持认为,马尔科姆先生和他自己(韦斯顿先生)所写的东西并不比维特根斯坦教授在许多场合所说的东西更糟糕;而所写的东西一点儿也不糟糕,而是一流的,尽管有时运气不佳。他进而比较了马尔科姆先生的陈述(该陈述可以被表达为,"我们有这样的想法,即必然陈述描述事实")与维特根斯坦教授不久前在俱乐部一次会议上所做的一个陈述,即"我们有这样的想法,即一个语词的意义是一个对象",(暗示着,这些想法都是错误的);并且主张,这两个含蓄的评论,与所有的哲学理论一样,具有想让人称其为必然真理的特征,想让人称其

为必然谬误的特征,以及想让人称其为无意义陈述的特征。最后,他为这两个评论以及类似的评论做出辩护——尽管可以继续批评,因为它们易于造成误导,除非伴之以这些场合没有出现的补充评论——称它们对形而上学问题的阐述及其解答提供有用而良好的建议。(例如,"不要问对命题 S 是 P 的分析;而要问对句子'S 是 P'的用法的描述")。

随后进行了讨论。

摩尔先生的房间——这里指的是摩尔教授的儿子,蒂姆·摩尔。

马尔科姆先生的评论——在他的文章"必然命题真是言语的吗?"中,载《心》第 49 期(1940 年 4 月),189－203 页,马尔科姆的确讨论了这里提到的诱惑,但他自己的立场是,"当我们在日常生活中使用必然命题时,我们并没有把它们用作*描述性陈述*"。

291. 致 G. E. 摩尔,1941 年 3 月 7 日

三一学院

剑桥

41 年 3 月 7 日

亲爱的摩尔:

几天前我收到马尔科姆的一封来信,除了别的事之外,他告诉

我关于您的一本书正在撰写中,他还说,您也准备在其中撰写一篇文章。请原谅我如下这么说:读到的时候我非常担心。我害怕您现在可能正行走在一处悬崖的边缘,而我看到许多科学家与哲学家就葬身于这一悬崖之下,罗素也在其中。我写信给您的全部目的就是告诉您:愿良好的精神状态与您同在,不要变得糊涂和跌落悬崖。

我希望您能帮我一个忙。从某个图书馆借本康拉德·斐迪南·迈耶的诗集(他是上个世纪的一位瑞士诗人),并读读"Die Vestalin"这首诗。它非常简短。请多读几遍。我希望您会喜欢它,我也希望它确切地告诉您我想说的东西。

请代我向摩尔太太问好。祝您好运多多。

您的
路德维希·维特根斯坦

摩尔此时在普林斯顿做访问教授。

一本书——显然是指《G.E.摩尔的哲学》,收入保罗·希尔普主编的在世哲学家文库(Evanston and Chicago:Northwestern University,1942)。摩尔自己撰写了"思想自传"和[对他批评的]"哲学回应"。

"Die Vestalin"/"修女"——参见信件292,那里给出了真正

的标题。这首诗印在下方,附上编者的译文:

Auf das Feuer mit dem goldnen Strahle

Heftet sich in tiefer Mitternacht

Schlummerlos das Auge der Vestale,

Die der Göttin ewig Licht bewacht.

Wenn sie schlummerte, wenn sie entschliefe,

Wenn erstürbe die versäumte Glut,

Eingesargt in Gruft und Grabestiefe

Würde sie, wo Staub und Moder ruht.

Eine Flamme zittert mir im Busen,

Lodert warm zu jeder Zeit und Frist,

Die, entzündet durch den Hauch der Musen,

Ihnen ein beständig Opfer ist.

Und ich hüte sie mit heil'ger Scheue,

Daß sie brenne rein und ungekränkt;

Denn ich weiß, es wird der ungetreue

Wächter lebend in die Gruft versenkt.

中译文（转译自英译）

在带着金色光芒的火焰上
在夜晚最深的时光里
不眠的修女目光转向，
以护卫女神的不朽之光。

倘若她打盹，倘若她睡去，
倘若被忽略的火苗逐渐消逝，
她必定被深埋于棺墓中，
伴随尘土与污秽在长眠中腐烂。

在我胸中有另一团火焰闪亮，
它使温暖蔓延到每时每刻，
在缪斯的神庙中持续不断地献祭：
这火被她们的呼吸点燃，它为她们而燃烧。

而我秘密照顾它，带着神圣的恐惧，
寻找它的光芒保卫纯粹与无暇，
因为，知道，这一护卫所背叛的人，
会被送入活埋之墓。

292. 致 G. E. 摩尔，1941 年 6 月 17 日

剑桥
三一学院
41 年 6 月 17 日

亲爱的摩尔：

感谢您的来信。如果我的担心毫无根据，请原谅我。——我愚蠢地给了您一个错误的标题：那首诗名叫"Das Heilige Feuer"，并以"Auf das Feuer…"这句开篇。我很抱歉，我带给您找寻它的不必要麻烦。

如您所知，蒂姆今年上了我的课，如果没弄错的话，我认为在课程结束之际我看到了他在思维方面的进步；在我看来，他似乎变得更加活泼，也掌握了方法——但愿走好运！（我希望您不要把这事说出去。）

大概六个星期前，我突然——我想象不出任何原因——开始能够再次写作。这很可能只持续很短时间；但是这种状态持续时，我感觉棒极了，人也变得全然不同。

致以最美好的祝愿！

您的
路德维希·维特根斯坦

"Das Heilige Feuer"/"神圣之火"——见信件 291。

蒂姆——摩尔的儿子 Timothy，他当时是剑桥的本科生。

293. 致 N. 马尔科姆, 1941 年 7 月 5 日

> 剑桥
> 三一学院
> 41 年 7 月 5 日

亲爱的马尔科姆:

我昨天收到你 5 月 17 日的来信。收到你的来信总是很高兴! 我很遗憾——真诚地——你发觉明年之后你将不能在普林斯顿任教。你知道我对于教授哲学的观点是什么,而且我不曾改变;但是我希望你离开是出于正确理由,而不是错误理由(一如我能明白的"正确"和"错误")。我知道你将成为一名好士兵;但我希望你不是被迫成为一名士兵。我希望你能某种意义上平静地活着,并且处于对各种人都是友善和同情的位置上,他们需要这个位置! 因为我们所有的人都极其需要这样的东西。那些杂志几周前到了,我当即便心生谢意。它们真的很好! ——斯金纳向你问好,斯麦瑟斯知道后也会向你问好。我希望不久之后能与你一起用餐! 最美好的祝福!

> 充满深情的
> 路德维希·维特根斯坦

这封信的背景是,马尔科姆夏天曾给维特根斯坦写过一封信,说他的岗位 1942 年之后将不会得到续约,但这没有关系,因为美国那时将会处在战争中,而他打算去入伍。因此有了这封信。

294. 致副校长(J. A. 韦恩),1941年10月14日

> 剑桥
> 三一学院
> 41年10月14日

亲爱的副校长先生:

在考虑这件事很长时间之后,我决定开始做某种战争工作,我已接受一项在伦敦盖斯医院做"药房勤杂工"的工作。因此,我必须在下周初离开剑桥。劳驾您能否在这周某个时间接见一下我。我想申请休假。

> 您真诚的
> L. 维特根斯坦

J. A. 韦恩——女王学院院长,1941-1943年为副校长。

我们只能猜测维特根斯坦这个时候而不是更早开始从事这项工作的动机。要了解他之前对医疗辅助工作的兴趣以及对那场战争进行方式的不满,见信件261和276。他可能由于苏联遭到了攻击而更渴望做一些战争工作。斯金纳的突然离世(在10月11日)使他沮丧了数日,这无疑是促使他离开剑桥的部分原因。上面这封致副校长的信写于斯金纳葬礼当天。但是他离开的决定(以及使他能够离开的安排)显然早已做出。普里斯特利的日记(见信件185)记录了九月份在伯明翰的一次会面,当时普里斯特利是副校长:

> 维特根斯坦本周三来吃晚饭。他计划放弃他在剑桥的工

作并开始服兵役。我说服了他不辞职，但允许他战争期间请无薪假。如果他现在彻底离开，那么无论从他自己的角度还是从剑桥的角度都很遗憾。我试图安排他加入友军救护队，可惜他们不接收他，我怕他由于未能在部队找到合适的工作受到打击而辞职。他并不易于找到合适的工作，因为上一次战争中他是一位奥地利炮兵军官，而且因为他已经离开那个岗位太久，他不觉得他能够胜任炮手或军官的工作。他现在的目标是做个普通士兵或者找个医疗单位的岗位。

也许后来在九月份维特根斯坦拜访了约翰·赖尔教授，赖尔教授为他安排了在盖斯医院做药房勤杂工的工作（见瑞·蒙克的《路德维希·维特根斯坦：天才之为职责》（London：Vintage，1991），第 431–432 页）。R. 索利斯在他的日记（展示给本书的编者）中说，维特根斯坦告诉他，自己被皇家军医部队拒绝了，因为他拥有前敌国的国籍。

295. L. 古德斯坦的来信，1941 年 10 月 20 日

雷丁区

南科特路

丹麦大厦

41 年 10 月 20 日

亲爱的维特根斯坦博士：

非常感谢您的来信。我 22 日收到装有弗朗西斯文件的三个

包裹。非常感谢您把它们寄给我,因为我非常想要得到它们。到目前为止我整理了两个包裹。它们包括

(1)在学校完成的工作

(2)大学讲演笔记和做过的例题

(3)弗朗西斯自己对您讲座所做的一卷笔记草稿以及这些笔记的一份副本,标注日期为1934年的米迦勒节。

我不必告诉您所有这些工作是多么的简洁、精心与完整——真的是弗朗西斯自身的一部分。

我猜想您提到的口述笔记在第三个包裹中。

如果我发现弗朗西斯的工作对于出版来说足够完整,会就此和您联系。

弗朗西斯的家人可能没有认识到的是,他的主要工作是他的生活,现在我们失去了他,留下的最宝贵的东西是对那段生活的记忆,而不是某个披上语言外衣而成为一篇哲学论文的东西。您说他们似乎没有认识到他们失去的是什么,但是也许他们在多年前就已经失去他了。如果我收到他家人的来信,我认为这极不可能(尽管我确实给他们写过信),我会尽力向他们解释,他们正在努力去做的正是弗朗西斯会期待的最后一件事。

我会让您知道我下次去伦敦的时间,希望我们能够会面。

您永远的

路易·古德斯坦

路易·古德斯坦——(1912-1985)一位参加过维特根斯坦的

讲座并承认从中受益良多的数学家。他是(正如从这里能够看出的)斯金纳忠实的朋友。文中提到的文件曾保存在他担任数学教授的莱斯特大学,现在被借到三一学院图书馆,亚瑟·吉布森教授正在那里对它们进行研究。

斯金纳的家人带着深深的疑虑看待维特根斯坦乃至古德斯坦在他的生命中所起的作用,而且斯金纳也的确没有实现他的数学才能,这种才能被有资格的评判者认为极为超拔,但是古德斯坦和其他朋友尊重并且在某种程度上理解他的生活选择。很难不认为他极其脆弱的健康使得他的选择是对他来说最好的选择。

296. 致 P. 斯拉法,1941 年[11 月 4 日]

星期二

伦敦东南 1 区

盖斯医院

纳菲尔德大楼

亲爱的斯拉法:

到目前为止,我在这里非常幸运。这工作正是我想要的。我相信我现在做得相当好。我从 8 点半工作到 4 点半或 5 点,工作结束时觉得疲倦极了。我发现那个负责我并告诉我做什么的小伙子(20 岁)是一个极好的老师;我们一起工作得很好,没有任何摩擦。我的工作，除了到处搬运药品和绷带等等以外，主要是配制药膏之类。白天工作结束时，我实际上没有一点力气去思考任何东西了。如果我的健康能保持，身体变得更强壮些，情况也许有所改变。我的住处和医生们在一起（上面留的地址），我的房间舒适，但只是相对安静。——赖尔对我非常好。我目前见过的其他医生似乎呆板，也不招人喜欢。我见过的所有工作人员，我都喜欢。

一个严重而糟糕的事情是我的夜晚过得很差。尽管（又或许是因为）我非常疲倦，但我睡得很糟，而这导致了累积性的不良后果，因此我必须吃我讨厌的非诺董。

你曾经说过如果我想让你给我寄任何东西就写信给你。我现在就提出我的要求。请去找药剂师库尔森，给我买一罐（如果可能买一大罐）赛丁（它是 6/6）。他可能已经为我保留了一罐，所以请告诉他是为我买的。我回到剑桥的时候把钱给你。

把我最美好的祝愿带给你的母亲。如果我下下周周末回剑桥，我会设法去见你。

路德维希·维特根斯坦

日期从维特根斯坦下一封关于安排见面的信推出。

负责我的小伙子——Roy Fouracre（见信件 304）

赖尔——John Ryle（1889－1950），一度在剑桥担任医学教授，后来在牛津担任社会医学教授。此时他正在指挥那个自治市（萨瑟克）的（主要是对空袭的）急救医疗服务，（就）住在盖斯医院。

非诺董……赛丁——当时仍在使用的安眠药。

297. 摘自道德科学学院董事会的备忘录,1941年11月12日

根据布罗德教授的提议,一致决定向维特根斯坦教授寄送一份决议,以表达他们[董事会成员]对他的离开的失落感以及对他的安全归来的期待。

布罗德认为维特根斯坦要求"过分地"对待,把此当作这种对待的一个例子可能并不是不公正的。

1942

298. 致 J. T. 桑德斯(助理教务主任),1942 年 1 月 30 日

伦敦东南 1 区

盖斯医院

纳菲尔德大楼

42 年 1 月 30 日

亲爱的桑德斯:

感谢你 1 月 16 日的来信。我很高兴听到总董事会的决定。我会在下学期结束时让你知道我的旅费。

您真诚的

L.维特根斯坦

摘自剑桥大学的人事档案:

总董事会记录 1942 年 1 月 14 日

4.(e)维特根斯坦教授

(见 1941 年 10 月 15 日的备忘录 4(f))

布罗德博士的来信:

1941 年 12 月 17 日

维特根斯坦教授

我作为道德科学学院董事会主席,致信请你尽快提请总董事会注意以下事宜。

维特根斯坦的一些学生要求他整个学期的周末都到剑桥,每周六给他们举办他的常规讲座或讨论课。他在秋季学期的期末做了两次这样的试验,发现能胜任这样的工作,他自己和学生都满意。因此他已决定春季学期在他的房间一周举办一次讲座,如果一切进展顺利的话,复活节学期也这么做。学院已经做好了安排,以便维特根斯坦能够在周末使用他的房间。

我明白,维特根斯坦目前没有收到他作为教授的薪水的任何一部分。如果这样的话,鉴于如下事实,这一情况似乎应该重新加以考虑,即他将做大量的常规讲座工作,并且为了坚持讲座他将会花费旅费。

我写这封信得到了维特根斯坦的知晓和同意。

附言:当我向维特根斯坦提出这一问题时,他在写给我的信中实际说的是如下的话:"根据你最后的建议——我一点都不应在意为我支付的旅费。因此,如果你认为这样公平,要是你把这件事提出来我会心存感激。"

亦见信件 294 的注释。

299. 摘自道德科学学院董事会的备忘录，1942 年 4 月 22 日

据收到的一封信说，维特根斯坦教授由于糟糕的健康状况将不能在这学期[1942 年复活节学期]做讲座。

进行了骑士桥教席候选人的投票。H. H. 普赖斯 4 票，L. 维特根斯坦 3 票。

出席并投票者：布罗德、博伊斯·史密斯、索利斯、梅斯、布雷斯威特、韦斯顿、尤因。

糟糕的健康状况——维特根斯坦由于胆结石必须做手术。这需要对他的请假动机做技术性更改。在病假期间他的正常的薪金会得到发放。

骑士桥教席——布罗德担任的道德哲学教席，该教席在维特根斯坦去世后实际上处于空缺状态。

H. H. 普赖斯——(1899 – 1984)牛津大学逻辑学威克姆教席教授。

博伊斯·史密斯、梅斯——神学家 J. S. Boys-Smith 以及学院董事会成员、心理学家 C. A. Mace。

索利斯——Robert Thouless(1894 – 1984)，三一学院的教育心理学家,《战争时期的冷静思维》(London：Hodder & Stoughton，1942）的作者。维特根斯坦战争期间在剑桥停留时经常和他一起散步，还指定他为他的遗嘱执行人（随后更改了）。

300. 致 P. 斯拉法，[1942 年 5 月 20 日]

东南 1 区
盖斯医院
纳菲尔德大楼
星期三

亲爱的斯拉法：

请将所附的这封信投入诺斯医生的信箱。这是一封重要的信，而我不知道他的房间号或他的姓名首字母。我现在白天大部分时间不卧床，但是极其虚弱并且我的头和背仍旧有些毛病，这些让我觉得相当悲惨。我又回到我在纳菲尔德大楼的房间。我将必须待在这儿可能至少一周，直到我强健到足以步行、爬楼梯等等。将我最美好的祝福带给你的母亲。

再见！
路德维希·维特根斯坦

日期标注：维特根斯坦从他的手术中恢复过来并回到纳菲尔德大楼是 5 月 16 日：这是下一个星期三（来自袖珍日记的信息）。

诺斯医生——当阿德里安建议寻找一位当地医生为维特根斯坦治疗糖尿病时,维特根斯坦和斯拉法所选择的一位剑桥医生。相比贝文(信件417等)诺斯是首选,那时维特根斯坦还不认识他们两个。信件290提及了维特根斯坦和斯拉法之间的简略交流,同时也是这次交流的一部分,从中可以推知这一情况。好像维特根斯坦实际上并没有患糖尿病。

301. 致 J. T. 桑德斯(助理教务主任),1942 年 5 月 24 日

> 东南1区
> 盖斯医院
> 纳菲尔德大楼
> 1942 年 5 月 24 日

亲爱的桑德斯:

非常感谢你3月24日的来信,我恰好在手术之前收到它。我非常感谢总董事会的慷慨决定。我正处在良好的恢复过程中,期待5到6周之内能再次开始我在医院的工作。

请原谅我没有立刻回信。

> 您真诚的
> L. 维特根斯坦

慷慨决定——无疑是在他生病期间支付他的正常薪金这一决定。

302. 致 J．T．桑德斯（助理教务主任），1942 年 7 月 21 日

东南 1 区
盖斯医院
纳菲尔德大楼
42 年 7 月 21 日

亲爱的桑德斯：

我现在完全从疾病中康复了，并且返回我在医院的工作。我不知道我是否应该再次申请休假。麻烦你告诉我，我应该采取什么步骤，如果有的话？

您真诚的
L．维特根斯坦

303. 致 W．J．萨廷（第一助理教务主任），1942 年 7 月 23 日

东南 1 区
盖斯医院
42 年 7 月 23 日

亲爱的萨廷：

非常感谢你 7 月 22 日的来信。我 7 月 9 日恢复了在盖斯医院的工作。

您真诚的
L．维特根斯坦

书信和文件　555

304. 致 R. 里斯，1942 年 11 月 4 日

东南 1 区
盖斯医院
纳菲尔德大楼
42 年 11 月 4 日

亲爱的里斯：

我曾向你承诺写信告知我的课程进行得如何。头两次非常不好，尤其是第一次：第三和第四次（就我已经上过的而言）进行得相当不错。我在讲述数学的基础。索利斯来了，这是件好事。除他之外，可能还有一个人我喜欢给他讲课。一共大概有 10 个人。我在这儿的工作没有改变。我的同事罗伊仍然在这儿，我和他相处得很好，只要他在这儿我想我就会坚持下去。——我的讲座可能会较好地继续下去，只要我有能力——就像现在——对这个主题做一些思考。我非常确定这不会持续很久。

恐怕我现在不再有时间去阅读任何拉丁文了，——但这并不令我担忧。

我最近收到一封德鲁利从埃及寄来的信。他似乎很好并且对他的工作很感兴趣。——将我最美好的祝福带给夫人。我希望不久能收到你的回信。

美好的祝福！
路德维希·维特根斯坦

罗伊——Roy Fouracre，跟维特根斯坦一同在盖斯医院工作

的一位实验室助理。维特根斯坦发现他是个令人冷静的人（当维特根斯坦焦虑时，他常爱说的一句话是"镇定，教授！"）。维特根斯坦后来继续与他保持友谊和通信往来。

305. 致 N. 马尔科姆，1942 年 11 月 24 日

纳菲尔德大楼

盖斯医院

伦敦东南 1 区

1942 年 11 月 24 日

亲爱的马尔科姆：

我很高兴收到你 10 月 30 日的来信。我附上一本破旧但非常精彩的德文小说。我没法获得一份像样的版本——至少我没时间去找一份更好的。正如你能想象得到的，这段日子德语书很难获得。你可能发现它很难阅读，而且你可能不喜欢它；但是我希望你能喜欢。它算一件圣诞礼物，我希望你不介意它那么破。它的优点是你可以在机器房阅读而不会让它变得更脏。如果你发现你喜欢它，我会尽力为你找到整套书，这本小说只是其中一本。它们中有五本，叫作"苏黎世中篇小说集"，因为它们都以某种方式与苏黎世有联系：凯勒是瑞士人，是最伟大的德语散文家之一。——正如我在上一封信中告诉你的，我已经很久没有收到斯麦瑟斯的来信，我觉得他已经不再对我感兴趣。但是也许不是这样。——韦斯顿

仍在剑桥。我从未见过他。——让我再次收到你的来信。祝福你!! 充满深情的

路德维希·维特根斯坦

一本德文小说——《哈德劳伯》(*Hadlaub*),凯勒《苏黎世中篇小说集》(不是英语意义上的小说集而是中篇小说集,每一篇都有独立的主题)中的一本(马尔科姆的《回忆路德维希·维特根斯坦》,第38页)。

没有收到斯麦瑟斯的来信——相似的疏远见信件284:这一疏远也被克服了。

1943

306. 致 R. 里斯，1943 年 4 月 1 日

东南 1 区

盖斯医院

纳菲尔德大楼

34 年 4 月 1 日

亲爱的里斯：

我有可能 4 月 13 日或 14 日到达斯旺西，并待到 4 月 19 或 20 日。假如我去的话，对你方便吗？我能待在你附近的某个地方吗？你愿意和我讨论吗？无论出于什么理由，如果我的访问眼下让你不方便，请一刻都不要犹豫地告诉我。只有对你来说也合适，您夫人也方便的时候，我才会去——如果我能去的话。请你尽快告诉我情况如何，以便我能相应地做出安排。眼下我不想再写了。我希望你比较健康，精神也不太差。尽快让我收到你的回信！

您的

路德维希·维特根斯坦

34 年 4 月 1 日——一个令人费解的笔误。信封上的邮戳确

认了我们的改正。

307. 致 J. T. 桑德斯(助理教务主任),1943 年 5 月 4 日 [356]

临时地址:

泰恩河畔的纽卡斯尔

皇家维多利亚医院

1943 年 5 月 4 日

亲爱的桑德斯:

感谢你 5 月 1 日的来信。我的正式职务是:医学研究委员会临床研究部的实验室助理。我的工资是一周 4 英镑。

您真诚的

L. 维特根斯坦

剑桥

大学注册处

J. T. 桑德斯先生,文学硕士

这封信写在医学研究委员会和盖斯医院的信纸上。

308. 致 N. 马尔科姆，1943 年 9 月 11/19 日

>泰恩河畔的纽卡斯尔
>皇家维多利亚医院
>临床研究实验室
>1943 年 9 月 11/19 日

亲爱的马尔科姆：

我很长时间没有给你写信，也很久没有收到你的来信。

1943 年 9 月 19 日。我一周前写了上面那些话然后中断了。第二天我收到了你的信。收到你的来信，我好生高兴。要是能再次见到你，那该有多好。我很遗憾，出于外部和内部的原因我无法做哲学，因为那是唯一带给我真正满足的工作。没有其它的工作能真正让我打起精神。我现在极其忙碌，我的头脑自始至终都被占用着，但是一天结束的时候我只是感到疲倦和悲哀。——好吧，也许较好的时光还会再次到来。——我好几个月都没有收到斯麦瑟斯的来信。我知道他在牛津，但是他没有给我写信。——莱维仍然在剑桥，我确定这对他来说非常糟糕，对其他人来说也没好处。里斯和以前一样仍旧在斯旺西任教。我现在很少去剑桥，大概每三个月去一次。我已经交出了学院的房间。当然，我应该会在战后回到那儿当教授，但是我必须说我完全无法想象我将如何能够做到这一点。我想知道我究竟能否再次定期地教授哲学。我倒是认为我做不到了。

我希望你见到摩尔并看到他身体健康。我听说关于他的那本

书已经出版——但是我不会去读它。——

尽快再给我写信！好运！

充满深情的

路德维希·维特根斯坦

关于他的那本书——见信件291。

309.致N.马尔科姆，1943年12月7日

纽卡斯尔

皇家维多利亚医院

临床研究实验室

43年12月7日

亲爱的马尔科姆：

很久没有收到你的来信。我仍然在做我的老工作，但是可能很快就会离开这里，因为我的领导要入伍，因此整个研究部可能会解散，或者来另一个领导。我在这儿感觉非常孤独，因此也许会设法去某个有人和我交谈的地方。例如去斯旺西，里斯在那儿是哲学讲师。我不知道你是否还记得里斯。我相信你在我的讲座上见过他。他是摩尔的学生，是一个优秀的人，也具有真正的哲学天赋。我很久没有见到斯麦瑟斯，也没有收到他的来信，但是有人告诉我他在牛津有份工作。（不在牛津大学。）

我身体健康但是经常沮丧。——如果你想给我写信，我很愿

意收到你的来信；但是如果你不喜欢写信——那就别写。

好运！

充满深情的
路德维希·维特根斯坦

我的领导要入伍——R.T.格兰特医生将会被 E.拜华特斯医生接替。见信件 310 的注释。

1944

310．R．里斯的来信，1944年1月30日

斯旺西
布莱恩路96号
1944年1月30日

亲爱的维特根斯坦：

我很久以前就该写信告诉你一下我与希思的交谈，关于可能的出版社所做的交谈。他没有我希望他会有的那么多同情心，我想是这一点让我不愿意写信。也许我曾隐隐约约希望，他稍后会有更加令人鼓舞的想法。但是他一直没有提供任何新的想法，我很抱歉这么说。

我希望您已从您与剑桥出版社人士的交谈中获得更好的结果。

我从您给琼的简函上的评论推测，您在纽卡斯尔重新开始的工作初期阶段不太顺利。我想知道情况是否有所改变。我想您已完成您的实验报告；我很想知道它会让您的新领导有什么印象。我希望那会使他想要让您再次从事某种实验工作。

我知道我无需提醒您，如果您真的觉得想要在这儿试着住住，我们非常乐意在附近一带尽我们所能去打问。我也无需说如果您

来我有多高兴。

另一方面，您说过如果您的书稿被接受，您还可能搬回剑桥。我禁不住想知道，即便有助于出书，搬回去是否也没有多大好处。但是也许还有我想象不到的其它原因。

我一直记着您圣诞节期间的来访，并一直感谢您的来访。我已经隐隐约约觉得，复活节期间我或许能见到您，哪怕一天时间。

无论如何，我希望您很快找到还算称心如意的工作和环境，如果您现在还没找到的话。

R. 里斯

希思——里斯的教授（见信件 288）。

可能的出版社——希思在 Longmans、Methuen 和 Watts 出版了教材。另一家维特根斯坦可能考虑过的出版社是 Michael Joseph（它的地址出现于他 1938－1939 年的日记）。同时，剑桥大学出版社接受了他的书稿。这似乎是第二次，因为他们 1938 年已经接受了他的书稿，但是他们现在可能同意一起印《逻辑哲学论》：见信件 205 的注释以及下下一条注释中引用的 R. T. 格兰特博士的信。

琼——里斯的妻子。

您在纽卡斯尔重新开始的工作——维特根斯坦 1943 年 4 月 29 日前往纽卡斯尔，但是这里提到的（"初期阶段"）可能是他在那里的某次工作变动，关于这一点，以及关于他在那里的整个时光，见 Leo Kinlen 的"维特根斯坦在纽卡斯尔",载 *Northern Review* 13(2003-2004),第1-30页。维特根斯坦发明了一个测量血压变化的仪器;他也做组织学工作,并提出一个简易方法来测量伤口和可能的失血。这些工作中的任何一个都可以形成一份书面报告,而且最后提到的那个方法曾被考虑过予以发表。他在纽卡斯尔似乎没有之前他跟同一个团队在伦敦工作期间那么快乐。一位新的主管(埃里克·拜华特斯医生)1944年1月接管了这一团队。他对维特根斯坦的工作印象深刻但是很少看望,因为维特根斯坦很快就离开了,表面上是为了完成"剑桥"委托他撰写的那本书。格兰特博士在1944年2月16日的信中推测是这一动机("我很高兴听到您的书稿已经以您希望的形式被接受——您可能会发现,您将在您的手稿上花费比您所计划的更多的时间。拜华特斯已经把您的计划告诉了我"),但是信件309表明,维特根斯坦还有离开的其它动机。

311. 致 R. 里斯,1944年2月9日

> 纽卡斯尔,皇家维多利亚医院
> 临床研究实验室
> 44年2月9日

亲爱的里斯:

非常感谢你的来信和电报。我打算大概下周中间去剑桥,而

且我想尽快离开。不过，也许会有点问题。你知道我在这里休假，我被准假是因为我正在做"重要的"战时工作。例如，如果我离开这里，设法找另一份工作，比如在医院工作，那么我就必须让总董事会知道，而且他们得批准这份新工作。现在如果我下周到剑桥，他们就会想知道我正在做什么，我就必须告诉他们我想研究几个月哲学。在这种情况下他们会说：如果你想研究哲学，那你就不是在做战时工作，因此必须在剑桥研究哲学。我非常抱歉我之前没想过这件事。我只是今天才想到它。没有任何特殊的原因。我只是想到了它。几天之前我给布罗德写信，询问我是否能够在学院待几天，并告诉了他原因。我还没有收到回信，也许当我收到回信时他会就这件事写些什么。我想我本来可以说我需要休息一下，需要休两个月假。我真的不知道大学在这种情况下会怎么做，我不得不看下周怎么样。我几乎肯定我现在不能在剑桥工作！**我希望**我能去斯旺西。——德鲁利现在在斯旺西，也许你已经见过他了。再次感谢你的盛情！

再见！
路德维希·维特根斯坦

312.致 J. T. 桑德斯(助理教务主任),1944 年 3 月 7 日

斯旺西,布莱恩路 96 号

里斯转交

44 年 3 月 7 日

亲爱的桑德斯：

非常感谢你 3 月 2 日的来信。请原谅我这么晚回信：我有好几天都无法决定给你写些什么。我非常感激总董事会提出支付我一个学期薪水的盛情与慷慨，但是我必须告诉你，我宁愿现在正在做的工作不被支付薪水。因为这一工作会不会被证明是失败的，也还不是完全清楚。另一方面，对我来说最重要的是它应该像我能做到的一样好；我似乎必须不辜负一份薪水这一念头——这是我无法摆脱的——会打扰我，因而使情况变得不那么令人乐观。

所以，请只给我不付薪水的假期就可以了。（顺便说一下，我的健康状况好得不能再好。）我希望你别认为我不领情，因为我没有不领情。

您真诚的

L.维特根斯坦

剑桥大学档案，人事档案，备忘录：

维特根斯坦教授

两天前离开纽卡斯尔。

想要在剑桥之外的地方花 2 到 3 个月时间准备一本书。

在书准备好出版后将回到战时工作而[不]来剑桥。
将待在斯旺西
  斯旺西
  布莱恩路 96 号
  里斯转交

剑桥大学档案,人事档案：
  总董事会记录 1944 年 3 月 15 日
  2. 休假
    维特根斯坦教授。
    （见 1944 年 3 月 8 日的备忘录 3(a)）
    会上将宣读维特根斯坦教授的一封来信。

剑桥大学档案,人事档案：
  总董事会备忘录 1944 年 3 月 15 日
  2. 休假

维特根斯坦教授。（见 1944 年 3 月 8 日的备忘录 3(a)）
根据维特根斯坦教授 1944 年 3 月 7 日的来信,我们注意到,从他 2 月 16 日离开位于莱恩河畔的纽卡斯尔皇家维多利亚医院的工作直到本学期结束,他不能基于健康的原因免除大学的职责。人们同意,他本学期下半期可以不在剑桥,根据条例 D,XXII,5,1944 年的复活节学期他可免于履行其教授职责,薪金不受损失。

注册的记录表明,人们试图劝说维特根斯坦去请病假(这会在管理上更容易些),但是没有成功。

313. 致 J. T. 桑德斯(助理教务主任),1944 年 3 月 23 日

斯旺西,曼伯斯
朗兰路 10 号
曼恩夫人转交
44 年 3 月 23 日

亲爱的桑德斯:

感谢你 3 月 18 日的来信。我很感激总董事会同意我这个学期不在剑桥并且免于我下周去大学履行手续。

您真诚的
L. 维特根斯坦

314. 致 Y. 斯麦瑟斯,[1944 年]4 月 7 日

斯旺西,曼伯斯
朗兰路 10 号
曼恩夫人转交
4 月 7 日

亲爱的斯麦瑟斯:

感谢你星期四的来信。你加入罗马天主教会的消息的确出人

意料。但它是好消息还是坏消息——我怎么会知道？对我来说，下面一点似乎显而易见。决定成为一名基督徒就像决定放弃在地面行走而代之以在钢索上行走，而在钢索上行走最容易的事就是摔下来，而每次摔落都可能是致命的。现在，如果我的一位朋友要去走钢索，告诉我为了这么做他认为他必须穿一件特别的衣服，那么我会对他说：如果你对走钢索一事是认真的，那我肯定不是那个告诉你穿什么或不穿什么衣服的人，因为我从未想过在地面之外的任何地方行走。此外：你决定穿特别的衣服，这在某种程度上是可怕的，无论我怎么看。因为如果这意味着你在认真对待这件事，那么它便是可怕的，即使它也许是你所能做的最好最伟大的事情。如果你穿着殊装却不去走钢索，那么它以一种不同的方式是可怕的。然而，有一件事是我想要提醒你的。有些装置（以某种特殊方式绑在身体上的重物）能让你在钢索上保持稳定并让你的行动变得简单，且事实上并不比在地上行走危险。这种装置不应该是你服装的一部分。——归结到一点就是：我无法赞同你去走钢索的决定，因为我自己一直待在地面，所以无权鼓励另一个人去从事这项事业。然而，如果有人问我愿意让你去走钢索还是骗人，我肯定会说：去做任何事都比去骗人好。——我希望你永远都不绝望，我也希望你永远都保持能够绝望。

我昨天给你寄了封信，谈到为什么我目前不愿见你。我想要等我这里的工作完成或快要完成时再见你。

我非常好奇你现在是而且将来会成为哪种人。对我来说，这有待水落石出。

再见！良好的祝福！

充满深情的
路德维希·维特根斯坦

在里斯编的《路德维希·维特根斯坦：个人回忆录》中，德鲁利写到，"维特根斯坦告诉我，他的一位学生写信给他，说他变成了一位天主教徒，而他（维特根斯坦）要为这一信仰转变负部分责任，因为他建议去阅读克尔凯郭尔"（第 103 页）。然后维特根斯坦引用了上述答复。

315. 致 J. T. 桑德斯（助理教务主任），1944 年 9 月 16 日

斯旺西
布莱恩路 96 号
里斯转交
44 年 9 月 16 日

亲爱的桑德斯：

根据目前的情况，对我来说，十月初再次从事战时工作似乎没有意义。因此，我将代之以回到剑桥，并在秋季学期开始时恢复我的职责。

您真诚的
L. 维特根斯坦

316. 致 G. E. 摩尔, [1944年10月]

三一学院

星期五

亲爱的摩尔：

　　昨天您给我们宣读了一篇论文，我想要告诉您我有多高兴。对我来说，最重要的一点是"这个房间有一炉火，但是我不相信有"这一断言的"荒谬性"。把这叫作——正如我认为您叫作——"出于心理原因的荒谬性"，在我看来是错的，或者说是非常令人误解的。（如果我问某人，"隔壁房间有一炉火吗？"他回答，"我相信那儿有"，我不能说："不要跑题。我是问你火，而不是问你的心灵状态！"）我想要说的就是这个。指出这种荒谬性——它事实上是某种类似于矛盾尽管不是矛盾的东西——是如此重要，以至于我希望您会发表您的论文。顺便说一下，不要对我说的它是某种"类似"于矛盾的东西感到震惊。这大致意味着：它在逻辑中起着类似作用。您已谈了一些有关断言的逻辑。即：说"让我们假定：p 是事实并且我不相信 p 是事实"是有意义的，然而断言"p 是事实并且我不相信 p 是事实"是无意义的。这一断言必须被排除，而且是被"常识"排除的，就像一个矛盾被排除一样。这恰恰表明，逻辑并不像逻辑学家所想的那么简单。尤其是：这个矛盾不是人们认为它是的那种独一无二的东西。它不是唯一的逻辑上不可接受的形式，它在特定的情况下又是可接受的。在我看来，您的论文的主要价值就在于表明这一点。总而言之,在我看来您做出了新的发现,因此您应该发表它。

我希望改天私下与您见面。

您真诚的
L.维特根斯坦

日期为摩尔标注。

这篇论文名为"确实性",10 月 26 日在道德科学俱乐部的会议上宣读。该论文与收录在《哲学论文集》(London and New York：Allen & Unwin,1959)中的同名论文并不相同,因为这篇论文中最接近维特根斯坦所赞扬的观点的是(第 238 页)：

"我确信 p"并不蕴含 p 为真(尽管通过说出我确信 p,我的确暗指 p 为真)。

然而,在发表的那篇论文的原稿——它最初是用墨水写成,显然是用于 1941 年加利福尼亚大学的豪伊森讲座——中,用铅笔替换了很多语词、词组,甚至整页,这部分是为了跟用于豪伊森讲座的稿子有所不同。因此,墨水让摩尔"站着"(一场讲座)而铅笔则允许"坐着"。这一切表明,摩尔 1944 年在俱乐部宣读的是铅笔修改版;在该版本的 16–17 页,他说：

"p 是确实的,但是我不知道 p"肯定不是自相矛盾的,尽管这样说我自己是一件绝对荒谬的事情。之所以说这样说我自己是荒谬的,理由同说"狗叫但是我不知道它们叫"或"狗叫但是我不相信它们叫"是荒谬的是相同的。通过说这两件事所断言的是某种很可能为真的东西：其中不存在矛盾。但是，任何人去说这两者之一都是极其荒谬的，因为尽管他要断言的会是某种很可能为真的东西，然而通过断言狗叫，他暗指——尽管他没有断言，尽管不是从他的确断言的东西中推出——一方面他知道狗叫并且另一方面他不相信它们没叫。

这次讲座的一份更早的、不完整的草稿（写在美国稿纸上，所以大概也写于 1941 年）包含一个相当长的讨论，用以区分"我确实知道 p"（它肯定与"非 p"相矛盾）和"我觉得确信 p"（它与"非 p"不矛盾，但肯定不能与"非 p"一同说出）。

摩尔只发表了最初的（用墨水写的）版本，如果这需要解释的话，可能是由于他有责任原样发表豪伊森讲座，除非对目前这一问题确实有无法解决的争论。在摩尔的《选集》(London and New York：Routledge, 1993) 第 171-196 页，编者托马斯·鲍德温公开了 1944 年版本的许多内容——例如，该文的新结论——但是没有我们想要的细节。

维特根斯坦的信所显示的例子的改变（铅笔修改版中的"狗叫"变为"这个房间里有一炉火"——可能在学院讨论的环境中更具现实性）以及认为这种荒谬性是出于心理原因（在这一特定论文中没有这点的踪迹），可能就是由那种讨论的场合产生的（参见本注释的结尾）。

在战前，这个悖论本身（以各种方式）在《分析》中得到大量的讨论（奥斯汀 1940 年带着一丝夸张称它为"这个古老的问题"）。

摩尔第一次在印刷品中提到它是在希尔普主编的《G. E. 摩尔的哲学》(Evanston and Chicago：Northwestern University，1942)中(见信件 291 的注释)，作为对 C. L. 史蒂文森的(非常有效的)回应的一部分，但是玛格丽特·麦克唐纳 1937 年报道说("归纳与假设"，《亚里士多德学会会刊》增刊，卷 17(1937)，第 30 页)，摩尔在这些讲座中已经指出，"你不能不带荒谬地说……'他牙疼，但是我不确定他疼不疼'。"关于这个问题及其历史已有许多讨论：最近的一些讨论参见 Joachim Schulte 的《经验与表达》(Oxford：Oxford University Press，1993)，第 135 页及以下，以及 Jane Heal 的"摩尔的悖论：一个维特根斯坦式的探究"，《心》103(1994 年 1 月)，第 5-24 页。

维特根斯坦于 1945 年 10 月 25 日在道德科学俱乐部召开了一次有关"摩尔的悖论"的讨论，摩尔在同一年 12 月 29 日召开了一次标题为"P 但是我不相信 P"的进一步讨论。前一次会议的备忘录印在后面(见 339)，其注释中提出了这一荒谬性的心理本性的假定。

我希望改天私下与您见面——他们两人之间的亲近的交往先是被摩尔去往美国继而被维特根斯坦的战时工作以及他在斯旺西暂住八个月所打断(尽管现在已经恢复)，撰写这封信时，这一中断刚刚结束。

317. 致 R. 里斯，[1944年] 10月17日

三一学院
10月17日

亲爱的里斯：

感谢你的来信以及所附的东西。我经常想起你，但是对我来说现在写一封信很困难。我已经见过罗素和摩尔。罗素不知怎么给我一个坏印象。摩尔一如既往的和蔼。我把你的祝福等等带给了他。我没能和他待多久，因为摩尔夫人打断了我们。她后来告诉我，摩尔其实没有他看上去那么好，因此他不能谈话太久。我有充分的理由相信，这基本上是瞎扯。摩尔偶尔有过几次不适的短暂昏厥，不过他是上了年纪的人。对他的年纪来说，他显然是健康的。然而，摩尔夫人并不喜欢他与我见面。也许她害怕我批评关于他的那本书，总的来说害怕我对他的心志产生不良影响。——

我的课极其差劲。到目前为止我有6个学生，其中没有一个真正优秀。莱维和索利斯就要来了。昨天我做了第一次讲座——你是对的：我没有把詹姆斯当作我的文本，而只是谈论我自己的想法（我的胡诌）。我希望尽快有一个打字员，但是没有指望不久的将来能完成我的书。我无需告诉你，能在斯旺西与你一起度过那么长时间，我确实由衷地高兴。我希望我能对你更有用，比我实际的更有用。思考有时简单，但常常困难且同时令人兴奋。但是，当思考最重要时，它恰恰是令人不快的，这个时候它可能夺走某人喜爱的观念，把全部的困惑留给他，并让无价值感伴随着他。在这些情况下，我和其他人便在思考面前退缩，或者只能在长时间的挣扎

之后再设法让自己去思考。我相信你同样知道这一处境,我希望你鼓足勇气!尽管我自己还没有鼓起勇气。我们都是病人。

我要在这一欢乐的氛围中打住我的信。希望我不久之后能再见到你!确实,盲人不能给盲人带路;但是两个盲人一共有四只脚,因此能够使彼此稳定一点。请把我的祝福和感谢带给夫人。

再见!

路德维希·维特根斯坦

詹姆斯——指的是威廉·詹姆斯的《心理学原理》。

罗素——罗素刚再度当选为三一学院的研究员。他与摩尔一样,最近才从美国归来。

318. R. 里斯的来信,1944 年 10 月 29 日

斯旺西
布莱恩路 96 号
1944 年 10 月 29 日

亲爱的维特根斯坦:

我给您回信着实太晚。我并不认为这一拖延与您的信给我的印象有任何关系。无论如何我的思想已经回来,我每天都在思考您关于挣扎的那句评论,这种挣扎是人们进行思考所需的。您希望我能"鼓足勇气"对我倒是一种安慰,尽管它还不足以让我行动

起来。我想我同意,恰恰是在令人不快时思考才是最重要的,尽管之前我并没想到这一点。我已经够没精打采的了,尤其是近些年。现在我不知道是否并非懒惰而是怯懦才使我一直在浪费时间。也有可能你必须过那种不让你厌恶自己的生活,如果你继续思考下去的话。但是这里我并不确定它取决于什么。

[……]

我现在必须住笔。我要把信寄出,因为我没有什么更好的要写了,也因为我确实想要给您写信。您说过您期望尽快有一个打字员。我希望您已经有一个。我也由衷地希望您的著作能早点接近出版。我不知道您所指的障碍是什么。我希望我能有一些法子帮助您。

里斯

319. 致 G. E. 摩尔,[1944 年 11 月]

三一学院
星期一

亲爱的摩尔:

周六在道德科学俱乐部听说您要辞去主席职位,我很遗憾。您不是真地必须辞去它,因为每当您觉得不想来或不能来时,我都可以为您暂代职位。——如您所能想象的,您的信在俱乐部宣读之后,我被选为主席。我希望这并不意味着您的健康再次允许(以及某个较为有趣的人宣读一篇论文)的时候,您也不来参加会议。

如果您的身体没有大碍,我真的很想不久之后能见到您。

您的

L.维特根斯坦

日期为摩尔所标。

摩尔从1912年起是主席(这个职位与会长的职位不同),当时的确是维特根斯坦提议他担任这一职位的(见麦克奎尼斯的《青年路德维希》,第143页)。至于维特根斯坦自己与俱乐部关系的波动,见信件199:无论如何,他最晚从1939年2月开始重新参加俱乐部的会议,并且在获得教授职位之后,经常主持会议,这无疑通常是在摩尔缺席的时候,而且很自然地也在摩尔发言的时候(见信件316的注释)。维特根斯坦两次(1941年和1943年)被选为下一年的主席。俱乐部的所有正式安排似乎并不固定,但对于这类协会来说,这并不罕见。

320.致 N. 马尔科姆,1944年11月16日

剑桥

三一学院

44年11月16日

我亲爱的马尔科姆:

感谢你11月12日的来信,信今早寄到。我很高兴收到它。

我以为你已经几乎忘了我，或可能希望忘了我。我这么想有一个特殊的理由。每当我想起你时，我都忍不住想起一件特殊的事情，它对我来说似乎非常重要。你和我沿着河岸向火车桥走去，我们有过激烈的讨论，你在讨论中对"国民性格"所做的一个评论因其简单而让我震惊。于是我想：如果学习哲学对你来说只是让你能够貌似有道理地谈论某些深奥的逻辑之类的问题，如果它没有增进你对日常生活的重要问题的思考，如果它没有让你比任何……记者更小心谨慎地使用那些人出于他们自己的目的而使用的危险词语，那么学习哲学的用处是什么。你瞧，我知道很好地思考"确实性"、"可能性"、"知觉"等等是困难的。但是，如果可能的话，真正诚实地思考或试图去思考你的生命以及他人的生命更加困难。麻烦在于，思考这些东西并非令人兴奋，而经常十足令人讨厌。当它令人讨厌时，它才极为重要。——让我停止说教。我想要说的是这个：我非常想要再次见到你；但是如果我们见面，避免谈论严肃的非哲学东西将是错误的。我因为胆小不喜欢冲突，尤其不喜欢和我喜欢的人冲突。但是与全然肤浅的交谈相比，我宁愿要一次冲突。——好吧，我认为你逐渐停止给我写信，是因为你觉得一旦我们讨论到足够深的地方，我们便无法在非常严肃的问题上达成一致。也许我完全错了。但是无论如何，如果我们活到彼此再见面的话，让我们不要逃避深入讨论。如果你不想伤害自己，你就不可能严谨地思考。我知道这一切，因为我是个逃避责任的人。

我很长时间没见到斯麦瑟斯，但是会在大概两周之内见到他，到时他会从牛津（他在那找了份工作，但与牛津大学无关）过来向道德科学俱乐部宣读一篇论文。——以良好的心情去阅读这封信！祝你好运！

充满深情的
路德维希·维特根斯坦

至于马尔科姆对这封信的回信，见信件325的注释。

321. 致 R. 里斯，1944 年 11 月 28 日

剑桥
三一学院
44 年 11 月 28 日 星期二

亲爱的里斯：

感谢你 11 月 25 日的来信。我很遗憾听到你现在工作于令人压抑的环境。请不要屈服或绝望！我知道极度压抑的事情看起来是什么样子；当然，我首先想到的是逃离，但我希望你振作起来。我想知道对我推荐的逻辑课准备得怎么样。无论如何，没有比你的学生一半都昏昏欲睡时教逻辑更难获得任何成功的事情了。（我在自己的讲座上曾听到布雷斯威特的鼾声。）请走这条极其艰苦的道路！——我希望你是一位温和的知识分子，叫醒学生去享受你的劳动！请照顾好你的身体。当你的健康不大好的时候，你

是无法期待好的工作的,感冒是令人讨厌的事情。到目前为止我身体很好,因此我的课程进展得还不算太差。(或者我应该说"糟糕"?)索利斯即将来加入我们,还有一位女士——自称安斯康姆小姐的什么人,她的确聪明,尽管没达到克雷泽尔的水准。

我最近收到马尔科姆的来信,他现在是一艘船的副舰长(不知道这意味着什么),给我写信的时候他在英格兰,但是只待几个小时。——德鲁利在法国,我定期收到他的消息。

我最近读了许多书:一本摩门教的历史,纽曼的两本书。这样阅读的主要后果是让我自己的无价值感更多了些。尽管我意识到,这仅仅像一个睡着的人意识到他周围有一些噪音,然而这些噪音并未把他吵醒。

我再说一遍:请走这条极其艰苦的道路!抱怨、咒骂,但是继续走下去。学生是愚蠢的,但他们从中获益。

请把我的良好祝愿带给夫人。请代我向你那里任何记得我的人问好。

斯麦瑟斯将在星期六过来给道德科学俱乐部宣读一篇论文(主题还不知道)。再见!好运!

路德维希·维特根斯坦

安斯康姆小姐——G. E. M. Anscombe,当时是一名学生,后来成为维特根斯坦文献的继承人、编者和译者,同时也是他在剑桥的哲学教职的继任者之一。她也是——但是不情愿被称呼为——吉奇夫人。

克雷泽尔——Georg Kreisel（生于 1923 年），后来成为一名杰出的数学家及逻辑学家，他参加了维特根斯坦的课程，在那几年与维特根斯坦有许多交流。

纽曼的两本书——维特根斯坦比较熟悉 J. H. 纽曼（维特根斯坦有时奇怪地称他为 H. 纽曼，似乎约翰是每个人都有的名字，正如在德国的某些家庭中）的《生命之歌》和《赞同的规律》。

322. 致 P. 斯拉法，[1944 年 12 月 20 日]

三一学院

星期三

亲爱的斯拉法：

我想对昨晚的谈话做几点评论。

I. 关于我自己。

1）我自负，让我承认我错了或一个论证已经驳倒了我，这很困难。

2）我对事情非常不清楚，发现很难做出有用的评论。

3）我认为必须要说的我好的方面是，我渴望一场更好更深入的讨论；而当我跌倒时我会试图——如我所知的那样艰难地——爬起来并再次前行。

II. 关于你。

1)你比我要好,因为不那么自负。

2)你不像我那么笨拙,不容易犯错。

3)在我看来,你更喜欢坚持你的立场,而不是确认自己是对还是错。你能做到这一点是因为对你来说击退一位进攻者相当容易。在这方面,你的聪明才智对你来说就是一种危险,而且我倾向于认为是一种巨大的危险。我相信对于这种情况唯一的补救是这样。你必须帮助他人来攻击你,如果他没有适当做到的话(假设他有可用于攻击的东西的话)。如果他摔倒了你必须把他扶起来,而不是试图让他摔倒。这不是出于对他的善意,而是为了给你自己一个机会,去看看你的想法中到底是否可能还有错误。

  送上真诚的祝福,永远是

      您的

      路德维希·维特根斯坦

带着圣诞主题的"祝福"贴纸。

月份和年份为斯拉法用铅笔所加:斯拉法的日记表明,与维特根斯坦的会面是在那年12月12日和19日这两个星期二。考虑到圣诞贴纸,这里指的可能是第二次。

1945

323. 致 R. 里斯,1945 年 1 月 19 日

> 三一学院
> 45 年 1 月 19 日

亲爱的里斯:

我已安全到达。今天下午是我的第一次讲座。哦,见鬼!我买了《希伯特杂志》。尤因的文章与我所期待的相当不同。它乏味而学究气但并不是无情的。它将德国人当作按照现代的、人道的原则管理的感化院的预期的收容者。事实上,这杂志的整个基调如此有人情味倒让我感到吃惊。

好吧,愿我好运!也祝你好运!把我的祝福带给哲学学会。

要给我回信啊。感谢你在我暂住期间的善意!再见!

路德维希·维特根斯坦

尤因的文章——"惩罚德国的伦理学",《希伯特杂志》43:2(1945 年 1 月),第 99-106 页。尤因主张,无论是出于惩罚性的、感化性的还是威慑性的理由,都不应把与德国订的和平条约订得整体上比它们应该的更严苛(仅仅为了惩罚)。

324.致克蒂斯小姐,1945年5月18日

剑桥
三一学院
45年5月18日

亲爱的科蒂斯小姐:

G. E. M.吉奇夫人上过我四个学期的哲学课。因为我的学生人数很少,而且我和他们在课内和课外都进行讨论,所以我对吉奇夫人的哲学能力已能形成一个明确的印象。

毫无疑问,她是我自1930年——我那年开始讲课——以来最有天赋的女学生;而且在我的男性学生中,也只有8人或10人与她相当或超过她。她对哲学问题有卓越的理解,极其认真,并能胜任艰苦的工作。我强烈地推荐她获得研究员职位。

我相信她计划去研究的主题非常适合她特殊的气质。

她提交的两篇论文仍旧非常不成熟,尽管它们的确展示出适合哲学思想成长的沃土。然而,依我之见,这不应该妨碍她。这是来到剑桥之后不可避免的后果,因为她一直在经历需要时间消化的新的哲学影响。这一过程将需要大量的艰苦工作而且不能着急——有很好的理由去期待,她将会在哲学方面做出可靠且有趣的工作。因此,我愿意重申,我最强烈地推荐她。

您真诚的
路德维希·维特根斯坦

科蒂斯小姐——身份不明,安斯康姆小姐稍晚时确实获得职

位的萨摩维尔学院没有此人。

下述记录附在这篇草稿上:
[各种各样的哲学主题

真诚

杰出的老师,用清晰和简明的语言解释她自己

总是认真考虑其他人的困难,令人印象深刻地有耐心

性格]

八或十人与她相当,极少人超过她。

她展示出极强的处理哲学问题的能力。在与她讨论时,我发现她说的每一个词都值得听。她不吹牛而是谦虚、真诚和稳健。我应该期待她做出

G. E. M. 吉奇夫人——安斯康姆小姐,见信件321。

325. 致 N. 马尔科姆,1945 年 5 月 22 日

剑桥

三一学院

45 年 5 月 22 日

我亲爱的马尔科姆:

今天早上收到你上一封寄自布鲁克林的信。如果我在见你之

前已收到它,我们的会面会非常轻松。我工作(口述)到一点,然后想起来还要去车站给你送行。我查了下时刻表,看到正好1点有一趟去伦敦的合适的火车,而在那之后一段时间没有合适的火车。因此我推断你坐上了1点整的火车,我去的话为时已晚。后来韦斯顿告诉我,你坐的是1点50分的火车——我仍然能赶上那趟车。我后悔不曾尝试去赶上那趟车。我很高兴地告诉你收到了你的信,而且我再说一遍我很高兴见到你。如果你给我写信,因为我希望你会给我写信,你可以用我的教名称呼我,而且也让我这么称呼你。万一这么做对你来说似乎愚蠢,或某种程度上是坏事,就坦白地告诉我。我不会受到伤害。

祝你好运!充满深情的

路德维希·维特根斯坦

你上一封寄自布鲁克林的信——这是马尔科姆对信件320的回复。这封信现已遗失,但是在《回忆路德维希·维特根斯坦》中,马尔科姆这样描述它,"我认为我可能已经承认,我关于'国民性格'的议论是愚蠢的(因为我已想到这一点),而且我必须表达对他[信件320]中所说的东西的感激"(36页)。

我们的会面会非常轻松——马尔科姆1945年5月在南安普顿时获准离开船35个小时,并用这个时间去见了维特根斯坦,他这样描述了这次会面,"我和他的会面困难而痛苦。他完全没有热诚"(《回忆路德维希·维特根斯坦》,第40页)。

326. 摘自道德科学学院董事会的备忘录,1945 年 5 月 28 日

维特根斯坦教授提议增加高级博士学位的经费,以匹配它们的评估人费用的增加。5 比 2 通过。

高级博士学位——文学博士和科学博士,这是根据学者本人的申请,经过两位评估人的审核,授予他的全部工作的。这是董事会备忘录中记载的维特根斯坦提出的唯一提议。

327. 摘自道德科学俱乐部的备忘录,1945 年 5 月 31 日

第 5 次会议　　5 月 31 日

在国王学院布雷斯威特先生的房间。

维特根斯坦教授提议将下述内容发给所有受邀进行讨论的人:"如果您愿意在剑桥道德科学俱乐部就……展开讨论,我们会非常感激。本俱乐部的目的是讨论哲学问题。根据我们的经验,只有极少数的观点能在一个晚上被彻底讨论。因此短论文或陈述某个哲学难题的少许开场白,一般来说会比精心阐述的长篇论文——听一遍很难消化——得到更好的讨论。"

这一提议被全体一致通过。

1945 年秋季学期

维特根斯坦教授提议……——关于过去类似的提议见信件120和121。关于这一提议所导致的争论见信件355。

328. 致 R. 里斯,[1945年6月]13日

剑桥
三一学院
13.

亲爱的里斯:

这个学期结束,我的心奔向了斯旺西。复活节之后我一直工作得相当好。我目前在口述一些材料、评论,我想把其中一些纳入我的第一卷(如果还将有一卷的话)。这一口述工作还会耗费大概一个月时间,或6个星期时间。在此之后我就可以离开剑桥。你认为我去斯旺西合适吗?当然一个问题是,我能和摩根待在一起吗?如果不行,我能住在别的地方吗?

看起来我大概能在七月底过去。就是说,如果你觉得方便的话。

我收到在奥地利的两位姐姐的两封来信,我认为你有兴趣知道这一点。它们(这两封信)是如何到英格兰的我不知道(不管怎样不是通过邮局)。她们(我的两位姐姐)并没有说她们在哪(但是

我能猜到）。她们似乎很好，但是没有她们维也纳的朋友的消息。我认为你见过我的外甥女玛丽琴。她两个大点的儿子失踪了。当然，他们可能成为战俘。我收到阿维德·索格伦的一封来信，他在斯德哥尔摩。——德鲁利在 Guent，可能很快要去鲁尔区。我想，他将在那儿看到的东西会让他震惊。

我希望你没有度过一个太糟的学期且/或有太蠢的学生！

你会问："什么是'太蠢'？"——

期待你的回信！把我的祝福带给夫人。

好运！

再见——
路德维希·维特根斯坦

来信——寄自上奥地利州的格蒙登市，她们住在那里的家族房子里。维特根斯坦的外甥，约翰·斯通巴罗——他为占领军服务——做出了相当大的努力去看望她们，而且毫无疑问正是他转交了她们的信。

玛丽琴——Marie von Stockert（娘家姓萨尔茨），一个受人喜爱的外甥女。里斯（曾在奥地利学习）可能在战前拜访过这家人。他没在任何地方谈起这么做过。

他们可能成为战俘——他们那时是战俘。

Guent——可能指的是根特。

摩根——Wynford Morgan 牧师,卫理公会派牧师,维特根斯坦在斯旺西经常寄宿在他家。维特根斯坦在信中提及的一些书就是他在摩根的房子找到的。

329. 致 R. 里斯,[1945 年] 6 月 25 日

三一学院
6 月 25 日

亲爱的里斯:

非常感谢你的来信。即便摩根不在那里,我也不介意。我能很好地独自应对;特别是如果他母亲每周来访一次的话。我今天会给摩根写信感谢他。我现在工作进展得非常一般。阅读我自己的评论让我心烦这一事实向我表明,我真的是一个不中用的工作者。当我写作时这一点表现得倒不是很清楚。——这些天我在读一本精彩的书:托尔斯泰的"Hadshi Murat"。你知道这本书吗?如果你不知道我设法给你找一本。

再见!以及好运!我期待着见到你。摩尔给你最美好的祝福。

L. 维特根斯坦

"Hadshi Murat"——《哈吉·穆拉特》,收入世界经典丛书;

1912年也曾推荐给罗素(信件7),还推荐给马尔科姆(信件330)。信件335和337合起来阅读,便能提示我们维特根斯坦从这本书所看到的价值。

330.致N.马尔科姆,1945年6月26日

剑桥

三一学院

1945年6月26日

亲爱的诺曼:

收到你6月21日的来信真好。关于这场战争是"令人厌烦的东西",我想说点什么。如果一个男孩说学校是十足令人厌烦的东西,人们可以回答他说,只要他能让自己去学习在那里真正可学到的东西,他就不会觉得学校那样讨厌了。现在请原谅我这么说,我不得不相信在这场战争中可以学到很多关于人类的东西——如果你能让你的眼睛一直睁着的话。而且你越是善于思考,你从所看到的东西中获得的就越多。因为思考就是领悟。如果我在以说教的口吻写信,那么我只是一个笨蛋!但事实仍然是,如果你非常厌烦,那么这意味着你的智力领悟还不是它应该是的样子。

我认为治疗这点的一个好方子是,有时候把你的眼界放宽些。有时一本书会有点帮助,例如T.的《哈吉·穆拉特》就挺好。如果你在美国买不到它就告诉我。我也许能在这儿买到它。我已经

试着问过剑桥的各种书商,但是他们没有这本书,而且说他们没办法弄到它。斯麦瑟斯说在牛津大学出版社有可能买到它。

我的工作进展得非常慢。但愿我能弄好一卷,以便明年秋天出版;但是我可能做不到。我是一个特别差的工作者!

我很期待那些杂志!你把它们寄给我真是太好了。

现在剑桥有另一个集市,比我们去过的那个要大很多。我玩了一会儿滚硬币游戏,但没有赢一样东西!我需要你。

斯麦瑟斯很高兴见到你。他送上他的祝福。——我也一样!照顾好你自己,身体和灵魂,一切都好!

再见!

充满深情的
路德维希·维特根斯坦

"一个令人厌烦的东西"——来自马尔科姆一封信的一个词语(见《回忆路德维希·维特根斯坦》,第 41 页):"当维特根斯坦和我后来谈起第一次世界大战他服役的情况时,他强调说他从未厌烦过,而且我相信他甚至说过他并不讨厌他的兵役"(同上,第 42 页)。

T. 的——托尔斯泰的,见信件 329。

剑桥有另一个集市——关于维特根斯坦多么喜欢逛这些集市的一个记述,见《回忆路德维希·维特根斯坦》,第 45 页。

331.致 G. E. 摩尔,[1945 年 7 月底/8 月初]

亲爱的摩尔:

这本乐谱质量糟糕,但它是我能得到的全部。也许您已经有"练习曲",那就把这些扔掉吧。我最喜欢的是第 4 首和第 5 首。

第 5 首一定要演奏得非常明快,带着严肃的表情,它似乎并非某种程度上意味着诙谐。

您的
L.维特根斯坦

附言:果酱太棒了,一点儿都不苦。

这封信的日期不明,但是有证据表明它应归入该系列书信的这个位置。

这组钢琴曲指的是舒曼的"为踏板钢琴所作的练习曲",作品 56,蒂姆·摩尔先生仍旧保留着维特根斯坦采购的该组乐曲的乐谱,由克拉拉·舒曼编辑。克拉拉(她教维特根斯坦的姨妈钢琴)自己最喜欢第 4 首,当她给门德尔松演奏后,门德尔松极其推崇第 5 首。

332. G. E. 摩尔的来信，1945年8月5日

> 剑桥
> 切斯特顿路86号
> 45年8月5日

亲爱的维特根斯坦：

蒂姆已经告诉我，他这周每天都得加班，因为收割。这让他可能回来得过晚，无论如何也过累，以至于无法在晚上演奏二重奏；因此恐怕必须推迟到你回来之后我们才能为你演奏布鲁克纳的第七交响曲。

我认为舒伯特五重奏就像你说的那样相当精彩；但是我需要再多听几遍。它对我来说似乎与我所知的舒伯特作品相当不同——这种不同与贝多芬后期作品和前期作品的不同属于同一方向。

> 您永远的
> G. E. 摩尔

收割——蒂姆·摩尔的战时工作是在农村。

到你回来之后——维特根斯坦要在斯旺西度过8月剩余的时间和整个9月。从他写给姐姐海琳娜的一封信看，似乎1946年3月为他演奏了布鲁克纳的交响曲。

舒伯特五重奏——舒伯特的 C 大调弦乐五重奏,遗作 163(即 D.956),维特根斯坦认为它是最伟大的音乐作品之一。

333.致 G. E. 摩尔,[1945 年 8 月 7 日]

三一学院
星期二

亲爱的摩尔:

感谢您的来信。我很遗憾现在听不到布鲁克纳。可怜的蒂姆!我认为我理解您对舒伯特的评论,我也感到某些我能用同样的话表达出来的东西。我相信它有点像这个,即这一五重奏具有一种奇妙的伟大。这是您想说的吗?顺便说一下,它被演奏得远比我期待的要好。

再见!美好的祝福!

您的
L.维特根斯坦

布鲁克纳——见上一封信。

334. 致 N. 马尔科姆，1945 年 8 月 17 日

斯旺西
布莱恩路 96 号
里斯转交
45 年 8 月 17 日

亲爱的诺曼：

今天我收到你寄来的装有侦探杂志的包裹。非常感谢！它们真是好东西！如你所知，我在威尔士。我几天前到这儿，想整个 9 月都待在这儿。我很享受这儿的气候以及不在剑桥。

里斯——我想你记得他——在这儿，我经常见他。——我们度过了两个 VJ 日，我认为噪音比真正的欢乐多得多。——上一个学年我已经做了大量工作，我的意思是对我自己来说，如果一切进展顺利的话，我会在圣诞节之前出版我的书。并不是说我已经创作出的是好东西，而是说它是现在我力所能及的。我认为当它将要完成时，我应该带着它公开亮相。（顺便说一句，这不是流言蜚语。）——我希望你现在很安全，将成为真正的先生或博士。也希望不久以后见到你，并告诉你我多么想念你。里斯送上他最美好的祝福。我也是。照顾好你自己，无论外在还是内在。再见！

再次感谢！

充满深情的

路德维希·维特根斯坦

VJ 日——对日战争胜利纪念日，与之相对的是欧洲的胜利纪

念日(VE日,早前庆祝过)。

不是流言蜚语——即不是要去散播的。

335. 致 N. 马尔科姆,[1945年8月20日]

南威尔士,斯旺西
布莱恩路96号
里斯转交

亲爱的诺曼:

感谢你8月12日的来信。是的,我想我理解为什么船上不是个"思考"的好地方——我的意思是,除了你很忙这个事实之外。

或许我应该感到兴高采烈,因为战争结束了。但是我并没有。我不由自主地觉得,这段和平仅仅是休战。彻底消灭这场战争的"侵略者"将会使这个世界变得更适合生存,因为未来的战争当然只会由他们挑起完全是胡说八道的说法,而且它事实上导引一个可怕的未来。

说了这些让人高兴的想法之后,让我告诉你,我正在这儿度过相当不错的假期,但我觉得颇为笨拙。也许你会说你已经从这封信中看到。——里斯向你致以亲切的问候。——我希望你很快复员,然后我们就能交谈而不只是写信。我很高兴你弄到《哈吉·穆拉特》,希望你会从中受益良多,因为其中包含着许多东西。你提到的那些德文书我一本都不知道，但是我对它们感到怀疑——由于他们的作者，也出于其它理由。——正如我说过的：我希望你喜欢托尔斯泰。他是一位真正的人；他有权去写作。

我三四天前收到你寄的杂志，为它们立刻写一封信感谢你，我希望你会很快收到那封信。它们真的太好了。

再见！好运！

充满深情的

路德维希

一封信——信件334，这封信的日期是根据那封信推断出来的。

336. 致 N. 马尔科姆, 1945年9月8日

斯旺西
布莱恩路96号
里斯转交
45年9月8日

亲爱的诺曼：

你真是太好了！——非常感谢那些杂志。很高兴收到你寄的包裹，不只是因为包裹里装的东西。

美国终止与盟国的借贷协定造成英国侦探杂志的短缺，这是

它对我的一种真正打击。我只能希望凯恩斯勋爵在华盛顿把这一点解释清楚。因为我认为：如果美国不给我们侦探杂志，我们就不能给他们哲学，因此美国将会成为最后的失败者。明白吗？——我仍然在斯旺西享受我离开剑桥的时光。我的工作进行得不顺利；部分是因为我的一个肾脏出了些问题。不严重，但是它让我变得神经质和脾气暴躁。（我总能找到某个借口。）——几天前我读了约翰逊的《教皇的生活》，非常喜欢它。我一回到剑桥就会给你寄一本约翰逊写的小书《祈祷与沉思》。你可能一点儿不喜欢它，——话说回来，你可能喜欢。我非常喜欢。

暂时就写这么多吧。我把这一页的大半和下一页空出来，以便万一你想写些什么。我希望不久能见到你！好运！再次感谢！

充满深情的

路德维希

337. 致 N. 马尔科姆，1945 年 9 月 20 日

斯旺西

布莱恩路 96 号

里斯转交

45 年 9 月 20 日

亲爱的诺曼：

感谢你 9 月 9 日的来信。我很高兴听到你不久将离开海军，

我希望在我下决心辞去哲学教授这一荒谬的工作之前你能来剑桥。干这工作简直是活受罪。——我两周之内回去。——

我曾想读《复活》，但没读下去。你知道，当托尔斯泰只是讲故事时，他留给我的印象要比向读者讲话时深刻得多。在我看来，当他不理睬读者时，他最令人印象深刻。也许哪天我们可以谈谈这一话题。我认为，他的哲学潜藏在故事中时才是最真确的。谈谈哲学：我的书逐渐接近它的最终形式，如果你是个好孩子并且来剑桥的话，我会让你阅读它。它可能让你失望。实际上：它相当糟糕。(即使再努力一百年，我也无法从根本上改进它。)然而，这并不令我担忧。我听到的关于德国和奥地利的消息才令我担忧。德国人的再教育工作者们正在出色地工作。遗憾的是不会有很多人留下来享用再教育的成果。

我的房东有一本《圣经》的现代美国译本。我不喜欢《新约》的译文（由一位叫 E. J. 古德斯皮德的人翻译），但是《旧约》的译文（由一组人翻译）倒让我对许多东西更明白，而且我觉得非常值得一读。也许有一天你会看到它。

再见！照顾好你自己！

充满深情的
路德维希

德国的再教育工作者们——对德国人的再教育是西方占领国的主要目标之一。无疑维特根斯坦是以讽刺的口吻谈到它，但是除了某些华而不实的东西之外，教育改造方面开展得相当好。无论如何，民众所面对的困苦——尤其是在食物、燃料和居住方面——的确激起维特根斯坦的愤慨。他和维克多·格兰兹(对于严酷对待先前敌人的最大的抗议者之一)有过书信往来,在信中他赞扬格兰兹的目标,但是批评他将一些枝节问题引入他的论战。格兰兹回信说,"感谢你的来信,我确信它完全是善意的"(1945年9月12日)。

现代美国译本——这指的是《圣经:美国译本》。《旧约》由一组学者翻译,J. M. Powis Smith 编辑,《新约》由 Edgar J. Goodspeed 翻译(Chicago:University of Chicago Press,1931)。参加翻译的其他学者有 A. R. Gordon、T. J. Meek 和 L. Waterman。

338. 致 N. 马尔科姆,1945 年 10 月 6 日

剑桥
三一学院
45 年 10 月 6 日

亲爱的诺曼:

这是我答应寄给你的那本小书。它好像已经绝版,所以我把自己的那本寄给你。我想说正常情况下我无法阅读任何印刷的祈祷文,但是约翰逊的祈祷文由于其人情味而让我印象深刻。如果你读了它们,你也许会明白我的意思。很可能你完全不喜欢它们。因为你可能不会从我看它们的那个角度看它们。(但是你可能会。)如果你不喜欢这本书,就扔掉吧。不过先把我题词的那一页剪下来。因为当我变得非常有名时,这个签名会非常值钱,你的孙

辈就能卖掉它换来许多"票子"。——我已回到剑桥,感觉非常糟糕。天知道我的讲座会是什么样!祝我好运吧!——我也祝你好运。斯麦瑟斯带去他最美好的祝愿。

让我很快收到你的回信。

充满深情的
路德维希

我答应寄给你的那本小书——据马尔科姆的说法(《回忆路德维希·维特根斯坦》,第99页),实际上寄出的是萨缪尔·约翰逊的《祈祷与沉思》第三版(London:H. R. Allenson,[1826/7])。

339. 摘自道德科学俱乐部的备忘录,1945年10月25日

第1次会议　　1945年10月25日

在国王学院布雷斯威特先生的房间召开

维特根斯坦教授开始讨论摩尔教授的"P,但是我不相信P"的悖论。他坚持认为,这一说法所引起的问题不能通过把它看作一个不融贯的行为而得到解决;也不能仅仅说它一定是一个谎言,因为即便它是一个谎言,荒谬性依然存在。我们最好考虑一下像"知道"、"相信"这类心理学表达式的不对称性:即它们在第一人称现在时中的用法与它们在其它人称和其它时态中或在假设中的用法

之间的不对称性。摩尔教授出席会议并在最后说,尽管他同意这一说法是荒谬的,不过它可能为真,因为 p 和我不相信 p 都有可能为真。

维特根斯坦教授主持了会议。

G. E. M. 安斯康姆

见信件 316(致 G. E. 摩尔的信)。

摩尔在后来 1945 年 11 月 29 日的一次会议上对此做出回应,讨论了"P 但是我不相信 P"这一主题。未见提及维特根斯坦出席那次会议。摩尔在那次会议宣读的文本(或者不如说笔记)很可能是鲍德温博士以"摩尔的悖论"为题发表的文本(摩尔《选集》,第 207 页及以下)。摩尔在其中仍沿着在世哲学家文库(希尔普编)中关于他那卷(《G. E. 摩尔的哲学》)所显示的路子——无疑正如他在 1944 年谈话中所做的那样。当我断定 p 时,我不相信非 - p,该蕴涵是一个事实问题:人们并不经常说谎。也许这会被当作一个心理学法则,因而解释维特根斯坦在当前这封信中的评论。

摩尔的笔记显示(《选集》,第 211 页),维特根斯坦也讨论过说"可能不下雨,但事实上在下雨"的荒谬性(这也是 20 世纪 30 年代讨论的一个主题)。因此,他意识到这个问题并非仅仅由"心理学动词"的独特性引起。

340. 致 N. 马尔科姆，1945 年 10 月 30 日

剑桥
三一学院
45 年 10 月 30 日

亲爱的诺曼：

感谢你 10 月 23 日的来信。我很高兴你度过一个美好的假期，也很高兴你计划明年来这里。我到时自然尽量待在这儿。出于各种原因，我的工作非常非常难以把握。——我的班级目前规模相当大，19 人。当然，他们中间很多人会中途退出，而我希望这个过程能加快。——斯麦瑟斯就要来了，有一位女士非常棒，即超出仅仅是聪明。还有一位印度人（或者至少他肤色黝黑）似乎还行；还有两位美国士兵：一位不怎么样，另一位还好，但我不认为他知道我们在讲什么。——如果你要读我的书，你就必须读德语版。如果我找到一本好的德语书，我会寄给你，让你提高一下德语。——我大概三个星期见一次摩尔。他的身体很好。斯麦瑟斯劳累过度，看上去面色苍白而且非常削瘦，我这么说很难过。

好好生活啊！而且思考得体和想法聪明。别光想逻辑和哲学之类东西！

我非常期待你答应过我的精神食粮。当我读你寄的杂志时我经常想，当人们能够读斯特里特和史密斯出版社的杂志时，怎么还能去读无用而贫乏的《心》呢。好吧，人各有志。——好运！

充满深情的

路德维希

一位非常棒的女士——毫无疑问是指伊丽莎白·安斯康姆。

印度人——Kantilal Jethabai Shah，1945年1月至1947年6月在三一学院，后来是浦那大学的哲学教授。他的笔记收入《维特根斯坦关于哲学心理学的讲演：1946－1947》，这本书摘自P. T. Geach、K. J. Shah 和 A. C. Jackson 的笔记，由 P. T. Geach 编（New York：Harvester-Wheatsheaf，1988）。亦见信件391。

341. 致 P. 斯拉法 [1945年] 11月1日

三一学院

11月1日

亲爱的斯拉法：

最近在我心头萦绕的各种想法让我写下这封短信。如你所知，你和我最近这些年所做的方式使我们彼此不可能有有益的（或愉快的）交谈。另一方面，我们俩没有谁对另一方有一丁点儿恶意（事实上正相反），因此我想让你知道，如果你有任何想要和我谈论的或我能为你做的事情，我会非常乐意为你效劳。当然，我知道这种情况不太可能出现：但是世事难料。

请向你的母亲致以亲切的问候。

您的

路德维希·维特根斯坦

这封信的年份非常不确定，可能晚于1942年。

342. 摘自道德科学俱乐部的备忘录，1945年11月15日

第4次会议 11月15日

Y. 斯麦瑟斯："意义"

在国王学院布雷斯威特先生的房间召开

斯麦瑟斯先生提出如下问题，即当我说"跳棋"但意指"象棋"时，我的心中发生了什么。他认为，必定有一意指"象棋"的行为，该行为既不能等同于说出"跳棋"时可能的心理伴随物，也不能等同于周围的环境，比如在我的行为之前和之后的行为。对他来说，下面一点似乎并非一个荒谬的假设，即在他宣读自己的论文时，他通过论文的语句意指一篇完全不同的论文的语句，例如一篇讨论摩尔悖论的论文的语句，尽管他过后不记得这一点，而且当时也没流露一点这种迹象。

在讨论中他受到维特根斯坦教授的批评，后者问道：这一意指行为是否被认为是——例如——两个人意指同一东西的一个标准或说明，如果不是，它如何能被这样使用。

维特根斯坦教授主持了会议。

G. E. M. 安斯康姆

343. 致 N. 马尔科姆, 1945 年 12 月 4 日

剑桥

三一学院

45 年 12 月 4 日

亲爱的诺曼:

感谢你的来信,也感谢你寄给我的万豪敦可可粉。我期待着去喝它。——我第一次阅读弗洛伊德时也留下极其深刻的印象。他是与众不同的。——当然,他充满可疑的思想,而他的魅力以及主题的魅力如此巨大,以至于你可能轻易就被愚弄。

他总是强调心灵中有巨大的力量、强烈的偏见在抗拒精神分析的观念。但是他从未说,这一观念对人们,就像对弗洛伊德自己那样,具有那么大的吸引力。可能存在着反对人们揭露肮脏的东西的强烈的偏见,但有时这种肮脏的东西却是非常吸引人的而不是令人厌恶的。除非你非常清晰地思考,否则精神分析是一项危险而愚蠢的实践,它已带来无尽的危害,相对而言益处却微乎其微。(如果你认为我是一个老单身——那就再想想!)——当然,所有这些都无损于弗洛伊德非凡的科学成就。只不过,非凡的科学成就目前有了一条被用于毁灭人类的途径。(我意指他们的肉体,或他们的灵魂,或他们的理智。)因此保持头脑的冷静。

附上的圣诞卡图画费了我很大工夫。那本厚书是我的作品集。

斯麦瑟斯送上他最美好的祝愿。

祝你好运多多！期待我们再次相见！

充满深情的

路德维希

弗洛伊德——维特根斯坦对他的讨论收在《文化与价值》（参见那本书的索引）。至于我自己对它们的总结，见我的《走近维特根斯坦》，第224 – 235页。

厚书——维特根斯坦独特的"多愁善感的"圣诞卡上的一个图案（见马尔科姆《回忆路德维希·维特根斯坦》，第101页）。

344. 摘自道德科学俱乐部的备忘录，1945年12月6日

第7次会议　　1945年12月6日

即席讨论

在国王学院布雷斯威特先生的房间召开

人们进行了一场对于"世界在时间上有开端吗？"这一问题的讨论。首先，有人问道，如果世界被认为开始于3年前，那么是否"4年前"这一表达式是无意义的。维特根斯坦教授将"3年前"这一日期的地位比作光速这一速度的地位。"4年前"这一表达式并不比"每秒31万公里"这一表达式更荒谬；但是假定"3年前"被指定为世界开始的日期，那么询问4年前发生了什么就是荒谬的；尽

管说世界开始于4年前会是一个错误而不是荒谬的行为。

讨论稍后转向关于世界是否在时间上有开端这一争论的地位。

维特根斯坦教授主持了会议。

G. E. M. 安斯康姆

345. 致N. 马尔科姆, 1945年12月15日

斯旺西
康姆唐金街
摩根牧师转交
45年12月15日

亲爱的诺曼：

感谢你寄的侦探杂志！它们富含精神维生素和卡路里。收到你的杂志和你的圣诞卡，我很高兴！

我再次到斯旺西过圣诞节，也可能过新年。这儿天气恶劣，但是我享受不在剑桥这件事。我在这儿认识许多我喜欢的人。我似乎发现在这儿与他们相处比在英格兰更容易。我发觉想要微笑的时候多了，例如，当我在街上散步的时候，或当我看到孩子们的时候，等等。现在我觉得非常笨拙。我应该去干点儿工作，但是我没有。上个学期我的讲座总体上进行得不太差。学期开始时我认为我不能应付它们。我感到一种奇怪的精疲力竭，有时候突然发作。

然后一位医生给我开了葡萄糖,那给了我极大帮助,之后我便非常健康。

我这就住笔。这封信写得很糟糕,我知道。但是我现在只能写成这样了。

好运!一切顺利!

充满深情的
路德维希

1946

346.致 N. 马尔科姆,1946 年 1 月 15 日

剑桥

三一学院

46 年 1 月 15 日

亲爱的诺曼：

你装有可可粉和桃子的包裹今天刚到。非常感谢。收到它真让人心情愉悦。那可可粉真棒！！——我在斯旺西待了差不多一个月，一点儿工作都没做。我真希望你给我身体和心灵提供的所有食粮能转给一个更好的人。我的讲座还有三天就开始。我又要讲一大堆垃圾。如果你能在我辞去工作之前来剑桥一个学年，那该多好！那会是一件好事，也是我可疑的职业生涯的一个良好结局。

再次感谢！写信告诉我你的情况。

充满深情的

路德维希

马尔科姆此时已经离开了美国海军并在普林斯顿大学重新任

职。他申请在 1946—1947 学年去剑桥访问。见他的《回忆路德维希·维特根斯坦》，第 102 页。

347. J. 泰勒的来信，1946 年 1 月 22 日

> 巴拿马
> 美国轮船公司
> "鹿犬号"轮船
> 46 年 1 月 22 日

亲爱的维特根斯坦：

您可能已经听说，我被聘为墨尔本大学的讲师，保罗曾担任过这一职位。我正在途中。

您会记得，上次我见您的时候，您曾问过我下面这类问题：涉及我曾写给您的一封信，您把它理解为含蓄的抱怨：我在跟您学习的过程中以某种方式受到欺骗，——这种解释事实上是错的吗？或者不管怎样我当时觉得我受到欺骗这一点是真是假？（我记性不好，所以可能在上一句给出不怎么准确的说明，但是我希望并非本质上的不准确。）您会记得，我回答得犹犹豫豫，您大概说的是"说出第一次进入你头脑的东西，而不是小心反思之后在你头脑中的东西。"

我不认为，在这种情况下反思的结果需要一个"弗洛伊德学说"意义上的"合理化"。而且我认为，在这一问题上存在复杂的情

况使得回答"是"或"否"都不令人满意,这是我犹豫很久的主要原因。我认为,当这个事情一旦弄清楚,可以用两个步骤来回答。如果问题仅仅是"我那个时候(或任何其它时候)觉得我被欺骗了吗?",那么答案就是我在思考之后上次见您时给您的,一个字"否"。(我多次和您以前的其他学生讨论您在剑桥的教学,他们在有些情况下的确认为受到欺骗;在这类讨论中,我在任何情况下都不曾认同其他人。)不过,原来的问题与"你那时觉得你被误导了吗?"这一问题相差不远。对此我必须回答说,那时以及现在,我的确觉得我被误导了。但是"误导"的意义是重要的。我应该说,我被误导的那种意义是这样一种意义,即几乎肯定适用于非常好的——也就是或多或少令人倾倒的——教导的情况。如果一个人的确受到非常有价值的教导,而且为之倾倒,那么他就几乎肯定,我也本应想到,会忽视对某些事情和事情的某些方面做出恰当的评价,这一评价对那种教导来说没有那么重要。这肯定就是在我身上发生的情况。我发现我必须非常痛苦地使自己的眼睛习惯于以一种新的方式看待其它事物。然而在这一过程中(我想这一过程仍在持续),我从未轻视您教给我的或力图教给我的东西,或一般而言您的工作。对于如何明确表达您的工作的价值,我那时比现在更为困惑,但即使那时我也没有轻视它,实际上没有不赞赏它。事实上确实如您认为的那样,我发现我自己直接用您的思想实际上做不了任何事情,而这当然是最令人烦恼的。

我认为这就是关于这个问题我能给出的最清晰回答。地址:

澳大利亚,维多利亚州,墨尔本3号,墨尔本大学哲学系。
　　最美好的祝愿。

您的
泰勒

保罗——George Paul 将维特根斯坦的思想首先带到澳大利亚,然后(写这封信的时候)带到牛津。

348. 致 R. 里斯,1946 年 2 月 7 日

剑桥
三一学院
46 年 2 月 7 日

亲爱的里斯:

你当然一定要给出我的名字——我已经告诉你100遍这么做了,为什么还要问?!——我希望你获得在邓迪的这份工作,但是如果布里顿获得它而你接替他的工作,我会更高兴——出于显而易见的理由。——我的讲座不是太糟糕,但是它们相当乏味。我在讲述格式塔心理学的问题,但我自己却十分不清楚,而且无法抓住问题的深刻方面。我的班级也非常原始,我经常觉得当我谈论"部落"时最原始的部落就在面前。——我在精神上和道德上都觉得困惑。——

再见!
路德维希·维特根斯坦

你当然一定要给出我的名字——作为求职信中的推荐人。

布里顿——Karl Britton，一位剑桥大学毕业生，当时在斯旺西任教。里斯在战争期间代替布里顿任教，但是直到1951年才继任他的职位。

349. 致 R. 里斯，[1946年] 4月20日

斯旺西
康姆唐金街2号
摩根牧师转交
4月20日 星期日

亲爱的里斯：

感谢你4月16日的来信。你所写的东西在我看来并非胡说八道。我能够将之完全翻译为我的语言（我不是指德语）。这些天来我觉得非常绝望，而且不知道如何摆脱绝望。如我过去经常做的那样，我一直在考虑辞去我的工作，但我不知道那样做究竟是否有益。——摩根摆在他的书架上但并不阅读的书籍中有培根的哲学著作。我一直在阅读它们，主要在读《新工具》。我没发现它像我以为的那样有趣或有用。人们的引用使我认为它会是激动人心的。

再见！把我的美好祝愿带给夫人。

祝你好运！

路德维希·维特根斯坦

愿命运仁慈！

培根的哲学著作——见信件417。

350. 致 N. 马尔科姆，1946 年 4 月 25 日

剑桥

三一学院

46 年 4 月 25 日

我亲爱的诺曼：

非常感谢你寄给我那些杂志，我昨天收到。我们仍在联系，这种感觉真好。我心里觉得非常烦躁不安。除了我的课程之外，我已很久没有完成像样的工作。它们上学期进行得都很顺利。但是现在我感觉大脑被燃烧殆尽了，似乎只有四面墙壁竖立着，还有一些烧焦的灰烬。让我们期待你到这儿时我会处于相对好的状况！我期待着见到你。我的复活节假期大部分在斯旺西度过。我在那儿见到里斯并和他进行讨论。我是前天回来的。我还没见到斯麦

瑟斯。明天是我的第一场讲座。哦该死！！

愿你有比我更好的头脑和心脏。

充满深情的
路德维希

你到这儿时！——马尔科姆已经获准信件346提到的研究基金,确实在剑桥度过1946-1947学年(例如见信件359)。他的来信重始于1947年7到8月间。

351.致W.G.麦克兰根,1946年5月8日

剑桥
三一学院
46年5月8日

亲爱的麦克兰根教授：

鲁斯·里斯先生于1935年开始上我的哲学课。他上这些课程有两到三年,在此期间以及此后这些年,我们进行了无数的哲学讨论以及许多其它主题的交谈。他已经成为我一位亲密的私人朋友。

他对诸多哲学问题有杰出的理解,对各种各样的哲学主题极感兴趣——包括他已经做了大量思考和我相信做了精深阅读的道德哲学和政治哲学。

他以一种富有成效的方式研究诸多哲学问题,即一种保证明确进步的方式,这与一种仅仅原地打转的方式截然相反。

我确定他是能够找到的最好的教师——极其尽责,对他学生

的福祉具有浓厚的个人兴趣，不知疲倦，不急躁，讨论时很有耐心。

在我看来，他没有发表哲学作品不应该影响到他。他不愿发表作品不是因为缺乏有益的思想，而是因为非常难得的自我批判。

里斯先生拥有非常卓越的性格。他和蔼，认真，担当，——是一位极好的同事和朋友。

任何哲学系都应该以拥有他作为一分子而骄傲。

您真诚的
L. 维特根斯坦

麦克兰根——W. G. Maclagan 1945 年被任命为格拉斯哥大学教授。

352. 致 R. 里斯，1946 年 5 月 21 日

剑桥
三一学院
46 年 5 月 21 日

亲爱的里斯：

感谢你 5 月 19 日的来信，我今天早上收到。听到他们有意在斯旺西再次给你一个职位，我很高兴。我真希望你会接受它！当然，我不知道你想要离开斯旺西的特殊理由是什么，但是请一定小心地权衡它们。出于个人原因，我不喜欢你离开斯旺西。我们的谈话和讨论令我受益。不要愚蠢地丢掉一个做正确的事情的机

会。你对你的哲学能力与成就的负面评价完全是胡说。你很不错。我的意思正是：不多也不少。比你的和我的要差得多的哲学影响正在迅速传播，重要的是你应该继续你的工作。你的成就不会多杰出，这是肯定的；事实上它会很有限，这是必然的。如果可以的话，请接受这个职位并继续待下去。——不要误解我。我不是在试图显得聪明。我只不过和你一样愚蠢。但这并没有让你变得不愚蠢。

再见！
路德维希·维特根斯坦

附言：从头把这封信再读一遍，
美好的祝福！

353. 致 G. E. 摩尔，[1946 年 10 月]

剑桥
三一学院
星期四

亲爱的摩尔：

今天没被允许去见您，我很遗憾。摩尔夫人写信给我说，我最好下周二再来。正如您知道的，我这个周二下午有空，很想要见到您，没有什么特别的理由，只是一种日常的友好来往。但是我确信您会理解，——在特别的环境下，——我想知道摩尔夫人写信给我,是真诚地邀请我去看您,还是暗示我最好不要试图去见您。如果是后者,请直截了当地告诉我。我一点儿也不会受伤害,因为我知道这个世界总有奇怪的事情发生。这是我一生中真正学到的为数不多的事情之一。所以,如果情况是这样,请直接在明信片写上"不要来"这样的话。我附上一张卡片以免您没有。我会明白一切。祝您好运,美好的祝愿!

您的

路德维希·维特根斯坦

没被允许去见您——这似乎指的是有一次摩尔夫人把维特根斯坦挡在门口,理由是医生不想让摩尔(他已经晕厥过一次)在讨论中激动起来。诺曼·马尔科姆的《回忆路德维希·维特根斯坦》第56-57页有一个关于探访时限的相似叙述:他描述了维特根斯坦相当不快并且觉得摩尔应该被允许"死在工作岗位上",如果结果是那样的话。摩尔夫人在访谈中确认曾经有一次实际的阻拦,但是认为摩尔本人并没觉得无力接受探访。

354. 致R. 里斯,1946年10月15日

剑桥

三一学院

46年10月15日

亲爱的里斯:

感谢你的来信,我很抱歉没有立刻给你回信。懒惰是一个原

因,但另一个原因是我觉得不舒服。我处于非常可怕的精神上精疲力竭的糟糕状态。到目前为止我做了两次讲座。像往常学年开始时一样,有许多人来参加讲座,这个时候他们不知道期待什么。尽管如此,我的讲座进行得相当好,除了以下一件事,即在第二次讲座中我有时觉得极其疲惫,以至于几乎说不出话来。但是我的大脑——说来也怪——则相当活跃。我完全不知道怎么会这样。我计划去找医生(不是心理学家)看看,希望——完全不抱希望——他能给我一些建议。我极度不喜欢这个地方,其中最糟糕的是我这儿没有一个真正的朋友,即某个会特意为我做事的人。

我一周前与摩尔见了很短的时间。他最近生了病(心脏问题),看上去有些苍老,但是他对哲学的兴趣一如既往地强烈而令人喜欢。我把你的良好祝愿带给他,他也回带给你(更确切地说,不是相同的祝愿而是完全相似的祝愿)。

德鲁利在都柏林,攻读他的医学博士:我希望他离这儿更近一些。我相信他圣诞节前后大概会回到英格兰。

马尔科姆在这儿非常认真地学习。他一周和我讨论一次。他是一个正派且严肃的人。

希望上帝帮助我,也希望我能像往常一样圣诞节去斯旺西。

让我很快收到你的回信!

一如既往的

路德维希·维特根斯坦

355. 摘自道德科学俱乐部的备忘录,1946年10月26日

第2次会议 1946年10月26日

K. R. 波普尔博士:《哲学中的方法》

在国王学院布雷斯威特先生的房间举行

在论文的第一部分,波普尔博士解释说,秘书给他的邀请函使用了诸如"一篇短论文"、"展开一场讨论"、"陈述一个哲学难题"之类的表达式,这种表达反映出与他不同的看待哲学是什么的观点,他对此感到惊奇和诧异,因而选择了这一题目。他继续描述这种哲学及其起源,给它"语言哲学"(维特根斯坦和他的"学派")这样一个标签。他把该学派的出现看作哲学的一个新纪元,但是他将在几个要点上猛烈批评它。这一学派宣称"哲学"唯一的工作就是"预备性的工作",专注于"预备性的工作",决不超出"预备性工作"而去探讨更加重要的哲学问题。但是归根结底,任何人都知道他所谓的哲学问题"意指"什么,而重要的事情是给这一哲学问题提供"真确的答案"。它也在发展"神秘主义"。

然而在讨论中,结果发现要给出"超出预备性工作"的问题的一个例子是一件困难的任务,既耗时又费力。波普尔博士实际上给出的例子对听众来说似乎无非是纯数学或社会学中的问题。争论的精神不同寻常地充斥着这次会议。

维特根斯坦教授主持了会议。

瓦斯菲·西伽普
(秘书)

尽管在会议记录簿中的日期标注如上，但是这次会议实际召开于 10 月 25 日（星期五）。是布雷斯威特而不是维特根斯坦主持了会议（布雷斯威特自己和 S. 图尔明的证言）。

K. R. 波普尔博士——后来的卡尔爵士（1902 - 1994），出生于维也纳，似乎与维也纳学派关系密切，但是因为他那让人难以置信但很有影响力的科学方法论（由假说的证伪来衡量进步），他总是认为自己与维也纳学派不同。在这次会议举行的时候，波普尔的《开放社会及其敌人》刚刚出版，广受赞誉，并且获得伦敦的教职。这次会议引起的争论在很久以后由于波普尔的下述著作而再度爆发，即《卡尔·波普尔的哲学》，希尔普主编，《在世哲学家文库》（LaSalle，Ill.：Open Court，1974），第 97 - 99 页：根据波普尔的生动叙述，维特根斯坦用一根拨火棍威胁他，而当他被要求给出一个道德规则的例子时，他的回应是，"你不应该用拨火棍威胁一个访问讲师。"实际上维特根斯坦好像已经走了，而且按照他通常的方式说出玩笑的话时（拿出他的怀表然后大声说"天哪，已经这么晚了？"），不会有任何人当真认为波普尔处于危险之中。当时的反应相当温和（见后面维特根斯坦自己的信）。所有有关的人（不只是波普尔）都已习惯于给予和接受门徒们的攻击。这一争论采取如下的新闻立场，即将一种即使存在除了在英国上议院之外也很难观察到的礼仪预设为正常的东西。无论如何，参见 Edmonds 和 Eidinow 的《维特根斯坦的拨火棍》以及 I. Grattan-Guinness 的"罗素与卡尔·波普尔：他们的私下接触"，《罗素》12：

1(1992),第3-18页,这篇文章给出罗素的反应("就维特根斯坦而言,这是可以预料到的")。波普尔声称获得了胜利,维特根斯坦的反应在后面可以看到(356-358)。

356. 致 R. 里斯,1946 年 10 月 28 日

剑桥

三一学院

46 年 10 月 28 日

亲爱的里斯:

医生建议吃维生素 B,似乎是一个好的建议,这封信只是想让你知道这一点。实际情况是,我第一次吃它("比纳瓦",罗氏药业)的几个小时之后,我觉得劳累大为减轻,尽管在辛苦地工作,此后我再也没感觉到奇怪的不舒服。(我现在定期吃药。)你也试试;它应该对你有好处而且不会伤害你。当然,我才开始吃它5天。星期五我(和往常一样)5点到7点做讲座,然后8点30分到11点参加道德科学俱乐部的一次会议,顺便说一下,这是一次糟糕的会议,会上一个蠢货——来自伦敦的波普尔博士——讲了比我这么长时间以来听到的还要模糊不清的废话。我讲了许多(和往常一样),觉得没什么不良影响。在这周之前我无法想象能做到这一

点。这种状态可能不会持续，但是现在——照我的情况来看——它存在着(或留存着?)。希望天气对你不要太冷酷!

您的

路德维希·维特根斯坦

道德科学俱乐部会议——见信件355。

357.致 G. E. 摩尔,1946年11月14日

剑桥三一学院

46年11月14日

亲爱的摩尔：

我完全不相信今晚您想要来道德科学俱乐部(我要做一个发言,大致是关于我心目中的哲学是什么,或哲学的方法是什么)——但是我想要说,如果您会为了这篇论文或这场讨论出席,俱乐部——尤其是我——会颇感荣幸。

您真诚的

L. 维特根斯坦

一个发言……关于……哲学的方法是什么——见信件358。

358.摘自道德科学俱乐部的备忘录,1946年11月14日

第5次会议 1946年11月14日

维特根斯坦教授:《哲学》

在国王学院布雷斯威特先生的房间举行

维特根斯坦教授这篇论文的主要目标是纠正对剑桥学派(即维特根斯坦自己)所从事的哲学的某些误解。这篇论文某种程度上是对波普尔博士的论文(10月23日)的一个回应。对语词用法的研究,只是该学派竭力去做的事情的一部分,其展开不是出于任何语言学的目的,正如以下事实所表明的:描述语词的用法是针对那些已经知道该词意思的人,确切地说,一个词的这些用法是作为该词所代表的概念的典型特征而加以讨论的。一个问题可以以两种方式中的任意一种来回答:以给它一个明晰的答案的方式,或以表明该问题为何是个混乱的问题,因而不应提出的方式。对哲学问题以第二种方式加以回答,因为哲学问题的一般形式是,"我处在混乱中;我找不着北。"维特根斯坦教授所举的例子是,在与"温度"有关的混乱中,马赫所做的工作,而且他引用并赞同赫兹关于"什么是力?"这类问题所说的话。赫兹认为,人们问这样的问题,而不问"什么是铁?",例如问"力"的令人困惑的特征(are)[?];而当这些令人困惑的特征得以分类,心灵得到满足,就会停止去问这个问题。

讨论中出现的有意思的问题之一是,为什么另一个人说出的同一问题可能完全不是一个混乱的问题。"这就像两个人有完全相同的房间;当你进入第一个房间时,你可能会恳求房主整理一下让它井然有序,然而进入第二个房间时,你可能不会说任何这样的

话,即使灰尘都可能是必须的。"

尤因博士主持了会议。

瓦斯菲·西伽普

波普尔博士的论文——见信件355。

马赫——见恩斯特·马赫的《热力学原理》,维也纳学派汇编(Dordrecht:Reidel,1986),第56页。"实际温度"是一个任意的创造,类似于牛顿的"绝对时间"与"绝对空间"观念。

赫兹——Hertz:见246(维特根斯坦当选教授之后给俱乐部提交的第一篇论文)以及注释。

Are[?]——被修改为"is",或来自"is"。可能是前一行的"that"之前漏掉了"理由"之类的词。

359.致G. E. 摩尔,1946年12月3日

剑桥
三一学院
46年12月3日

亲爱的摩尔:

就我目前所知,我星期四下午将会在伦敦,所以不能去见您。

万一我在这里的话,我可以去拜访您吗?如果那时您在忙另外的事,也没关系,我再走就是了。如果——很可能——我星期四下午回不来,我能下星期四见您吗?——普赖斯在上次道德科学俱乐部会议上的表现要比奥斯汀好得多。普赖斯愿意讨论重要的观点。不幸的是(我相信)罗素在那儿,难打交道。虽然争论像往常一样限于言辞且浮于表面,但令人惊奇地迅速。我大概 10 点 30 分离开,当我出去走在街上,远离道德科学俱乐部的气氛时,我觉得极为愉快。

再见!

您的
L.维特根斯坦

普赖斯——俱乐部的备忘录表明,1946 年 11 月 29 日,维特根斯坦主持会议,普赖斯做题为"共相与相似"的发言,这也是他的《思维与经验》(London:Hutchinson,1953)第一章的标题。

奥斯汀——J. L. Austin(1911-1960)当时任职于牛津大学莫德林学院,后来成为牛津大学怀特道德哲学讲座教授。备忘录记载他在 1946 年 10 月 31 日宣读一篇题为"非描述句"的论文,也是维特根斯坦主持会议。备忘录表明,奥斯汀的出发点是动词以第一人称出现的仪式性或契约性的用法("我将这艘船命名为伊丽莎白女王号",诸如此类),在这种情况下应该抵制(在奥斯汀看来)将这些话语看作真或假的诱惑。备忘录记载,"这里给出的是一个区分哲学考虑与语言学考虑的不是非常成功的尝试",任何记得奥斯汀的人会相信这一点是准确的。奥斯汀后来在"施事行为式话语"这篇论文中发展了这些思想,该文章重印于他的《哲学论文集》(Oxford：Oxford University Press，1961)和《如何以言行事》(Oxford：Oxford University Press，1962)。(这两部著作均为作者去世后出版。)

1947

360. 致 G. E. 摩尔，1947 年 2 月 18 日

剑桥三一学院
47 年 2 月 18 日

亲爱的摩尔：

我想本周四我最好别去看您。我的身体很健康，但是几乎天天讲授哲学看来让我疲惫不堪，因此周四我或许最好避免一场认真的交谈。当然，您知道，我愿意来，因为我喜欢和您交谈，而且我真的不知道我保存力气来教那些大部分无论怎样都学不到任何东西的人是否值得。如果您允许，我会下周或下下周去看您。

您永远的
路德维希·维特根斯坦

361.致 G．H．冯·赖特，1947 年 2 月 21 日

剑桥
三一学院
47 年 2 月 21 日

亲爱的冯·赖特教授：

感谢你 2 月 14 日的来信。我的讲座变化非常大。它们有时令人满意，有时非常令人不满意。我的头脑——出于我不知道的原因——常常觉得极其疲惫。（顺便说一下，我的身体完全健康。）我的这一平衡极不稳定，以至于不久以后我的讲座可能会变得无可救药地不合格，而且经过一番抗争之后，我可能必须要放弃教学。我为什么要给你写这一切？因为，如果我下个复活节学期感到没有创造力并且精疲力竭，那么我请你不要来上我的课；因为在那种情况下，你的出现会让我更加犯难。否则的话我会很高兴你来参加。

我很高兴你即将来这里做讲座，我也知道参加你的讲座我会受益良多。尽管如此，我不会去参加它们——出于唯一一个理由，即为了生存和工作，我必须禁止外来的货物（即哲学上的货物）进入我的心灵。出于同样的理由，我还不曾读你的书，尽管我确信它的卓越。如果你认为我老了——你是对的。再见！也祝你好运！

您真诚的
路德维希·维特根斯坦

你的书——无疑是指《归纳的逻辑问题》(Helsingfors：Finnish Literary Society，1941）。

362．J．韦斯顿的来信，1947年3月25日

伦敦西中央1区
大奥蒙德街8号
1947年3月25日

亲爱的维特根斯坦：

我附上为钱伯斯百科全书准备的两个版本。我认为较简短的那个可能更好。如果两个版本中有任何您觉得应该修改的地方，我希望您告诉我。

还有请您填写我不确定并用铅笔标出的日期以及您担任的教席的恰当称呼。我选择这样的表述而不是"教授"是为了减少误导美国人和其他人的可能性。

我很抱歉再次打扰您。您可能注意到，即使较简短的版本篇幅上也不是100个而是190个单词。

您的

约翰·韦斯顿

钱伯斯百科全书——见信件364的注释。

363.致J.韦斯顿,1947年3月28日

剑桥
三一学院
47年3月28日

亲爱的韦斯顿:

我附上给这套百科全书的一个大约120个单词的条目,因为我相信它应该写成这样。下面我就它与你的草稿之间的差异做出说明。

1)你的评论说我在1920年至1928年影响了维也纳学派,这是错的。我在1925年之前甚至不知道他们的存在,1929年之前没有和他们中的任何一人进行过实际的哲学讨论,1929年我开始和他们有了大量的讨论,当时我在维也纳度假。

2)你关于《逻辑哲学论》的内容所写的东西无法给任何人关于它的任何观念,而且事实上这完全无法用几行字的篇幅做到。我也不认为有必要这么做,因为那本书已经出版。

3)我1929年开始开讲座,尽管那时没有任何大学职位。我不认为我的确切身份能引起这套百科全书的读者的多大兴趣。但是这事你自己看着办吧。

4)我的教席的称呼是不折不扣的"哲学"教授。我给它打上引号以表明它是一个头衔,而且我不是这儿唯一的哲学教授。

5)说出我在1929年之后做了何种工作——而不仅仅是某事物"令"我"印象深刻"或者我的工作导致某事物——是至关重要的;而且依我之见,没有它的话出版这一条目会是错误的,因为它

令人误解。而且我的研究是我的讲座的主题这一评论也是必要的。没有这些陈述,我会认为这一条目对我不公,我希望并相信你在内心深处想要公平地对待我。

因为我想得到一个不偏不倚的评判,我把你的草稿给摩尔看了,并和他讨论过我建议的替代方案。他在每一点上都毫无保留地认同我。

如果你认为我以这种形式所写的条目可以,请把它寄给钱伯斯的工作人员。如果你不认可它,我宁愿它完全不发表。

祝你有好的思想和好的感受。

您的

路德维希·维特根斯坦

364. J. 韦斯顿的来信,1947年4月1日

伦敦西中央1区

大奥蒙德街8号

1947年4月1日

亲爱的维特根斯坦:

您寄给我要出版的那个条目,我十分满意。在我看来,它没有给人留下关于您工作范围的足够印象。您问我这一词条是否可以转寄给钱伯斯,我确实认为它可以。我没有把它转寄给钱伯斯,因为它不能作为我的作品出版。这样做需要各方没有异议。因为我

想您不会希望它作为您的作品面世,而更愿意它不署名地面世。我已经跟钱伯斯通过电话。他们不发表任何自传式的条目,但是不署名的作品可以满足他们的要求。他们会写信给您。

我把这封信寄往三一学院,但是我希望您现在在斯旺西享受假期和清新的空气。

您的

约翰·韦斯顿

钱伯斯百科全书——收入《钱伯斯百科全书》新版第 14 卷(London: George Newnes, 1950)的实际条目是这样:

> 路德维希·维特根斯坦(1889-),奥地利哲学家,出生于维也纳并在维也纳、夏洛腾堡和剑桥接受教育。维特根斯坦以他的《逻辑哲学论》(1921)以及大量的讨论极大地影响了被称为"维也纳学派"的逻辑实证主义者团体(见逻辑实证主义)。1929 年他返回剑桥,在那里他 1931 年成为三一学院的教员,后来成为哲学教授(1939-1947)。他自 1929 年以来的研究(未发表)主要涉及心理学哲学和数学哲学。

这一词条未署名。在 1972 年 2 月 17 日的一封信中,韦斯顿向本书编辑确证,"这一条目[上面引用的]的全部或几乎全部都是由[维特根斯坦]撰写"。

365. 致 R. 里斯，1947 年 4 月 30 日

剑桥

三一学院

47 年 4 月 30 日

亲爱的里斯：

感谢你的来信和文章。我们的信互相错过了，而我同时获知，我的包裹已经从斯旺西寄出，我已付过费，尽管它还没有到达，但是我被告知仍有希望。我不会试图批评你的文章，而仅仅说我赞同它的旨趣并且部分赞同它的表达方式。争论或扔鸡蛋的艺术，如你所了然，像拳击一样，是需要相当技巧的活儿。我不赞同你的文章的地方，不是因为我认为它攻击得太过猛烈（我不认为有这种可能），而可能是因为我认为它没有足够的正面攻击而有过多的姿势：不用说，我无法写出同样好的一篇文章，而且沿着正确的方向写出一些东西总比什么都不写要好。我很乐意你向赖尔扔鸡蛋——但是板起你的脸然后好好地扔！困难在于：不要发出多余的噪音或做出多余的姿势，它们伤不着他人而只会伤着你自己。原谅我这样的说教。这可能很愚蠢但意图是好的。如果你能做到，就请写东西反驳赖尔。——我发现德鲁利完全正常。他带着超凡的智力谈论他的疾病。他将作为摩尔医生的助手在都柏林一直待到圣诞节。我的意思是，他现在有多安全，他以前的状态就有多大可能回归，当然我不知道，我对之一点儿也不感到乐观。

再见！感谢你为我做的一切！

路德维希·维特根斯坦

你的文章——"我寄给他一篇我写在一份'左派'报纸上的攻击婚姻指导委员会制度的文章。在我的信中我谈到《心》杂志上吉尔伯特·赖尔的一篇评论,并说如果我能的话我想向它扔一两个鸡蛋"(里斯,收入《路德维希·维特根斯坦:私人回忆录》,第224页;里斯接着引用了上面这封信中的内容)。赖尔的评论是对波普尔《开放社会及其敌人》的评论,载于《心》(1947年),第167-172页。赖尔常常是一位富有同情心的评论者,但是这篇评论——鉴于该书极具争议的内容——却是一次不同寻常的热烈支持。也许里斯反对赖尔和波普尔共享的如下观念,即人类事务的进行是一项应沿着科学路线从事的试验性事业,而他(以及维特根斯坦)将对(如果有人可以这么说的话)结尾时"维特根斯坦的神秘主义"的暗示尤其感到愤怒,那句话回响着信件335记录的波普尔的诋毁。

他的疾病——德鲁利叙述道,1946年4月之后,"我超过一年没有再次见到维特根斯坦。对我来说,这是一段情绪波动相当大和犹豫不决的时期——发现经历过战争之后很难安定下来。我第一次觉得我不想和他讨论我的问题……"(里斯(编)《回忆维特根斯坦》,第151页)。

摩尔医生——圣帕特里克医院的院长,该医院是一所精神病院,由斯威夫特主教在他认为自己精神失常时捐资成立。

366. 致 G. H. 冯·赖特，1947 年 6 月 6 日

剑桥

三一学院

47 年 6 月 6 日

亲爱的冯·赖特：

　　这封信只是为了感谢你的来信。我很高兴你喜欢斯麦瑟斯。我不怀疑你会喜欢他。我觉得自己极其虚弱与疲惫，因此今天不会再写任何东西。我希望六月中旬之后与你见面。好好照看我的打字稿——无论你对它怎么看。我还有两份副本，但是你的那份副本上有其它副本没有的一些修正和补充。

　　我非常希望你会好好——即使短暂地——休息一下。

您的

L. 维特根斯坦

我的打字稿——这是《哲学研究》第一部分德文本的最终版本（见 Joachim Schulte 的《哲学研究》批判版的《后期版本》(Frankfurt: Suhrkamp, 2001)）。冯·赖特将它带到牛津，他将在那里做讲座。三份副本中只有两份保存下来(TSS 227 a 和 b)，实际上用于印刷的第三份现已遗失，但是根据上述关于修正和补充的话判断，它可能被交给冯·赖特。亦见信件 374。

367. 致 J. T. 桑德斯(助理教务主任),1947 年 6 月 8 日

剑桥
三一学院
1947 年 6 月 8 日

亲爱的桑德斯:

我想申请 1947 年秋季学期休学术年假。如果得到批准,我打算用它从事研究。

您真诚的
L. 维特根斯坦

剑桥大学档案,人事档案,备忘录:

6.[6].47

维特根斯坦

想要休学术年假

1947 年秋季学期

将会前往斯旺西

研究生西伽普

一周 1½ - 2 小时

两周给西伽普[付薪]一次

? 韦斯顿

368. 致 J. T. 桑德斯, 1947 年 6 月 18 日

三一学院 剑桥

47 年 6 月 18 日

亲爱的桑德斯:

感谢你 6 月 14 日的来信。我非常感谢总董事会批准我休学术年假。

您真诚的

L. 维特根斯坦

369. 致 Y. 斯麦瑟斯, 1947 年 7 月 27 日

斯旺西

康姆唐金街 1 号

1947 年 7 月 27 日

亲爱的斯麦瑟斯:

给你写信的直接原因是:我在牛津的时候将两件衬衫留在你的房子,你的妻子非常好心地承诺将它们交给一位女裁缝,因为它们需要修补。我想知道它们实际上是否还能修补,如果能修补的话,它们是否得到修补。我倒不着急用它们。我八月底能收到它们就可以了。所以请帮我问一声。我在这儿要比在剑桥感觉好得多。这是很自然的事情。我做了大量工作,尽管只是一般的顺利。

我不知道我会在哪里度过我的秋季学期学术年假,也不知道我是否不应一劳永逸地辞职,因为那个学期很可能不够我准备我的书的一部分的出版(如果这真的可以做到)。因为这似乎正是我想要做的事情。

我弄到一本"改变世界",读了你的评论,我认为它还不错。事实上对我来说杂志中的评论是杂志中最棒的部分;杂志的文章我认为都是垃圾。

我想8月6日去爱尔兰看德鲁利,然后8月19日返回。8月19日到9月2日我可能会到艾肯汉姆和理查兹在一起,然后我希望去奥地利待3周。大概10月7日我会在剑桥待几天。

我的灵魂和以前一样一团糟,但是我的身体要好些,而且有更多的人在周围,因此比较快乐。请将我的良好祝愿带给你的妻子。

充满深情的

路德维希·维特根斯坦

"改变世界"——第1期(1947年夏),第72－81页。一本短命的期刊,斯麦瑟斯在其中发表了一篇对伯特兰·罗素《西方哲学史》的评论,他担心这本书会鼓励草率的思考。关于斯麦瑟斯态度的一些叙述,见 Peter J. Conradi 的《艾丽斯·默多克:生平》(London:Harper Collins,2001),第381页。斯麦瑟斯据知是艾丽斯·默多克出版的第一部小说《在网下》(1956年)中一位主要人物的原型。

理查兹——Ben Richards(1924－2000)1945年与维特根斯

坦相见时是剑桥大学国王学院的一名医科学生。他成为了维特根斯坦生命中最后一位极其依恋的人。

艾肯汉姆——伦敦西郊的阿克斯布里奇的一部分。

370. G. H. 冯·赖特的来信，1947 年 7 月 31 日

芬兰,因科,瓦洛
1947 年 7 月 31 日

亲爱的维特根斯坦：

我现在已经在家——即我父母在芬兰湾沿岸的一座小岛上的度假屋——待了两周。虽然从不止一个角度看,我都应该对我今年春天访问剑桥是如此短暂感到遗憾,但是从另一方面看,在获得所有的强烈印象之后,我绝对必须走到一边"冷静我的头脑"。在我的记忆中,出国对我的教育有如此重要的意义,还从未有过。

我学了一种内容庞杂的哲学。你和我都知道,它为何以及如何成为这样。它的后果将会怎样,到目前为止还无法预料,——我只能希望从长远来看它的后果将是利大于弊。我知道在舶来品变成自己的东西之前需要一场艰苦的斗争。某些东西会被排出,其它东西会被吸收。即使最终您的影响没在我的思想中留下可见的踪迹——这极其不可能,我仍然至少要一直感激从您那里学到的东西：如果哲学不仅仅是学术争论和学者对话的材料汇集的话,它必定会多么艰深。

也许可以说,在剑桥的停留对我这个人意味着更多。仿佛有某种东西——它过去几年已经开始在我心里成长——突然成熟了。一些我过去几乎没想到的东西,变得至关重要,新的价值和理想涌现了并极大地改变了我对生活的看法。这个问题可能会被一再提出,无论好坏。我有一种可怕的感觉——我可能也曾称之为信念,即没有任何我为了自己的灵魂而有意担当的事情能够让我成为实质上不同于我所是的人,成为真的伪君子,因为我永远都缺乏勇气让自己坠入我知道为了得救我必须走过的绝望的深渊。

我觉得我可能会忘记所有读到的您的东西乃至交谈中您对我说的话,但在我内心深处仍然记得我们在一起的时光,即使是最微不足道的细节,并且为那些回忆而欣喜。这可能不像它听起来那么愚蠢。你记得阿辽沙在石头边对男孩们所说的话:"没有什么东西比一些美好的回忆更高尚、更强烈、更健康以及更有益于未来的生活。"我对您的回忆正是如此!

如果您不介意,我会不时给您写信。我不奢望您会给我回信,但是无论何时您给我写几句我都会非常高兴。——我的地址是:赫尔辛基(芬兰),特勒吕加坦7号。

我希望您身体健康并能够将您的休假学期用于您计划的目的。最衷心的祝福。

您的
乔治·亨里克·冯·赖特

阿辽沙——陀思妥耶夫斯基的小说(尤其是《卡拉马佐夫兄弟》)是维特根斯坦和他的朋友与家人的道德参照系。他常常被认为是阿辽沙,但是有一次他对斯麦瑟斯说,"我是斯乜尔加科夫,我是马布斯博士。"关于这个主题,参见我的"维特根斯坦的兄长们",载 Suchy 等(编)《空袖套》,第 53－66 页。

371. 致 G. H. 冯·赖特,1947 年 8 月 27 日

剑桥三一学院
1947 年 8 月 27 日

亲爱的冯·赖特:

非常感谢你的来信。和你一起在剑桥的一个学期对我来说意义重大。我也希望你在剑桥待得更久一些。我已经去过爱尔兰,我打算 9 月 10 日去维也纳,然后大概 10 月 7 日回到英格兰。我相信那时我会辞去我的教授职位然后去某个地方,在那里我能独处较长时间以便于思考,如果可能的话完成我的书的一部分。出于这个目的我本想去挪威,但是可能会代之以去爱尔兰。我不确定。到目前为止我还没有就此告诉过剑桥官方,因为这事还没有完全确定。(尽管现在我看不到它如何能够避免,我指的是我离开剑桥。)我的头脑现在极其混乱。这部分是由于我害怕这一切发生之后再次见到维也纳,而且某种程度上我也害怕放弃在剑桥的工作。但是我会克服它。愿某一天与你再次见面!! 我祝你的外在生活全都好运,但是更要祝你的内在生活好运;我也希望我自己同样如此。我觉得,我的情况要比你的无望得多。——我喜欢想起

我们在剑桥的时光。请让我们保持联系。

您的

路德维希·维特根斯坦

一封内容几乎相同的信在同一天寄给了马尔科姆。

372. 致 P. 斯拉法，1947 年 10 月 10 日

剑桥三一学院

47 年 10 月 10 日

亲爱的斯拉法：

我今天上午离开你房间的时候，有一种强烈而极为奇怪的印象。——如你所知，数年以前我们就是我应该称作"朋友"的关系。关于我们频繁的交谈、交谈的困难以及交谈的良好效果我自不必说；你全都知道。然后有一段时间我越来越让你心烦，我们的交谈也变得不那么富有成效。你很自然地回应以某种粗暴和无礼，由于这个以及外部环境的缘故，我们越来越不经常见面。你最后非常粗鲁的爆发（我认为大概在 1940 年）伤害了我，也极大地激怒了我。很长一段时间之后，我的感受才逐渐改变。我开始预料来自你的某种不友好，我对友谊的感受冷却下来，尤其是我似乎发现当我去向你征求意见等等时，你不再想对我有所帮助。因为渐渐地在我看来，你变成一个三位一体教师：呆板、冷漠且不友善。我很

长时间都无法相信那样的改变。我总是告诉自己，所发生的一切都是我日渐让你心烦。但是这看上去无法完全说明你的行为。因为人们——除非一个人极其讨厌他们——不会让一个人多么心烦，如果他只是偶尔见到他们几分钟的话。例如，我记得有一次在大学图书馆的目录室见到你。你在看中间的小楼层图，然后我凑近你向你说几句话（我不知道说的什么）。你说了几句话暗示我，看上去意思是你那一会儿不想被人打扰（我猜想你是害怕你会忘记某事）。但是关键在于：你用的姿势、语气和神态**完全**是一位急躁的教师试图告诉一个气人的小男孩不要打扰他时所用的。这在我看来太不同寻常，因为你显然是一个举止文雅的人。——现在你今天早上的行为也同样——对我来说无法解释——非常粗鲁。这没有伤着我，但是它当然非常令人不快。而我认为，我还是把这告诉你为好，尤其是因为我要离开剑桥。因为我希望你不会误解我，认为我在抱怨这事。我想说的就是这点。如果你已经出于无论什么理由强烈地讨厌我（我会理解它），那么你的行为尽管的确令人讨厌，倒是完全可以理解，也不令人担忧。另一方面，如果尽管不是特别喜欢我，你也不是特别讨厌我，那么你的行为在我看来极其令人担忧。对于这种情况，我想要说：请你注意不要变得完全野蛮！——这封信，尽管它可能是完全错误的，但肯定不是怀着报复的情绪而写；然而我觉得我看到某种灾难性的东西，我想把它告诉你。

您的

路德维希·维特根斯坦

373.摘自道德科学学院董事会的备忘录,1947 年 10 月 13 日 [417]

布罗德教授提议向维特根斯坦教授致敬。

374.致 G. E. 摩尔,[1947 年 11 月]

星期日

亲爱的摩尔:

这封信只是想说,我已经找到丢失的手稿。正如我相信的那样,安斯康姆小姐不只有一份副本,我也在我自己那里找到手稿的一部分,再加上您有的那部分,三份副本就齐全了。我不必说我很高兴。

我还想要说,我**非常**享受过去 5 周与您的见面。在某种程度上,我认为这要比以往更令我享受。我祝您好运多多!

您的

L.维特根斯坦

附言:我会把您的良好祝愿带给德鲁利。虽然您实际上没有让我这么做,但是我知道您愿意我这么做。

日期为摩尔标注。

维特根斯坦1947年10月辞去教授职位。他的辞职自12月31日起生效。

手稿——指的是《哲学研究》第一部分的打字稿。见信件366。

375. 致 P. 斯拉法,1947年11月5日

星期三

亲爱的斯拉法:

这封信只是想说,不用你从银行取装有手稿等东西的包裹了。昨天我把它们交给我的姐姐,她当时途经伦敦前往美国。她向你的母亲和你本人致以诚挚的问候。

您的

L. 维特根斯坦

日期由斯拉法用铅笔标注。

手稿——见信件275。

376.致G.H.冯·赖特,1947年11月6日

剑桥三一学院
47年11月6日

亲爱的冯·赖特:

感谢你的来信。我已经辞职,但是我的教授职位要到12月31日才终止。我会在这儿再待3个星期,我正在口述我过去2-3年间写下的一些素材。它们大部分很差劲,但是我必须让它们成为方便的形式,即打字稿,因为当我阅读它们时,它们可能激发出更好的思想。我不知道我会在爱尔兰什么地方,但是"三一学院"的地址永远都能找到我。我对自己的未来一点不乐观,但是我一辞职就觉得,这样去做是再自然不过的事情。——我口述素材用的正是你非常体贴地留给我的纸张。——我不像喜欢"爱德华的梦"那样喜欢"蝴蝶",但是它有些部分很精彩。尤其是回家的那段。你完全正确,一个特别偶然的机会我在维也纳的一个商店找到这本书。

如果你不太忙的话,我希望能经常收到你的来信。祝你好运!

您的
路德维希·维特根斯坦

"爱德华的梦"……"蝴蝶"——威廉·布什所著的中篇小说——真正的道德故事。关于前者可参见后面写给冯·赖特的信(信件378)。爱德华讲述他的梦,在梦中他的灵魂收缩为一个无广延的点(就像《逻辑哲学论》5.64中一样),然后经历许多哲学的

冒险,之后他被日常的声音吵醒并发现他再次拥有了内心,"言归正传,我的朋友们,只有拥有内心的人才能感受到并真正(即发自内心地)说出他的一无是处。这么做之后,事情会自己解决。"这(或其结论)是维特根斯坦特别喜欢引用的话:参见恩格尔曼的《路德维希·维特根斯坦的来信及回忆》,第116页。

一封类似的信(除了提到威廉·布什以外)1947年12月16日寄给马尔科姆。那封信顺便透露,M.拉兹洛维奇(他已计划好来听维特根斯坦的课)曾写信抱怨他辞职的决定。

377. 致 R. 里斯,1947年12月9日

> 爱尔兰
> 威克洛郡
> 红十字村
> 基尔帕特里克大楼
> 金斯顿夫人转交
> 1947年12月9日

亲爱的里斯:

我今天到达上面的地址,仍然觉得非常陌生、寒冷和不舒服。我希望我会逐渐适应。这是一家小型的家庭旅馆,我是唯一的客人,从都柏林到这儿坐大巴大概3小时。我来这儿是因为尽管找

了两个星期,却完全没有其它事可做。我可能会两个月之内搬到爱尔兰西部一个更偏僻的地方。到目前为止,关于我的工作——或者关于我的工作的任何其它方面,我还没啥可说的。祝我好运吧!——也祝你好运!

请将我的美好祝愿带给夫人。

我不会在圣诞节去英格兰,除非有最意想不到的进展——我很久不曾看报。我不认为我失去很多。

您的
路德维希·维特根斯坦

378. 致 G. H. 冯·赖特,1947 年 12 月 22 日

爱尔兰
威克洛郡
红十字村
基尔帕特里克大楼
金斯顿夫人转交
1947 年 12 月 22 日

亲爱的冯·赖特:

感谢你的圣诞节来信。一两天前我给你寄了一张卡。正如你从上面地址看到的,我并非独自一人。这是一个大农场,他们在夏季接待客人但是冬季不接待,因此我一个人和这家人待在一起。

他们非常安静,我在自己房间用餐,很少受到打扰。尽管如此,我还是需要更清静一些,打算今年晚些时候从这个地方换到一个更偏僻的地方。红十字是一个小村,但是农场在村子约2英里之外,相当与世隔绝。我在做大量工作。不是太差——也不是太好。天知道我能不能出版这部著作,但是我希望你在我死后看看它,如果你比我活得长的话。这部著作有大量艰辛的思考。我在这儿比在剑桥感觉要好得多。

你写信说不想在剑桥申请教授职位,这一点我完全理解,而且在你写信给我之前,我就已经料想你不会申请。我这么想的主要理由是,在我看来,成为一名英国人——或一名在英国的难民——的前景在我们这个时代完全没有吸引力,我认为你肯定不会希望在英格兰养育你的子女。为你着想,我希望你不会被迫这么做;尽管对剑桥来说是一种幸运,除非剑桥拖着你,但是我不认为会这样。

"Der Schmetterling"部分地是非凡的,例如结局他回家的时候——"Es war ein lustiges Schneegestöber bei nördlichem Winde……"。

我几乎不读任何东西:一些侦探故事和其它东西已经被我读了许多遍。真正的阅读总是对我有害。

我在都柏林有一位亲密的朋友(离这儿约 2½-3 小时路程),我大概能与他一个月见一次。我完全不知道会不会再次去挪威。——谢谢寄我的剪报。我想我知道那场 Steinlavine 究竟发生在哪里。我希望我认识的人什么事都没有!

我祝你有好的思想和好的感觉,而且没有什么东西会使你变得肤浅。我希望不久之后的某一天以某种方式再次见到你。

路德维希·维特根斯坦

附言:细看你的地址,我发现我在圣诞卡的信封上犯了个错误,我写的是 77 号而不是 7 号。我想知道你会不会收到它。

"Der Schmetterling"——"蝴蝶",威廉·布什的道德故事(参见信件 376)。

"Es war ein lustiges Schneegestöber bei nördlichem Winde"——"有一场欢快的疾雪和一阵北风",即一无是处的学徒在追寻那只蝴蝶多年之后,一瘸一拐地走回家回归现实。这种回归或认命是信件 376 提到的故事的共同主题。

我在都柏林有一位亲密的朋友——明显是指德鲁利。

Steinlavine——岩崩。

1948

379. 致 R. 里斯, 1948 年 2 月 5 日

> 威克洛郡
> 红十字村
> 基尔帕特里克大楼
> 48 年 2 月 5 日

亲爱的里斯：

尽管我一直想但还是没有感谢你1月9日的来信。我的身体非常健康。我觉着我的神经常常出现不良的状况。当然它们是疲劳和衰老的神经。——总体上看，我的工作进行得相当顺利。再说一遍，这是一位老人的工作：因为尽管我不是真正苍老，但我某种程度上有一个苍老的灵魂。愿降临到我头上的是我的肉体别比我的灵魂活得更久！——我大概两周之前见到了德鲁利。他向你送上所有的美好祝福。他实际上非常忙碌。虽然我在这里，即离都柏林比较近，我们也大概一个月才见面一次。——这儿的冬天非常温和，我很高兴这么说，也不过于潮湿，因此我几乎每天出去散步，这对我十分有益。这里和威尔士的海岸线一点儿不像，但是缤纷的五彩颇为美妙，也弥补了一切。——如果你见到克来门茨家的人，我希望你能问问他们是否在圣诞节期间收到我的一封信，

里面装着一张 200 英镑的支票。他们寄给我一张圣诞卡,但是没有提到我的礼物,所以我觉得奇怪。我不必告诉你我不是要他们感谢,但是我想知道他们是否收到它。

你可能想知道这条铅笔线是什么意思。答案是:它没有任何意义。我不知道它为什么在那儿。我翻过页时惊讶地发现了它。它仅仅让你看到——。

我希望你不会收到来自你母亲的坏消息,也希望我们不久就能见面。

路德维希·维特根斯坦

缤纷的五彩颇为美妙——红十字村临近两河的交汇处,是爱尔兰的一个风景区。

克来门茨家——维特根斯坦在斯旺西经常寄宿的家庭。

380. 致 N. 马尔科姆,1948 年 2 月 5 日

爱尔兰
威克洛郡
红十字村
基尔帕特里克大楼
1948 年 2 月 5 日

亲爱的诺曼:

我收到你 1 月 6 日的来信已经相当长时间。谢谢!我现在身

体非常健康，我的工作进展得也不差。我偶尔处于神经不稳的不舒服状态，对此我只会说它们很糟糕，但它们持续着，并且在教一个人去祈祷。

我从未读过"爱的作为"。无论如何，克尔凯郭尔对我来说太过艰深。他让我不知所措，没有产生对更深刻的灵魂会产生的良好效果。——几年前德鲁利将"征服墨西哥"的开篇读给斯金纳和我听，我们发现它的确非常有趣。当然，我不喜欢普莱斯考特的牧师式观点则是另一回事。——我读书并不多，感谢上帝。我读过格林童话和我极其欣赏的俾斯麦的"思考与回忆"。当然，我并不是指我的观点就是俾斯麦的观点。它是用尽管相当晦涩但非常漂亮的德语写成，因为那些句子都相当长。否则我会推荐你去读读它。

我祝愿你好运多多，我知道你也希望我如此；而我的确需要它！

祝李和雷万事如意。

充满深情的
路德维希

我在这儿完全没有任何人可以交谈，这是好事，某种程度上也是坏事。一个人偶尔见到某个能够对其说句真正友好话的人会是一件好事。我不需要对话。我想要的是一个偶尔对他微笑的人。

克尔凯郭尔——维特根斯坦第一次世界大战期间阅读过克尔凯郭尔，罗素知道后大为吃惊（信件75）。德鲁利记录下了维特根斯坦对克尔凯郭尔评价的变化以及可从克尔凯郭尔那儿获得的教益的变化(R. 里斯(编)《路德维希·维特根斯坦：私人回忆录》，第102－104页)。关于他向斯麦瑟斯推荐克尔凯郭尔，参见信件314。

"爱的作为"——克尔凯郭尔的 The Works of Love，D. F. 和 L. M. Swenson 译(Princeton：Princeton University Press，1946)。马尔科姆曾表达过他对这部著作的热爱(《回忆路德维希·维特根斯坦》，第107页)。

"征服墨西哥"——H. M. Prescott 的《征服墨西哥史》，一部经典的叙述史，由一位盲人所作，他从未去过墨西哥。它现在因政治上并非正确而遭受非议。

李和雷——马尔科姆的妻子和儿子。

381. 致 G. H. 冯·赖特，1948年2月23日

爱尔兰
威克洛郡
红十字村
基尔帕特里克大楼
48年2月23日

亲爱的冯·赖特：

安斯康姆小姐几周前写信给我说，你已经申请了教授职位。

这几天我会依照你的建议写好推荐信,并将它寄给教务主任。希望你的决定是正确的!我不怀疑你将是一位比这个教职的任何其他候选人都更加优秀的教授。但是剑桥是一个危险的地方。你会变得肤浅、圆滑吗?如果你不会,你就必将吃尽苦头。——你的信中让我觉得特别不舒服的一段是有关你一想到在剑桥任教就感到充满热情的那段。在我看来:如果你去剑桥,你必须作为一个冷静的人去。——希望我的担心没有根据,也希望你在自己的能力之外不受诱惑。

如果我想扮演天意,我会给你写一封冷淡的推荐信;但是我不会。我会给你写一封和你可能盼望的一样好的推荐信。因为关于未来我能知道什么呢?

祝你好运!

您的
路德维希·维特根斯坦

扮演天意——Schicksal spielen 或篡夺命运的地位在维特根斯坦家族中既是一种诱惑也是一种耻辱。因此路德维希给他的姐姐海伦娜写信说道,"Hüte Dich davor, Schicksal spielen zu wollen!"——她不会按照她自己的意思去解释他们垂死的姐姐的愿望:参见《家信》,B. McGuinness、M. C. Ascher 和 O. Pfersmann 编(Vienna: Hölder-Pichler-Tempsky, 1996),第 197 页。

382.致 N. 马尔科姆,1948 年 3 月 15 日

> 爱尔兰
> 威克洛郡
> 红十字村
> 基尔帕特里克大楼
> 1948 年 3 月 15 日

亲爱的诺曼:

感谢你的来信,我几周前收到它。冯·赖特写信告诉我,他申请了教授职位并请我为他写一封推荐信。我写了,即便他没有得到那份工作也不会是推荐信的问题。我完全不知道他的机会怎么样。我有点没把握,因为他也是一个外国人。——我的工作进展得非常缓慢痛苦,但是它还在进展。我希望我有更多的工作精力而不要这么极易疲劳。但是正如我所发现的,我必须接受这个样子。——你寄来的杂志很精彩。当人们能够读斯特里特和史密斯的杂志时,怎么还能去读《心》呢,这真让我感到奇怪。如果哲学与智慧有关系的话,那么肯定一点都不在《心》中,倒是经常有一点在侦探故事中。

今天就到此为止,因为我的头脑实在觉得非常迟钝。

祝你好运!

> 充满深情的
>
> 路德维希

383. 致 G. H. 冯·赖特，1948 年 3 月 17 日

> 爱尔兰
> 威克洛郡
> 红十字村
> 基尔帕特里克大楼
> 48 年 3 月 17 日

亲爱的冯·赖特：

感谢你 3 月 3 日的来信。大概两周前我将推荐信寄给教务主任，并将它的复件寄给布罗德，以防那份原件出什么意外。我想我可以这么说，如果你没有得到那份工作，那不是因为我的推荐信不够热情；——尽管我在信里没有说任何我尚未完全相信为真的东西。——我的工作进展得非常缓慢且十分痛苦。我常常相信我走在通向疯狂的笔直大道上；我很难想象我的大脑会承受这种压力很长时间。我不必说我害怕这样的结局。你不是唯一需要勇气的人。希望我们的命运不要太悲惨！也希望我们被赋予勇气。

> 您的
> 路德维希·维特根斯坦

384. 致 R. 里斯,1948 年 4 月 15 日

> 爱尔兰
> 威克洛郡
> 红十字村
> 基尔帕特里克大楼
> 48 年 4 月 15 日

亲爱的里斯:

感谢你的来信。这些天我经常想念你而且——尽管这听起来可能很糟糕——经常想感谢上帝,我写信给你说复活节不用来看我。因为过去 6 或 8 周对我来说是一段糟糕的时光。我先是承受很严重的抑郁,然后得了重感冒,我始终不知道能从此处去哪儿。我现在逐渐好转,我打算下周离开这里去西部的罗斯洛。这么做十分不方便(从都柏林出发需要 10 小时的旅程),但是据我所知,我还没有别的办法。所以,如果你来了,你会发现我处于极其痛苦的状态。希望我能获得一些力量、一些勇气和运气吧! 上个月我的工作几乎毫无进展,只是最后几天我才能够进行一点思考(我的意思是,关于哲学的思考;因为我的头脑尽管迟钝,并非不活跃。但愿它不曾活跃!)。——但愿不久以后我能见到你,而且谁知道我能否在你赴美国之前去英格兰:我能否在罗斯洛生活现在一点儿都不清楚。事实上我已非常怀疑,但是我必须试一试。——我一到那里就会告诉你我的新地址。邮件当然会从这儿转寄。——这些天我几乎没看到一份报纸,但是我大概 2-3 周之前看到的消息看上去相当危险。我的意思是,似乎一场战争会比我料想的早得多就来临。(我曾有一个没有根据的信念,即未来五年不会发生战争。)

原谅这封奇怪的信！

愿你比较幸运！

一如既往的

L.维特根斯坦

相当危险——在这几个月西方列强和苏联之间关于德国的未来存在着严重的紧张状态，前者希望至少在他们的占领区建立一个联邦共和国。

罗斯洛——位于康尼马拉的类似海湾的一个偏僻水湾的一间小屋，由德鲁利提供给维特根斯坦（里斯（编）《路德维希·维特根斯坦:私人回忆录》，第169页；《回忆维特根斯坦》，第155页）。

385. 致 N. 马尔科姆，1948 年 4 月 30 日

爱尔兰

戈尔韦郡

伦维尔邮局

罗斯洛小屋

48 年 4 月 30 日

亲爱的诺曼：

这封信主要是告诉你我的新地址。我最近过得不好:灵魂、心

理和身体。我好几个星期都觉得极其抑郁,然后生病,现在我很虚弱且完全迟钝。我5-6周没有做任何工作。我独自住在西海岸海边的一间小屋,这儿远离文明。我两天前到这里,还没有完全熟悉。我必须逐渐学会料理家务但不损失太多的时间和力气。在我生病期间,我读了"西游记",并且我惊讶地发现它很适合阅读。——最让我沮丧的是我晚上睡得很差。如果睡眠得到改善,我也希望它们会得到改善,我还有机会。——我很久没有收到斯麦瑟斯或安斯康姆小姐的信。几天前我收到冯·赖特寄来的一封信。他最近出于政治原因极其焦虑,但是现在事情似乎已没那么危险。——你收到过摩尔的信吗?我今天不再多写,我太迟钝了。把我最美好的祝愿带给李和雷,照顾好你自己!

充满深情的

路德维希

"西游记"——吴承恩的《西游记》,Arthur Waley 译自中文(New York: Grove Press, 1943)。马尔科姆寄给维特根斯坦的一本中国民间故事(《回忆路德维希·维特根斯坦》,第 108 页)。

386. 致 R. 里斯, 1948 年 5 月 1 日

> 爱尔兰
> 戈尔韦郡
> 伦维尔邮局
> 罗斯洛小屋
> 48 年 5 月 1 日

亲爱的里斯：

以上是我的新地址，我 3 天前到达这里。这座小屋在西部，就在海边。景色相当原生态，非常美丽。我觉得好一点，已做一点工作，不过非常少而且相当无用，因为我的头脑十分迟钝，甚至一丁点儿思考就会将之完全耗尽。我希望这种状况会有所好转。我有许多家务要做，而这大体上对我有益。——我的灵魂常常觉得情绪非常低落，但是有时我觉得几近高兴。

愿你也偶尔觉得有一点高兴。这就是今天我写的全部。

> 您一如既往的
> L. 维特根斯坦

387.致 N.马尔科姆,[1948 年 5 月 9 日之后]

爱尔兰

戈尔韦郡

伦维尔邮局

罗斯洛小屋

亲爱的诺曼:

真的非常感谢你 5 月 9 日的来信。我希望有一天我能和你待在一起,很高兴知道李和你愿意我去。现在我必须待在这里,努力做些像样的工作。只有上帝知道我会不会成功。我对此一点儿不乐观,但是我仍在努力并抱有希望。——在你收到这封信时,你可能已经听说冯·赖特当选为剑桥教授的消息。你能阅读"兔子新娘"这真令人惊奇,你觉得某些方言难以理解,这一点儿也不奇怪。毕竟如果一个奥地利农夫听到一个北德人说话,他在理解上也会有极大困难,而如果他听到一个人用低地德语方言说话(例如讲"骗子和他的师父"),他会一个单词都听不懂。——愿你的工作进展得令人满意!!

请把我最好的祝福带给李和雷蒙德。

一如既往充满深情的

路德维希

如果你寄给我一罐或一瓶粉状咖啡精,比如"雀巢咖啡",或是波登公司生产的咖啡,我会非常感激。李会知道我意指什么。但是只在你非常方便的时候这么做。

"兔子新娘"……"骗子和他的师傅"——格林兄弟的《儿童与家庭童话集》中的故事：维特根斯坦曾将这部书的一套两卷本当作圣诞礼物送给马尔科姆（《回忆路德维希·维特根斯坦》，第111页）。

388. 致 N. 马尔科姆，1948年6月4日

爱尔兰
戈尔韦郡
伦维尔邮局
罗斯洛小屋
48年6月4日

亲爱的诺曼：

非常感谢那些侦探杂志。在它们寄到之前，我正在阅读多萝西·赛耶斯的一篇侦探故事，它太差劲以至于让我沮丧。当我打开你寄来的杂志时，就像逃出一间闷热的屋子走入新鲜空气一样。谈到侦探小说，我也想请你在没有更好事情可做时帮我咨询一件事。两三年前我非常愉快地读过一个叫诺伯特·戴维斯的人所写的名为"与恐惧约会"的侦探故事。我非常喜爱它，因此把它不仅读给斯麦瑟斯而且还读给摩尔，他们两人都和我一样赞赏有加。因为如你所知，尽管我已经读了几百篇令我开心且喜欢阅读的故事，但是我认为我也许只读到两篇我会称作好东西的故事，而戴维

斯的故事便是其中之一。几周前我极其巧合地在爱尔兰的一个小村再次发现它，它以一个叫"樱桃树图书"——有点像"企鹅丛书"——的版本出现。——现在我想请你去书店问一下，诺伯特·戴维斯有没有写过其它的书，写过什么种类的书。（他是个美国人）这也许听起来奇怪，——最近再次阅读那个故事时，我又一次深深喜欢上它，以至于我想着我真地愿意给作者写封感谢信。如果这很狂热请不要奇怪，因为这就是我。——如果他写过很多故事，但只有这一个真正精彩，我也不会奇怪。——

我的工作马马虎虎；不是太好，也不是太差。我不认为我现在多么擅长哲学讨论；但是这可能会好转，到那时我希望我会和你交谈！——愿你各方面都好运！请把我美好的祝福带给 L. 和 R.。

充满深情的
路德维希

L 和 R 通常被叫作"Liquida"。

"与恐惧约会"——带着经典的冷幽默写成的侦探故事：一名侦探所取得的成功，与其说来自他的坚强不屈，倒不如说来自一直陪伴他的那只大狗。美国的名字是:《山中之鼠》。

389. 致 R. 里斯，1948 年 6 月 23 日

> 爱尔兰
> 戈尔韦郡
> 伦维尔邮局
> 罗斯洛小屋
> 48 年 6 月 23 日

亲爱的里斯：

　　这封信只是说一下：感谢你的来信和剪报。蒙蒂难道不是令人难以置信吗？！如果我能得到他的那些非凡的战争演说该多好啊，在其中他说过类似"这件事非常好，我非常喜欢它"的话，我相信说的是在法国的军事行动。祝你旅途好运！！——我计划 8 月回到英格兰，然后如果可能的话 9 月去奥地利，之后再回到这里。恐怕我的旅行要花很多钱，我也许会发现在斯旺西停留超出我的预算，尽管如此我仍然希望当我在英格兰时以某种方式在某个地方和你见面。——我的工作进展得不好，但是它有可能更糟糕，我在试着对自己说，我还没有赋予自己那种能力或那种无能，把它扔在那儿并浇灭任何新出现的抱负。

　　再次祝你好运！
　　我期待着不久之后与你相见。

路德维希·维特根斯坦

　　蒙蒂——陆军元帅蒙哥马利，被认为是"威灵顿之后最好的英国战地指挥官"，他将其化繁为简的军事才能也应用到各种事务中。维特根斯坦收集的无意义的东西就包含涉及他的几项内容。

390.致 N. 马尔科姆,1948 年 7 月 5 日

爱尔兰
戈尔韦郡
伦维尔邮局
罗斯洛小屋
48 年 7 月 5 日

亲爱的诺曼:

我必须为棒极了的包裹感谢你和李,包裹 3 天前寄到。我早就知道,如果我请你寄任何东西(波登咖啡)的话你会多寄十倍过来。所寄的东西十分可爱并且极其有用,那么就请把它作为给我的圣诞礼物。

我的工作进展得不好,尽管有点进展。几天前我问自己:我是否必须离开大学,我是否不应该继续教学?我立即觉得我不可能继续讲授哲学,我甚至还告诉自己也许我应该早点儿辞职;不过我这时想到了在剑桥的你和冯·赖特,并告诉自己我离开的正是时候。如果我的哲学天赋现已耗尽,这是不走运,但是仅此而已。

我想在这里再待 3-4 周,然后去都柏林与德鲁利见面几天,接着去牛津待一周左右,然后我想在伦敦附近和理查兹(你没见过他)待一下,在那之后如果我能拿到通行证的话想去奥地利待[3-4 周]。我会从奥地利回到这里,如果上帝成全的话。——你还记得沙哈吗?就是参加过我们课程的那个印度人?他来到里南——离这儿 10 英里的一个村子,昨天来看过我。我很高兴见到他,尽管我们的交谈不是特别好(我现在经常疲劳且易怒,这么说我很遗憾)。他将在 8 月或 9 月动身去印度。我相信他宁愿待在欧洲,但

是也许离开这种文明一段时间对他会有好处。但是我怎么知道呢！——沙哈告诉我克雷泽尔明年可能去普林斯顿。

再次感谢并把所有美好的祝福献给你和李！还有雷蒙德。

充满深情的
路德维希

沙哈——见信件340。沙哈和维特根斯坦有过许多交谈,在其中一次交谈中维特根斯坦告诫他,不要轻视耆那教徒(他是一位耆那教徒)关于来生的那些信念,"沙哈,你觉得你在那里是唯一的聪明人！那些说这些事情的人全都一点不思考？你想过这些事情吗？如果你没想过,你就不应该轻率地谈论它们"(沙哈教授写给本书编者的信)。

391. 致 T. 雷德帕斯, 1948 年 7 月 22 日

爱尔兰
戈尔韦郡
伦维尔邮局
罗斯洛小屋
48 年 7 月 22 日

亲爱的雷德帕斯：

感谢你的来信。你得到的消息是错误的。我从未为我的书

（它还没有完成）寻找一名译者，我应该也没办法给他付酬。

美好的祝愿！

您真诚的

L.维特根斯坦

"我在剑桥偶然听说维特根斯坦——他已经不在那儿——正苦于为《哲学研究》找一位好的译者，所以我决定写信并提议尝试翻译它。我在信中告诉他，我听说他苦于找不到一位好的译者，而我在进入法官办公室工作之前有五个月的空闲时间，而且我想不到比尝试翻译他的书更好的方式来度过这几个月了。然而想起他公开说的一条原则，即人们应该为他们所做的事情而得到适当的报酬，我便补充说，我请他付给我做这项工作的一笔适当费用。"（雷德帕斯：《路德维希·维特根斯坦：一个学生的回忆》，第99页以下）。在第72页，雷德帕斯讲述他1938年如何帮助维特根斯坦翻译一篇与最终印在《哲学研究》中的稍有不同的序言。

392. 致 R. 里斯，[1948年8月20日]

阿克斯布里奇 艾肯汉姆

斯维克里斯路

理查兹夫人转交

星期四

亲爱的里斯：

我不到一星期前收到你的来信，当时我在牛津和斯麦瑟斯待在一起。我打算在这儿待到9月8日然后飞往维也纳。我很抱歉之前没有回信。主要是因为我在许多方面都感到不舒服。造成这种状况的一个原因是我晚上睡得不好,但是还有其它原因。除非发生无法预料的事情,否则我最近不会去斯旺西。我很想见你,但是目前又害怕做任何安排。我9月29日从奥地利回来之后,打算在英格兰待几周,口述我在爱尔兰所写的一些素材。我**希望**也许在这期间我们能够见面。天知道!这是一封奇怪的信,但是不比它的作者更奇怪。也许过几天我会觉得理性一点并且安下心来;如果那样的话,我会更理性地再写一封信。请原谅我的愚蠢。一如既往的

L. 维特根斯坦

口述我在爱尔兰所写的一些素材——这次口述的成果是 TS 232:见《心理学哲学评论》第二卷的序言,G. H. von Wright 和 H. Nyman 编(Oxford:Blackwell,1980),这份材料发表在其中。序言中谈到,这次口述的手稿写于1947年11月19日到1948年8月25日这一段时间。

393.致 N. 马尔科姆,1948 年 11 月 6 日

都柏林
帕克盖特街
罗斯旅馆
48 年 11 月 6 日

亲爱的诺曼：

感谢你 10 月 8 日的来信。我在剑桥待了两周,口述了一些手稿,之后大概 3 周前回到这里。到这里时我吃惊地发现自己又可以工作了；因为我急于利用这很短的时间,所以我决定今年冬天不去罗斯洛小屋而是待在这里,我在这里有一间温暖安静的房间。

我和两个朋友——德鲁利和理查兹——经常见面,他们两个你都没见过。我知道很快我就会再次干涸,但是现在我的头脑感到充满活力。——在剑桥我和安斯康姆小姐经常见面,和罗林斯喝过几次茶,在我看来他没有堕落。这很重要。我也见过摩尔一次。我很喜欢和他在一起。我告诉他,你写信告诉我你没有收到过他的信,他说他会马上给你写信。我见他的时候他还不错,但是他告诉我他在夏天开始那段时间身体并不好。

我很想让你拥有一份我的素材的打字稿,但是我不知道现在怎样才能让你拥有一份。打字稿只有 3 份。我有一份（而且我需要它）,安斯康姆小姐有一份,摩尔有半份或 ¾ 份,剩下的半份或 ¼ 份在剑桥我的物品中的某个地方。这里没有人能把我这份再复制一份,而且要花许多钱。当然安斯康姆小姐可以寄给你她的那份,但是,说老实话,我宁愿它安全地留在英格兰,因为现有的文稿只

有 3 份。我希望你不会认为我可恶。你想要一份我的素材完全是好事情！一旦我能再制作一份我就会给你一份。

李想给我寄一些速溶咖啡，这真是非常体贴。我对之心存感激，但是**她一定不要再寄任何其它东西**！我身体健康而且精神也比我本应有的状况好得多，做回了我自己。

期待不久之后会和你再次见面！

充满深情的
路德维希

附言：我在剑桥也见到冯·赖特，和他交谈过几次。我喜欢和他在一起。请把我最美好的祝福带给李和雷！

罗林斯——Calvin Dwight Rollins，马尔科姆的一位美国朋友，他曾计划参加维特根斯坦 1947 年秋季学期的讲座。他后来在澳大利亚、加拿大和美国的大学做哲学教授（马尔科姆《回忆路德维希·维特根斯坦》，第 103-104 页）。

口述一些手稿——参见信件 392。

一份我的素材的打字稿——并非仅仅是口述稿而且也成为《哲学研究》第一部分的最终版本，MSS 227a 和 b 以及遗失的那份：参见信件 366。注意这一暗示，即第一部分（"我的素材"）被认为是完整的，而不是正在进行中的工作。

394. 致 G. E. 摩尔，1948 年 12 月 16 日

爱尔兰 都柏林
帕克盖特街
罗斯旅馆
48 年 12 月 16 日

亲爱的摩尔：

附上的卡片是祝您快乐尽可能多而忧愁尽可能少。但是我给您写这封短信：也出于两个理由。我收到马尔科姆的一封信和圣诞卡，他说他还没有收到您的信。当我读到这里时我想起您告诉我您会给他写信；那是十月份在您的房间，当时我提到他向我抱怨没有收到您的信。我同时想到那时您答应我的其它事情，即把下述事项写进您的遗嘱：我的打字稿——现在在您那里——在您去世之后会交给我的遗嘱执行人，或者交给我，如果那时我还活着的话。这封信是想万一您忘了的话，提醒您一下。您处于这样的境地，即通过相对简单的付出便送出大量的快乐（在第一件事上）和避免很多痛苦（在第二件事上）。

里斯下周会来这儿待 10 天。我很好并且工作相当努力。愿您也很好！

原谅我这封啰唆的信。

您的

路德维希·维特根斯坦

附言：我知道这么要求有点过分——但是如果您能写给我一

行字我会非常高兴。上面的地址就是我的地址。

打字稿——维特根斯坦1951年去世时,在摩尔那里只有维特根斯坦20世纪30年代给他的《哲学评论》的一份打字稿。摩尔不久就将之交给维特根斯坦的遗著执行人。

395. 致 G. E. 摩尔,1948年12月31日

都柏林

帕克盖特街

罗斯旅馆

48年12月31日

亲爱的摩尔:

感谢您的来信以及履行两个承诺。我的遗产执行人是里斯和三一学院的伯纳比。

我祝您一切好运!

您的

L.维特根斯坦

里斯昨天从我这儿离开。他送上他的爱与尊重,德鲁利也是。我仍然能够工作得相当好,尽管不如我一个月之前。

伯纳比——John Burnaby 牧师(1891-1978),三一学院研究员,讲师,后来成为剑桥神学钦定教授。

在维特根斯坦的最终遗嘱——日期标为 1951 年 1 月 29 日,牛津——中,他指定里斯一人为他的遗嘱执行人,安斯康姆、里斯和冯·赖特为他的遗著保管人。

1949

396. 致 N. 马尔科姆,1949 年 1 月 28 日

都柏林

帕克盖特街

罗斯旅馆

49 年 1 月 28 日

亲爱的诺曼:

我真的不好意思问我现在写信问你的问题。——圣诞节之前的某天我通过都柏林的一家书商订过一本便宜的小书。名字是《乔治·福克斯杂志》,它列入登特的"人人文库"。如果它没有脱销,登特伦敦公司会直接把它寄给你(附带我给你的圣诞卡)。我想你可能没有它而且你可能对它感兴趣。——在 12 月底时我再次给那家书店打电话,他们告诉我,登特公司回复说他们无法把那本书寄到美国,但一家公司——纽约的达顿——在美国代理"人人文库"。他们告诉我,他们已经写信给达顿公司讲过此事。一个偶然的机会我瞥了一眼他们的订货单,看到他们写的地址只是"纽约,伊萨卡,马尔科姆博士"——我训了他们一顿,再次给了他们你的完整地址,他们保证马上给达顿公司写信。——你收到那本书

了吗？——我毫不怀疑，我给都柏林工作人员的那张卡已丢失，因此即使你收到那本书，你也没办法知道它是谁寄的。

我过去3个月左右一直工作得非常好，但是大概3周前我有点肠道感染，现在还没彻底好。如果它再持续一周，我会去咨询专家。当然它对我的工作很不利。我不得不完全中断工作一周，之后工作仅仅缓慢地推进——就像我这些天缓慢地散步那样。

我希望你一切都好，或一切正常。要是能很快再次与你见面那该多好！

请把我美好的祝福带给李和雷蒙德。

充满深情的

路德维希

《乔治·福克斯杂志》——这一卷确实属于人人文库，第754卷（London: J. M. Dent，[1926]），在美国——如信中所述——由达顿公司销售。作者在书中说道："所有人都可能知道上帝与我的约定以及他借以引导我的那些训练、考验和磨难，以便于让我准备和适应他指派我去做的工作，以及可能因此被引导着去钦佩和赞美他那无限的智慧和善良。"

397. 致 N. 马尔科姆, 1949 年 2 月 18 日

> 都柏林
> 帕克盖特街
> 罗斯旅馆
> 49 年 2 月 18 日

亲爱的诺曼:

感谢你的来信。我很高兴你收到那本书。不知怎么的我一直确信他们没有把它寄到你手上。——但是写下"你想着我们,这太令人高兴了"多奇怪啊! 当你这么写的时候你肯定没想过。——接着谈谈摩尔:——我并非真正理解摩尔,因此我要说的可能完全是错的。但是这就是我倾向于说的东西:——摩尔某种程度上格外天真是显而易见的,你引述的评论(关于虚荣心)的确是这种天真的一个例子。摩尔也有一些单纯;例如他完全不自负。至于天真成了他的"荣誉",——我无法理解这点;除非这也是一个孩子的荣誉。因为你不是在谈论一个人为之奋斗的那种单纯,而是在谈论一种来自天然缺少诱惑的单纯。我相信所有你想要说的是你喜欢——乃至喜爱——摩尔的天真。我能理解这一点。——我认为在这里我们的差异与其说是思想上的倒不如说是感觉上的。我喜欢并且非常尊敬摩尔,但仅此而已。他没有(或极少)温暖我的心,因为最温暖我心的东西是人的友善,而摩尔——就像一个孩子——并不友善。他亲切,对于那些他喜欢的人他可以是迷人而和蔼的,他非常有深度。——在我看来他就是这样。如果我错了,那就是我错了。——我的工作仍然进展得相当好,尽管不如——

比如——6周前那么好。这部分因为我最近有点不舒服,也因为许多事情真地让我烦心。——钱的问题不是其中之一。当然,我的花销相当大,但是我认为我有足够再用两年的钱。在这段时间里,托上帝的福,我会完成一些工作;毕竟,这是我辞去我的教授职位的原因。我现在不必担心钱,因为如果担心的话我就没法工作了。(那段时间过后会发生什么我还不知道。好了,也许我活不了那么久。)——我当下的一个担心是我在维也纳的一个姐姐的健康。她不久前动了癌症手术,手术——就手术的进行而言——是成功的,但是她活不了多久。出于这个理由我打算明年春天某个时候去维也纳;而这和你有一些关系,因为如果我去维也纳然后回英格兰,我想口述我从去年秋天以来所写的素材,如果我这么做的话,我会给你寄一份副本。愿它起到在你的地里施肥的作用。

请把我所有的美好祝福带给李和雷蒙德。(我希望他永远保持善良本性。但是我知道这是一个苛求。)再见!

充满深情的

路德维希

我的一个姐姐——他的大姐,赫尔米娜,去世于1950年2月。

398. 致 R. 里斯，1949年3月16日

> 都柏林
> 帕克盖特街
> 罗斯旅馆
> 49年3月16日

亲爱的里斯：

感谢你3月13日的热情来信。恐怕你是对的：我的病持续得比我料想的要长得多，即使现在我也没有完全恢复我的气力。在我病的最重时，我收到消息说我大姐突然得做癌症手术。手术很成功，医生说她可能活2到3年，但是手术后几周她患了一次轻微中风，此后又有一次更严重的中风，现在她快要死了。她并不痛苦但是变得越来越虚弱，大部分时间都在昏睡。陪伴她的我的另外两个姐姐认为，我的到来只会打扰她。当然，我告诉她们，只要大姐有一点想见我，她们就应该寄给我一份诊断书，我会一周之内到达维也纳。去维也纳对我来说不算什么牺牲。——我的工作这段时间一直进展得相当好，有时甚至特别好；我只是4、5天以来病得太重以至于无法工作；但是大概两周前我几乎突然变得精疲力竭，我的想法逐渐消失，现在我完全无法思考哲学。这并不必然意味着我无法讨论哲学，而是说我无法写作。天知道我还能不能再次工作，但是我觉得我肯定无法很快工作。也许几个月的假期会让我再次变得健康。十天以前理查兹来这里待过一个星期，我们一起去霍特待了一个星期。那儿非常令人愉快，但是天气大多数时候都很恶劣，例如寒冷的东风，潮湿多风。昨天理查兹离开。——

德鲁利还是老样子。他像以前一样忙碌,或者更忙,似乎没有希望发生任何改变。我们还没有一起去过比动物园更远的地方。——他通过了课程考试,现在是医院的二把手,仅次于摩尔医生。然而,他的房间还和过去一样,只是现在里面添了一台更好的电暖炉。——我完全不知道不久的将来或遥远的将来我去哪里。我可能会去维也纳,也可能留在这里,还可能暂时去英格兰,如果那样的话我希望能与你见面,但是我目前什么都不知道。——马尔科姆一家邀请我去美国(纽约州伊萨卡市)。也许有一天我会去,但是我现在无法决定任何事情。——我非常想见你并和你交谈。一旦我知道怎么做我会马上通知你。我完全相信你不会为了高兴而去伯明翰。当然可以设想他们会在那里做体面的事儿,但是我承认我无法想象它。我不信任邓肯·琼斯先生。

好了,再见!祝你好运!我知道你同样祝福我。

一如既往的

L. 维特根斯坦

霍特——发 Hoth 的音。一座岩山,都柏林湾的北角,有风的天气下不是一个好的目的地。

去伯明翰——无疑是去聆听或宣读一篇论文。

邓肯·琼斯——A. C. Duncan Hones,伯明翰大学讲师,后来成为教授,《分析》杂志的编辑,一位受尊敬的但也许是典型的英国"分析"哲学家。

399. 致 L. 与 N. 马尔科姆，1949 年 3 月 19 日

都柏林

帕克盖特街

罗斯旅馆

49 年 3 月 19 日

亲爱的李和诺曼：

非常感谢你们的盛情邀请。我差不多一周以前收到信但当时无法回复，因为我的思想那时正一片混乱；即便今天我可能也无法写出比一堆语无伦次的句子更好的东西。首先我要说的是：a) 深深感激你们的盛情，b) 我特别想接受你们的邀请。但是存在巨大的困难。——据我所知，我的大姐仍然活着，我两个小一点的姐姐可能仍想要我不久以后去维也纳。如果发生这种情况，我可能在后面 3 周之内去维也纳，在那儿待 3 或 4 周。——我去一家旅行社咨询了赴美国的事宜，发现往返的行程要花大概 80 到 120 磅。此外他们还告诉我，你必须独自负担我在美国的花费，因为不允许我携带超过 5 英镑的钱。事实上我了解到，你还必须寄来保证书，说你能够并且愿意负担我在美国停留期间的所有花费。如果没有这些规定，按理说我能够在美国花我自己的钱，但事实上我却不能。我只有和你一起待两、三个月并且依赖你才能做这次旅行！——现在预期要和你一起待那么久就我而言非常令人愉快，但是存在一个障碍，我是一位老人而且衰老得相当快。我指的是身体，而不是——就我目前看来——心智。现在这意味着你不能带我做任何游览。我散步还没有问题，但是我无法走得比我在剑

桥多很多。——出于同样的理由,我给园艺活也帮不上什么忙。——如果不是因为所有这些困难,我会立刻就来,因为我想和你们待在一起,与你们中的一位进行讨论,让我自己成为别人的大麻烦。——我忘了提起另一件事。如果我马上预订3等舱的船票,那么在7月中旬之前没有票;如果我预定2等舱——那要贵得多——那么我能在将近5月中旬或下旬启程。天知道7月份你们会在哪里,但是即使我早点儿到,我也一定会和你们待到9月,暑假期间成为你们的累赘。——就我现在混乱的心智状态所能看到的而言,情况就是这样。——

我猜想你们邀请我的时候没有完全认识到所有这些困难。请认真且从字面意义上对待我这封信所说的一切。

再次感谢你们的盛情。

充满深情的

路德维希

400. 致 N. 马尔科姆,1949 年 4 月 1 日

都柏林

帕克盖特街

罗斯旅馆

49 年 4 月 1 日

亲爱的诺曼:

非常感谢你 3 月 24 日的来信。我已经定了一张 7 月 21 日玛

丽皇后号去纽约的船票,如果我的健康和其它情况允许,我会过来成为你和李的不小麻烦两、三个月。愿一切进展顺利。——我无法以你的信作为保证书;这是比你想象的要正式得多的事情。我附上一份法规节选和一份保证书的格式。我知道所有这些繁文缛节令人讨厌但是我们也无法改变它;所以请认真通读这份该死的东西然后按照所有的要求去做。我还想说一件事:人在这一生并不知道将会发生什么;因此,假如过些时候你——无论出于什么理由——不想邀请我到访了,请不要犹豫,直接告诉我。他们告诉我如果退票我能拿回我全部的钱(除了10先令,这微不足道)。——在过去2-3周我完全没有做任何工作。我的头脑疲惫且停滞,我认为部分是因为我有点精疲力竭,部分是因为眼下许多事情让我非常烦恼。我认为如果有某个人在这儿和我讨论,我仍旧能讨论哲学,但是独自一人的话我无法专注于它。我想有一天情况会彻底改变。这一天越早越好。——那么,请给我寄保证书,你自己也为见到我的大吃一惊做好准备。我期待着与你和李还有雷再次相见。替我向李问好。

充满深情的
路德维希

401. 致 N. 马尔科姆,1949 年 5 月 17 日

> 都柏林
> 帕克盖特街
> 罗斯旅馆
> 49 年 5 月 17 日

我亲爱的诺曼:

请原谅我没有早点回信。我大概 3 周前在维也纳收到你的保证书等材料。我 4 月中旬去维也纳见我病重的大姐。我 5 天前离开时她还活着,但是她已经痊愈无望。我昨晚回到这里。我在维也纳时几乎完全无法写作。我觉得自己极其虚弱。我从 3 月初开始就没做任何工作,甚至连试图做任何事的力气都没有。天知道现在究竟怎么回事。——我会带着你的保证书等材料去这里的美国领事馆,我确定如果他没疯的话这就是他想要的全部东西。我认为我已经写信告诉你,我订的是玛丽皇后号船票,7 月 21 日启航。我希望你们都好,我也希望当我到达时你们不会发现我是一个十分难以相处的同伴和令人讨厌的人。一切美好的祝福献给你们一家!

> 充满深情的
> 路德维希

402. 致 G. H. 冯·赖特，1949 年 5 月 24 日

都柏林
帕克盖特街
罗斯旅馆
49 年 5 月 24 日

亲爱的冯·赖特：

非常感谢你的来信。我很乐意和你待在一起，也希望能够如此。目前我的计划都非常不确定。在持续生病大约四个月后，我几天前做了血液化验，似乎贫血非常严重，可能由某种内在原因造成。我今天要去医院就此做检查。所以我现在不知道 6 月我是否真的能见你。

美好的祝福！

路德维希·维特根斯坦

403. 致 G. H. 冯·赖特，1949 年 6 月 1 日

都柏林
帕克盖特街
罗斯旅馆
49 年 6 月 1 日

亲爱的冯·赖特：

非常感谢你的来信。X 光和试验餐显示，我的消化道没有问

题。医生说我的贫血是非典型的贫血,介于普通贫血和恶性贫血之间的贫血。他认为,如果我对我正在吃的铁剂和肝精反应良好,我应该两周内感到好转,如果到时我感觉还行的话,就可以去剑桥。他认为,如果一切顺利,我可能大概2个月之内再次恢复健康。——非常高兴听到你说会让我住两个房间,但是一个房间足够了。我只担心一件事情:我可能无法讨论哲学。当然情况到时可能发生变化,但是目前我甚至一点都无法思考哲学问题。我的头脑完全迟钝着。——我希望你尽快休息一下,这学期马上就结束,我期待着与你相见,即使我觉得我可能是一个差劲的同伴。

请把我的美好祝愿带给安斯康姆小姐,并通过安斯康姆带给斯麦瑟斯。我想尽快给他们写信。

再见!

您的

路德维希·维特根斯坦

404. 致 N. 马尔科姆,1949 年 6 月 4 日

都柏林

帕克盖特街

罗斯旅馆

49 年 6 月 4 日

亲爱的诺曼:

谢谢你 5 月 30 日的来信。3 周前我一回到这里就去见我的

医生,他给我做了血液化验。他们发现我患有一种相当罕见的严重贫血。他们猜测我的胃里有肿瘤,但是X光明确显示我体内没有这种东西。他们给我许多铁剂和肝精,我现在正缓慢地好转。我认为我肯定能7月21日搭乘玛丽皇后号启程。然而,我的贫血会对我的讨论能力影响到什么程度,尚不可知。目前我完全无法做任何哲学,我不认为我健康到足以进行哪怕一次适度像样的讨论。事实上现在我确定我无法做到它。但是当然有可能7月底我会恢复到足够让我的大脑再次工作的程度。我打算大概两周之内去剑桥口述一些材料,如果我觉得足够健康的话。这会表明我的工作进展究竟如何,我也会让你知道结果。我也可能让他们给我做一次新的血液化验,那会显示一些情况,尤其是我康复的速度。我知道即使我完全迟钝和愚蠢你也会对我热情款待,但是我不想在你的家里做个纯粹的累赘。我想体会到我能为如此的盛情至少付出一点点。——无论如何,我希望到7月21日我会比现在有活力得多。(D. v.)——到目前为止这里的美国领事馆一直相当不错,但是我必须从伦敦的领事馆领取签证,因为我居住在爱尔兰的时间不够久。我希望这一部分事情进展得比较顺利。——我知道安斯康姆小姐和斯麦瑟斯没有忘记你,只是我了解写信对他们来说有困难。我也几乎没收到过他们的来信。——我非常期待与你见面!替我向李和雷问好。

       充满深情的

        路德维希

  附言:我在这儿买到一张从纽约到伊萨卡的票,因此你们不必来接我,如果接我不太麻烦的话,你或李若能来纽约接我,我也会非常高兴,因为我完全是个外地人而且这些天非常笨拙。

(D.v.)——Deo Volente(如果上帝愿意的话!)。

405.致G. H. 冯·赖特,1949年6月8日

> 都柏林
> 帕克盖特街
> 罗斯旅馆
> 49年6月8日

亲爱的冯·赖特:

  谢谢你的贺卡。恐怕还有一个问题得打搅你。我还不太清楚我是不是在好转;但是如果是的话,它也是非常缓慢的过程。现在我想下下周的周一或周二(即6月20日或21日)去剑桥,尽管我认为我到时将会健康许多,然而我可能仍旧不能走太多路,因此去餐厅吃饭对我来说也许不太可能。这意味着我可能必须待在可以给我提供所有膳食的地方。现在我不知道那是否不会给你的家庭带去很多不便,是否至少不会给你的家人增加极大的麻烦。请非常坦率地写信告诉我这件事。我很抱歉将会带来这么多困难,你知道我并不喜欢这样,但是我无法改变它们。

  祝我好运吧!也祝你好运!

> 您的
> 路德维希·维特根斯坦

附言：如果你见到克雷泽尔，请把我的祝福带给他，告诉他问问吉塔·多伊奇在我来剑桥的时候能否帮我打字。她是过去帮我打字的女孩，也是克雷泽尔的朋友。

吉塔·多伊奇——(1924 – 1998)，舒伯特学者奥托·多伊奇的女儿，与父亲一同从奥地利到英国避难。她先前为维特根斯坦的口述打字，但是这一次没办法帮他打字（见信件407）。

406. 致 N. 马尔科姆，1949 年 6 月 14 日

都柏林
帕克盖特街
罗斯旅馆
49 年 6 月 14 日

亲爱的诺曼：

谢谢你非常亲切的来信。我在讨论中从未意指为你的盛情付钱。无论如何，我能给你的最好东西就是糟糕的付钱了。我的意思是：我不想让我亲切的主人们烦得要死。不管怎样，让我们别再谈论它了，尤其是因为我得到好消息：过去的几天我有很大的好转。因此，很明显，铁剂和肝精有效果。——我非常高兴你为我的到访保密，我希望布莱克也会这么做。他驾车带我们的提议极其

令人感激,然而,有一件事我不得不说,我有16年以上没见过布莱克,我在剑桥认识他的时候,尽管他看上去非常讨人喜欢,但是我从未真正把他当作严肃的思想者,我们也从不是特殊的朋友。我这么说是因为我不想让他以为我是一个好交际的人。如果你认为这种误解不会出现,那么我很乐于接受他的提议。我不会取消我从纽约去伊萨卡的票;他们告诉我如果我没有使用它我能得到全额退款,谁知道我会不会用呢。一票在手胜过两车在林。——我不知道从纽约到伊萨卡的行程有多久,你和/或李花费十七八个小时的时间去接我回去有点太疯了。因此,如果你们的车发生故障,或因为任何其它原因而不在身边的话,我很高兴独自去伊萨卡。也许,像电影里一样,我会发现我在船上遇见的一位漂亮女孩愿意帮助我。但是,说真的,我一个人完全没有问题。几天前我给你写信的时候有点害怕,因为我不知道我的健康会不会好转,但是现在我知道它好转了。——再说最后一点。可以说我为你做的任何事情要么是我的责任(像讲课),要么仅仅因为我喜欢你的陪伴。你自己得出结论吧!——昨天我在广播听到艾耶尔教授和一位耶稣会信徒关于逻辑实证主义的讨论的一部分。我听了40分钟。

替我向李和雷问好。

谢谢为我做的一切!

充满深情的

路德维希

布莱克——Max Black(1909-1988),康奈尔大学教授,参与了和维特根斯坦的讨论。他在转向哲学研究之前曾于1929-

1931年在剑桥学习数学。他出版了《数学的性质》(London：Kegan Paul，1933)，也是《维特根斯坦〈逻辑哲学论〉指南》(Ithaca，NY：Cornell University Press，1964)及其它著作的作者。

艾耶尔教授和一位耶稣会信徒的讨论——德鲁利在场，根据他的说法："维特根斯坦在播音进行中一句话也没说，但是他面部表情的变换本身就是对正在说的话的评论。当讨论结束时[维特根斯坦评论道]，'艾耶尔有话要说，但是他令人难以置信的肤浅。科普尔斯顿神父对这场讨论完全没有贡献'"((里斯(编)《路德维希·维特根斯坦：私人回忆录》，第159页)。

407. 致 G. H. 冯·赖特，[1949年6月20日之前]

都柏林

罗斯旅馆

星期二

亲爱的冯·赖特：

谢谢你的来信。我很高兴告诉你我过去三、四天好多了。我很遗憾多伊奇小姐不能给我更多时间。这意味着我必须找其他人，或者是能代替她或是在她之外能做一部分口述的人。我过去常常向亨廷顿路的一位打字员口述，她非常有效率，尽管她本人不是特别讨人喜欢。问题在于——我不记得她的名字，只记得她所居住的房子（甚至不记得她的电话号码）。因此，等我到剑桥，我会去拜访她。如果你听说有任何人能很好地用德语打字，那当然再好不过，但那是极其不可能的。别为这事麻烦。——我会写信告知我到达的日期和时间。

期待着尽快见到你。

您的

路德维希·维特根斯坦

多伊奇小姐——参见信件405。

我必须设法找到其他人——这是为了打出被整理为《哲学研究》第二部分的内容。这一份打字稿用于了该书的印刷，随后就遗失了：它有了 TS 234 这个理论上的编号。说来也奇怪，这份打字稿没有留下副本，也没有在其它任何地方被提到。

408. 致 N. 马尔科姆，1949 年 7 月 8 日

如同寄自：阿克斯布里奇
艾肯汉姆
斯维克里斯路 40 号
49 年 7 月 8 日

亲爱的诺曼：

感谢你 6 月 23 日的来信。关于我们是否应该接受布莱克的

提议,我想让你决定。我想说的唯一事情是,如果我们接受的话,这不应蕴涵着一旦我到伊萨卡必须与他时常见面。是否存在这样一种蕴涵,你远比我更能判断。如果它存在,我宁愿坐火车去,但是在这种情况下你从伊萨卡出发走那么远去接我有点太疯了。我已经有一张去伊萨卡的票(我如果不使用它的话可以得到退款)。而且我不知道玛丽皇后号预期什么时间到达纽约,也不知道人们能多大程度上信赖时刻表。如果它晚上到达,布莱克能通宵载我们回去吗,这不会令他非常不快吗?——我过几天会发电报告知你到达时间。——这封信可能极其愚蠢,但是我无法写一封更有用的信。我的贫血症几乎已经痊愈,但不幸的是我还是不如生病前。——我极其期待与你和李相见,我也希望我不会给你们带来太多麻烦。

再见!好运!

充满深情的

路德维希

附言:对我来说无论你如何决定都没问题。

布莱克的提议——明显是指将维特根斯坦从纽约载到伊萨卡。结果这么做没有必要,因为马尔科姆叙述道:"我去到纽约,在船上接到维特根斯坦。当我第一眼见到他时,我很惊讶他身体的明显活力。他大步走下舷梯,背上背着一个包,一只手提一个沉甸甸的手提箱,另一只手拄着手杖。他的精神很好,一点也不疲惫,并且不肯让我帮他拿他的行李。我对回家的长途列车的主要回忆是我们谈论音乐,他用口哨吹给我——带着惊人的准确性和表现力——几段贝多芬的第7交响曲"(马尔科姆:《回忆路德维希·维特根斯坦》,第68页)。

409. 致 P. 斯拉法,[1949 年 7 月 11 日]

> 剑桥
> 玛格丽特夫人路
> 斯特拉赛尔德
> 星期一

亲爱的斯拉法:

在我和你通完电话之后,我几乎立刻就有理由认为也许你已经误解我所说的话。

是这样的:我打电话的时候,冯·赖特和我一起在房间。我对他说你给过我一个相当奇怪的回答(向他解释我打电话的原因)。他说:难怪,因为你对他说,你没写信是由于所发生的事对你来说毫无意义。冯·赖特把我对你说的话理解为:"我没写信是因为发生的事对我来说毫无意义"——然而我通过电话(非常笨拙地)所说的"我不是因为发生的事对我来说毫无意义而没有写信",意思当然是我没有写信不要被理解为发生的事对我来说毫无意义。——我写这些话是因为我不想因电话里未被理解的笨拙表达而冒犯你。也就是说，如果你真地误解我所说的话的话。

我还想说，我一收到你的来信就立刻开始给你回信，但是又将所写的撕得粉碎，因为我发现我除了说些陈词滥调之外说不出什么，你完全知道我是怎样的感受。我的意思并不是其他人不会做得更好，甚至是我在不同的环境下也会做得更好，例如，如果我们的语言表达（你的和我的）更相似，如果我们更多地见面，如果我自己不曾患病而且在患病期间并不沮丧。——今天我给你打电话的原因是，我觉得如果我们准备见面的话，我现在该对你说点什么。这一点没有实现。

如果这封信完全多余，我也不会后悔写过它。

您的

L. 维特根斯坦

日期由斯拉法用铅笔轻轻地标出。维特根斯坦这段时间与冯·赖特待在一起，11日是唯一可能的星期一。斯拉法的母亲6月25日去世，当时维特根斯坦还在爱尔兰，他似乎不情愿写一封慰问信；石里克被害时也发生过同样的事情，他只是通过魏斯曼向石里克的家人带去慰问。

那次电话通话不可能真的被斯拉法误解，但是维特根斯坦的另一个特点是把任何小的不准确都当作一个错误。例如，当他说见过某位他事实上只是通过电话的人时，他为这一"不实之言"道歉（致斯图尔特夫人的信，1938年11月）。他1937年的"忏悔"应该被看作是出于这一习惯。信件 410 也许是对这封信的回信的答复。

410. 致 P. 斯拉法，1949 年 8 月 23 日

美国

纽约　伊萨卡

汉肖路 1107 号

49 年 8 月 23 日

亲爱的斯拉法：

我出发前几天在伦敦收到你的来信。我当时很忙且身体不好，所以没法回信。我那封信并非真的需要一封回信，而是我想说一件事情。我在自己的人生中一步一步确立一个信念，即某些人彼此无法让他们自己被对方理解，或者至少只在一个非常狭窄有限的范围内被理解。如果出现这种情况，那么每个人都倾向于认为对方不想去理解，然后就有**无穷无尽的**误解。这当然不会增进交流的友好性。我可以详细谈谈我们，但是我不想这么做。然而一般情况是这样的，即一个人认为另一个人只要想理解他就能够理解，因此他变得粗鲁或可恶（根据气质），并认为他只是在还击，事情就这样开始。——

为了理解为什么某些人不可能——或几乎不可能——相互理

解，人们必须不要认为是他们见面机会太少，而要考虑他们整个人生的差异；没有什么比你的兴趣和我的兴趣、你的思想活动和我的思想活动之间的差异更大。多年前当我们年轻时能够相互交谈，那真是由于不可思议的东西。而且如果我把你比作一座我在其中努力去获得珍贵矿石的矿山，那么我必须说我的劳动极其费力；尽管我从中获得的东西完全值得那样的劳动。但是后来，当我们不再能够互相给予任何东西时（这并不意味着我们每个人都已拥有对方拥有的全部），很自然留下来的就几乎是完全的缺乏理解；至少就我而言，长久以来有一个愿望，即理解会再次成为可能。

我相信问题的一部分在于我在察觉和理解改变方面极度迟钝。我经常向自己和他人说"情况已经改变"，但是同时我又像它们没有改变似的继续行动（也许是出于软弱）。这导致出现许多问题。

这封信似乎过于学究气了！

您的
路德维希·维特根斯坦

我年纪越大越认识到人们相互理解是多么困难，我认为误导人们的事实是，他们全都看上去彼此极其相像。如果某些人看上去像大象而另一些人像猫或鱼，那么人们就不会期待他们彼此理解，情况看上去就会更像它们实际所是的样子。

411. 致 N. 马尔科姆,[1949 年 11 月底]

> 剑桥
> 玛格丽特夫人路
> "斯特拉赛尔德"
> 冯·赖特转交

亲爱的诺曼:

谢谢你的来信!医生们现在已经做出诊断。我得了前列腺癌。但是在某种程度上实际情况没有这么糟,因为有一种药物(实际上是某些激素)能够——如我被告知的——减轻这种病的症状,使我能继续活几年。医生甚至告诉我,我也许能再次工作,但是我无法想象这种情况。当我听说我患了癌症时我完全不震惊,但是当我听说人们能够对此做点什么时我震惊了,因为我不想继续活下去。但是我无法按自己的想法来。每个人都带着最大的善意对待我,我有一位极其友善的医生,他一点也不糊涂。我经常带着感激之情想到你和李。请把我的美好祝愿带给多尼并代我向李问好。

充满深情的
路德维希

诊断——在美国做的一次检查并没有查出癌症,但是维特根斯坦感到害怕。马尔科姆记述道:

> 在他去[美国的]医院的前一天,他不仅生病,而且还吓坏

了。他之前曾告诉我，他的父亲死于癌症，另外他最喜欢的姐姐也因为同一病症在逐渐走向死亡，尽管做过好几次手术。维特根斯坦害怕的不是他会被发现患有癌症（他对之完全做好准备），而是他可能会待在医院做手术。他对手术的害怕接近恐慌。他惧怕的不是手术本身，而是变为一个无用并卧床不起的病人，其死亡仅仅被稍稍推迟而已（《回忆路德维希·维特根斯坦》，第 76 页）。

多尼——Willis Doney（生于 1925 年），维特根斯坦待在伊萨卡期间与他进行讨论的一名哲学教师。

412. 致 R. 里斯，[1949 年 12 月 2 日]

剑桥

玛格丽特夫人路

斯特拉赛尔德

星期五

亲爱的里斯：

　　谢谢你亲切的来信。我正在缓慢好转，医生告诉我几个月之后我也许健康到可以工作。（尽管我无法想象我会再次工作。）我很遗憾我的生命会以这样的方式去延续。听到这种可能性对我来说是一个巨大的打击。但是我敢说我会习惯于这个想法。现在我还不能做计划或得出明智的想法;这是最糟糕的。

我想尽快去维也纳待一段时间。在那里我将什么都不做,让那些激素发挥作用。

感谢你所说的一切!

我不知道我什么时候会去伦敦。去见你会是非常棒的。

一如既往的

路德维希·维特根斯坦

我彻底傻了,充斥着坏想法。

信封上盖的邮戳是"1949年12月5日"(随后的星期一)。

413. 致 N. 马尔科姆,1949年12月11日

剑桥
玛格丽特夫人路
斯特拉赛尔德
49年12月11日

我亲爱的诺曼:

我想请你帮我一个大忙。那就是在任何情况下都不要让任何还不知道我的病的性质的人知道它。这尤其是对李的请求。这对我来说极其重要,因为我计划去维也纳过圣诞节,不让我的家人知

道实际的病情。——冯·赖特告诉我,李特别好地寄一个包裹到爱尔兰给我。我会及时拿到它。感谢你们对我的友善(我指你们两人的友善。)我可能完全无法寄给你们一份适当的圣诞礼物;也许会给你们寄一份蹩脚迟到的礼物。请代我向李和穆尼医生还有多尼和布斯玛问好。我正再次缓慢地变强壮起来。

充满深情的
路德维希

穆尼医生——Louise Mooney,马尔科姆在伊萨卡为维特根斯坦找的医生。维特根斯坦认为她非常优秀(马尔科姆《回忆路德维希·维特根斯坦》,第 124 页)并且喜欢她这个人。然而她将他四肢的疼痛归因于"神经炎"。他并没因为这一点而责怪她(见信件 416)。

布斯玛——Oets K. Bouwsma(1898-1978),一位美国哲学家,他曾是马科尔姆的教授,维特根斯坦在康奈尔大学与他相识。他在那里以及后来在英格兰与维特根斯坦有过频繁的交流,这些交流的记录在他去世后以《维特根斯坦:对话,1949-1951》为题出版,J. L. Craft 和 R. E. Hustwit 编(Indianapolis:Hackett,1986)。

414. 致 N. 马尔科姆，1949 年 12 月 29 日

> 奥地利
> 维也纳 4 区
> 阿根廷人大街 16 号
> 49 年 12 月 29 日

亲爱的诺曼：

我 12 月 24 日乘飞机抵达维也纳，这向你表明我的健康状况相当好。我不再"沮丧"，如果我曾经有过的话。到目前为止我一直非常非常幸运。我在这儿被照顾得很好，我得到的食物很棒！——你看，我的健康被不必要地讨论；那么做没有一点用处。——我还没有为你或李购买圣诞礼物。如果有的话那将是一件复活节礼物。——我发现我大姐极其虚弱，以至于我无法想象她会多活几周。她受到极其周到的照顾并且拥有她需要的一切。——李寄往都柏林的包裹已经寄到那里，之后会被转寄到这里给我。我确信它极棒而且非常适合我。——请把我最好的祝福带给李和雷，也带给多尼和布斯玛教授，当然别忘了你自己。

充满深情的
路德维希

我得到的食物很棒——当时在奥地利还存在着食物短缺的情况。

1950

415. 致 R. 里斯，1950 年 1 月 3 日

电话：U 40 402

维也纳 4 区，50 年 1 月 3 日

阿根廷人大街 16 号

亲爱的里斯：

前几天我给斯麦瑟斯写信，让他告诉你我的消息。我在这儿得了一场不太好的感冒，但是现在好多了。——我每天与我的大姐见一小会儿。她说话很困难，我（或任何人）也很难理解她想说的是什么，不过有时候能够理解。她不是特别困的时候喜欢听我的朋友科特勒弹钢琴，她听得极其专注。他有时演奏得如天籁一般，但总是演奏得悦耳动听。我希望你也能听到他的演奏。——

如果你给太太写信，请把我最美好的祝福带给她。

感谢你带着极大的善意来到剑桥以及在伦敦为我所做的一切！——我们在 24 个小时的延误之后从机场出发时，我的神经几乎都崩溃了。我希望我的神经现在永久地平静下来。——我盼望

很快与你相见！

   一如既往的，

     您的

      路德维希·维特根斯坦

416. 致 N. 马尔科姆，1950 年 1 月 16 日

     电话：U 40 402
     维也纳 4 区，50 年 1 月 16 日
     阿根廷人大街 16 号

亲爱的诺曼：

  谢谢你 12 月 26 日的来信。我现在真的非常好，一点儿也不沮丧。我极其幸运。甚至穆尼医生没有发现我的疾病也是非常幸运的。请代我向她问好。——现在我的大脑运转得非常缓慢但是我并不介意。我在阅读各种各样的琐碎东西，例如歌德的颜色理论，它尽管非常荒谬，但有非常有趣的观点刺激我的思考。——我很抱歉你们在寄给我的包裹上遇到麻烦。不过这会教会李别给我寄这么多的好东西！至少我希望有这样的效果。实际上我确实吃得过多，变得越来越胖。——我希望我能够再次与你、多尼和尼尔森一起讨论。请把我的祝福带给他们。如果我们能够见面，你会发现我相当缓慢和愚蠢；我只有过非常少的"头脑清晰的时刻"。我现在完全不写作，因为我的思想一直没有充分成形。这没什么重要的。

  请代我问候并感谢李。一如既往的，充满深情的

路德维希

告诉多尼,他的圣诞卡还不够多愁善感。

穆尼医生没有发现我的疾病是非常幸运的——这意味着他没有在美国治疗,因此没有冒在美国死去的风险。马尔科姆叙述到,在他做检查之前,他"非常害怕医生会不让他十月返回英格兰,他已经订好了票。'我不想死在美国。我是个欧洲人——我想死在欧洲',他狂躁地向我低声抱怨"(《回忆路德维希·维特根斯坦》,第76-77页)。

歌德的颜色理论——维特根斯坦从1930年开始,在说到歌德的其它方面时,偶尔提起这一理论。他此时在维也纳偶然读到《色彩论》,随后很长一段时间都将之作为反思的主题。在 MS 173 中,从1950年3月24日开始的评论以《关于颜色的评论》第三部分的形式出版,G. E. M. 安斯康姆主编(Oxford:Blackwell,1977),有点奇怪的是它们无疑比第一部分要早。(关于第二部分,参见信件418。)

尼尔森——J. O. Nelson,康奈尔大学的哲学硕士研究生,后来成为科罗拉多大学的教授。

他的圣诞卡还不够多愁善感——有关维特根斯坦对圣诞卡的品位(或者对品位的鄙视),参见导言。

417. 致 G. H. 冯·赖特,1950 年 1 月 19 日

> 维也纳 4 区
> 阿根廷人大街 16 号
> 50 年 1 月 19 日

亲爱的冯·赖特:

谢谢你的来信和希贾布的圣诞卡。你度过一个愉快的圣诞节,我很高兴。谢谢你把书寄给里斯。我很遗憾你没有时间阅读它。它非常卓越。——我一切都很好。我更强健,我的神经也没什么问题。我没吃多少镇静剂晚上就睡得非常好。请把我的消息告诉贝文医生,代我谢谢他上一次的(非常好心的)提示。我完全适应环境,没有像我刚到这儿那样觉得寒冷。

我到目前为止还没有去听过一场音乐会,但是我听了很多音乐。我的一位朋友经常为我弹奏钢琴(非常悦耳动听),我的一个姐姐和他一起弹奏四手联弹。几天前他们弹奏过两首舒曼的弦乐四重奏和一首莫扎特的四手联弹奏鸣曲。

前两周我读了很多歌德的"色彩论"。它在一定程度上无聊且让人反感,但是在某些方面也非常富有启发和哲学趣味。你可以把它从你的书架上拿出来,看看他在历史部分中关于培根勋爵所写的内容。

请把我的祝福带给所有人,尤其是你的夫人。

> 您的
> 路德维希·维特根斯坦

贝文——Edward Bevan，三一学院的医生，由冯·赖特介绍给维特根斯坦并成为他在剑桥的医生。他提出来最终正确诊断出维特根斯坦的前列腺癌疾病的方法。贝文和他的夫人后来把维特根斯坦接到他们的家中，他就在他们家去世。

培根勋爵——Baco von Verulam，正如歌德这么称呼他的（他当然是韦鲁勒姆勋爵，不是培根勋爵），他在《色彩论历史卷》中主要由于两件事受到赞扬。他意识到阻止人作为个体或作为整体在思想上进步的前见、偏见或谬见；以及他承认一个实例可以比得上数千例子，如果它可以被看作包括了所有其它的例子的话（就像歌德自己所说的原始现象）。

418. 致 R. 里斯，1950 年 1 月 22 日

维也纳 4 区
阿根廷人大街 16 号
50 年 1 月 22 日

亲爱的里斯：

感谢你的来信。那本布什是二手书而且有些破旧，但是我认为能找到它非常幸运。那些信非常难理解，我想是因为他用了稀奇古怪的表述（但是它们很精彩）。他有真正的哲学冲动。

我真的感觉非常好。我的头脑混乱且迟钝，但是我不介意。

我还一直在阅读歌德"色彩论"的某些部分,它们既吸引我又让我讨厌。它肯定具有哲学上的趣味,我一直在思考它乃至写下了一些蹩脚的评论。——我的姐姐大多数时间半醒半睡,尽管她偶尔令人惊奇地说出清晰而深刻的事情。——听到你觉得烦恼我很难过。放松一点!如果可以的话。——我希望回到英格兰后很快与你相见。如果我那时和现在一样好的话,我甚至能够去斯旺西,然后我们可以谈一点儿哲学,尽管我现在相当愚蠢。请把我非常亲切的问候带给夫人。如果不是出于她的好意,我都不知道现在我会在哪里。

再见!

一如既往的,

您的

路德维希·维特根斯坦

那本布什——显然是指《写给 M. 安德森的信》:里斯继承了维特根斯坦收藏的不多的一些显然是二手的德文经典著作。在他向本书编者展示它们时,此书(也许就是这一册)是其中之一。

乃至写下了一些蹩脚的评论——这与前面写给马科尔姆的信(416)稍微有矛盾:"我现在完全不写作。"这一评论使人们对如下假设产生怀疑,即《关于颜色的评论》的第二部分写作于维也纳,因为这方面的评论插在一组更长的反思中,那些反思大多数涉及与确实性有关的主题。

419. 致 G. H. 冯·赖特, 1950 年 2 月 12 日

电话:U 40 402

维也纳 4 区,50 年 2 月 12 日

阿根廷人大街 16 号

亲爱的冯·赖特:

我大姐昨晚非常安详地去世了。在过去的 3 天我们每小时都以为她会离世。这并不令人震惊。

我的健康状况很好。我与安斯康姆小姐一周见 2 到 3 次面,几天前我们甚至进行了一场不是太差的讨论。——我确实非常高兴听到吉奇的讲座很棒。弗雷格正适合他的胃口!

请代我向所有的朋友问好。

您的

路德维希·维特根斯坦

我与安斯康姆小姐见面——安斯康姆小姐在维也纳拜访维特根斯坦的家人和朋友,同时也为翻译维特根斯坦著作的工作而提高她的德语。

吉奇——似乎是冯·赖特(此时是教授)提议聘请吉奇在剑桥做一组关于弗雷格的讲座。

420. 致 N. 马尔科姆，1950 年 2 月 12 日

电话：U 40 402

维也纳 4 区，50 年 2 月 12 日

阿根廷人大街 16 号

亲爱的诺曼：

我大姐昨天去世。她的离世是安详的，我们也不震惊，因为我们预计到她的离世已经有一些天了。——我打算在这儿再待一个月。我的健康状况很好。好到几天前我甚至和安斯康姆小姐进行了一次相当好的讨论。我现在会比去年夏天在伊萨卡时对你更有用。——听说李怀孕了，我很高兴。我希望对雷来说重新适应这一新情况不会过于困难；因为在这种情况下家庭的新成员容易吸引所有的关爱，大一些的男孩会觉得受到冷落，无论这种感觉正确与否。不要把这个评论告诉雷，这可能完全不适用于他的情况。——我不能说赖尔的书让我烦恼。也许它应该让我烦恼，但是它没有。然而，我感兴趣的是你关于它所写的东西。它与斯麦瑟斯和安斯康姆小姐告诉我的东西一致。——我好想现在就和你讨论。但是，人无法拥有一切。

代我向李问好，并把我的祝福带给所有不介意收到祝福的人。

充满深情的

路德维希

赖尔的书——G. Ryle，《心的概念》（London：Hutchinson's University Library，1949）。鲍斯玛叙述了维特根斯坦对这本书

的反应,即一位作者应该拥有他自己的问题(即赖尔的书所探讨的那些问题实际上是从维特根斯坦那里得到的)。赖尔把这本书视为"将意义与无意义的一般理论应用于[某些]心理词语的持续性活动"——他曾一度考虑把它只应用于与自由意志有关的概念范围。当然(对心理词语的)这一选择可能受到维特根斯坦工作的影响,尽管当被问及他是否受到维特根斯坦的影响时,赖尔喜欢回应说,"我从他那里学到很多"。赖尔对意义/无意义二分法的兴趣,虽然与维特根斯坦共享,但却是他在早期阅读洛采、文德尔班、胡塞尔以及当然最后阅读弗雷格和维特根斯坦的过程中产生的。参见 B. McGuinness 和 C. Vrijen:"第一思想:吉尔伯特·赖尔致 H. J. 佩顿的一封未发表的信",*British Journal for the History of Philosophy* 14:4 (2006),第 747-756 页,以及赖尔:"'牛津'哲学的起源",*Linacre Journal* 3 (1970),第 109 页。

421. 致 N. 马尔科姆,1950 年 4 月 5 日

> 剑桥
> 斯特拉赛尔德
> 玛格丽特夫人路
> 冯·赖特转交
> 50 年 4 月 5 日

亲爱的诺曼:

我 3 月 23 日从维也纳返回,昨天到达这里。我拿到了李和你

寄来的可爱的圣诞包裹,我很喜欢其中的东西。几天前我收到牛津大学寄来的一封信,邀请我去做6场哲学讲座。每年都有牛津大学之外的人开设的这类讲座。这组讲座叫作约翰·洛克讲座,我可以因之得到200英镑。然而,他们告诉我,我必须预料到有一大群听众——超过200名学生,讲座中间不允许有任何讨论。我还没有给他们任何确定的答复,但是我认为我会拒绝他们。我不认为我能给一大群听众做任何有用的正式讲座。——我感觉相当好,尽管不完全像在维也纳时那么好,而且我非常迟钝和愚蠢。一个人在这种状态下不应该写信,但是我想感谢李和你给我寄来的圣诞包裹,也祝你们复活节快乐。请把我的问候和祝福带给任何需要它们的人。

    充满深情的

      路德维希

我希望你和我还有多尼能够再进行一些讨论!

  约翰·洛克讲座——由王尔德的捐款提供资金,这是吉尔伯特·赖尔主要的变革之一:参见"'牛津'哲学的起源"(其中他隐藏在"我们"这个代词之后)。维特根斯坦显然是第一期讲座的第一人选,但是人们知道他很可能会拒绝。赖尔告诉本书的编者,为了讨论这件事他邀请维特根斯坦到他的伦敦俱乐部(旅行者——裴利亚·福克俱乐部),穿着开领衫和花呢夹克,因为他认为这不会让旅行经验丰富的会员们感到震惊。然而维特根斯坦的穿着更不同寻常,他是——按照他的解释——穿着从他女房东的儿子那儿借来的西服和领带来的。

422. 致 N. 马尔科姆，1950 年 4 月 17 日

剑桥
如同寄自三一学院
50 年 4 月 17 日

亲爱的诺曼：

非常感谢你 4 月 11 日的来信。你不辞辛劳地为了我而与洛克菲勒基金会的一位主管接触真是太好了。我会试着尽可能清楚地告诉你我关于这件事的想法。

能够住在我喜欢的地方，不成为别人的负担或麻烦，当我的本性促使我去做哲学时就去做，这样的想法对我来说当然令人愉快，就像它对任何其他想做哲学的人来说会令人愉快一样。但是除非洛克菲勒基金会的主管了解我的全部真相，否则我不会接受他们的钱。真相是这样的。

a) 1949 年 3 月初以来我不能持续地很好工作。b) 即便那个日期之前我也不能一年中很好地工作超过 6 或 7 个月。c) 由于我在变老，我的思想明显变得不那么有力，很少能形成具体的思想，而且我相当容易感到劳累。d) 由于使我容易受到感染的持续的轻微贫血，我的健康处于不稳定的状态。这进一步减少我做出真正好工作的机会。e) 尽管我不可能做出任何确定的预测，但很可能我的心智将永远不会再像它——例如——14 个月之前那样充

满生机地工作。f)我无法承诺在我的有生之年发表任何东西。

我相信只要我活着,只要我的心智状态常常允许,我会思考哲学问题,并努力把它们写下来。我也相信我在过去15到20年间所写的许多东西在它们发表时可能会引起人们的兴趣。尽管如此,完全也有可能,我将要写下的一切都是无聊的、缺乏创见的和乏味的。有许多这类人的例子,他们年轻的时候做出卓越的工作,而当他们变老后所做的工作的确非常无趣。

我认为这是我关于此事所能说的一切。我觉着你应该把这封信给你让我与之接洽的那位主管看看。很明显不能以虚假的借口接受一份经费,你可能无意中把我的情况已经说得跟一朵花似的。

目前我的健康状况相当好。我在做一些工作,但是我被困在简单的事情上,我写的几乎所有东西都十分无趣。——我可能很快会去牛津,试着住在安斯康姆小姐的房子。我喜欢与冯·赖特一家待在一起,但是两个孩子太吵而我需要安静。我希望我不是过于敏感!——用三一学院的地址总能找到我,就此而言,用冯·赖特的地址也可以。

我认为今天我最好不要试图给你写任何关于"动机"的东西,尤其是因为我不太清楚此事。

请代我向李问好。

充满深情的

路德维希

洛克菲勒基金会的一位主管——Chadbourn Gilpatrick:见信件432。

423. 致 G. H. 冯·赖特，[1950年] 4月28日

> 牛津
> 圣约翰大街27号
> 4月28日

亲爱的冯·赖特：

　　真的非常感谢你送我那套格林的书。当戴顿·贝尔的包裹送到我这里的时候，我起先确信一定是送错了，因为我从未订购任何书；但是打开后我惊喜万分，而且喜欢读那些书。——上面的地址是我住的地方。我觉得还没完全适应新环境。房子不是非常吵闹但也不是很安静。我还不知道我该怎么过下去。房客们看起来都相当好，其中有一个人甚至非常好。

　　再次感谢！请把我的祝福带给所有人。

您的
路德维希·维特根斯坦

格林的书——雅各布·格林的《德语简史》，圣诞礼物。

戴顿·贝尔——剑桥的一家书店。

上面的地址——安斯康姆小姐的地址。

424.致 R.里斯,[1950 年 5 月 7 日]

> 牛津
> 圣约翰大街 27 号
> 星期日

亲爱的里斯:

非常感谢你 4 月 27 日的来信。如你所知道的,我在牛津。我的房间不是很安静,我正在搬往同一栋房子的另一房间,那儿应该更安静。我在做一点工作,但是工作得不好,我不能说这是因为噪音。我只是尚未达到正常的心智;我的工作只是稍微令我感兴趣;你能想象在这种情况下我会写下什么样的东西。——我比较好。剑桥的贝文医生给一位伦敦的专家写信讲过我的情况,把我到现在为止的病历给了他,那位专家回信说我再活五年没有问题。美好的前景!这样的半死不活再来一年就足够了。——我想目前我会待在牛津。如果我有希望在其它地方过更充实的生活我会离开。非常感谢你邀请我作客住在朗兰旅馆,但是其它事情不说,我不想让你招待我住昂贵的旅馆。不管怎样你并没有很多钱。我希望有一天会再次到斯旺西去。我希望去那里再与你一起散步。不久以后你会再次收到我的信。

L.维特根斯坦

几天前我读了一本名为"奥斯卡·王尔德的审判"的书。内容非常有趣,但是一点也不好看。

一本书——大概是 H. Montgomery Hyde（编），《奥斯卡·王尔德的审判：雷吉娜（王尔德）与昆斯伯里，雷吉娜与王尔德和泰勒》(London：W. Hodge，1948)。

425. 致 P. 斯拉法，1950 年 7 月 10 日

牛津

圣约翰大街 27 号

星期一

亲爱的斯拉法：

非常感谢那副"防音器"！我还没能试试它们，因为我得去伦敦过周末。牛津这里的闷热几乎令人无法忍受！我想在 10 天之内去剑桥，部分是因为我想在去挪威之前见我的医生。你告诉过我你会哪天离开剑桥，我有点忘了。我希望我到剑桥的时候你仍然在那里。——我已经很长时间没有看任何报纸，除了一些标题，我这个门外汉觉着事情似乎非常危险，似乎一场战争即将到来。

抱歉字写得这么烂。我的手有时候不听使唤。

您的

路德维希·维特根斯坦

日期由斯拉法用铅笔标注。

那副"防音器"——大概是耳套或耳塞。维特根斯坦在信件418和419抱怨噪音,毫无疑问他请教过饱受失眠困扰的斯拉法。

426.致N.与L.马尔科姆,1950年7月30日

牛津
圣约翰大街27号
50年7月30日

亲爱的诺曼:

亲爱的李:

我很高兴听到你们有了一个小男孩,主要是因为我猜想这正是你们所盼望的。如果他唯一的问题是他看起来像诺曼的话,我敢说他会一直这么像下去的。希望他和你们还有雷一切顺利!!——洛克菲勒的人没有写信给我,我不认为他们有任何理由给我写信;我从未给他们写过信。我也无法理解为什么他们会给我经费——尽管如果他们给我经费那也不错。——我非常好,我在工作但不是特别顺利。我很快就觉得疲倦。这里的气候同样非常令人放松。(但是我不是要它负责。)——正如我写信告诉你的,我计划8月去挪威,但是我没办法去;我可能会秋天去。我打算与之同去的那个人必须为一门考试苦学,他7月没能通过。所以当鲍斯玛8月到这里时我可能会见到他。我几乎没进行任何哲学讨论。如果我想的话我能见到学生,但是我并不想见。我苍老的头脑中有着各种各样不清晰的思想,它们也许永远以这种不令人满

意的状态留在那里。

如果我的头脑再清晰一些——这极其不可能,就有利于与你进行更多的交谈。——把我的美好祝福带给多尼,如果他还和你有联系的话。

让我再次很快收到你的来信。

一如既往的,

充满深情的

路德维希

附言:感谢对那件夹克的修补。我早把它忘得一干二净,它被修补得极好!

我打算与之同去的那个人——本·理查兹,当时在为他的医生资格学习:见下一封信。

维特根斯坦 1950 年 8 月 13 日给里斯写了一封类似的信。

427. 致 G. H. 冯·赖特,1950 年 9 月 6 日

牛津

圣约翰大街 27 号

50 年 9 月 6 日

亲爱的冯·赖特:

谢谢你的两封来信。我这么长时间没有回信是因为关于我没

有什么东西可写。我去挪威的旅行没有成行。理查兹没能通过他的考试,决定9月再参加一次;所以他必须苦学而且在10月初之前都不能有任何假期。我们打算此后再去挪威。有很长一段时间我做了一些工作,尽管不是出色的工作,但是过去3周我几乎没有做任何工作,无论如何我从事哲学工作的能力实际上似乎已一去不返。——听说你出了点意外,我很难过。我希望你很快好起来。——你关于斯宾格勒所写的内容与我对他的看法一致。几天前我翻阅了汤因比,发现他非常愚蠢。但是也许他是有趣的。——请代我向你的妻子和她的母亲问好。

美好的祝福!

您的

路德维希·维特根斯坦

斯宾格勒——参见信件64与249。在B.麦克奎尼斯(编)的《维特根斯坦及其时代》(Oxford:Blackwell,1982;Bristol:Thoemmes,1998)第115-118页,冯·赖特讨论过维特根斯坦对斯宾格勒的兴趣。他不仅指出"家族相似"这个概念对于维特根斯坦的重要性,也指出维特根斯坦对于其时代的文化或其时代缺乏文化的整体看法中所弥漫的(伟大过去的衰落的)没落意识。

汤因比——Arnold Toynbee的《历史研究》(也许维特根斯坦提到的是D. C. 萨莫维尔所作的缩写本,牛津,1946年)是斯宾格勒思想的一个更温和但仍具野心的英文版本。

428. 致 P. 斯拉法，[1950年10月24日]

> 牛津
> 圣约翰大街27号
> 星期二

亲爱的斯拉法：

谢谢你寄给我《听众》。莱因是那些如果讲给我听会让我怀疑重力定律的人之一。他专注得不够，然而非常有趣。如果你遇见他，请告诉他，如果他想进入我收藏的无意义的东西，就必须进一步压缩他的废话。但是——人可不能不领情。

我曾想在离开剑桥之前再见到你，但那不可能。我期望再次与你想见。

> 您的
> 路德维希·维特根斯坦

《听众》——BBC的周刊《听众》1950年第43期（10月19日）发表一篇J. B. 莱因论科学与超自然研究的论文，题目为"心灵能拓展时空吗？"。这封信大概写于之后的星期二。

莱因——Joseph Banks Rhine（1895－1980），北卡罗来纳州德罕市杜克大学教授，是超心理学和"超感官知觉"这一术语的发明人。

我收藏的无意义的东西——参见信件143、148、162、265、282。该收藏包含许多关于唯灵论和超自然研究的东西。

429.致N.马尔科姆,1950年12月1日

牛津
圣约翰大街27号
50年12月1日

亲爱的诺曼：

感谢你11月3日的来信。大概10天前我从挪威回来时才发现它。我离开5周,在那之前我病了差不多一个月。在挪威时和我一起去的那位朋友得了两次支气管炎。所以在那里麻烦不断,我一天又一天推迟给我的朋友们写信。这并不意味着我们没有享受我们的旅程,因为我们很享受,而且遇上极好的天气。我本来打算做一些工作,但却没做任何工作。不久以后我可能会回到挪威并尝试工作;那是我所知道的我能拥有真正安静的唯一地方。当然有可能我不再能做任何像样的研究,但是弄清楚我能还是不能也肯定是值得的。请暂时先不要谈论我的这一计划。我还没有决定下来,尽管有几个人知道它,我不想让另外一些人知道。

我向安斯康姆小姐、斯麦瑟斯和鲍斯玛带去你的问候。见到鲍斯玛总是非常令人愉快。他和他的太太是非常友善而质朴的

人。我非常高兴他定期与斯麦瑟斯见面；我无法想象他在这个地方能有许多值得见面的人去见面。他也和安斯康姆小姐做很多讨论。——你完全正确,一位名叫图灵的数学家参加过我1939年的讲座(那些讲座非常烂!),你提到的那篇文章的作者有可能就是那个人。我还没有读那篇文章,但是我猜想这不是恶作剧。冯·赖特目前在芬兰,将在1月回到剑桥。我不知道我会不会见他。几天前我在那里见过我的医生并看望了摩尔。他看起来非常好,但是他说因为他的心脏他必须非常放松。

代我向李问好,也代我向多尼和穆尼医生问好。我非常想与他们再次相见,尽管这极其不可能。

我的健康不是特别差,但是我的确非常迟钝和愚蠢(就像这封信展示的一样)。

充满深情的

路德维希

你提到的那篇文章——这是A. M. 图灵的"计算机与智能",载于《心》59(October 1950),第433-460页。文章提出一个检验机器是否成功地模拟人类智能行为的测试。参见马尔科姆《回忆路德维希·维特根斯坦》,第130页。图灵参加了维特根斯坦1939年论数学哲学的讲座(与马尔科姆一起)。

430. 致 G. H. 冯·赖特,1950 年 12 月 7 日

牛津
圣约翰大街 27 号
50 年 12 月 7 日

亲爱的冯·赖特:

感谢你的几封来信。抱歉我之前没有回信。在挪威的那段时间出了很多麻烦:本·理查兹得了两次哮喘和支气管炎。尽管如此我们还是非常享受我们在挪威的停留。我们全程都遇到非常好的天气,周围有最大的善意。我当时就决定我会回到挪威在那里工作。在这里我得不到真正的安静。如果一切顺利,我会在12月30日启航再次去斯科约尔登。我不认为我能待在我的小木屋,因为在那里我必须要做的体力活对我来说太繁重,但是一位老朋友告诉我,她可以让我住在她的农舍。当然我不知道我是否还能做像样的工作,但是至少我在给自己一个真正的机会。如果我无法在那里工作,那么我就无法在任何地方工作。顺便说一下,我宁愿你暂时别谈论我的那个计划。——几天前我收到马尔科姆的一封来信,信中他请我代他向你问好。

请把我最诚挚的问候带给你夫人和她的母亲,也带给伊娃,如果她和你在一起的话。

美好的祝福!

您的

路德维希·维特根斯坦

一位老朋友告诉我,她可以让我住在她的农舍——Anna Rebni,一位农场主,曾经是教师,维特根斯坦自 1914 年以来就认识并极其尊敬她。

伊娃——实际上是 Eeva Ede,一位与冯·赖特一家住在一起帮忙照料孩子的青年朋友。后来她常常拜访维特根斯坦并为他大声朗读(冯·赖特,载 Klagge 和 Nordmann(编)《维特根斯坦:哲学时刻》,第 474 页)。

1951

431. 致 N. 与 L. 马尔科姆, 1951 年 1 月 2 日

牛津

圣约翰大街 27 号

51 年 1 月 2 日

亲爱的诺曼：

亲爱的李：

  非常、非常感谢你们美妙的圣诞礼物。我现在正穿着你们寄的套衫，看上去非常别致。——我不知道我是否写信告诉过你们，我 10 月份在挪威时曾想过回到那里做一些工作。我问过那里拥有农场的一位朋友，我是否可以回去那里过冬或待更长时间。我被告知可以。那会是一个非常便宜也非常安静的地方。我订了一张 12 月 30 日从纽卡斯尔到卑尔根的船票。圣诞节前不久我听说我的朋友最终不能给我提供住宿，同时我也生病，所以无论怎样我都去不了。我现在好多了，我在等挪威其他一些人的消息，我给他们写过信，询问他们是否知道一个对我来说合适的地方。到目前为止我还没有收到他们的回信，我并不乐观。我在剑桥我的医生家中度过圣诞节。我在去挪威旅行之前去见他做了一个检查，我

在他的家里生了病所以必须待在那里。昨天我回到这里,发现你们美妙的礼物和圣诞卡。在剑桥我读了一本书,它很吸引我,我觉得它写得相当好。它的名字是"隆美尔",作者是英国准将扬,该书是这位德国元帅的传记以及他的功绩史。我觉得它会是一份合适的——尽管来得太迟——圣诞礼物,我会把它寄给你们。有可能你们完全不喜欢它。

一如既往的美好祝福,并且再次感谢。

充满深情的
路德维希

隆美尔——《隆美尔》,作者为 Desmond Young(London: Collins, 1950)。一本军人的书,不管正确还是错误,现在它有时因其对德国最高统帅部的过分同情以及无视他们的政治责任而受到指责。

432. 致 N. 马尔科姆,1951 年 1 月 12 日

牛津
圣约翰大街 27 号
51 年 1 月 12 日

亲爱的诺曼:

谢谢你的来信和两张照片。它们都非常棒。——昨天洛克菲

勒基金会的基尔帕特里克先生拜访了我。我跟他说了几个月之前我在信上写给你的那些话，即按照我目前的健康状况和智力迟钝，我无法接受一笔经费；但是我说了如果——与所有的可能性与期望相反——我有一天发现我又能在哲学上做值得做的工作，我会给他写信。因此我们友好地分别。——鲍斯玛一家对我特别好。我非常高兴他能与斯麦瑟斯和安斯康姆小姐一起讨论。不然的话这个地方就是一片哲学荒漠；我只不过好到与一位哲学家一起吃苹果酱。我的心灵完全死了。这不是一种抱怨，因为我并不真正受其折磨。我知道生命必定有一场终结，精神生活在其它部分终结之前就可能终结。——你寄的套衫相当棒，也非常适合我。

代我向李问好，并祝雷好运。

感谢你的所有好意。

    充满深情的

      路德维希

我从鲍斯玛和基尔帕特里克那儿听说，你在多伦多提交了一篇非常好的论文。

  与一位哲学家一起吃苹果酱——按照马尔科姆的说法（《回忆路德维希·维特根斯坦》，第31页），这指的是鲍斯玛夫人自制的非常好的苹果酱。像彭伯利的客人们一样（简·奥斯汀的《傲慢与偏见》，卷3，第2章），他即使无法说话，他至少能够吃饭。

433. 致 N. 马尔科姆，[1951年2月6日之后]

> 剑桥
> 梯级路
> "梯级尽头"
> 今天。（我只知道这么多）

我亲爱的诺曼：

感谢你2月6日的来信。正如你看到的，我在剑桥；我和我的医生住在一起，他是一位极其善良的人，也是一位优秀的医生。我也去见这里的一位专家，我要再次做深部 X 射线治疗，这次是针对我的脊椎。我在牛津度过一段相当糟糕的日子，但是现在感觉好多了（没人知道原因是什么），我几乎没有疼痛与不适。——是的，鲍斯玛一家人像天使一样，安斯康姆小姐也是如此。我不确定我会在这里待多久。这取决于疾病如何发展。——我相信我写信告诉过你，我在生病之前打算去挪威，尝试在那里工作。我甚至已经购买了一张去卑尔根的船票。我不知道我是否会恢复到足够去做这件事；也许不会。在这种情况下我可能会离开这里回到牛津。目前我甚至无法考虑工作，而这并不重要，只要我别活得太久！不过我并没有沮丧。冯·赖特来看过我两次。如果他知道我在给你写信，他会给你送上最美好的祝福，斯麦瑟斯和安斯康姆小姐也会如此。

我希望我能再次与你、多尼和尼尔森交谈。但是即使我能够与你在一起，你也会发现我的头脑空空如也。（我在伊萨卡时，它已经空了一半。）请把我的问候带给多尼和尼尔森以及穆尼医生。

我喜欢想起她,当我谈论她时总是称赞她。——请代我向李和雷还有 C. 问好。

一如既往的,充满深情的
路德维希

434. 致 R. 里斯,1951 年 3 月 9 日

剑桥
梯级路 76 号
51 年 3 月 9 日

亲爱的里斯:

感谢你的来信。我大概一个月之前搬到剑桥,因为贝文医生(我现在和他一起住)建议我到阿登布鲁克医院做深部 X 射线治疗。比起在牛津那段真正糟糕的日子我现在疼痛减轻了许多。尽管这并不全归因于这项治疗,因为在我回到这儿之前疼痛就已减轻,如果没有减轻的话,我是无法完成旅行的。主持这项治疗的医生米切尔教授是一位有大量经验与智慧("这是医生的优秀素质")的癌症专家。我每天都起来一会儿,而且经常起来一整天。我身体上和精神上都非常虚弱,有各种各样的不适,但是只有很少的疼痛。——我非常希望 4 月 8 日左右能见你。我还不知道那时我会在哪里。是在这里还是在牛津。我们可以稍后安排时间、地点的细节。——这里的天气很糟糕:寒冷、风多且雨密。我几乎看不到

天气，因为我除了坐出租车去医院，其它所有时间都待在屋内。两周前，当时我尤其觉得好一点，我从阿登布鲁克医院散步去圣玛丽大教堂。也许等你来了我会有另一段好日子。——我读了很多的书，不只是侦探故事。

我盼望着与你相见。这封信愚蠢透了，但是还能怎样——

我希望你会有散步的好天气，总体上各方面都有好运。

您的

路德维希·维特根斯坦

阿登布鲁克医院——位于剑桥的医院，距离圣玛丽大教堂约一英里。

435. 致 R. 里斯，[1951年3月14日]

剑桥
梯级尽头76号
星期三

亲爱的里斯：

谢谢你的来信。这封信只是要告诉你这几天我觉得好多了。昨天和前天我都短距离地散了步，它们没有带来不良的后果。我猜想这样的改善可能是由于 X 射线治疗。——几天前我在《新政治家杂志》看到一篇书评，那本书似乎是一本论文集，作者是一些逻辑实证主义者：韦斯顿、赖尔、魏斯曼等人。那篇书评特别赞扬魏斯曼的一句直接来源于我的评论。每当我看到明显的偷窃我都非常厌恶；尽管到如今我真地应该完全习惯这样的事。我希望某个评论家会揭穿这些谎言。——我最近读的书是：D. H. 劳伦斯的"美国经典文学研究"（斯麦瑟斯借给我，我喜欢它，尽管在我看来似乎很幼稚和不成熟），哈曼的一些东西（它们对我来说太难），"莫比·迪克"（因为劳伦斯的一些启发性的评论我重读了一遍——读第二遍我从中得到更多），《旧约》的一小部分，扬准将的"隆美尔"（我确实喜欢它）——再见——

路德维希·维特根斯坦

一句直接来源于我的评论——参见信件436的注释。

哈曼——J. G. Hamann(1730 - 1788)，以北方的巫师著称。一位激烈反对启蒙的极具争议的宗教文化作家。路德维希·亨泽尔将其作品集的第二卷——*Schriften über Philosophie / Philologie / Kritik , 1758 - 1763* (Freiburg：Herder，1950)——当作圣诞礼物送给维特根斯坦。为了感谢他（在一封日期为1951年2月1日的信中），维特根斯坦称这本书很棒且令人印象深刻，尽管其中存在着希腊语和困难的拉丁语引文以及其它的理解障碍（暗指精神上的理解障碍）。他向德鲁利评论了如下假设，哈曼以这一假设说，这"就像上帝"在遇见亚当及其错误之前等待夜晚那样。

"莫比·迪克"——Moby Dick 或《白鲸记》，赫尔曼·麦尔维尔(1819－1891)的小说,出版于 1851 年。劳伦斯说了许多可能吸引维特根斯坦的东西,有时候批评麦尔维尔的说教,但是说道,"当他忘记了所有的读者,并给予我们他对世界的纯粹理解时,他是很棒的,他的书要求一种灵魂的宁静,一种敬畏"(D. H. 劳伦斯《美国经典文学研究》(Harmondsworth：Penguin,[1971]),第 154 页)。尽管他是极其象征主义的,麦尔维尔仍然能够"使其是一艘真正的捕鲸船,处于真正航行中的捕鲸船……他想要达到了形而上学方面的深度。而且他达到了比形而上学更深刻的程度"(第 159 页)。

436. 致 N. 马尔科姆,1951 年 3 月 19 日

剑桥

梯级路 76 号

51 年 3 月 19 日

亲爱的诺曼:

感谢你的来信。我现在感觉比一个月前好多了。我几乎没有任何疼痛。这一改善可能是由于我进行过几周深部 X 射线治疗(这一次不是我的肩膀而是我的脊椎接受射线治疗)。我当然非常虚弱,看上去这一情况毫无疑问将不会随着时间推移而有所好转。我几乎不认为你 52 年秋天来剑桥时我还活在世上。尽管如此,这事情谁也不知道。

顺便提一下,我一点儿也不沮丧。——我非常高兴你喜欢那

本写隆美尔的书。我最近把它又看了一遍,再次被其特别得体的写作方式所打动。这样的书少之又少。它的作者——在他不同意其他地位高的人的地方(例如在第 160 – 161 页)——非常谨慎地表达自己,但是人们总是知道他所想的以及如果他能尽情表达他会说的东西。——我看得出你在英格兰时如何安排雷这一问题是重要的,但是我完全无法给你任何建议。不过仍然有足够的时间考虑这一问题。我很高兴冯·赖特推荐了你。他几周之前告诉我这件事。——在某种意义上把雷带到欧洲来(尽管不是让他进入一所学校)可能是件好事,因为这会开阔他的眼界。但是另一方面这也可能封闭他的眼界,因此我完全不知道。——我昨天见到摩尔,我们讨论了哲学。但讨论并不好,因为我极其迟钝且恍惚。我独处的时候有时会清醒一点。——几天前我在《新政治家杂志》中看到一篇对两本哲学著作的赞美式评论。一本是一个叫图尔明的人写的,我认为你在剑桥时他来上过我的课;另一本似乎包含韦斯顿、魏斯曼、赖尔和其他江湖骗子的文章。我读的那篇评论尤其称赞魏斯曼的一句评论直接来源于我的讲座。我希望有一天看到一篇评论揭穿这些人的假面具。

替我向李问好,把我最美好的祝福带给所有在乎它们的人。

充满深情的
路德维希

图尔明——Stephen Toulmin(生于 1922 年)曾在剑桥学习但当时在牛津任教(他在那里传播了维特根斯坦的思想的一些知识)。之后,他与阿兰·詹尼克一起写过《维特根斯坦的维也纳》

(New York：Simon & Schuster，1973)一书,该书是最早阐明文化与历史背景在维特根斯坦思想形成中的作用的著作之一。

魏斯曼的一句评论——在1951年3月10日出版的《新政治家与民族》中,玛丽·斯克鲁顿评论了一本论文集《逻辑与语言》,由 A. G. N. 弗卢主编(Blackwell)。斯克鲁顿强调维特根斯坦对逻辑实证主义者(例如 A. J. 艾耶尔)以及该论文集中出现的"语言哲学家"的影响：

> 与艾耶尔一样,这些作者全都想要消除大量的传统废物：这通过显示看上去像是真正的争论的东西仅仅是关于语言混乱的云中之战。与他一样,他们大都认为他们的任务是写作清晰的英语,并且怀疑唬人的词语和专业术语。与他一样,他们从伟大的奥地利哲学家维特根斯坦那里获得他们的信条。"凡是可说的东西,"维特根斯坦说,"都可以明白地说。"如果是这样的话,很明显黑格尔和马克思、别尔嘉耶夫和海德格尔已经成功地几乎什么都没说。
> 然而,这些作者并没有像艾耶尔一样,强调维特根斯坦教导的否定的、排他的、天启的一面(……"凡是不可说的东西,人们必须对之沉默")。他们倾向于他的更宽容的建议,即每一种陈述都有其自身的逻辑。在福斯特先生告诉我们"只是联系"的地方,他们回答说"只是区别"。

该论文集的兴趣被认为不仅仅是学术的,而且拓展到"更人文的学科":

> 韦斯顿先生和魏斯曼博士展示了想象力。他们借助自己品位和感受的例子,把自己的推理清楚地展示给我们。他们恰当地引用(如图尔明先生一样)各种各样的小说;他们消除只关注于各种最无聊的幻想——平均的人(the Average Man)——的印象。例如我们可以注意,魏斯曼博士以如下的方式阐明了语言对我们思想的影响:关注如果某人的语言用一个动词——"天空变蓝了(the sky blues)"而不是一个形容词来表达颜色,这个人看待颜色的方式会有什么不同,并且探索这样的不同会如何改变某人的日常经验模式以及他的形而上学。这是一位知道如何看待事物的人。

使用颜色动词的这一例子不仅出现在魏斯曼的这篇文章("论可证实性"),也出现在他的《逻辑、语言、哲学》,G. P. Baker、B. McGuinness 和 J. Schulte 编(Stuttgart:Reclam,1976);英译本名为《语言哲学诸原则》。该例子没有出现于维特根斯坦的手稿,但是可能出现于 20 世纪 30 年代早期在维也纳的交谈。那时给出的一些来自俄语颜色词汇的例子,后来受到维特根斯坦的偏爱。

437. 致 R. 里斯，1951 年 3 月 30 日

剑桥
梯级路 76 号
51 年 3 月 30 日

亲爱的里斯：

非常感谢你寄给我那本关于日本的书。它昨天寄到，我立即开始阅读，先看开头然后看了中间一点内容。它非常吸引我。我不知道我是否一直喜欢它的写作方式。我当然无法从我目前读到的这一点分辨出来。我不知道我是否告诉过你，我见到一本我非常喜欢和钦佩的书。那是一本由一位准将德斯蒙德·扬撰写的名叫"隆美尔"的书。它是隆美尔的传记，描述了他在法国和非洲的功绩。它极其有趣，在我看来写得非常好，十分公正一点也不平庸。我想知道你对它的看法。——我大体上非常好，当然相当虚弱，并且偶尔会有轻微的疼痛。我**没有**理由抱怨！

我期待着与你见面。

再次感谢。一如既往的

路德维希·维特根斯坦

"隆美尔"——参见信件 431 与 435。

438. 致 N. 马尔科姆，1951 年 4 月 16 日

剑桥
梯级路 76 号
51 年 4 月 16 日

亲爱的诺曼：

感谢你的来信。除了某种持续的时强时弱的虚弱之外，这些天我感觉非常好。我这里的房间比牛津的房间要舒适得多。并不是有什么人可能比安斯康姆小姐对我更好；而且我在那里也非常开心，虽然我在生病。而是因为我一整天都醒着，所以我愿意在这里。谢谢你寄给我这本《康提基号》。我时常听人说起它，它一定很有趣。——我最近见过摩尔两次，和他进行了讨论。一次非常不好，另一次挺好的。不好的那次得由我的不好来负责。一件特别的事情发生在我身上。大概一个月之前我突然发现我自己处于适合做哲学研究的状态。我曾经完全认为我再也不会有能力做哲学研究。这是 2 年多来我头脑中第一次思路畅通。——当然，到目前为止我只工作了大约 5 周，它可能明天就会全部结束；但是现在它让我精神极其振奋。

我大部分时间都待在屋里，尤其因为天气相当糟糕而且非常寒冷，但是我能够出去进行短暂的散步。——如果一切正常的话，我想不久以后去牛津拜访斯麦瑟斯和鲍斯玛。

安斯康姆小姐送上她的美好祝福。请代我向所有人问好。

充满深情的
路德维希

代我向穆尼医生问好。我喜欢想起她。

康提基号——托儿·海尔达尔的《康提基号：木筏穿越太平洋》(Chicago：Rand McNally，1950)。

如果我一切正常的话——维特根斯坦去世于1951年4月29日。

439. 三一学院礼拜堂中的校友纪念碑

LVDOVICVS WITTGENSTEIN

HVIVS COLLEG II SOCIVS

In Academia Philosophiae per VIII Annos Professor

philosophandi novam viam multis monstravit

rationis ex vinculis orationis vindicandam esse

rerum naturam sic magis magisque pernosci

sensit atque exemplis docebat

verum adsequendo singulari integritate deditus

obit MCMLI aetatis suae LXIII

"路德维希·维特根斯坦，本学院研究员，任本大学哲学教授八年，向众人展示了一种新的哲学思考方式，并通过诸多例子感知和教导我们,推理应该免于语言的桎梏,由此产生关于实在本性的更加深远的认识。他极其罕见地完全献身于对真理的追求。他1951年于人生的第63个年头去世。"

三一学院校友纪念碑镶嵌在礼拜堂门厅的镶板上,在牛顿、培根以及该学院其他杰出校友的雕像之后。关于维特根斯坦的年龄有一个错误,我在译文中消除了这个错误。他去世时刚刚过完他的六十二岁生日。

参考文献

书信中提到的著作

在该部分中，每一条末尾的数字表示提到或暗含的信件。参考文献的详细内容只是指本版本实际确定的所指内容。

Ambrose, A., "Finitism in Mathematics", *Mind* 44 (1935), Part 1 (April), 186–203; Part 2 (July), 317–40 – 186–7.

Arnim, E., Countess von, *Elizabeth and her German Garden* – 95.

Bacon, F., *Novum Organum* – 349.

The Bible: An American Translation (Chicago: University of Chicago Press, 1931) – 337.

Bismarck, O., *Gedanken und Erinnerungen* – 381.

Braithwaite, R. B., "Philosophy", in Harold Wright (ed.), *University Studies Cambridge 1933* (London: Ivor Nicholson & Watson, 1933), pp. 1–32 – 158.

Busch, W., *Briefe an M. Andersen* – 418.

—— *Der Schmetterling* – 231, 305, 376, 378.

—— *Eduards Traum* – 231, 376.

Davis, N., *Rendezvous with Fear* (Cherry Tree Books) – 388.

Dickinson, G. Lowes, Dean Inge, H. G. Wells, J. B. S. Haldane, Sir Oliver Lodge, and Sir Walford Davies, *Points of View: A Series of Broadcast Addresses*, intro. and summing-up by G. Lowes Dickinson and supplementary letter by Sir Oliver Lodge (London: Allen & Unwin, 1930) – 147.

Dostoevsky, F., *The Brothers Karamazov* – 101, 370.

Ewing, A. C., "The Ethics of Punishing Germany", *Hibbert Journal* 43: 2 (January 1945), 99 – 106 – 323.

Fox, G., *The Journals of George Fox*, Everyman's Library no. 754 (London: Dent, [1926]) – 396.

Frege, G., *Über die Zahlen des Herrn H. Schubert* (Jena: Hermann Pohle, 1899) – 101.

Goethe, J. W. von, *Faust* – 2, 5.

—— *Iphigenie* – 34.

—— *Farbenlehre* [Theory of Colour] – 416, 417, 418.

Grimm, J. L. C., *Geschichte der deutschen Sprache* – 423.

—— and W. C. Grimm, *Kinder - und Hausmärchen* – 380, 387.

Hamann, J. G., *Schriften über Philosophie / Philologie / Kritik, 1758 – 1763* (Freiburg: Herder, 1950) – 435.

Hammitt, D., *The Thin Man* – 280.

Hardy, G. H., *A Mathematician's Apology* (Cambridge: Cambridge University Press, 1940) – 265.

Hertz, H., *Principles of Mechanics* – 246.

Heyderdahl, T., *Kon-Tiki: Across the Pacific by Raft* (Chicago: Rand McNally, 1950) – 438.

Hilbert, D. and P. Bernays, *Grundlagen der Mathematik* (Berlin: Springer, 1934) – 176.

James, W., *Varieties of Religious Experience* – 2.

—— *Principles of Psychology* – 317.

Johnson, Dr S., *Prayers and Meditations* – 279, 336, 338.

—— *Life of Pope* – 336.

Johnson, W. E., *Logic*, part III (Cambridge: Cambridge University Press, 1924) – 103.

Kant, I., *Kritik der reinen Vernunft* – 82.

Keller, G., "Hadlaub", in *Züricher Novellen* – 305.

Keynes, J. M., *A Short View of Russia* (London: Hogarth Press, 1925) –

115.

——*Treatise on Probability* (London: Macmillan, 1921) – 61, 105.

——*The Economic Consequences of the Peace* (London: Macmillan, 1919) – 105, 106.

——*A Revision of the Treaty* (London: Macmillan, 1922) – 105.

——*A Tract on Monetary Reform* (London: Macmillan, 1923) – 105.

—— "Reconstruction in Europe", *Manchester Guardian Commercial* (18 May 1922) – 98.

Kierkegaard, S., *The Works of Love* – 380.

Lawrence, D. H., *Studies in Classic American Literature* (London: Martin Secker, 1933) – 435.

Lessing, G. E., *Religiöse Streitschriften* – 94, 95.

Lichtenberg, G. C., *Ausgewählte Schriften*, ed. Eugen Reichel (Leipzig: Reclam, 1879) – 20.

Malcolm, N., "Are Necessary Propositions Really Verbal?", *Mind* 49 (April 1940), 189 – 203 – 290.

Melville, H., *Moby Dick; or, The White Whale* – 435.

Meyer, C. F., "Das heilige Feuer", in *Gedichte* – 291, 292.

Montgomery Hyde, H. (ed.), *The Trials of Oscar Wilde: Regina (Wilde) v. Queensberry, Regina v. Wilde and Taylor* (London: W. Hodge, 1948) – 424.

Moore, G. E., *Principia Ethica* (Cambridge: Cambridge University Press, 1903) – 1.

—— "On the Nature and Reality of Objects of Perception", *Proceedings of the Aristotelian Society*, n.s. 6 (1905 – 6), 68 – 127 – 25.

Newman, J. H., *Apologia pro Vita Sua* – 321.

——*A Grammar of Assent* – 321.

Ogden C. K. and I. A. Richards, *The Meaning of Meaning* (London: Kegan Paul, 1923) – 97, 103.

Planck, M., "The Concept of Causality", *Proceedings of the Physical Society of London* (September 1932) – 147.

Prescott, W. H., *History of the Conquest of Mexico* – 380.

Ramsey, F. P., "*Tractatus Logico-Philosophicus*" (Critical Notice), *Mind*

32 (1923), 465 – 78 – 101.

—— "The Foundations of Mathematics", *Proceedings of the London Mathematical Society*, ser. 2, 125: 5 (1925), 338 – 84 – 113.

Rhine, J. B., "Can the Mind Span Space and Time?", *Listener*, 43 (19 October 1950) – 428.

Ritchie, A. D., *Scientific Method* (London: Kegan Paul, 1923) – 97.

Russell, B., *Introduction to Mathematical Philosophy* (London: Allen & Unwin, 1919) – 59.

—— *Philosophical Essays* (London: Longmans Green, 1910) – 1.

—— "The Relation of Sense-Data to Physics", *Scientia* (16 July 1914) – 44.

—— *The ABC of Atoms* (London: Kegan Paul, Trench, Trubner, 1923) – 100.

—— with D. Russell, *The Prospects of Industrial Civilization* (London: Allen & Unwin, 1923) – 100.

—— with A. N. Whitehead, *Principia Mathematica*, 3 vols (Cambridge: Cambridge University Press, 1910) – 28, 49, 103.

Ryle, G., *The Concept of Mind* (London: Hutchinson's University Library, 1949) – 420.

Schilpp, P. (ed.), *The Philosophy of G. E. Moore*, Library of Living Philosophers (Evanston and Chicago: Northwestern University, 1942) – 291, 308.

Schlick, M., *Allgemeine Erkenntnislehre* (Berlin: Springer, 1918, 1925) – 114.

Scrutton, M., *Review of Logic and Language*, ed. A. G. N. Flew, *New Statesman and Nation* (10 March 1951) – 435, 436.

Smythies, Y., *Review of History of Western Philosophy* by Bertrand Russell, *Changing World*, 1 (Summer 1947), 72 – 81 – 369.

Tolstoy, L., *Hadji Murad* – 6, 339, 330, 335.

—— *Resurrection* – 320.

Toynbee, A. J., *Study of History* (Oxford: D.C. Sumervell, 1946) – 427.

Turing, A. M., "Computing Machinery and Intelligence", *Mind* 59 (October 1950), 433 – 60 – 429.

Volterra, V., "The Theory of Functionals" – 150.

Waismann, Friedrich, *Einführung in das mathematische Denken* (Vienna: Springer, 1936) – 213.

Watson, W. H., *On Understanding Physics* (Cambridge: Cambridge University Press, 1938) – 213.

Weininger, O., *Sex and Character* (London: Heinemann, 1906) – 141.

Wittgenstein, L., "Logik" – 37, 40, 41.

—— "Logisch-Philosophische Abhandlung" – 56.

——*Philosophische Bemerkungen* – 127, 129.

—— "Some Remarks on Logical Form", *Proceedings of the Aristotelian Society*, supplementary vol. 9 (1929), 162 – 71 – 125, 158.

——*Tractatus Logico-Philosophicus*, ed. C. K. Ogden (London: Kegan Paul, 1922) – 80 – 99 passim, 100, 101, 105, 107, 118, 129, 152, 160, 363.

Wright, G. H. von, *The Logical Problem of Induction* (Helsingfors: Finnish Literary Society, 1941) – 361.

Wu C., *Monkey*, trans. from Chinese by Arthur Waley (New York: Grove Press 1943) – 368.

Young, D., *Rommel* (London: Collins, 1950) – 414, 418 – 20.

导言和注释中提到的著作

Ambrose, A., "Finitism in Mathematics", *Mind* 44 (1935), Part I (April), 186 – 203; Part II (July), 317 – 40.

—— and M. Lazerowitz (eds), *Ludwig Wittgenstein: Philosophy and Language* (London: Allen & Unwin, 1972).

Austen, J., *Pride and Prejudice*.

Austin, J. L., "Performative Utterances", in *Philosophical Papers* (Oxford: Oxford University Press, 1961).

——*How to do Things with Words* (Oxford: Oxford University Press, 1962).

Baker, G. and P. M. S. Hacker (eds), *An Analytical Commentary on the Philosophical Investigations*, vol. 1: *Wittgenstein, Understanding and Meaning* (Oxford: Blackwell, 1980).

The Bible: An American Translation (Chicago: University of Chicago Press, 1931).

Black, M., *The Nature of Mathematics* (London: Kegan Paul, 1933).

—— *A Companion to Wittgenstein's Tractatus* (Ithaca, NY: Cornell University Press, 1964).

Blackwell, K., Editor's Note, *Russell*, old ser., 12 (1973), 11–13.

Bosanquet, B., *Logic*, 2nd edn (Oxford: Oxford University Press, 1911).

Bouwsma, O. K., *Wittgenstein: Conversations 1949–1951*, ed. J. L. Craft and R. E. Hustwit (Indianapolis: Hackett, 1986).

Braithwaite, R. B., "Philosophy", in Harold Wright (ed.), *University Studies Cambridge 1933* (London: Ivor Nicholson & Watson, 1933), pp. 1–32.

—— *The State of Religious Belief* (London: Hogarth Press, 1927).

Broad, C. D., "Letters from Finland", *Cambridge Review* (1939–40).

Busch, W., *Der Schmetterling*.

—— *Eduards Traum*.

—— *Briefe an M. Andersen*.

Chambers Encyclopedia, new edn, vol. 14 (London: George Newnes, 1950).

Clark, R. W., *Life of Bertrand Russell* (London: Cape and Weidenfeld & Nicolson, 1975).

Conradi, P. J., *Iris Murdoch: A Life* (London: HarperCollins, 2001).

Copi, I. M. and R. M. Beard (eds), *Essays on Wittgenstein's Tractatus* (London: Routledge & Kegan Paul, 1966).

Davis, N., *Rendezvous with Fear* (American title: *The Mouse in the Mountain*).

Dostoevsky, F., *The Brothers Karamazov*.

Drury, M. O'C., "Introduction", in *The Danger of Words and Writings on Wittgenstein* (Bristol: Thoemmes Press, 1996).

—— "Conversations with Wittgenstein", in R. Rhees (ed.), *Ludwig Wittgenstein: Personal Recollections* (Oxford: Blackwell, 1981), pp. 91–189; rev. edn, *Recollections of Wittgenstein* (Oxford: Oxford University Press, 1984), pp. 76–171.

Edmonds, D. and J. Eidinow, *Wittgenstein's Poker* (London: Faber, 2001).

Engelmann, P., *Letters from Ludwig Wittgenstein with a Memoir*, ed. B. McGuinness (Oxford: Blackwell, 1967).

Erkenntnis, "Die wissenschaftliche Sprache: Vierter internationaler Kongress für Einheit der Wissenschaft in Cambridge 1938 Vorträge", *Erkenntnis* 7 (1937-8), 135-422.

Ewing, A. C., "The Ethics of Punishing Germany", *Hibbert Journal* 43: 2 (January 1945), 99-106.

Feigl, H., "The Wiener Kreis in America", in *Perspectives in American History*, vol. II (Cambridge, Mass.: Harvard University Press, 1968).

Flindell, E. F., "Ursprung und Geschichte der Sammlung Wittgenstein im 19. Jahrhundert", *Musikforschung* 22 (1969), 298-313.

Fox, G., *The Journals of George Fox*, Everyman's Library no. 754 (London: J. M. Dent, [1926]).

Frege, G., *Translations from the Philosophical Writings of Gottlob Frege*, ed. P. T. Geach and M. Black (Oxford: Blackwell, 1952).

——*Collected Papers*, ed. B. McGuinness (Oxford: Blackwell, 1984).

Galavotti, M.-C. (ed.), *Cambridge and Vienna: Frank P. Ramsey and the Vienna Circle* (Dordrecht: Springer, 2006).

Goethe, J. W. von, *Faust*, part I, trans. D. A. Luke (Oxford: Oxford University Press, 1987).

——*Farbenlehre* [Theory of Colour].

Grattan-Guinness, I., "Russell and Karl Popper: Their Personal Contacts", *Russell* 12: 1 (1992), 3-18.

Hamann, J. G., *Schriften über Philosophie/Philologie/Kritik, 1758-1763* (Freiburg: Herder, 1950).

Hardy, G. H., *A Mathematician's Apology* (Cambridge: Cambridge University Press, 1940).

——*A Course of Pure Mathematics*, 5th edn (Cambridge: Cambridge University Press, 1928).

Harrod, R. F., *The Life of John Maynard Keynes* (London: Macmillan, 1951).

Heal, J., "Moore's Paradox: A Wittgensteinian Approach", *Mind* 103 (January 1994), 5–24.

Hertz, H., *Principles of Mechanics*, ed. P. E. A. Lenard (London: Macmillan, 1899; New York: Dover, 1956).

Heyderdahl, T., *Kon-Tiki: Across the Pacific by Raft* (Chicago: Rand McNally, 1950).

Hilbert, D. and P. Bernays, *Grundlagen der Mathematik* (Berlin: Springer, 1934).

Hilmy, S., *The Later Wittgenstein* (Oxford: Blackwell, 1987).

Hurst, C. C., *The Mechanism of Creative Evolution* (Cambridge: Cambridge University Press, 1932).

Ignatieff, M., *Isaiah Berlin* (London: Chatto & Windus, 1998).

James, W., *The Varieties of Religious Experience* (London: Longmans, Green & Co., 1902).

——*Principles of Psychology* (London: Macmillan, 1890).

Janik, A., "Assembling Reminders", in *The Genesis of Wittgenstein's Concept of Philosophy* (Stockholm: Santerus, 2006).

Joad, C. E. M., "Appeal to Philosophers", *Proceedings of the Aristotelian Society* 40 (1939–40).

Johnson, Dr S., *Prayers and Meditations*, 3rd edn (London: H. R. Allenson, [1826/7]).

Johnson, W. E., *Logic*, 3 parts (Cambridge: Cambridge University Press, 1921, 1922, 1924).

Keller, G., "Hadlaub", in *Züricher Novellen*.

Kenny, A. J. P., *The Legacy of Wittgenstein* (Oxford and New York: Blackwell, 1984).

Keynes, J. M., *A Short View of Russia* (London: Hogarth Press, 1925).

——*Treatise on Probability* (London: Macmillan, 1921).

——*The Economic Consequences of the Peace* (London: Macmillan, 1919).

——*A Revision of the Treaty* (London: Macmillan, 1922).

——*A Tract on Monetary Reform* (London: Macmillan, 1923).

——"Reconstruction in Europe", *Manchester Guardian Commercial* (18 May 1922).

Kierkegaard, S. , *The Works of Love*, trans. D. F. and L. M. Swenson (Princeton: Princeton University Press, 1946).

Kinlen, L. , "Wittgenstein in Newcastle", *Northern Review* 13 (2003 - 4), 1 - 30.

Klagge, J. C. and A. Nordmann (eds), *Wittgenstein: Philosophical Occasions* (Indianapolis and Cambridge: Hackett, 1993).

Koder, J. , "Verzeichnis der Schriften Ludwig Wittgensteins im Nachlass Rudolph und Elisabeth Koder", *Mitteilungen aus dem Brenner-Archiv* 12 (1993), 52 - 4.

Lawrence, D. H. , *Studies in Classic American Literature* (Harmondsworth: Penguin, [1971]).

Levy, P. , *Moore* (London: Weidenfeld & Nicolson, 1979).

Lewy, C. , "A Note on the Text of the Tractatus", *Mind* 76 (1967), 417 - 23.

Lichtenberg, G. C. , *Ausgewählte Schriften* (the selection by Eugen Reichel) (Leipzig: Reclam, 1879).

Littlewood, J. E. , *Littlewood's Miscellany*, rev. edn by Béla Bollobás (Cambridge: Cambridge University Press, 1986); originally *A Mathematician's Miscellany* (London: Methuen, 1953).

Macdonald, M. , "Induction and Hypothesis", *Aristotelian Society*, supplementary vol. 17 (1937), 30.

Mach, E. , *Principles of the Theory of Heat*, Vienna Circle Collection (Dordrecht: Reidel, 1986).

Malcolm, N. , "Are Necessary Propositions Really Verbal?", *Mind* 49 (April 1940), 189 - 203.

—— *Ludwig Wittgenstein: A Memoir* (London: Oxford University Press, 1958; 2nd edn 1984).

—— "Moore and Ordinary Language", in *The Philosophy of G. E. Moore*, ed. Paul Schilpp, Library of Living Philosophers (Evanston and Chicago: Northwestern University, 1942).

McGuinness, B. , "The Brothers Wittgenstein", in Suchy et al. (eds), *Empty Sleeve* (Innsbruck: Studienverlag, 2006), pp. 53 - 66.

—— *Wittgenstein: A Life*, vol. 1: *Young Ludwig, 1889 - 1921* (Berkeley:

University of California Press, 1988; London: Penguin, 1990); reissued as *Young Ludwig* (Oxford: Clarendon Press, 2005).

—— "Wittgenstein and Ramsey", in M. C. Galavotti (ed.), *Cambridge and Vienna: Frank P. Ramsey and the Vienna Circle* (Dordrecht: Springer, 2006), pp. 19 – 28.

—— (ed.), *Wittgenstein and his Times* (Oxford: Blackwell, 1982; Bristol: Thoemmes, 1998).

—— (ed.), *Approaches to Wittgenstein: Collected Papers* (London: Routledge, 2002).

—— and C. Vrijen, "First Thoughts: An Unpublished Letter from Gilbert Ryle to H. J. Paton", *British Journal for the History of Philosophy* 14: 4 (2006), 747 – 56.

—— with G. von Wright (ed.), *Cambridge Letters* (Oxford: Blackwell, 1995).

Melville, H., *Moby Dick; or, The White Whale*.

Menger, K., *Reminiscences of the Vienna Circle*, ed. B. McGuinness, L. Golland, and A. Sklar (Dordrecht and Boston: Kluwer, 1994).

Monk, Ray, *Ludwig Wittgenstein: The Duty of Genius* (London: Vintage, 1991).

Montgomery Hyde, H. (ed.), *The Trials of Oscar Wilde: Regina (Wilde) v. Queensberry, Regina v. Wilde and Taylor* (London: W. Hodge, 1948).

Moore, G. E., "Certainty", in *Philosophical Papers* (London and New York: Allen & Unwin, 1959).

—— *Principia Ethica* (Cambridge: Cambridge University Press, 1903).

—— *The Philosophy of G. E. Moore*, ed. P. Schilpp, Library of Living Philosophers (Evanston and Chicago: Northwestern University, 1942).

—— *Selected Writings*, ed. T. Baldwin (London and New York: Routledge, 1993).

Murdoch, I., *Under the Net: A Novel* (London: Chatto & Windus, 1954).

Pinsent, D. H., *A Portrait of Wittgenstein as a Young Man: From the Diary of David Hume Pinsent 1912 – 1914*, ed. G. H. von Wright, intro. Anne Pinsent Keynes (Oxford: Blackwell, 1990).

Popper, K. R., *The Open Society and its Enemies* (London: Routledge and Kegan Paul, 1945).

—— *The Philosophy of Karl Popper*, ed. P. Schilpp, Library of Living Philosophers (LaSalle, Ill.: Open Court, 1974).

Price, H. H., "Universals and Resemblances", in *Thinking and Experience* (London: Hutchinson, 1953).

Quinton, Anthony, "Russell, B. A. W." in *Dictionary of National Biography 1961 – 1970* (Oxford: Oxford University Press, 1981), 901 – 908.

Ramsey, F. P., "*Tractatus Logico-Philosophicus*" (Critical Notice), *Mind* 32 (1923), 465 – 78; repr. in Ramsey, *The Foundations of Mathematics* (London: Kegan Paul, 1931).

—— "The Foundations of Mathematics", *Proceedings of the London Mathematical Society*, ser. 2, 125: 5 (1925), 338 – 84; repr. in *The Foundations of Mathematics*, ed. R. B. Braithwaite (London: Kegan Paul, 1931).

—— *Notes on Philosophy, Probability and Mathematics*, ed. M. C. Galavotti (Naples: Bibliopolis, 1991).

Redpath, T., *Ludwig Wittgenstein: A Student's Memoir* (London: Duckworth, 1990).

Reich, H., "Rediscovered Score Pianist's Last Legacy", *Chicago Tribune* (11 August 2002).

Rhees, R. (ed.), *Ludwig Wittgenstein: Personal Recollections* (Oxford: Blackwell, 1981); rev. edn, *Recollections of Wittgenstein* (Oxford: Oxford University Press, 1984).

Rhine, J. B., "Can the Mind Span Space and Time?", *Listener* 43 (19 October 1950).

Ritchie, A. D., *Scientific Method* (London: Kegan Paul, 1923).

Russell, B., *Introduction to Mathematical Philosophy* (London: Allen & Unwin, 1919).

—— "Mysticism and Logic", *Hibbert Journal* 12 (1914); repr. in *Mysticism and Logic and Other Essays* (London: Longmans Green, 1918).

—— *Our Knowledge of the External World as a Field for Scientific Method in Philosophy* (Chicago and London: Open Court, 1914).

―― "The Elements of Ethics" and "The Free Man's Worship", in *Philosophical Essays* (London: Longmans Green, 1910).

―― *The Autobiography of Bertrand Russell* (London: Allen & Unwin, 1967).

―― *The ABC of Atoms* (London: Kegan Paul, 1923).

―― "The Limits of Empiricism", *Proceedings of the Aristotelian Society* 36 (1935 – 6), 131 – 50.

―― *Collected Papers*, vol. 7: *Theory of Knowledge: The 1913 Manuscript*, ed. E. Ramsden Eames with K. Blackwell (London: Allen & Unwin; Boston: Sydnes, 1983); first six chapters also in the *Monist* (January 1914 – April 1915).

―― "The Relation of Sense-Data to Physics", *Scientia* (16 July 1914); repr. in *Mysticism and Logic and Other Essays* (London: Longmans Green, 1918).

―― and D. Black, *The Prospects of Industrial Civilisation* (London: Allen & Unwin, 1923).

―― and A. N. Whitehead, *Principia Mathematica*, 3 vols (Cambridge: Cambridge University Press, 1913; 2nd edn 1927).

Ryan, A., *Russell: A Political Life* (London: Allen Lane, 1988).

Ryle, G., Review of *Open Society and its Enemies* by K. R. Popper, *Mind* (1947), 167 – 72.

―― *The Concept of Mind* (London: Hutchinson's University Library, 1949).

―― "The Genesis of 'Oxford' Philosophy", *Linacre Journal* 3 (1970) 109.

―― "Unverifiability by Me", *Analysis* 4 (1936 – 7), 1 – 11.

Schlick, M., *Allgemeine Erkenntnislehre*, 2 vols (Berlin: Springer, 1918, 1925); English translation, *The General Theory of Knowledge* (Vienna and New York: Springer, 1974).

Schulte, J., *Experience and Expression* (Oxford: Oxford University Press, 1993).

―― "The Pneumatic Conception of Thought", *Grazer Philosophische Studien* 71 (2006), 39 – 55.

Scrutton, M., Review of *Logic and Language*, ed. A. G. N. Flew, *New*

Statesman and Nation (10 March 1951).

Sen, A., "Sraffa, Wittgenstein, and Gramsci", *Journal of Economic Literature* 41 (2003), 1240 – 55.

Shosky, J., "Russell's Use of Truth Tables", *Russell*, n.s. 17 (1997), 11 – 26.

Skidelsky, R., *John Maynard Keynes*, 2 vols (London: Macmillan, 1983, 1992).

Smythies, Y., Review of *History of Western Philosophy* by Bertrand Russell, *Changing World*, 1 (Summer 1947), 72 – 81.

Snow, C. P., Obituary Notice of Ivor Hickman, *Christ's College Magazine* (1939).

Somavilla, I., A. Unterkircher, and C. P. Berger (eds), *Ludwig Hänsel – Ludwig Wittgenstein: Eine Freundschaft* (Innsbruck: Hayman, 1994).

Sotheby, "The Salzer Collection: Fine Music and Continental Manuscripts" (London, 17 May 1990).

Spadoni, C. and D. Harley, "Bertrand Russell's Library", *Journal of Library History, Philosophy and Comparative Librarianship*, 20: 1 (Winter 1985), 43 – 4.

Spengler, O., *Der Untergang des Abendlandes* (Munich: Beck, 1923); English translation, *Decline of the West*, trans. C. F. Atkinson (London: Allen & Unwin, 1932).

Stadler, F., *The Vienna Circle: Studies in the Origins, Development, and Influence of Logical Positivism* (Berlin: Springer, 2001).

Suchy, I., A. Janik and G. Predota (eds), *Empty Sleeve: Der Musiker und Mäzen Paul Wittgenstein* (Innsbruck: Studienverlag, 2006).

Thouless, R., *Straight Thinking in Wartime* (London: Hodder & Stoughton, 1942).

Tolstoy, L., "The Gospel in Brief", in *A Confession, etc.* (London: World's Classics, 1940).

—— "Hadji Murad", in *Iván Ilých and Hadji Murád* (London: World's Classics 1935).

Toulmin, S. and A. Janik, *Wittgenstein's Vienna* (New York: Simon & Schuster, 1973).

Tovey, D. F., "Mozart, Wolfgang" and "Beethoven, Ludwig van", articles *sub vocibus* in *Encyclopaedia Britannica*, 11th edn (Cambridge: Cambridge University Press, 1910-11).

Toynbee, A. J., Study of History (Oxford: D.C. Sumervell, 1946).

Turing, A. M., "Computing Machinery and Intelligence", *Mind* 59 (October 1950), 433-60.

Waismann, F., *Einführung in das mathematische Denken* (Vienna: Springer, 1936).

—— "On Verifiability", in A. G. N. Flew (ed.), *Logic and Language* (Oxford: Blackwell, 1951).

—— *The Principles of Linguistic Philosophy*, ed. R. Harré (London: Macmillan, 1965); 2nd edn, ed. G. P. Baker and R. Harré (London: Macmillan, 1997); German original, *Logik, Sprache,*

Philosophie, ed. G. P. Baker, B. McGuinness, and J. Schulte (Stuttgart: Reclam, 1976).

—— *Wittgenstein and the Vienna Circle*, conversations recorded by F. Waismann, ed. B. F.

McGuinness, trans. with J. Schulte (Oxford: Blackwell, 1978); original edn, *Wittgenstein und der Wiener Kreis*, ed. B. McGuinness (Oxford: Blackwell, 1967).

Watson, A. G. D., "Mathematics and its Foundations", *Mind* 47 (1938), 440-51.

Watson, W. H., *On Understanding Physics* (Cambridge: Cambridge University Press, 1938); 2nd edn, *Understanding Physics Today* (Cambridge: Cambridge University Press, 1963).

Weininger, O., *Sex and Character* (London: Heinemann, 1906).

Wijdeveld, P., *Ludwig Wittgenstein: Architect* (London and New York: Thames & Hudson, 1994).

Wittgenstein, L., *The Big Typescript: TS 213*, ed. C. Grant Luckhardt and M. Aue (Oxford: Blackwell, 2005).

—— *The Blue and Brown Books*, ed. R. Rhees (Oxford: Blackwell, 1958).

—— *On Certainty*, ed. G. E. M. Anscombe (Oxford: Blackwell, 1969).

—— *Culture and Value*, ed. G. H. von Wright, rev. 2nd edn, trans. P.

Winch (Oxford: Blackwell, 1980); German text in *Vermischte Bemerkungen*, rev. edn (Frankfurt: Suhrkamp, 1994).

——*Denkbewegungen*, *Tagebücher 1930 - 1932/1936 - 1937*, ed. Ilse Somavilla (Innsbruck: Haymon, 1997).

——"Eine philosophische Betrachtung", in *Schriften*, vol. 5, ed. R. Rhees (Frankfurt: Suhrkamp, 1970).

——*Familienbriefe*, ed. B. McGuinness, M. C. Ascher, and O. Pfersmann (Vienna: Hölder-Pichler-Tempsky, 1996).

——*Letters to C. K. Ogden with Comments on the English Translation: Tractatus Logico Philosophicus*, ed. G. H. von Wright (Oxford: Blackwell, 1973).

——*Ludwig Wittgenstein: Briefwechsel*, Innsbrucker elektronische Ausgabe, InteLex Past Masters (2004).

——*Notebooks 1914 - 1916*, with appendix "Notes dictated to G. E. Moore in Norway", 2nd edn, ed. G. E. M. Anscombe and G. H. von Wright (Oxford: Blackwell, 1979).

——*Philosophische Bemerkungen*, ed. R. Rhees (Oxford: Blackwell, 1964).

——*Philosophische Grammatik* (Oxford: Blackwell, 1969).

——*Philosophical Investigations*, ed. G. E. M. Anscombe and R. Rhees (Oxford: Blackwell, 1953).

——*Philosophical Occasions*, ed. James C. Klagge and A. Nordmann (Indianapolis and Cambridge: Hackett, [1993]).

——*Philosophische Untersuchungen*, Kritisch-Genetische Edition by J. Schulte (Frankfurt: Suhrkamp, 2001).

——*Prototractatus*, ed. B. McGuinness, T. Nyberg, and G. H. von Wright (London: Routledge, 1971).

——*Remarks on Colour*, ed. G. E. M. Anscombe (Oxford: Blackwell, 1977).

——*Remarks on the Philosophy of Psychology*, vol. 2, ed. G. H. von Wright and H. Nyman (Oxford: Blackwell, 1980).

——*Schriften*, vol. 4: *Briefe, Briefwechsel mit B. Russell, etc.*, ed. B. McGuinness and G. H. von Wright (Frankfurt: Suhrkamp, 1980).

—— "Some Remarks on Logical Form", *Proceedings of the Aristotelian Society*, supplementary vol. 9 (1929), 162–71.

—— *Tractatus Logico-Philosophicus*, ed. C. K. Ogden (London: Kegan Paul, 1922).

—— *Wittgenstein's Lectures: Cambridge 1930–1932: From the Notes of John King and Desmond Lee*, ed. H. D. P. Lee (Oxford: Blackwell, 1980).

—— *Wittgenstein's Lectures: Cambridge 1932–1935*, ed. A. Ambrose (Oxford: Blackwell, 1979).

—— *Wittgenstein's Lectures on Philosophical Psychology 1946–1947*, notes by P. T. Geach, K. J. Shah, and A. C. Jackson, ed. P. T. Geach (New York: Harvester-Wheatsheaf, 1988).

Wright, G. H. von, *The Logical Problem of Induction* (Helsingfors: Finnish Literary Society, 1941).

—— *Wittgenstein* (Oxford: Blackwell, 1982).

Wu C., *Monkey*, trans. from Chinese by Arthur Waley (New York: Grove Press, 1943).

Young, D., *Rommel* (London: Collins, 1950).

Young L. C., Obituary of H. D. Ursell, *Bulletin of the London Mathematical Society* 20 (1970), 344–6.

通信者和文件来源索引

（数字为原书页码,即本书边码）

Ambrose, A.安布罗斯 176-177,
183,186,210
Bachtin, N 巴赫金 205
Bell, J. 贝尔 126,130
Braithwaise, R. B.布雷斯威特
131
Cartwright, M. L.卡特赖特 155
Clapham, J. H.克兰普汉姆 270
Council of Trinity College 三一学
院委员会 129,133
Coxeter, H. S. M.考克斯特 166
-167
Curtis, Miss 克蒂斯小姐 324
Drury, M. O'C. 德鲁利 214
Goodstein, L.古德斯泰因 295
Kegen Paul 凯根·保罗 157
Keynes, J. M. 凯恩斯 9,15,16,
45-47,57,58,61,98,105,108-
112,115,116,119,122,190-
193,219,229,239,241-243
Littlewood, J. E.李特尔伍德 133
Maclagan, W. G.麦克兰根 351
Malcolm, N. 马尔科姆 271,274,
277, 284, 293, 305, 308 - 309,
320, 325, 330, 334 - 338, 340,
343, 345 - 346, 350, 380, 382,
385, 387 - 388, 390, 393, 396 -
397, 399 - 401, 404, 406, 408,
411, 413 - 414, 416, 420 - 422,
426,429,431-433,436,438
Mind 《心》 158
Moore, G. E.摩尔 24,29,31,35,
37,39-41,43,123,124,127,134
-136,141,158-159,161,164,
178,187-188,196,201-204,
207,212,215,235-236,240,291
-292,316,319,331-333,353,
357,359-360,374,394-395
Moral Science Club (minutes)道德
科学俱乐部（备忘录） 7,120,
121, 189, 238, 245 - 246, 266,
273,285,290,327,339,342,344,
355,358
Moral Science Faculty Board (minutes)道德科学学院董事会（备忘录） 297,299,326,373

Ogden, C. K. 奥格登　160
Pattison, G. 帕蒂森　218
Priestley, R. E. 普里斯特利　137, 181, 185
Ramsey, F. P. 拉姆塞　99-104, 107, 113-114, 117-118
Redpath, R. 雷德帕斯　218
Rhees, R. 里斯　227, 230, 233-234, 252, 261, 272, 281, 288, 304, 306, 310-311, 317-318, 321, 323, 328-329, 348-349, 352, 354, 356, 365, 377, 379, 384, 386, 389, 392, 399, 412, 415, 418, 424, 434-435, 437
Russell, B. 罗素　1-6, 8, 10-14, 17-23, 25-28, 30, 32-34, 36, 38, 42, 44, 48-56, 59-60, 62-97, 125, 128-129, 197, 199
Sartain, W. J. 萨廷　303
Saunders, J. T. 桑德斯　223-225, 198, 301-302, 307, 312-313, 315, 367-368
Smythies, Y. 斯麦瑟斯　314, 369
Sraffa, P. 　139, 144, 169-175, 184, 194-195, 200, 208-209, 211, 216-217, 220-222, 226, 232, 237, 244, 249-250, 252-258, 260, 265, 280, 289, 296, 300, 322, 341, 372, 375, 409-410, 425, 428
Stevenson, C. L. 斯蒂文森　162, 165, 179, 182
Taylor, J. 泰勒　231, 247, 347
Thomson, G. 汤姆森　206
Thomson, J. J. 汤姆森　138
Townsend, R. 汤森　254, 262, 264, 275, 279, 286
Trinity Mathematical Society 三一数学学会　132, 268
Venn, J. A. 韦恩　294
Watson, W. H. 沃森　140, 142-143, 145-154, 156, 163, 168, 180, 198, 213, 228, 251, 276, 278, 282-283
Wisdom, J. 韦斯顿　267, 372-374
Wright, G. H. von 冯·赖特　248, 253, 257, 263, 269, 287, 361, 366, 370-371, 376, 378, 381, 383, 402-403, 405, 407, 417, 419, 423, 427, 430

索　引

（数字表示信件数字；
斜体印刷的数字表示导论的页码，即中译本边码。）

ab-functions, ab-notations ab－函数，ab－记法　26－28,30
Adrian, E. D.阿德里安　250
Ambrose, A.安布罗斯　155,166, 178,179－182,186,187－188, 200,204,231
analysis 分析　11,14,290
Angelus Silesius 安哥拉思·西勒辛思　75
Anscombe, G. E. M.安斯康姆　23,321,324,339,374,381,385, 393,395,403－404,419－420, 422－423,429,433,438
Apostles, The, see Society, The 使徒会,见协会
apparent variables 显变量　2,4－6,19,28
Aristotle 亚里士多德　266
Arnim, Countess E. von　E.冯·阿尼姆伯爵夫人　93,95
Arnold, M.　阿诺德　126
atomic, see facts, propositions, complexes　原子的,见事实,命题,复合物
Augustine, St.圣奥古斯丁　3,146
Austin, J. L.奥斯汀　316,359
Austria, annexation of, *Anschluss* 奥地利的吞并　1,10,214,216－220,235
axioms (of reducibility, of infinity, multiplicitive)（可还原性、无穷、乘法）公理　19,28,30,62,101,103
Ayer, A. J.艾耶尔　406

Bach, J. S.巴赫　182
Bachtin, M.巴赫金　8,185
Bachtin, N.巴赫金　8,185,205
Bacon, F.培根　417,438
Baldwin, S.鲍德温　150
Baldwin, T.鲍德温　316,339
Bedeutung 指谓　26－27
Beethoven, L. van 贝多芬　1,5, 275,287,332,408

Békássy, F. 贝卡塞 46
belief 信念
    not a relation 信念不是一种关系 49
    "p but I do not believe p" "p,但我相信 p" 316,339
Bell, H. 贝尔 7-8,126,130
Belloc, H.贝洛克 146
Belmont, D. M. 贝尔蒙特 176,231,247
Bentwich, N.本特维奇 31
Berdyaev, N. 别尔嘉耶夫 436
Berlin, I. 柏林 273
Bernays, P.贝尔纳斯 176
Bevan, Dr E.贝文博士 300,417,424,434
bipolarity（of proposition）（命题的）两极性 21,26;
    see also poles of a proposition 见命题的两极
Bismarck, O. von 冯·俾斯麦 380
Black, D.布莱克 87,89,90,127
Black, M.布莱克 101,406,408
Bliss, F. K. 布利斯 46
Bosanquet, B.鲍桑葵 41
Bouwsma, O. K. 布斯玛 413,420,426,429,432,438
Boys Smith, J. S. 波耶斯-斯密斯 299
Brahms, J.勃拉姆斯 40
Braithwaite, Mrs.布雷斯威特夫人 166,176

Braithwaite, R. B.布雷斯威特 7,92,104,117-118,126,141,158,176,187,213,236,245-246,273,299,321,327,339,342,344,355,358
Brandauer,布兰道尔 90
Braumüller, W. 布劳米勒 64,66
Britton, K.布里顿 348
Broad, C. D. 布罗德 4,117-118,133,189,199,238,243,248,259,266,269,273,297-299,311,373,383
Brouwer, L. E. J.布劳威尔 129
Bruckner, A. 布鲁克纳 332-333
Burnaby, J. 伯纳比 395
Busch, W.布什 231,376,378,418
Butler, J. R. M. 巴特勒 123-124
Butler, Joseph 约瑟夫·巴特勒 126

Calvin, J.加尔文 126
Carnap, R.卡尔纳普 113
Casanova 卡萨诺瓦 140
causality 因果关系 34,62,103,267
Chamberlain, N.张伯伦 263
Chesterton, G. K.切斯特顿 146
Cioffi, F.乔菲 270,289
classes, theory of 集合论 56,62,102,132
Collingwood, R.科林伍德 243

complexes 复合物　4,5,8,10
　　atomic 原子的复合物　11
Canan Doyle, A. 柯南道尔　146
conditional sentences 条件句　144
confessions (1937) 忏悔　10,204 -
　　210,212
constants, see logical constants　常
　　项,见逻辑常项
contradictions 矛盾　113 - 114,
　　316; see also self-contraditory
　　亦见自相矛盾
Cooley, J. 库利　180
Copleston, F. 科普尔斯顿　406
copula 连接词　4,6,11
Cornford, F. 康福德　6
Cornford, J. 康福德　7 - 8,126,
　　243
Coxeter, H. S. M. 考克斯特
　　132,166 - 167

deduction 演绎　37; see also infer-
　　ence 亦见推理
De Filippi, F. 德菲利皮　59
descriptions, Russell's theory of
　　罗素的摹状词理论　30
detective stories 侦探小说　274,
　　280,378,381,387,434; see also
　　"mags" 亦见"杂志"
Deutsch, G. 多伊奇　405,407
Dickens, C. 狄更斯　126
dictation 口述　8,23,33,41,59,
　　60,67,127 - 128,140,156,163 -
　　164,166,171 - 173,176,180,182
- 183,188,197,200,204,231,
295,325,328,376,392 - 393,
397; see also typescript 亦见打
字稿
Dobb, M. 多布　6
Doney, W. 多尼　411,413 - 414,
　　416,421,426,429,433
Dostoevsky, F. 陀思妥耶夫斯基
　　75,370
Drury, M. O'C. 德鲁利　2,8,
　　121,142,145,150 - 151,154,
　　156,179 - 180,198,203,232,
　　249,260,304,311,314,321,328,
　　354,365,369,374,378 - 380,
　　384,390,393,395,398,406,435
Dryden, J. 德莱顿　126
Duncan Jones, A. C. 邓肯·琼斯
　　399
Dziewicki, M. H. 宰维茨基　49 -
　　50

Earle, T. J. 厄尔　246
Eccles, W. 艾克尔斯　33,109,111
Eddington, Sir A. 艾丁顿爵士　8,
　　148,236,282
Eder, C.　埃德尔　11
Einstein, A. 爱因斯坦　87,148,
　　149,151,154
Eliot, T. S. 艾略特　5,34
Empson, W. 恩普森　7,126
Engelmann, P. 恩格尔曼　4,34,
　　44,68,193,376
Epicurus 伊壁鸠鲁　126

索引　767

Eve, A. S. 伊夫　148

Ewing, A. C. 尤因　223-224, 236,238,246,273,290,299,323, 358

facts 事实
　　and things 事实和事物　26-27, 62-63; see also individuals 亦见个体
　　and possibilities 事实和可能性　129
　　atomic（Sachverhalte, states of affairs）原子（事态）事实　62-63

Feigl, H. 费格尔　113

Ficker, L. von 冯·费克尔　43

Fletcher, W. M. 弗莱彻　3,11,41

Flew, A. G. N. 弗卢　436

forms 形式　5,125

Forster, E. M. 福斯特　434

Fouracre, R. 弗兰克拉　296,304

Franco, General F. 弗朗哥将军　247

Frege, G. 弗雷格　1,8,41,63,67, 101-102,132,143,146-147, 246,419-420

Freud, S. 弗洛伊德　103,150,343, 347

function and argument 函项与论证　25-26,113

Gans（Ganz）, A. 甘斯　231

Geach, G. E. M., see Anscombe 盖奇, 见安斯康姆

Geach, P. T. 盖奇　101,340,419

generality, generalization 普遍性, 概括　30,62-63,115,125,131, 176

Gilpatrick, C. 吉尔帕特里克　422, 432

Goethe, J. W. von 歌德　3,2,5, 34,416-418

Gollancz, V. 格兰兹　337

Goodstein, L. 古德斯坦　166,295

grammar 语法　129

Grimm, The Brothers 格林兄弟　380,387,423

Gröger, E. 格罗戈尔　51

Guest, D. 格斯特　8,126

Gwatkin, F. A. S. 格沃特金　219

Haldane, J. B. S. 霍尔丹　147

Hamann, J. G. 哈曼　436

Hänsel, L. 亨泽尔　11,109,197, 223,250,435

Hardy, G. H. 哈代　6,28,37, 104,142,155,202,243,265,289-290

Hare, J. 黑尔　7

Heath, A. C. 希思　288,310

Hebel, J. P. 赫布尔　34

Hegel, F. 黑格尔　436

Heidegger, M. 海德格尔　436

Herrick, R. 赫里克　126

Hertz, H. 赫尔兹　143,152,246, 358

Hickman, I. 希克曼　8,126

Hijab, W. 希贾布　355,358,367,417

Hilbert, D. 希尔伯特　102,176

Hintikka, J. 辛提卡　7

Hitler, A. 希特勒　102,176

Hoechstetter（Hochstetter）赫希施泰特　176

Husserl, E. 胡塞尔　420

identity 同一性　23 – 26,28,30 – 32,62,101 – 103,113 – 114

incomplete symbol 不完全符号　3,27

indefinables 不可定义项；see also logic 亦见逻辑

individuals, existence of 个体的存在　62 – 63,113 – 114；see also facts and things 亦见事实和事物

induction 归纳　62,103

inference 推理　3,4,25

infinity 无穷　30,32,125,129；see also axioms 亦见公理

Inge, W. R. Dean 英奇　147

Inman, J. 英曼　145

insanity, see madness 精神错乱，见疯癫

intuition 直觉　175

James, W. 詹姆士　2,75,317

Jeans, J. 琼斯　8,148,151,154,310

Joad, C. E. M. 乔德　266

Johnson, Dr S. 约翰逊博士　279,336,338

Johnson, W. E. 约翰逊　3,15,31,35,37,39,44 – 47,51 – 52,56,67,98,103 – 104,106,111 – 112

Jolley, B. 乔利　69 – 70,72 – 73,92

judgement, Bertrand Russell's theory of 伯特兰·罗素的判断理论；see also belief, thought 亦见信念,思想

Kafka, F. 卡夫卡　218

Kant, I. 康德　95,101,162

Kapitsa, P. L. 卡皮查　145

Kegan Paul（publishers）凯根·保罗（出版社）　90,92,96,97,100,157,160

Keller, G. 凯勒　34,305

Keynes, G. 凯恩斯　5

Keynes, J. M. 凯恩斯　1 – 6,8,10 – 12,37,56,59,78,99 – 103,113 – 114,139,200,209,211,217 – 218,222,240,270,275,336

Keynes, J. N. 凯恩斯　3

Kierkegaard, S. 克尔凯郭尔　75,314,380

King, J. 金　8

Koder, R. 科德尔　99,204,415

Kraus, K. 克劳斯　4

Kreisel, G. 克雷泽尔　162,321,391,405

Lawrence, D. H. 劳伦斯 4,435
Lazerowitz, M. 拉兹洛维奇 188, 376
Leavis, F. R. 里维斯 7,126
Lee, H. D. P. 李 8,136,145,153 -154,156,254
Lessing, G. E. 莱森, 94-95
Lewy, C. 莱维 5,99,107,160, 231,246-247,267,277,285, 308,317
Lichtenberg, G. C. 利希腾伯格 20,211
Littlewood, J. E. 李特尔伍德 6, 28,128-129,134,155,202
Lloyd George D. 劳埃德·乔治 146
Lodge, Sir O. 洛奇爵士 143,147 -148
logic 逻辑 1,2,4,10,13,17,18, 25,28,30,32-34,37,39-41, 48,53-56,62-63,129,133, 143,148,316,320-321; see also propositions of logic 亦见逻辑命题
  indefinables of 逻辑的不可定义项 17
logical constants 逻辑常项 2,4- 6,13; see also logic 亦见逻辑
logical postivism 逻辑实证主义 227,364,405,435-436
Loos, A. 鲁斯 4
Lopokova, L. 洛普科娃 5-6, 111

Lotze, H. 洛采 420
Lowes Dickinson, G. 洛维斯·迪肯森 147

Macdonald, M. 麦克唐纳 316
Mace, C. A. 麦斯 375
Mach, E. 马赫 11,341
Maclennan, R. D. 麦克莱纳 163, 168
madness 疯癫 3,5,30,33-34,75, 99,126,383,388,392
"mags", detective magazines "杂志",侦探杂志 271,274,284, 334-336,340,345,350,382, 388; see also detective stories 亦见侦探小说
Maisky, I. M. 麦斯基 190-193
Malcolm, (Mrs) L. 马尔科姆夫人 380,385,387,390,393,396- 397,400,404,406,408,411,413 -414,416,420-422,429,432, 436
Malcolm, N. 马尔科姆 2-3,11 -12,4,235,272,290-291,321, 329,353-354,371,376,394, 398,418,430
Malleson, Lady C. 马莱森女士 56
manuscripts, Wittgenstein's 维特根斯坦的手稿 8,23,25-26, 28,30,41,44,50-51,57,59,64, 69,88-89,94,127-128,143- 144,150,156,168,183,204,212,

231,310,392,436; see also typescripts 亦见打字稿
Marhenke, P. 马亨克 247
Marx, K. 马克思 436
mathematics 数学 28,62,67,107,125,129,150－151,155,176,188,229,240,268
    foundations of 数学的基础 7,102－103,132,177,277,304
Maxwell, J. C. 麦克斯韦 152
McKitterick, D. 麦基特里克 1
McTaggart, J. M. E. 麦克塔加特 9
meaning 意义
    and use 意义和用法 245－246,290
    have no, see nonsense 没有意义,见无意义
    x by y 通过 y 意指 x 342
medicine, medical studies 医学,医学研究 126,190,192,214,307,312,369,426
Melville, H. 梅尔维尔 435
Mendelssohn, F. 门德尔松 331
Menger, K. 门格尔 100
Meyer, C. F. 迈耶 291
Milton, J. 弥尔顿 126
Montgomery, General B. 蒙哥马利将军 389
Mooney, L. 穆尼 413,416,429,433,438
Moore, Dr 摩尔博士 365
Moore, Mrs D. 摩尔夫人 164,188,202,212,291,317,353
Moore, G. E. 1－6,10－11,1,7,25,30,33,42,44,46－47,49－50,59－60,99,102－104,118,126,128－129,151,153,156,162,167,176,186,189－190,198,213,230－231,238－239,245,247,259,267,273－274,277,308－309,317,329,339－340,342,354,363,385,388,393,397,429,436,438
Moore, T. 摩尔 285,290,292,331－332
"Moore's paradox" 摩尔悖论 316,339,342
Moral Science Club 道德科学俱乐部 10,7,31,120－121,189,199,236,238,245－247,267,273,285,287,290,297,316,319－320,327,339,342,344,355－356,357－359
Morgan, Rev. W. 摩根牧师 328－329,349
Mörike, E. 默里克 34
Morrell, Lady O. 莫雷尔女士 3,2,17,33,36
Mozart, W. A. 莫扎特 5,34,126,275,417
Murdoch, I. 默多克 369
Muscio, B. 穆西奥 31,39
music 1－3,5,26,32,34,40,87,126,176,182,275,287,331－332,407,415,417

Myers, C. S. 迈尔斯 2
mysticism 神秘主义 75, 126, 148

name, see proper name 名称，见专名
national character 国民性 170 - 171, 320
nationalization 国有化 10, 216, 218 - 219, 222, 236, 249, 280
Nelson, J. O. 内尔森 416, 433
Nestroy, J. N. 内斯特罗伊 250
Newman, J. H. 纽曼 188, 268
Newton, I. 牛顿 132, 358, 439
Nicholas, T. 尼古拉斯 215
nonsense, have no meaning 无意义, 没有意义 19, 26, 113 - 114, 129, 144, 238
    Wittgenstein's Collection of 维特根斯坦有关无意义的收藏 140, 142 - 143, 146, 148, 153, 162, 265, 282, 389, 428
Norman, Mr and Mrs 诺曼夫妇 176
Nourse, Dr 诺斯博士 300
number 数 56, 62, 101, 132, 155, 246

Ogden, C. K. 奥格登 5, 62, 90, 92 - 93, 95, 97 - 99, 101, 103, 107
Ostwald, W. 奥斯特瓦尔德 82, 90 - 94
"Other Minds" "他心" 273, 295

Pattisson, G. 帕蒂森 203, 218, 226
Paul, G. 保罗 231, 347
Perry, R. B. 佩里 52
philosophy 哲学 4, 7, 9, 60, 63, 86 - 87, 99, 123, 127, 147 - 148, 156, 158, 182, 198, 238, 246, 283 - 284, 308, 320, 355, 357 - 358, 370, 382, 398, 400, 403, 405, 422, 439
    history of 哲学史 140, 165
physics 物理学 7, 30, 140, 148, 152, 213, 268
physiognomy 面相学 170 - 172
Piccoli, R. 皮科利 8
Pinsent, D. H. 宾森特 5, 21, 30, 33, 43, 46, 51 - 52, 79, 85, 105
Planck, M. 普朗克 154
Plato 柏拉图 266
poetry 诗歌 2, 34, 291 - 292
poles of a proposition 命题的两极 26 - 28, 30
Pope, A. 蒲伯 126, 336
Popper, K. R. 波普尔 246, 355 - 356, 358, 365
Postgate, J. P. 波斯特盖特 97
Prescott, W. H. 普莱斯考特 380
Price, H. H. 普赖斯 243, 299, 359
Priestley, R. E. 普里斯特利 117 - 118, 142, 178, 180, 294
Prince, D. T. 普林斯 245 - 246
probability 概率 287, 320
    JMK's book JMK 的概率著作

58,61,105
question solved in the *Tractatus* 《逻辑哲学论》所解决的概率问题 58,62
proper name 专名 11,26,113
propositions 命题
    analysis of, theory of 命题分析,命题理论 11,17,26 - 27,62 - 63
    atomic 原子命题 6,62
    elementary 基本命题 28,30,62 - 63
    molecular 分子命题 25
    non-logical, substantial 非逻辑命题,实质命题 30,62
    of logic 逻辑命题 2,28,30,62
    primitive 原始命题 19,25,28
    subject-predicate 主谓命题 6,11
    see also poles of a proposition 亦见命题的两极
psychic research and phenomena 心理研究和心理现象 143,148
psychoanalysis 精神分析 101,103,148,343
psychology 心理学 2,3,63
    and logic 心理学和逻辑 143,148,316,339
    Gestalt psychology 格式塔心理学 348
publication plans 出版计划 9 - 10,22,30,51 - 53,55 - 56,59,64,66 - 68,73,75 - 78,84,88,90,92 - 93,96,125,142 - 143,146 - 147,156 - 157,158,160,180,190,196 - 178,205,215,227,231,235,263,270,310,318,330,334,369,422
    attitude toward publication 面对出版的态度 10,147,158,198,213,251,316,351,364,379,422

Racine, J. 拉辛 126
Ramsey, F. P. 拉姆塞 *1 - 2*,*5 - 7*,*9*,*12*,62,92,111,125,129,132,155,157,160
real variables, abolished 废除的实际变量 17
Reclam publishing house 雷克拉姆出版社 77 - 78,82,84
Redpath, T. 雷德帕斯 231,236,238,245 - 246,248
relations 关系 5,11,14,30
religion, religious writings 宗教,宗教读物 75,94,115,126,143,148,184,214,266,279,314,336,338,370,396,435
Respinger, M. 雷斯宾格 140,149
Rhees, R. 里斯 *2*,*8*,*11 - 12*,*3*,201 - 202,205 - 206,212,239 - 240,246,249,274,308 - 309,312,314 - 315,334 - 337,350 - 351,380,394 - 395,406,417,426
Rhine, J. B. 莱因 428
Richards, R. B. (Ben)(本)·理查

兹　42,369,390,399,426－427,430

Ritchie, A. D. 里奇　97

Rockefeller Foundation 洛克菲勒基金会　422,426,432

Rollins, C. D. 罗林斯　393

Rommel, Field Marshall E. 隆美尔元帅　431,435－437

Russell, B. 罗素　1－6,10,12,24,29,31,37,43,46－47,57－58,61,99－104,114,127,132－134,156,195,243,266,268,282,291,317,329,355,359,369,380

Russell, L. J. 罗素　243

Russia 俄国　83,115,185,190－193,195－196,261,268

Rylands, D. 赖兰兹　7,126

Ryle, G. 赖尔　204,236,365,420－421,435－436

Ryle, J. 赖尔　294－295

Salzer, F. 萨尔茨　275

Sayers, D. 赛耶斯　388

Schilpp, P. 希尔普　291,316,339,355

Schlick, M. 石里克　113－114,127,147,150,231,409

Schrenck Notzing, A. von 冯·石伦科·诺茨　100

Schubert, F. 舒伯特　332－333,405

Schubert, H. (mathematician) 舒伯特(数学家)　101

Schulte, J. 舒尔特　9

Schumann, R. and C. 舒曼　332,417

science 科学　126
　　and intuition 数学和直觉　174
　　and philosophy 数学和哲学　148,150
　　and religion 数学和宗教

Scott, R. F. 司各特　117

Scrutton, M. 斯克鲁顿　436

self-contradictory 自相矛盾的　28

self-evident 自明的　267－268

Sen, A. 森　8

sense-date 感觉材料　11,25,44,246,259

Shackleton, E. 沙克尔顿　117

Shah, K, J. 沙阿　340,390

showing (expressing) 显示(表达)　63

Sidgwick (Sedgwick), H. 西季威克　37

signs 指号
　　relation to things 指号与事物的关系　5
　　system of 指号系统　30; see also symbolism 亦见符号体系

Sjögren, A. 索格伦　42,272,328

Sjögren, Frau M. 索格伦夫人　69,71,73,77

Skinner, F. 斯金纳　1,7－8,166,171,176,180,182－183,196,200,204－205,211－212,215,231,272,277,279,284,288,293

−294,380

Smuts, General 斯穆茨将军 143

Smythies, Y. 斯麦瑟斯 8−9, 231,240,246,253,270−271, 274,277,284,289,293,304,308−309,320−321,330,338,340, 342−343,350,366,370,380, 385,388,392,403−404,415, 420,428−429,432−433,435, 438

Snow, C. P. 斯诺 8

Society, The, "The Apostles" "使徒"协会 3−4,6−8,37,119, 126,229

Socrates 苏格拉底 6,11,267

solipsism 唯我论 273

Sorley, W. R. 索利 117

space 空间

　and possibility 空间与可能性 129

　and time relatives 空间与时间相对 34

Spengler, O. 斯宾格勒 9,64, 249,427

Sraffa, P. 斯拉法 1,8−12,219, 229,266−267,270,275

Stevenson, C. L. 斯蒂文森 166, 176,178,316

Stockert, M. von 冯·斯多克特 115,204,328

Stonborough, J. J. 斯通巴罗 249, 328

Stonborough, M. 斯通巴罗 102−103,115,127,204,220,235,275, 280,375

Stonborough, T. S. 斯通巴罗 102

Strachey, L. 斯特雷奇 3,246

Sullivan, J. W. N. 沙利文 140

symbolism 符号体系 8,11,26,63; see also incomplete symbol, signs 亦见不完全符号,指号

taste 味道 171−172

tautology 重言式 28,30,32,35, 49,62,113−114

Taylor, J. C. 泰勒 176,228

Temple, G. 坦普尔 155

Thomson, G. 汤姆森 205

thought 思想 62,63; see also belief, judgement 亦见信念,判断

Thouless, R. 索利斯 266,294, 299,304,317,321

time, philosophical problems of 关于时间的哲学问题 34,49,246, 268,344,358

Tolstoy, L. 托尔斯泰 4,6,75,329−330,335,337

Toulmin, S. 图尔明 355,436

Tovey, D. F. 托维 5

Townsend, R. 汤森 8,151,156

Toynbee, A. J. 汤因比 428

Trevelyan, G. M. 特里维廉 56, 59,282

Trevelyan, J. 特里维廉 7

Trinity College, Cambridge 剑桥三一学院 3,6−7,10,85,122−

123,127-129,133-135,137,
152,188,201,213,215,237,278,
282,372,439
truth 真 28,141
　　theory of 真之理论 56
　　truth-functions 真值函项 26-
　　27
Turing, A. M.图灵 413
types, theory of 类型论 11,21-
23,63,103
typescripts 打字稿 23,28,59,68,
127-129,197,205,235,239-
141,366,393-394,407
　　the Big Typescript 大打字稿
　　183,197-198
typing of lectures, notes and manuscripts 讲演、笔记和手稿的打印
23,26,127,166-167,176,182,
235,239,366,376,393,405,407

Ursell, H. D.厄塞尔 155

variables, see apparent variables;
real variables 变量,见显变量;
实变量
Verification Principle 证实原则
204,238,436
Vienna Opera House 维也纳歌剧院
100
Vinogradoff, S.维诺格拉多夫
191-192
vivisection 活体解剖 139
Voltaire 伏尔泰 126

Volterra, V.沃尔泰拉 150

Waismann, F.魏斯曼 113,127,
147,150,213,215,231,409,435
-436
Warburg, F. J.瓦尔堡 157
Watson, A. G. D.沃森 8-9,
200,211,229
Watson, P.沃森 149
Watson, W. H. 8,12,48,247,267,
284
Weininger, O.魏宁格 64,141
Weyl, H.魏尔 102
WF [TF, True-False] notation
WF [TF,真假]记法 26
Whitehead, A. N.怀特海 13,21,
23,25,53,56,67,148
Wiener, N.威纳 28,34
Wilde, O.王尔德 423
Wisdom, A. J. T.韦斯顿 180,
185,189,201,212,236,238,247,
273,276,278,282,284,290,299,
305,325,367,435-436
Wisdom, Mrs.韦斯顿夫人 278,
282
Wittgenstein, Helene (sister)海伦
娜·维特根斯坦(姐姐) 328,
417
Wittgenstein, Hermine (sister)赫
尔米娜·维特根斯坦(姐姐) 3,
215, 222-223, 235, 250, 255,
258, 328, 381, 397-399, 401,
411,415,418-420

Wittgenstein, K.（father）维特根斯坦（父亲） 4,8-12,30,411

Wittgenstein, L.（mother）维特根斯坦（母亲） 14,30,48-49,51,60,63,67

Wittgenstein, L.（uncle）维特根斯坦（叔叔） 4

Wittgenstein, Ludwig 路德维希·维特根斯坦

 awarded PhD for *Tractatus* 由《逻辑哲学论》而获博士学位 6,117-118

 later judgement of Bertrand Russell 后来对罗素的判定 99,104,199,291,317,359

 lectures, discussion classes, etc. 讲演、讨论班等 141-142,145,151,156,164,178,180,197,217,219,235,360

 periods in Norway 在挪威时期 3,21,23-24,42-43,202,210,212,371,378,425-427,429-431,433

 Philosophical Grammar（*Philosophische Grammatik*）《哲学语法》197

 Philosophical Investigations, composition, translation and plan for publication《哲学研究》构成、翻译和出版计划 1,9-10,42,190,200,204,229,239-242,263,374,391,393,407

 Philosophical Remarks（*Philosophische Bemerkungen*）《哲学评论》 127-129,197,394

 Professor（1939-1947）教授 10,239,243,319,374,376

 "The Big Typescript" "大打字稿" 156,187,198

 "The Blue Book" "蓝皮书" 163-164,166,176,197-199,246

 "The Brown Book" "褐皮书" 9,172,174,176,182-183,200,204,231,274

 Tractatus, composition of 《逻辑哲学论》的构成 4-5,51,56

 BR's introduction to 罗素的导言 5,77-83

 discussion with Ramsey and corrections for a second impression of 与拉姆塞的讨论及对第二版的改正 5,99,107

 publication of 出版 2,5,64-84,88-92,95

 visit to Russia 访问俄国 10,190-193,196

 visit to Ireland 访问爱尔兰 10,178,203,215-219,232-233,369,371,376-379,384,388,390,392,404

 wish for a degree 希望得到学位 41,100-101

Wittgenstein, P. (brother)维特根斯坦(哥哥) 148, 235, 258, 275

Wittgenstein, P. (uncle)维特根斯坦(叔叔) 4

Wollheim, O.沃尔海姆 127

Woolf, V.伍尔夫 5-6, 126

Wright, G. H. von 冯·赖特 1-2, 11-12, 2, 23, 28, 82, 123, 185, 229, 239-240, 382, 385, 387, 390, 393, 395, 409-410, 413, 420-422, 428, 432, 436

Wrinch, D.瑞因奇 88, 90

Young, L.C.扬 132, 155

译后记

本书是迄今为止最为完整全面、生动翔实地展示维特根斯坦哲学思想、学术经历、社会生活、人际关系和性格特征的书信集，也是维特根斯坦书信的第一个中译本。共收录维特根斯坦往来书信410封和有关备忘录、文献31份，由维特根斯坦遗著执行人之一布瑞恩·麦克奎尼斯集30年的追踪、收集和研究编选而成。编者着力增加近乎原文一半的注释，进行概念诠释、人物介绍、信件互参、材料链接、背景分析、德文翻译等，大大便利了读者对信件的阅读和理解。

但是，遗憾的是，本书并不是维特根斯坦的书信全集，尚有维特根斯坦与戈特洛布·弗雷格、大卫·宾森特、保罗·恩格尔曼、冯·费克尔等人的往来书信在其它书信集中。他与 M. O'C. (肯)德鲁利的往来信件也未能发现（但据信仍未遗失），后者是他交往最久的最亲密朋友。也许还有其它一些有价值的信件尚待发现。以后它们若能加以补充翻译，对我们完整地理解维特根斯坦的思想和人生将更为助益。

本书的翻译得到"教育部哲学社会科学研究后期资助项目"支持，由三名译者通力合作完成。王策负责第1-108封，张学广负责第109-288封，孙小龙负责第289-439封。初稿译完后，三人进行循环校对，最后由张学广负责统稿，做了内容、词语、符号、格式的大量统校工作。

译本遵从原书格式，参考文献依照西文列出，便于读者查对。德文书信或书信的德文部分也原样印出，方便读者对照。译本增加了书信和文献的详细页码，方便读者查找感兴趣的书信和文献。书中人名尽可能沿用国内已有的较权威译法，但第一次出现的人名仍附有西文原名，因为国内也可能有不同的译法，或者可能出现重名情况。

感谢商务印书馆关群德编审在校对、编辑方面的尽心竭力，没有他的鼎力支持，本书无法以如此的速度和质量奉献给读者。尽管译者都有一定的翻译经验，但面对这样的经典文献心中依然忐忑，错讹疏漏之处一定难免，敬请广大读者批评指正。

译　者

2018年3月26日于古城西安

图书在版编目(CIP)数据

维特根斯坦剑桥书信集:1911—1951/(英)布瑞恩·麦克奎尼斯编;张学广,孙小龙,王策译.—北京:商务印书馆,2018
ISBN 978-7-100-16459-7

Ⅰ.①维…　Ⅱ.①布…②张…③孙…④王…　Ⅲ.①维特根斯坦(Wittgenstein, Ludwig 1889-1951)—书信集　Ⅳ.①B561.59-53

中国版本图书馆 CIP 数据核字(2018)第 187398 号

权利保留,侵权必究。

维特根斯坦剑桥书信集:1911—1951
〔英〕布瑞恩·麦克奎尼斯　编
张学广　孙小龙　王策　译

商　务　印　书　馆　出　版
(北京王府井大街 36 号　邮政编码 100710)
商　务　印　书　馆　发　行
北京通州皇家印刷厂印刷
ISBN 978-7-100-16459-7

2018 年 11 月第 1 版　　　开本 787×960　1/16
2018 年 11 月北京第 1 次印刷　印张 49
定价:136.00 元